权威·前沿·原创

皮书系列为
“十二五”“十三五”国家重点图书出版规划项目

智库成果出版与传播平台

中国社会科学院创新工程学术出版资助项目

中国产业竞争力报告（2021）No.10

ANNUAL REPORT ON INDUSTRIAL COMPETITIVENESS OF CHINA (2021) No.10

提升产业链供应链现代化水平

主　编 / 张其仔

副主编 / 郭朝先　白　玫　邓　洲
叶振宇　胡文龙　张航燕

社会科学文献出版社
SOCIAL SCIENCES ACADEMIC PRESS (CHINA)

图书在版编目（CIP）数据

中国产业竞争力报告 . No. 10，2021：提升产业链供应链现代化水平/张其仔主编 . -- 北京:社会科学文献出版社，2021. 12
（产业蓝皮书）
ISBN 978 - 7 - 5201 - 9316 - 0

Ⅰ. ①中… Ⅱ. ①张… Ⅲ. ①产业 - 市场竞争 - 研究报告 - 中国 - 2021 Ⅳ. ①F269. 24

中国版本图书馆 CIP 数据核字（2021）第 218311 号

产业蓝皮书
中国产业竞争力报告（2021）No. 10
——提升产业链供应链现代化水平

主　　编／张其仔
副 主 编／郭朝先　白　玫　邓　洲　叶振宇　胡文龙　张航燕

出 版 人／王利民
组稿编辑／邓泳红
责任编辑／宋　静
责任印制／王京美

出　　版／社会科学文献出版社 · 皮书出版分社（010）59367127
地址：北京市北三环中路甲 29 号院华龙大厦　邮编：100029
网址：www. ssap. com. cn
发　　行／市场营销中心（010）59367081　59367083
印　　装／天津千鹤文化传播有限公司

规　　格／开 本：787mm × 1092mm　1/16
印 张：28　字 数：420 千字
版　　次／2021 年 12 月第 1 版　2021 年 12 月第 1 次印刷
书　　号／ISBN 978 - 7 - 5201 - 9316 - 0
定　　价／158. 00 元

《中国产业竞争力报告（2021）No.10》
编委会

主要编撰者简介

张其仔 中国社会科学院工业经济研究所副所长、研究员，博士生导师，中国社会科学院中国产业与企业竞争力研究中心主任。主要研究兴趣包括产业经济学、发展经济学、经济社会学。在《中国社会科学》《经济研究》《中国工业经济》等刊物上发表中英文学术论文百余篇，出版专著20余部。

郭朝先 中国社会科学院工业经济研究所研究员、产业组织研究室主任，中国社会科学院大学教授，中国可持续发展研究会理事。研究方向为产业经济学，涉及研究领域包括产业竞争力、工业发展、数字经济、碳排放与可持续发展。主持国家社会科学基金项目，中国社会科学院国情调研重大项目，国家发展和改革委员会、工业和信息化部委托项目等30余项。出版专著《经济发展方式转变：产业升级与空间布局》《中国煤矿企业安全发展研究》等10余部，在《中国工业经济》《中国人口·资源与环境》《人民日报》等发表论文和研究报告100余篇。

白　玫 经济学博士，中国社会科学院工业经济研究所研究员、能源经济研究室副主任，中国社会科学院大学教授。近年来主持、参与以"中国能源中长期发展战略研究""'十二五'新兴能源优先发展领域及其战略任务""能源利用效率问题研究"为代表的30余项国家重大（点）、中国社会科学院重大（点）以及有关部委、地方委托和国际合作研究项目，在《中国工业经济》《经济学动态》等发表中英文学术论文90余篇。

邓　洲　经济学博士，中国社会科学院工业经济研究所副研究员、工业发展研究室主任。主要从事工业发展、技术创新、产业结构等领域的研究。在《中国工业经济》《科研管理》《中国能源》《国际贸易》等期刊上发表论文数十篇，撰写要报多次获得国家领导人批示。曾获得中国社会科学院优秀对策信息奖一等奖。

叶振宇　中国社会科学院工业经济研究所区域经济室主任、研究员，兼任中国社会科学院大学硕士生导师，中国区域经济学会副秘书长、秘书处负责人。近年来主要从事区域重大战略、制造业高质量发展等领域研究。主持国家社科基金等各类课题20余项，参与中央和地方各类横向课题近100项，公开发表学术论文近百篇，出版学术专著或报告20余部，部分研究成果曾多次获得中央领导同志批示，获得过中国社会科学院优秀科研成果奖、中国社会科学院优秀对策信息奖等省部级奖励10余项。

胡文龙　管理学博士，中国社会科学院工业经济研究所副研究员、会计与财务研究室副主任，中国社会科学院大学副教授。共主持和参与国家级和省部级课题研究40余项，单独或合作在《中国工业经济》《经济管理》《中国人口·资源与环境》等期刊发表论文30余篇，合作出版专著5部，获得省部级及以上学术奖励2项。主要研究领域为财务会计理论、企业竞争力、财务战略、业绩评价、管理会计、环境会计等。

梁泳梅　中国社会科学院工业经济研究所《中国经济学人》编辑部副主任、副研究员。独立主持国家社科基金、博士后基金课题和中国社会科学院院级与所级课题等多项，并作为子课题负责人多次参与社科基金重大项目、重点项目、国家科技支撑计划项目等，参与商务部、工业和信息化部委托项目和国家软科学项目、中国运载火箭技术研究院项目等多项政策研究课题。在《经济研究》《中国工业经济》《世界经济》等中英文期刊发表学术论文40余篇。担任《经济研究》《世界经济》等期刊匿名审稿人。参与编著出版专著10余部。独立或合作完成多篇成果要报并被中办国办采纳。

许　明　中国社会科学院工业经济研究所副研究员、国际产业研究室副主任，硕士生导师。中国工业经济学会理事、中国工业经济学会绿色发展专业委员会委员。长期从事产业经济、国际贸易研究。在《经济研究》、《世界经济》、*Cliometrica*、*Review of Development Economics* 等国内外学术期刊发表论文40余篇。

尹　涛　管理学博士，研究员，广州市社会科学院副院长兼广州城市战略研究院院长。美国印第安纳大学环境事务与公共政策学院访问学者(2004年1月至2005年3月)。研究领域为城市经济、产业经济和企业战略管理。兼任广州市人文社会科学超大城市现代产业体系与广州实践重点研究基地主任、广州市宣传思想战线产业经济创新优秀团队负责人。获广州市优秀专家、广东省及广州市宣传思想战线优秀人才培养对象、2011~2012年广州市优秀中青年哲学社会科学工作者等荣誉称号。获聘广州市人民政府第三、四届决策咨询专家，广州市人大经济咨询专家，广州市网络安全和信息化专家咨询委员会副主任委员，广州市数字政府改革建设工作委员会委员。广东省第十二、十三届人大代表和财经委委员。近年来完成国家、省、市哲学社会科学规划立项课题、重点委托课题和重点课题10余项；科研成果获省部级二等奖3项、省部级三等奖4项、地厅级一等奖1项；出版专著6部，发表论文30余篇。

前　言

我们从2010年开始撰写产业竞争力报告，到今年已有12年。12年间，我们共出版10本报告，其间有两年（2011年、2017年）因力有不逮，没有出版。今年出版的是第10本中国产业竞争力报告。已出版的10本报告都聚焦中国产业竞争力的变化，但每年又有所侧重。2010年侧重于国际金融危机的影响，2012年侧重于中国是否会面临“中等收入陷阱”问题，2013年增加了全国各县市产业竞争力的分析，2014年重点研究了制造业问题。2015年之后，侧重点更加突出。2015年、2016年重点研究了我国与共建“一带一路”国家的产业合作问题，2018年、2019年重点研究了我国如何提升新经济的竞争力和引领力，2020年侧重于如何提升“十四五”我国的产业竞争力，今年的报告则侧重于提升产业链供应链竞争力。

通过对我国产业链供应链现代化过程的分析，2021年报告得到的基本结论是，“十三五”期间，我国的产业链供应链在创新与应用试点、大中小企业融通发展、产业链供应链的自主可控和韧性及风险防控能力提升方面都取得了进展，但产业链供应链现代化的任务仍然十分繁重。

本研究得到中国社会科学院创新工程项目的支持。报告的出版长期得到社会科学文献出版社的支持。在此，我谨代表课题组对院创新工程的支持表示衷心感谢！对社会科学文献出版社，特别是社会科学文献出版社皮书研究院、皮书出版分社付出的艰苦劳动表示最诚挚的谢意！

张其仔

2021年10月15日

目 录

Ⅰ 总报告

Ⅱ 国际篇

Ⅲ 产业篇

Ⅳ　区域篇

Ⅴ　专题篇

皮书数据库阅读**使用指南**

总报告

General Report

B.1

中国产业链供应链现代化的新进展、新挑战

张其仔*

摘　要：近年来，我国的产业链供应链现代化取得了明显进展，主要体现为产业链供应链创新与应用试点进入新阶段，大中小企业融通发展的格局正在形成，产业链供应链自主可控能力得到稳步增强，产业链供应链数字化、绿色化转型加速，应对产业链供应链风险的机制初步形成。展望未来，我国的产业链供应链现代化仍面临四大挑战：要素结构升级滞后、产业链与创新链发展不平衡，影响产业链供应链的转型升级；区域发展不平衡不充分影响产业链供应链的区域布局优化；美国产业政策的泛风险化转向影响全球产业链供应链稳定；企业供应链战略调整带来新的不确定性挑战。为了提升产业链供应链现代化水平，我

* 张其仔，中国社会科学院工业经济研究所研究员、中国社会科学院中国产业与企业竞争力研究中心主任。

国仍需努力推动区域间产业链供应链融通发展、产业链供应链与创新链融通发展；提升不断拓展融入全球产业链供应链空间的能力与水平；协调以产业链供应链现代化为导向的产业政策与功能性、普惠性产业政策的关系；健全产业链供应链风险预警和极端风险防范机制。

关键词： 产业链 供应链 创新链 产业政策

一 产业链供应链现代化的新进展

（一）产业链供应链创新与应用试点进入新阶段

2017 年我国发布《关于积极推进供应链创新与应用的指导意见》，开始适应新技术革命的要求，推进供应链创新。目标是到 2020 年，形成一批适合我国国情的供应链发展新技术和新模式，基本形成覆盖我国重点产业的智慧供应链体系；供应链在促进降本增效、供需匹配和产业升级中的作用显著增强，成为供给侧结构性改革的重要支撑。创新与应用包括 6 项重点任务：推进农村一二三产业融合发展，促进制造协同化、服务化、智能化，提高流通现代化水平，积极稳妥发展供应链金融，积极倡导绿色供应链，努力构建全球供应链。具体实施上，选择了 55 个城市、269 家企业进行试点。2021 年 3 月，商务部、工业和信息化部等 8 家单位联合发布《关于开展全国供应链创新与应用示范创建工作的通知》，对供应链发展提出了新目标，就是通过供应链创新与应用示范创建，使供应链优势培育取得新成效、供应链效率效益得到新提高、供应链安全稳定达到新水平、供应链治理效能得到新提升。《关于开展全国供应链创新与应用示范创建工作的通知》对示范城市和示范企业提出了不同的任务要求。2021 年 7 月，商务部、工业和信息化部等 8 部委公示了第一批供应链创新应用示范城市和示范企业。第一批 10 家

示范城市，以沿海地区为主，包括北京、上海、张家港、杭州、宁波、中国（福建）自由贸易试验区厦门片区、青岛、武汉、广州、深圳。第一批示范企业100家，既有传统行业性质的企业，也有新兴行业企业，包括中国电力集团股份有限公司、中国石化国际事业有限公司、中国移动通信集团有限公司等。

表1　供应链创新与应用、示范城市名单

城市名单	城　市
全国供应链创新与应用试点城市名单(2017)	北京、石家庄、太原、包头、大连、鞍山、营口、长春、梅河口、哈尔滨、绥化、上海、南京、张家港、杭州、宁波、舟山、义乌、亳州、芜湖、中国(福建)自由贸易试验区厦门片区、赣州、景德镇、青岛、东营、临沂、威海、烟台、寿光、焦作、商丘、许昌、中国(河南)自由贸易试验区、武汉、襄阳、湘潭、广州、深圳、东莞、中国(广东)自由贸易试验区深圳前海蛇口片区、南宁、柳州、海口、成都、广安、泸州、贵阳、毕节、昆明、西安、渭南、定西、西宁、银川、奎屯
第一批全国供应链创新与应用示范城市名单(2021)	北京、上海、张家港、杭州、宁波、厦门、青岛、武汉、广州、深圳

资料来源：作者根据相关文件整理。

（二）大中小企业融通发展格局正在形成

2018年9月，国务院发布《关于推动创新创业高质量发展打造“双创”升级版的意见》，明确提出实施大中小企业融通发展三年行动计划。2018年11月，工业和信息化部、国家发展和改革委员会、财政部、国务院国有资产监督管理委员会印发《促进大中小企业融通发展三年行动计划》的通知，计划从五个方面推动大中小企业融通发展。①挖掘和推广融通发展模式。深化基于供应链协同的融通模式，扩大基于创新能力共享融通模式建设，推广基于数据驱动的融通模式，打造基于产业生态的融通模式。②发挥大企业引领支撑作用。推动大企业与中小企业实现生产要素共享，促进大企业向中小企业开放创新资源，为中小企业提供资金和人才支持。③提升中小企业专业化能力。培育专精特新“小巨人”企业，实施“互联网+小微企业”计划。④建设融通发展平台载体。支持实体园区打造中小企业融通发展特色型载体。建设中小企业公共服务示范平台、小微企业创业创新示范基地。加快工业互联网平台建设。⑤优化融通发展环境。发挥互联网对融通发展的支持作用。加快工业互联网建设。发挥知识产权制度对企业创新的引导作用，推动大中小企业共创、共享知识产权激励机制，加快推进中小企业知识产权战略推进工程试点城市建设。鼓励中小企业参与对外合作。

自 2018 年印发《促进大中小企业融通发展三年行动计划》后，我国的大中小企业融通创新开始迈入新阶段。根据科技部火炬高技术产业发展开发中心编撰发布的《中国创业孵化发展报告 2020》，截至 2019 年底，全国创业孵化载体数量达到 13206 家，其中孵化器 5206 家、众创空间 8000 家。共有国家备案的创业孵化载体 3065 家、国家备案的专业化众创空间 73 家。2020 年我国公示的国家级科技企业孵化器有 134 家，备案 501 家众创空间。2021 年，我国发布《关于加快培育发展制造业优质企业的指导意见》，提出要加快培育发展专精特新“小巨人”企业、制造业单项冠军企业、产业链领航企业，构建优质企业梯度培育格局。继我国公布专精特新第一批 248 家、第二批 656 家之后，2021 年我国第三批 2930 家专精特新“小巨人”企业名单公布。与此同时，我国还实施了领航企业工程和单项冠军工程，推出了一批领航企业和单项冠军企业。优质企业梯队培育格局稳步推进。

（三）产业链供应链自主可控能力建设稳步推进

2015 年，国家发展和改革委员会出台《增强制造业核心竞争力三年行动计划（2015 ~2017 年）》，明确了轨道交通装备、高端船舶和海洋工程装备、工业机器人、新能源（电动）汽车、现代农业机械、高端医疗器械和装备等六大重点领域，并推出了六大重点领域关键技术产业化实施方案。在取得成效的基础上，国家发展和改革委员会又提出了《增强制造业核心竞争力三年行动计划（2018 ~2020 年）》。《增强制造业核心竞争力三年行动计划（2018 ~2020 年）》对上一次三年行动计划进行了总结，指出，通过精准施策、有的放矢，上一轮行动计划实施取得显著成效，为我国制造业培育了竞争新优势，积蓄了发展新动能。主要表现如下。重大装备示范应用扎实

推进。具有自主知识产权的“复兴号”中国标准动车组投入商业化运营，城市轨道交通全自动运行系统实现示范应用。关键技术多点突破，自主创新成果丰硕。谐波减速器等机器人关键零部件、靶向肿瘤药甲磺酸阿帕替尼等重大疾病1.1类新药实现产业化。检测认证能力提升，产业基础不断夯实。以国家机器人检测与评定中心、标准化总体组、检测认证联盟为架构的中国机器人检测认证和标准体系日趋完善。新兴产业快速发展，结构调整成效显著。新能源汽车、工业机器人、轨道交通装备等产业快速发展，产业规模位居全球前列，发展质量和效益明显提升。2018年我国推出《增强制造业核心竞争力三年行动计划（2018～2020年）》，将领域拓宽至九大领域，包括轨道交通装备、高端船舶和海洋工程装备、智能机器人、智能汽车、现代农业机械、高端医疗器械和药品、新材料、制造业智能化、重大技术装备等重点领域，对这些领域组织实施关键技术产业化专项。在重大技术攻关上，新型举国体制稳步发挥作用。重大“卡脖子”技术攻关持续加强。国家科技重点研究计划实行“揭榜挂帅”制度。国家战略科技力量、国家重大科技基础建设取得进展。重大技术装备工程规划得以实施。中国特色的国家实验室体系、国家产业创新中心、国家技术创新中心建设稳步推进。从源头上解决“卡脖子”问题受到重视，基础研究受到前所未有的重视。根据“十四五”规划和2035年远景目标纲要，我国将制定实施基础研究十年行动方案，重点布局一批基础学科研究中心。基础研究经费投入占研发经费投入比重将提高到8%以上。

（四）应对产业链供应链风险的体制机制初步形成

自2019年以来，面对新冠肺炎疫情的冲击，我国采取了一系列稳产业链供应链、保产业链供应链的措施。一是为产业链供应链稳定提供基本面支撑。2018年7月31日，中共中央政治局会议首次提出“六稳”方针，即稳就业、稳金融、稳外贸、稳外资、稳投资、稳预期。2020年4月17日，中共中央政治局召开会议，分析研究当时的经济形势。会议首次强调保居民就业、保基本民生、保市场主体、保粮食能源安全、保产业链供应链稳定、保基层运转。二是产业链供应链再造的机制正在形成。各地普遍建立了链长、链主制，推进产业链供应链现代化的政府与企业、企业与企业间的协同机制初步形成。很多省市推出了系统化的提升产业链供应链能级体系方案，其精准程度、可操作性大幅度提升，如《浙江省实施制造业产业基础再造和产业链提升工程行动方案（2020～2025年）》将产业链供应链能级提升与制造业产业基础再造相结合，提出了十大工作方向、六大推进机制，涉及强链、补链、建链、畅链、护链，人才、资金、技术、风险防控等各个方面，穿透地区间、国内外等多个界面，体现了地方对产业链供应链提升工程复杂性的科学把握，便于综合发力、精准施策、提升效能。

表2　《浙江省实施制造业产业基础再造和产业链提升工程行动方案（2020～2025年）》

总体目标(2025年)	目标(2025年)	主要路径	推进机制
十大标志性产业链年总产值突破6万亿元，占全省工业总产值的68%以上，基本形成与全球先进制造业基地相匹配的产业基础和产业链体系	数字安防产业链：到2025年，年产值达到4000亿元，打造全球数字安防产业中心 集成电路产业链：到2025年，年产值突破2500亿元。打造国内重要的集成电路产业基地 网络通信产业链：到2025年，年产值达到4000亿元。打造世界先进的网络通信产业集聚区、创新应用引领区 智能计算产业链：年产值达到2000亿元，构建智能计算产业生态 生物医药产业链：年产值达到4000亿元，打造具有国际竞争力的生物医药创新制造高地、全国重要的医疗器械产业集聚区 炼化一体化与新材料产业链：打造世界一流的绿色石化先进制造业集群、国内领先的高分子新材料产业基地。年产值达到1.8万亿元 节能与新能源汽车产业链：打造全球先进的新能源汽车产业集群。年产值达到1万亿元 智能装备产业链：打造国内知名的智能装备产业高地。年产值突破5000亿元 智能家居产业链：打造国内中高端智能家居产业基地。年产值达到5000亿元 现代纺织产业链：打造国际一流的纺织先进制造业集群。年产值达到1万亿元	制造业基础再造强链 可替代技术产品供应链重组补链 产业链协同创新强链 制造业首台套产品应用补链 全球精准合作补链 关键核心技术与断链断供技术攻关补链 产业链上下游企业共同体带动护链 工业互联网建链 涉企服务平台畅链 数字新基建强链	建立产业链服务推进机制 强化产业链核心人才引领机制 实施产业链重大项目推进机制 深化产业链融资畅通机制 健全产业链要素保障机制 实施产业链常态化风险监测评价机制

资料来源：作者根据《浙江省实施制造业产业基础再造和产业链提升工程行动方案（2020～2025年）》整理。

（五）产业链供应链的数字化、绿色化转型加速

我国的数字经济发展速度较快。据测算，“十三五”期间，我国数字经济年均增速超过16.6%。2020年软件业务收入达8.16万亿元，同比增长13.3%；规模以上电子信息制造业增加值同比增长7.7%，实现营业收入12.1万亿元。在发展数字经济的过程中，我国也高度重视推动企业的数字化转型和产业链供应链的数字化。2019年商务部开展了数字商务企业培育和遴选工作，引导企业加快数字化转型，加快数据赋能，引导市场主体向数字化、网络化、智能化发展。目前已公布108家数字商务企业名单。我国的数字基础设施建设成效明显，数字经济规模位居世界前列，为产业链供应链数字化提供了宏观基础。2020年国务院国有资产监督管理委员会组织开展2020年国有企业数字化转型典型案例征集工作，共遴选出产品和服务创新、生产运营智能化、数字化营销服务、数字生态、新一代信息技术、工控安全、两化融合管理体系、综合等8类100个典型案例，其中优秀案例30个，典型案例70个，推动了国有企业在数字化转型过程的引领示范作用的发挥。2021年我国发布的《关于开展全国供应链创新与应用示范创建工作的通知》对示范企业明确提出，加快物联网、大数据、边缘计算、区块链、5G、人工智能、增强现实/虚拟现实等供应链新技术集成应用，推进数字化供应链加速发展；推广应用需求预测系统、自动排产系统、智能补货系统、分销管理系统，提高供应链透明度与可控性；建设和完善各类供应链平台，充分发挥供应链平台的资源集聚、供需对接和信息服务功能，构建产业链供应链发展新生态。为了应对疫情冲击，国家鼓励企业进行数字化转型，不少企业在数字化转型上成效卓著。

2016年，工业和信息化部、国家标准化委员会发布《绿色制造标准体系建设指南》，将绿色供应链纳入绿色制造标准体系。2016年，工业和信息化部发布了《关于开展绿色制造体系建设的通知》，要求在汽车、电子电器、通信、机械、大型成套装备等行业选择一批代表性强、行业影响力大、经营实力雄厚、管理水平高的龙头企业，按照产品全生命周期理念，加强供

应链上下游企业间的协调与协作，发挥核心龙头企业的引领带动作用，确立企业可持续的绿色供应链管理战略，实施绿色伙伴式供应商管理，优先纳入绿色工厂为合格供应商，采购绿色产品，强化绿色生产，建设绿色回收体系，搭建供应链绿色信息管理平台，带动上下游企业实现绿色发展。根据通知精神，各省份出台了开展绿色制造体系建设的实施方案。2017 年我国发布的《关于积极推进供应链创新与应用的指导意见》明确倡导建设绿色供应链。主要内容包括三个方面。一是倡导绿色制造。推行产品全生命周期绿色管理，在汽车、电器电子、通信、大型成套装备及机械等行业开展绿色供应链管理示范。强化供应链的绿色监管，探索建立统一的绿色产品标准、认证、标识体系，鼓励采购绿色产品和服务，积极扶植绿色产业，推动形成绿色制造供应链体系。二是推行绿色流通。积极倡导绿色消费理念，培育绿色消费市场。鼓励流通环节推广节能技术，加快节能设施设备的升级改造，培育一批集节能改造和节能产品销售于一体的绿色流通企业。加强绿色物流新技术和设备的研究与应用，贯彻执行运输、装卸、仓储等环节的绿色标准，开发应用绿色包装材料，建立绿色物流体系。三是建立逆向物流体系。鼓励建立基于供应链的废旧资源回收利用平台，建设线上废弃物和再生资源交易市场。落实生产者责任延伸制度，重点针对电器电子、汽车产品、轮胎、蓄电池和包装物等产品，优化供应链逆向物流网点布局，促进产品回收和再制造发展。2017 年工业和信息化部开始公布绿色制造企业名单，包括绿色工厂、绿色产品、绿色园区和绿色供应链企业，迄今已公布 5 批。2021 年 3 月，商务部、工业和信息化部等 8 家单位联合发布《关于开展全国供应链创新与应用示范创建工作的通知》，内容包括推动企业环境和碳排放信息公开，引导督促企业选择绿色供应商，实施绿色采购，针对重点行业积极打造绿色供应链；提高仓储物流设备自动化、智能化建设水平，优化仓储作业流程，合理调度运输车辆，优化路径，减少车辆空载，推广共同配送、单元化载具循环共用等运作模式，推动物流链降本增效；推广利用绿色包装，提高绿色商品销售比例，主动宣传绿色消费理念，引领绿色消费新风尚。在政府的大力支持和倡导下，我国供应链的绿色化水平加速提升。

二　产业链供应链现代化面临的新挑战

2021 年产业链供应链现代化过程中遇到的最大冲击是产业链供应链的不稳定性不确定性大幅度上升，国际循环出现局部性梗阻，“卡链”“断链”现象全球蔓延，我国产业链供应链现代化面临新挑战。

（一）要素结构升级滞后，产业链与创新链发展不平衡，影响产业链供应链的转型升级

要素结构升级是产业链供应链优化升级的基础。从全球价值链分工低端向高端跃升必须有相应的要素基础作为支撑，如果传统生产要素优势丧失，而高级生产要素又供给不足，产业链供应链转型升级将可能陷入“高不成，低不就”的“夹心层”困境。长期以来，传统生产要素低成本是中国制造业形成国际竞争优势的重要因素，随着资源环境制约日益凸显，人口红利逐渐消失，中国传统劳动密集型产业成本优势弱化，对全球低端生产环节吸引力减弱。与此同时，印度、马来西亚、越南等东南亚新兴经济体成本优势逐渐显现，加之其一系列产业扶助政策，在价值链中低端环节对中国构成较大竞争，中国传统优势制造业产业链供应链存在被替代或转出风险。产业梯度转移、资本向低成本地区流动虽然有一定合理性，但如果低端产业转出过快，高端产业发展又不能有效吸收外迁产业释放的要素，要素质量不能与高端产业相匹配，将会造成要素结构与产业结构升级的“错位”，不利于产业链供应链的稳定，给稳定制造业比重造成困难。

创新链与产业链供应链的关系，可分为三种类型，即协调型、滞后型、超前型。这三种类型在中国虽然都存在，但滞后型现象较普遍，产业链与创新链发展不平衡。中国不少创新链对外依赖性强，部分领域高度依赖美国。国内产业链供应链结构升级如长期严重依赖国外创新链的支持，就会面临较大的“卡脖子”风险。

（二）区域发展不平衡不充分影响产业链供应链的区域布局优化

我国的高质量发展第一梯队、全球先进制造业基地、新兴产业集群、新兴产业增长新引擎正在形成中，其带动区域间产业链供应链融通发展的能级有待提升。在城市群、都市圈尺度，部分地区内部分化日趋明显，且高端创新要素过度向首位城市倾斜，在京津冀，北京在发明专利授权量、高新技术企业数量等各项指标上的领先优势在“十三五”时期大幅扩大，天津、河北部分指标则较“十二五”时期出现下滑。特别是天津，作为中国先进制造研发重镇，也是北方重要的经济中心，其研发人员流失严重。省会城市经济分量过重现象普遍存在，在四川、湖北、湖南等中西部经济体量相对较大的省份，省会城市与经济总量排名第二的省内城市之间的“经济距离”非常明显，城市群、都市圈内及之间难以形成有序衔接的产业链格局。

地区间协调发展的体制机制仍不完善。作为提升产业链供应链现代化水平基本空间单元的产业园区间同质化竞争严重，特别是在国家鼓励发展的战略性新兴产业层面，同质化更为严重。各省份出台的产业链规划互补性不强，产业链跨区域协作弱，地区与地区间存在抢链风险。

（三）美国产业政策的泛风险化转向影响全球产业链供应链稳定

美国特朗普总统上台后，把产业链供应链竞争与国家安全挂钩，把产业链供应链重塑作为国家安全战略的核心基石。2017 年 7 月 21 日，特朗普发布 13806 号行政命令（EO）。这个命令要求对工业和国防安全的工业基础进行分析评估，并要求提出应对策略。该行政命令将战略性支持充满活力的制造业、国防工业基础和富有韧性的供应链视为美国最重要的优先事项，认为全球化造成美国企业关闭、工人失业，造成美国制造业能力和国防工业基础受到削弱，现代全球产业链的拉长化会阻碍美国生产和购买到美国国家安全所必需的产品、零部件。拜登于 2021 年发布 14017 号行政命令，要求对产业链供应链安全、韧性进一步进行审查。该行政命令第一部分为政策部分。在这一部分，对重塑产业链供应链的重要性做出新的表述。把重塑美国供应

链视为美国安全和发展的核心基石，把增强供应链韧性与重建美国制造能力、维持美国尖端研发上的竞争力、创造高报酬的工作机会挂钩，把增强供应链韧性与小企业发展、应对气候变化、鼓励经济落后地区发展挂钩。

为了执行特朗普发布的13806号命令，美国防部领导多个部门组成16个小组，对9个传统的行业、7个新兴行业的供应链安全进行了评估，并于2018年9月发布《评估和强化制造与国防工业基础及供应链弹性》报告。报告把供应链风险分为十大方面，包括供应的多元化程度、供应商及市场的脆弱性、市场供应能力不足、制造能力下降、原材料供给不足、对国外的依赖程度高、人力资本不足、基础设施老化、产品安全等。报告对16个行业进行评估后得出的结论是，这十大风险不同程度地渗透于所评估的行业，体现在300多项具体的风险中。报告还将这十大类风险归于五大宏观因素——政府支出的不确定和被挪用、美国制造能力的衰落、美国政府商业行为与政府采购造成的不利影响、竞争对手的产业政策、美国STEM及贸易的人才培养能力下降。针对造成美国供应链风险的因素，报告提出了11条建议，包括实施针对性的产业政策、减少对政治不稳定国家供应源的依赖、推进供应链的分散化、与盟国及伙伴关系国加强合作、加强工业基础建设、加快人力资本培育、加快下一代技术的开发等。

美国有关供应链安全和韧性的审查，人为地放大了美国的安全风险，其目标是建立美国具有绝对安全的国际国内循环，表面上看有利于其自身的产业链供应链安全，却会对全球产业链供应链稳定造成巨大冲击，不利于全球合作共同应对产业链供应链风险带来的挑战，最终也会对美国的产业链供应链造成冲击。近两年来，美国出现的产业链供应链中断问题，虽有一定的客观原因，但相当程度上与实施美国优先和美国产业政策的泛风险化有关。

（四）企业供应链战略调整带来新挑战

信息技术的发展、交通运输成本的下降，推动全球国际分工日益深化，产业链分工日益发达，各国之间经济关系相互嵌套，但全球国际治理体系的变革，受地缘政治、冷战思维的影响并没有根据全球产业分工的变化进行调整，使全球共同应对产业链供应链中断风险的意愿不强、能力不足，导致产业链供应链的不稳定性不确定性增加。由此，企业的供应链战略也开始出现调整，主要表现为区域化、内向化、多元化等三大趋势。2020 年 8 月，麦肯锡全球研究院发布的《全球价值链的风险、韧性和再平衡》报告，基于 13 个行业的 325 家公司的研究后得到的结论是，公司面临来自自然灾害、地缘政治不确定性、网络攻击等冲击的频次和风险明显增加，平均每 3.7 年一次，而且冲击造成的损失巨大，很多公司在受到冲击后的损失，每 10 年要平均损失一年的利润，每 5 ~7 年发生的供应链中断 100 天的极端事件会抹去一年的收入。报告估计，受疫情和地缘政治因素影响，16% ~26% 的全球贸易中期内会发生跨境转移，其形式主要包括国内生产、近岸外包和生产基地的调整。企业的供应链调整涉及企业部门就供应链效率和韧性之间的平衡，涉及供应链中上下游企业的关系和周边供应链的关系，其调整具有不确定性。

三 政策建议

（一）推动产业链供应链跨区域融通协作，优化产业链供应链区域布局

一是完善和落实主体功能区制度。按主体功能区划分政策单元，分类精准施策。优化重大基础设施、重大生产力布局和公共资源布局，推动区域平衡协调发展。

二是提升区域产业链供应链跨区合作的内生动力。通过打造高质量发展的第一梯队，培育全球先进制造业集群、新兴产业增长新引擎，实施新兴产业集群工程，提升产业链供应链协调联动的内在动能。

三是提高城市交接区域、城乡结合区域、周边县城的基础设施水平、产业配套设施水平以及公共服务设施保障水平，实现城市群、都市圈建设与产

业链供应链现代化，产业链供应链现代化水平提升与乡村振兴相衔接。

四是提升中西部地区产业承接能力，增强制造业的根植性。在中西部地区，布局更多的、聚焦特定产业链供应链的国家级、省级承接产业转移示范区。在老工业基地城市与资源型城市全面推进双向产业转移协作工作，形成有效的逆向飞地经济政策和机制。

五是深化流通体制改革。统筹物流枢纽设施、干线路、区域分拨中心和末端配送节点建设。建设高效的现代物流体系，提高流通效率。

（二）促进创新链与产业链供应链融通发展，打通产业链供应链关键堵点

一是通过国家级综合创新中心和区域创新中心建设实现创新链的协调联动，突破创新要素的跨区障碍。

二是积极推动国家级、省部级重点实验室，国家工程技术研究中心等高水平科技创新平台与相关领域产业链供应链上的龙头企业对接，联合开展重大科研项目攻关与科技成果转移转化工作。加快建立未来产业研究院，为未来产业链发展提供创新基础设施支撑。

三是鼓励制造业创新领军人才积极参与区域产业链供应链建设管理工作，探索由领军人才与省、市领导联合或轮值担任“链长”的“链长制”模式。

（三）不断拓展融入全球产业链供应链的空间，提升能力和水平

一是以外商投资营商环境优化为基本点，以稳外资外贸、稳产业链和供应链。立足中国产业规模优势、配套优势和部分领域先发优势，积极鼓励外资投资新兴产业链。为外资投资营造稳定、公平、透明、可预期的良好环境，保障市场主体平等准入和公平竞争，吸引外部高端要素投入我国的产业链供应链现代化中。

二是推动全球产业链供应链命运共同体建设。以人类命运共同体为指导，积极推动全球开展产业链供应链韧性能力建设合作，共同提升产业链和供应链抗风险能力。

三是推动全球创新链命运共同体建设。以我国为主场，打造全球顶尖的科技创新合作中心，提升对全球顶尖科学家的吸引力和全球各层次研究机构与我国合作的内生动力。

四是提升国际物流竞争力。加强国际航空物流建设，提高国际海运竞争力。优化国际物流通道。培育一批具有国际竞争力的物流企业。

（四）协调好功能型、普惠型产业政策与以产业链供应链现代化为导向的产业政策的关系

一是加快形成产业链供应链安全政策。充分发挥中国产业链供应链优势，拉长长板；探索突破关键技术和核心环节“卡脖子”问题，补齐短板；强化产业链供应链技术备份和生态系统构建，增强产业链供应链韧性。

二是加快形成产业链供应链创新政策。制定面向全产业链的创新政策，充分发挥产业链链主型企业的引领带动作用，推动中小企业“隐形冠军”做优做强，形成面向产业链供应链现代化的创新链体系；推动产业链技术创新由以引进吸收为主转向自立自强，提高关键技术环节的国产化比例，鼓励上下游企业实施基础创新与应用创新相结合；加快推动新一代信息技术、智能制造等与现有产业链供应链融合发展，构建“互联网+”“5G+”等融合创新模式。

三是加快形成产业链供应链效率政策。稳步推进大中小企业融通发展。继续实施领航企业工程，鼓励专精特新中小企业发展、“小巨人”企业、单项制造业冠军企业发展。禁止企业在产业链供应链关键节点上利用市场势力进行不正当竞争。促进产业链供应链合作有序、良性竞争，降低产业链供应链运行成本。

四是根据产业链供应链分割的要求，形成要素优化升级政策。加强更专业化的人才培养；协同产业链供应链上下游的土地资源规划与配置。充分借助区块链、物联网、5G、生物识别、人工智能等前沿技术，搭建服务上下游企业的供应链金融服务平台，推进产业链供应链金融发展，完善小微企业融资担保业务降费奖补政策，切实解决中小微企业参与产业链供应链面临的融资困难。推动产业链供应链绿色化发展，建立产业链供应链上下游生态补偿机制。

（五）建立产业链供应链风险预警与极端冲击防范机制

一是加快实施产业竞争力调查与评价工程。对产业链供应链分门别类地进行分析、评价，识别关键节点、关键企业。建立产业链供应链风险预警机制，跟踪关键节点和关键链路上的风险，提升对重大安全隐患进行预测和适应性调整的能力，将有限的资源精准配置到每个节点和链路上，实现整体网络的风险最小化。

二是提升极端情况下稳定产业链供应链的能力和水平。开展基础设施韧性评估，提升基础设施韧性。加强应急物资储备体系建设，精心设计备份系统；建立储备充足、反应迅速、抗冲击能力强的应急物流体系。推进产业链供应链的多元化。

参考文献

张其仔、许明：《中国参与全球价值链与创新链、产业链的协同升级》，《改革》2020 年第 6 期。

中国社会科学院工业经济研究所课题组：《“十四五”时期我国区域创新体系建设的重点任务和政策思路》，《经济管理》2020 年第 8 期。

张其仔：《提升产业链供应链现代化水平要精准施策》，《经济日报》2020 年 1 月 21 日。

中国社会科学院工业经济研究所课题组：《提升产业链供应链现代化水平路径研究》，《中国工业经济》2021 年第 2 期。

张其仔：《在新发展格局形成中新经济要发挥引领作用》，《湘潭大学学报（哲学社会科学版）》2021 年第 2 期。

张其仔、贺俊：《第四次工业革命的内涵与经济效应》，《人民论坛》2021 年第 13 期。

McKinsey Global Institute，“Risk，Resilience，and Rebalancing in Global Value Chains”，研究报告，2020。

国际篇

International Reports

B.2 美国产业政策调整及其影响

邓 洲　叶云岭*

摘　要：美国产业政策具有创新性、前瞻性、间接性、系统性等基本特征。历经多年发展，美国产业政策在2008年以后呈现逆全球化不断增强、制造业回流和产业优势重构、强调数字技术与产业融合发展的调整趋势。美国出台的产业政策对全球产业链布局的影响有如下几点：引起全球性贸易摩擦，引发产业链出现去全球化趋势；重构全球价值链版图，分工区域化趋势日益凸显；抑制新一轮科技革命对发展中国家产业链升级的推动作用。中国向价值链高端攀升难度加大。

关键词：美国　产业政策　制造业　产业链　价值链

* 邓洲，博士，中国社会科学院工业经济研究所工业发展研究室主任、副研究员，主要研究方向为工业发展；叶云岭，博士，中国社会科学院工业经济研究所博士后、助理研究员，主要研究方向为产业经济。

美国拥有领先的产业技术，长期处于全球制造业产业链和价值链高端。第二次工业革命以来，美国紧抓发展机遇夯实工业基础，建立起完备的工业体系，晋升为工业大国。第二次世界大战后，美国稳居世界第一制造业大国，并引领第三次工业革命，积极发展信息技术、半导体、原子能等新兴产业，被认为是“最具创新精神的国家”，在世界保持较强竞争优势。然而，自20世纪90年代以来，美国的一系列去工业化政策导致其产业空心化问题逐步突出，且与新兴国家或地区的产业竞争不断加剧。2008年金融危机后，美国为找寻新的经济增长点，提出“再工业化”口号，力图通过发展先进制造业保持其优势地位。

一　美国产业政策的调整趋势

（一）美国产业政策回顾

美国的产业政策起源于汉密尔顿1791年提交至美国国会的《关于制造业的报告》。美国历史上的著名总统如华盛顿、林肯等都是汉密尔顿产业政策的积极倡导者和践行者。

1945～1969年，美国经济繁荣发展。美国政府加强对产业发展的干预，关注产业技术创新，涌现出一批高科技成果。1957年10月，苏联第一颗人造卫星“伴侣号”成功发射，对美国科技与军事地位造成严重威胁。美国政府为重塑军工优势，成立国防高级研究计划局，紧紧抓住技术创新“牛鼻子”，围绕重大颠覆性技术创新和科技成果产业化商业化应用，制订实施一系列任务导向型的创新研究计划，涉及新一代信息技术、新能源新材料、生物医药、航天设备等领域。在此阶段，美国出于国家安全考量，部署产业创新体系，不断加大对基础科学研究的支持力度，促进产业快速发展。对劳伦斯利弗莫尔国家实验室、斯坦福大学和加州大学伯克利分校等高校、科研院所、研发机构投入大量经费，并通过“军转民”方式，扩大军用科技成果的适用范围。

1970～1989年，美国经济面临危机与调整。面对经济停滞、通货膨胀、传统产业竞争力衰退，大量企业倒闭、工人失业，实体经济缺乏增长点，美国制造业的大批量生产模式开始走下坡路，加之日本等国家制造业兴起造成外部竞争压力，美国产业政策将重点聚焦为促进新技术、新业态、新产业、新模式发展，加大研发投入，夯实创新基础，为创新成果转化应用奠定基础，加快科技研发成果的应用，推进石油、天然气、铁路、电力等传统产业的转型升级。

1990～2007年，美国经济平稳增长。美国以新兴产业为发展目标，提出"敏捷制造"理念，重点聚焦企业信息网络、虚拟企业、运营性生产基础设施、灵活的员工和虚拟生产五大领域。1995年，美国制订"下一代制造"计划，构建21世纪制造业企业发展模型，具有前瞻性地指明制造业企业在21世纪面临的发展环境与挑战，指出发展先进制造业的具体方法与路径，为21世纪美国制造业快速发展勾勒出蓝图。美国政府紧抓新产业革命机遇，设立专职机构，出台大量政策法规和专项计划，审时度势地实施支持先进制造业发展行动，促进突破性技术与新兴产业发展深度融合，推动先进制造业发展。

（二）2008年以来美国产业政策的调整趋势

2008年，美国金融危机爆发，美国政府产业政策战略部署上逐渐将重心聚焦先进制造，提出"再工业化"和"制造业重返美国"口号，为实现"美国优先""让美国再次伟大""维护美国全球领先地位"而出台了一系列产业政策。奥巴马政府确立了美国以制造业为核心的经济发展体系，颁布一系列产业创新政策，推动美国高端制造业的发展，以巩固美国先进制造在全球的霸权地位。特朗普政府颁布一系列"美国优先"的"特朗普新政"，大力推进产业政策改革以保持美国在世界上的领先地位，力促美国制造业回流并取得一定成效。具体而言，2008年以来美国产业政策或报告表现为以下调整趋势（见表1）。

表 1　美国制造业发展相关政策或报告（2009～2018 年）

年份	政策或报告	主要内容
2009	《美国创新战略：推动可持续增长和高质量就业》	将科技创新作为美国产业发展的主要推动力，促进市场的有效竞争和充分就业，为国家在先进技术领域的突破指明方向，保证美国经济的繁荣发展，重点支持新能源技术发展、支持先进汽车领域的科技发展、支持先进医疗技术的发展，为美国创新驱动经济发展绘制整体框架
2009	《重振美国制造业框架》	加大美国先进制造的研发投入，引导国内外劳动力向制造业转移，建设有利于制造业发展的基础设施，优化创新环境
2010	《制造业促进法案》	通过减税为全球企业提供优良的市场环境，促进海外制造业回流，巩固美国在全球产业布局的优势地位
2011	《美国创新战略：确保我们的经济增长与繁荣》	为确保美国经济繁荣与充分就业，确立美国需要突破的科技领域，为美国科技创新驱动产业发展指明方向
2012	《先进制造业国家战略计划》	重塑美国制造大国的竞争优势，明确美国制造业的产业体系
2012	《获取先进制造业国内竞争优势》	推动美国持续加快技术创新、加强人才队伍建设，营造良好的创新创业氛围，为美国制造业发展描绘蓝图
2014	《加速美国先进制造业》	为推进美国先进制造业的发展，要开展各部门协同创新，保证美国的科技在世界处于优势地位，创造更多更高质量的制造业就业机会，提高美国制造业的全球竞争力
2015	《美国国家创新战略》	国家创新战略指明美国科技创新的六大支柱，仍需要进一步扩大美国基础研究规模；培养科技创新人才以及高素质劳动力，创造先进的技术，形成创新型政府，确保美国先进制造业在全球的领导力
2016	《先进制造：联邦政府优先技术领域速览》	指明了美国先进技术的发展方向，即支持先进材料、先进生物技术等相关五个领域
2018	《美国先进制造业领导战略》	明确了科技创新在美国产业发展中的主体地位，旨在促进美国新兴产业的发展，同时加快美国传统产业发展，培养与产业发展相适应的产业技术人才；继续扩大美国先进制造业在全球范围内的供应链稳定，保证美国的经济繁荣与安全稳定

资料来源：根据美国政府公开资料整理。

1. 逆全球化不断增强

美国长期坚持“自由霸权”主义，通过在全球范围内实行美国主导的所谓“自由主义”的经济政策，以维持其在全球范围内的经济霸权地位。然而，随着国际形势的变化和美国国内经济发展的低迷，特朗普政府奉行贸易保护主义霸权，奉行“一切为了美国”的理念，基于保护主义的贸易和投资保护主义的原则，减少美国贸易赤字。与此同时，特朗普政府对其他国家实施贸易制裁，减弱其他具有竞争力的国家优势行业或产业发展的潜力，保证本土产业发展的时间和空间，保证其在全球产业布局中的优势地位，以确保美国超级大国的霸权主义地位，促进美国当地技术创新和产业发展。在一系列“逆全球化”政策中，美国政府一直打着“美国第一”的旗号，例如，对不同国家的区别对待、提高关税、限制移民以及对华“脱钩”等。究其原因，作为基本生产要素的劳动力和资本往往流向行业集中度高、拥有完善基础设施、低税率、市场化程度较高的地区或者国家，这一过程既能优化全球生产资源配置，也为跨国企业的发展提供了完备的市场环境。美国的高技术产业领先于世界其他各国，生产资源全球流动不断加快又进一步巩固其超级大国的战略地位，但与此同时，生产要素的自由流动同样限制了美国中低端制造业的发展，导致其本土制造业空心化现象凸显。因此，美国不断出台逆全球化政策和采取反全球化措施，并得到部分美洲和欧盟国家的支持与效仿，掀起了一股强大的反全球化浪潮。因此，在逆全球化趋势不断加强的过程中，全球贸易和金融相互依赖格局逐步发生改变，发达国家与新兴经济体之间贸易争端加剧，对全球产业分工产生深刻影响。

2. 推动制造业回流和产业优势重构

2008 年次贷危机之后，美国经济发展萎靡不振，制造业出现了明显的空心化趋势，奥巴马政府和特朗普政府出台了一系列相关产业政策振兴美国的制造业发展。这一时期的美国政府的产业政策以大力推动制造业发展为核心，以保证美国的先进制造业在全球范围内的优势地位。2009 年，奥巴马政府发布了《美国创新战略：促进可持续增长和提供优良的工作机会》《重整美国制造业框架》，主要倡导美国强化高端制造业的优势，促进高端制造业企业和人才回流美国。在此期间，美国制造业在全球占比得到小幅度回升，却并未得到本质性的改变。特朗普政府在此基础上改进了美国产业政策的发展方向，一方面，继续保证美国在高端制造业领域的优势地位，培育新兴产业，大力推动先进技术、先进制造业发展；另一方面，不同于奥巴马政府重点关注高端制造业，特朗普政府同时也加强了对美国传统制造业的升级转型发展，包括“锈带地区”产业的改进和升级，更加全面地激发制造业的创新活力。除此之外，特朗普政府在经济政策中将制造业放在首要环节，积极倡导美国的制造业体系应涵盖全球供应链，吸引更多的海外资本和人才回归。比如《美国先进制造业领导地位战略》提出在全球最高端、最前沿、最核心的制造业领域激发竞争优势，在持续加大高端制造业竞争力的同时激活低端制造业的创新能力和比较优势，保持美国在制造业领域稳固的霸权地位。

3. 强调数字技术与产业融合发展

美国拥有全球领先的信息技术和世界知名的数字科技企业，同时拥有健全的国家创新生态系统，多年掌握制造业等产业的价值链高端。美国政府高度重视人工智能、大数据产业的发展，以及相关基础研究的创新，并出台多项产业政策强调数字技术与产业的融合发展。《数字未来设计：联邦资助的网络与信息技术研发》强调信息技术在美国产业发展中的重要性，认为大规模数据分析处理技术的进步有助于促进科学研究、药物生产、金融贸易和国家安全等各方面的技术突破，应不断加大对大数据技术研发投入，此计划包括发展战略、法律框架和行动方案，旨在推进数字技术在工业领域的发展，并对工业技术进行补充和完善。2013 年 11 月，白宫出台了“数据 - 知识 - 行动”计划，明确了转变政府管理模式，鼓励先进创新，刺激经济增长，这是美国向数字化管理、数字化经济发展和智慧城市转型的重要行动；2014 年 5 月，美国总统办公厅提交《大数据：抓住机遇，维护价值》政策报告，建议加强公共部门和私营部门之间的密切合作，以便最大限度地利用大数据来促进经济增长或降低经济风险；2019 年 12 月，白宫发布《联邦数据战略与 2020 年行动计划》，该计划进一步体现了美国对大数据领域的重视，并将大数据作为一种战略发展的重要资源，加快大数据技术与一二三产业的融合发展。

二　美国产业政策的基本特征

美国的产业政策对美国产业转型发展与经济增长具有重要推动力量，由立法、司法和行政机构三者共同实施。综观这些产业政策，具有以下基本特征。

（一）创新性

美国产业政策的核心内容是创新政策。美国政府通过出台一系列创新法案，在战略部署上逐渐将政策重点聚焦为发展先进制造业，形成了以提升产业核心竞争力为主要目的、以创新政策为核心的现代化产业政策体系。20 世纪 80 年代，里根政府通过推动技术转移立法，积极鼓励中小企业创新创业，支持企业之间开展联合研发，推进将军事科技研究成果拓展至民用领域，牢牢抓住技术创新提升产业竞争力，为产业发展营造优良的制度环境。美国政府鼓励在研究机构中建立各种技术转让制度，开创“政产学研”合作发展模式（见表2）。

表 2　里根政府时期美国产业技术政策

年份	政策立法	主要内容
1980	《小企业经济政策法》	强调技术创新在产业体系中的主导地位，鼓励军用研发成果转向民间企业
1980	《大学和小企业专利程序法》	
1980	《技术创新法》	
1981	《经济复苏税务法》	以减税为企业技术升级提供研发资金
1982	《小企业技术创新法》	支持小企业发展，鼓励并引导小企业创新，建立小企业贷款资助渠道
1983	《准时付款法》	
1984	《合作研究法》	鼓励企业之间的研发合作
1986	《联邦技术转移法》	建立各创新主体的协同机制
1987	《1987 年贸易、就业、生产率法案》	提升劳动者教育水平、研发能力
1988	《综合贸易和竞争法》	制定先进技术计划，在全球范围内拓展制造业发展伙伴

资料来源：根据美国政府公开资料整理。

克林顿政府时期，美国进一步加强对技术创新的支持，将技术创新作为国家经济增长和提升产业国际竞争力的主要突破口，力图通过一系列以创新为核心的产业政策，明确美国新兴产业发展的核心领域，大力推进“政产学研”协同创新，加快科技成果转化，建立完备的技术转移法案，促进美国的产业繁荣（见表3）。

表3 克林顿政府时期美国产业技术政策

年份	政策立法	主要内容
1993	《技术促进经济增长》	发表技术政策声明
1994	《面向可持续发展的未来技术》	提出环境技术的立场
1994	《为了国家利益发展科学》	发表科学政策声明
1995	《通向可持续发展未来的桥梁:国家环境技术战略》	提出技术环境战略
1995	《国家安全科学技术战略》	提出安全科技的优先领域
1995	《支持研究与开发以促进经济增长》	反对减少研究与开发经费
1996	《为了国家利益发展技术》	明确振兴美国经济的主要技术
1997	《塑造21世纪的科学与技术》	制定面向21世纪的科技战略
1997	《计算、信息和通信:21世纪的技术》	出台支持信息技术发展的政策
1999	《信息技术研究:投资我们的未来》	扩大政府对信息技术的研发投资
1999	《国家运输科技战略》	提出美国运输科技的研发战略

资料来源：根据美国政府公开资料整理。

21世纪初，小布什政府陆续出台《创新美国》（2004）、《超越风暴》（2005）、《美国竞争力计划》（2006）、《美国竞争法》（2007）等产业政策，将这些政策作为提升美国创新能力的行动纲领，重视基础科学研究的战略地位，通过产业政策引导教育培训机构设计完备的培养方案以大力培养高技术人才，旨在最大限度地提升国家竞争力，保证美国在全球范围内的产业优势。奥巴马政府先后出台《美国创新战略：推动可持续增长和高品质就业》（2009）、《美国创新战略：确保经济增长与繁荣》（2011）、《美国创新法案》（2014）、《美国创新战略》（2015）等产业政策，将产业政策视为美国创新驱动经济发展的纲领性行动计划，旨在抢占全球科技制高点，保证美国经济发展的繁荣昌盛与安全稳定。经过多年发展，美国已拥有较为成熟的创新制度环境，如关于健全专利诉讼程序的《专利程序法》、激励中小企业创新的《小企业技术创新进步法》；军用技术成果加快转化，美国国家实验室和美国国防高级研究计划局（DARPA）多年来已成功推动互联网、GPS全球定位系统、机动机器人等多个军事技术的商业化应用；形成富有活力的产学研协同创新模式，硅谷孕育了谷歌、苹果等世界知名企业。

（二）前瞻性

美国政府富有前瞻性地将人工智能、量子通信、新材料、生物技术作为下一阶段发展的关键行业，不断增加其研发投资。同时，美国政府把重点放在创新资源上，解决产业发展中遇到的问题，实现新技术的产业化应用，利用新技术改造传统制造业。除此之外，美国产业政策的前瞻性主要体现在先进制造产业发展规划上。比如《美国国家创新战略》（2015）提出要加快前沿领域的新突破，注重加大先进制造、精密医疗、汽车、计算机等九大先进技术领域的研发投入。《先进制造业美国领导者战略》（2018）指出要提前布局新一轮工业革命需要优先发展的先进技术，如人工智能、大数据、新能源新材料、生物医药等，旨在保证美国制造大国的地位，引领全球科技革命与产业技术变革。

以人工智能产业为例，美国从2016年至今出台一系列产业政策推动人工智能领域的科技突破，加快人工智能技术在工业生产、社会发展中的应用，确立美国人工智能产业的绝对优势。比如《为人工智能的未来做好准备》（2016）重点论述了美国人工智能的发展现状、机遇及挑战，积极为美国人工智能产业发展布局谋划，加强美国在人工智能领域的核心技术攻关，提出相关具体措施，以确保美国的科技强国地位。此后，相关产业政策设计了美国人工智能产业发展路线，并提出在加强基础科学研究的同时也要重视相关人才的培养，将美国建设成为人工智能产业的全球高地。2016年，美国白宫发布《人工智能、自动化与经济》报告，指出人工智能技术将会大幅促进科技进步和生产率提高，对劳动力市场造成潜在的多重影响，预测人工智能将会对经济发展带来的影响，并提出可行对策。

《美国人工智能行动：第一年度报告》（2020）从投资研发、释放资源、消除创新障碍、培训人才、打造支持美国创新的国际环境等方面，梳理总结美国在人工智能领域取得的重大进展，并指明未来人工智能技术的发展方向。

（三）间接性

由于美国经济发展奉行所谓的“自由主义”，且较少颁布直接的产业政策，部分学者认为美国不存在产业政策。事实上，美国建立了一套具有间接性特点的“隐蔽”产业政策。其主要特点在于在美国独特的市场机制下，政府出台的产业政策往往作为一种兼具服务性和功能性的工具作用于产业发展，鼓励高校、企业、科研机构研究成果在市场机制的导向下在更大程度上得以扩散，筛选有潜力与竞争力的技术推行产业化，并主导多边和双边贸易协定，以投资、商业贸易、产品分工占据和瓜分市场。具体而言，一方面，美国政府以大量经费开支补贴制造业企业在研发方面投入的短缺，引导督促企业大力投入研发经费；另一方面，美国政府通过一系列关于企业并购重组的法律制度，对企业并购重组活动进行干涉，为提升创新水平、发挥技术创新的“规模经济效应”以及完善市场结构创造了有利条件。

（四）系统性

目前，美国产业政策体系主要由产业技术政策、产业组织政策以及其他产业政策组成，此三者在美国产业政策体系中长期积极存在，持续贯穿指导着美国成为制造业强国的发展道路。其中，产业技术政策是产业政策的重点，产业技术政策以技术创新和研发为核心，旨在为企业发展创造依靠市场机制无法创造的条件，关注如何将一项新技术引入产品研发过程，通过商业化渠道来提升产业整体的竞争优势。针对发展潜力巨大但研发经费不足的企业以及创新投资回报率周期过久、私人企业不愿涉足的技术领域，美国政府将出台相关政策予以扶持，旨在提高企业吸收先进技术与突破核心科技的能力。此外，美国的产业政策涉及多部门联合执行，例如，

国防部、国立卫生研究院、能源部、国家航空航天局、国家科学基金会、农业部、商务部等机构推行产业技术政策，联邦贸易委员会、司法部以及各级司法机构实施产业组织政策，联邦小企业管理局、经济发展局等机构实行其他产业政策。

三　美国的产业政策对全球产业链布局影响分析

自美国政府提出“再工业化”口号，从税收、移民、基础设施、能源政策、金融监管以及贸易政策等方面重塑全球产业链体系，实现“让美国再次伟大”愿景。一方面，美国积极吸收来自海外的大量人才、资本等生产要素，实施再工业化战略，以促进就业保证美国经济的稳定增长；另一方面，美国政府在扶持传统产业转型升级的同时，大力培育发展先进制造业和新兴产业，抢占全球科技制高点，巩固其在高技术制造业领域的主导地位。

（一）引起全球性贸易摩擦，引发产业链出现去全球化趋势

全球化导致世界各国经济利益分配失衡，加剧国际政治博弈，全球贸易领域的保护主义政策明显增多，严重损坏了国际贸易体系的平衡。全球产业链是发达国家维持其国际经济控制地位的一种策略，但随着新兴经济体与发展中国家逐渐从全球产业链低端向高端迈进，美国等发达国家在全球产业链中的优势地位受到冲击挑战，进而通过调整全球产业链分工模式来限制新兴经济体与发展中国家的产业发展。随着中国经济的快速发展，以美国为首的发达国家将中国作为贸易保护主义的主要对象，挑起历史上最大的双边贸易摩擦。自 2018 年 3 月，美国正式开启同中国的贸易摩擦，征收高额关税，对进口中国的规模从 500 亿美元提升到 2000 亿美元，而后升级到 3000 亿美元，不断提高征收关税税率。可见，美国对外主要通过贸易保护主义限制进口，增加了全球的贸易摩擦，对全球产业链的稳定造成冲击，带有明显的激进和极端色彩。这种贸易保护的行为给整个社会的发展带来了致命的打击，

影响全球产业链的持续性和稳健性，加速了全球产业链的局部分化。此外，以跨国公司为主导的全球产业链也出现了去全球化的趋势，面临全球供应链紧缩、产业链断裂的巨大风险。

（二）重构全球价值链版图，分工区域化趋势日益凸显

当前，全球形成了北美自由贸易区、欧盟区、东亚地区三大区域性生产网络，其中，北美自由贸易区以美国、加拿大、墨西哥为中心，欧盟区以德国、法国、意大利为中心，东亚地区以中国、日本、韩国为中心。这三大区域贸易网络相互依存、互为补充。其中，北美自由贸易区是一个相对独立的生产网络且内部分工格局具有较强互补性，美国、加拿大等国处于价值链的相对上游且在区域价值链中参与程度不断加深，墨西哥等国处于价值链的相对下游。欧盟区在全球价值链上处于中上游位置，其总体分工地位逐渐向下游移动，核心成员国与非核心成员国在全球价值链参与程度和全球分工地位上存在较大差异。东亚区域的价值链对欧美国家存在一定的外部依赖，但外部依赖程度正逐渐下降，内部动力不断加强。相较于日韩，中国在东亚区域价值链的参与程度后来者居上，并在高技术制造业方面的竞争力呈现后发优势。

长期以来，美国在全球化的进程中一直位于领先地位，在全球贸易分工网络中大量进口廉价劳动力生产的低附加值消费品，进而将更多的财力物力投入本国的科技创新和产业变革中，引领美国抢占全球科技制高点，推动美国先进制造业发展。美国一直处于产业技术变革领域的技术前沿，以雄厚的科技创新实力处于全球产业价值链的上游，为保持其竞争优势，美国出台一系列以创新为核心的产业政策，以加速产业变革，促进经济可持续发展。同时，美国通过一系列的政策和措施将制造业的就业和产业发展重新转回本土，力争加快全球跨国企业向美国转移，造成全球经贸关系恶化。新冠肺炎疫情极大地阻碍了生产要素的自由流动，冲击了价值链分工的需求端和供给端，带来了多种形式的贸易保护主义，这将进一步暴露全球价值链的脆弱性，强化全球价值链分工已有的逆向发展趋势。中美作

为全球最大的两个经济体以及东亚区域价值链和北美区域价值链的核心国，疫情下中美全面“脱钩”风险的加剧、两国之间的价值链分工的变动必然导致全球价值链分工网络发生根本性变化，价值链区域化、国内化发展趋势更为显著。

（三）抑制新一轮科技革命对发展中国家产业链升级的推动作用

近年来，各国资源比较优势的变化直接推动了全球产业分工模式发生深刻改变。美国围绕关键核心技术引领新一轮科技革命，重点部署先进制造业，催化全球产业链升级演变，具体表现为如下方面。一是市场需求创造产业发展空间。随着新一代消费者的出现，智能手机、平板电脑等电子产品的市场空间不断拓展，为智能制造、信息技术等新兴产业的快速发展奠定了坚实的基础。二是新的生产模式有效降低制造业的生产成本。全球的产业链布局由最初的点式分布演化为网络分布，极大地促进了资本、劳动力等生产要素的高速流动，缩短了商品交易的时空距离，全球产业链呈现网络化、集聚化、集群化的特点，与此同时，大数据技术和人工智能应用改变了传统生产模式，打破了商品生产、营销、消费的地域限制，更加合理地配置全球的生产要素，进而降低了企业生产成本，提高了企业生产效益。三是产业绿色化成为发展主题。工业化的快速发展带来了全球温室气体排放、气候变化等一系列环境问题，制造业绿色化生产的需求日益增加，进一步巩固了发达国家的产业优势，缩小了新兴国家的产业发展空间。究其原因，发达国家在新一代信息技术、新材料、新能源、新能源汽车、生物医药等环境友好型产业上更具有技术优势，而发展中国家的生产技术水平相对较低，制造业污染排放依然较大，落后和过剩产能问题突出，有悖于当今世界产业绿色发展的大趋势。因此，新一轮产业技术革命将改变以往的全球产业分工格局，发达国家将凭借其工业革命积累的技术优势继续引领全球产业发展潮流，巩固其在全球产业发展中的竞争优势，而发展中国家与发达国家的技术差距将不断扩大，在全球贸易格局中的比重将会逐步降低。

参考文献

顾强、王瑞妍、董瑞青、师帅：《美国到底有没有产业政策？——从〈美国先进制造业领导战略〉说起》，《产业经济评论》2019 年第 3 期。

黄群慧、贺俊等：《真实的产业政策——发达国家促进工业发展的历史经验与最新实践》，经济管理出版社，2015。

卜伟、谢臻、赵坚：《中国产业政策的特点、效果与演变——产业政策问题研讨会会议综述》，《经济与管理研究》2017 年第 4 期。

沈梓鑫、贾根良：《美国小企业创新风险投资系列计划及其产业政策——兼论军民融合对我国的启示》，《学习与探索》2018 年第 1 期。

沈梓鑫、江飞涛：《美国产业政策的真相：历史透视、理论探讨与现实追踪》，《经济社会体制比较》2019 年第 6 期。

张曙：《美国的“下一代制造”和我们的对策》，《中国机械工程》2000 年第 Z1 期。

Bonvillian, W. B. , “The New Model Innovation Agencies: An Overview”, *Science & Public Policy*, 2014, 41 (4): 425 - 437.

Gray, W. H. , Neal, R. E. , Cobb, C. K. , A Review of the Technologies Enabling Agile Manufacturing Program, Office of Scientific & Technical Information Technical Reports, 1996.

Gill, I. S. , Raiser, M. , *Golden Growth: Restoring the Lustre of the European Economic Model*, Washington: The World Bank, 2012.

Nagal, R. , Dove R. , 21st Century Manufacturing Enterprise Strategy: An Industry Led View, Bethlehem: Iacocca Institute Lehigh University, 1991.

B.3
欧盟产业政策调整及其影响

伍业君　王 磊*

摘 要： 本文梳理了欧盟最近三年出台的产业政策，分析其对产业链布局进而对中国产业发展的影响。研究显示：欧盟新出台的产业政策以绿色化、数字化转型为重点，开始从追求竞争力和增长向追求增长、安全、领导地位转变。欧盟产业优势集中于化工、交通设备、农产品等领域，从13个供应链生态系统看，具有领导地位的有航空航天和国防等7个，数字、电子等4个生态系统处于劣势地位。欧盟出台政策对欧盟产业起到“强长+补短”的作用，对中国产业发展的影响短期内表现在纺织、钢铁等高能耗行业，长期内可能冲击办公电信设备等产业。

关键词： 产业政策　欧盟　产业生态系统　供应链安全

随着经济的发展，产业结构从农业向工业再到服务业的转型，被称为产业结构升级和高级化，此思想长期以来指引着发达和欠发达国家的经济发展，于是，世界上除了发达国家存在经济服务化的趋势，发展中国家也出现了去工业化的现象。然而，2008 年始于美国的全球性金融危机引起了发达国家对工业化的再重视，或者说对“去工业化”的深度思考。美国直接审

---

* 伍业君，经济学博士，铁道党校讲师，主要研究方向为公共政策、贸易与增长；王磊，经济学博士，中国宏观经济研究院研究室副主任，副研究员，主要研究方向为产业经济学。

视20世纪90年代开始的去工业化过程，奥巴马政府于2009年提出了“再工业化”战略。欧洲国家也纷纷提出新的工业战略。近十年来，随着数字技术的群体性突破，数字经济不仅成为发达国家聚焦的经济增长引擎，更是其夺取数字革命话语权、自主权的又一高地。欧盟也不例外，作为第一次、第二次工业革命的发源地，欧盟的工业一直较强，最近十年来其数字经济发展却较为迟缓。但是，欧盟显然不乐见美国独领风骚，更不希望数字经济发展迅速的中国也后来居上，因此，在数字经济、数字技术领域奋起直追，希望掌握该领域的技术自主权和主导权。在这种背景下，工业化或者说再工业化和数字化就成为各国经济发展的战略重点。欧盟也不例外。据初步统计，2020年初以来，冯·德莱恩领导的欧盟委员会新一届委员会发布了30多份政策文件①，重点支持欧盟绿色化和数字化双重转型，意图依托欧洲强大的单一市场、传统的高端制造基础和数字能力的补强，提升欧盟整体竞争力和在世界新秩序下的领导地位。本文旨在梳理欧盟近年来出台的产业发展相关政策，分析其对全球产业链布局的影响，尤其是对中国产业发展的影响。

一　欧盟新出台产业政策

（一）欧盟最新出台总体政策部署

2008年全球金融危机之后，欧盟为了从危机中复苏，于2010年提出以提高欧盟制造业和工业竞争力为核心目标的“再工业化”战略，但研究显示，由于工业投资不稳、政策传导渠道不畅、研发支出增长低于预期等，该战略并未取得实质性进展②。“再工业化”战略提出后，欧洲相继经历欧债危机与英国脱欧，伴随着世界经济政治格局的大调整，欧盟逐渐意识到可持

① 忻华：《国际地缘政治变局中的欧盟新产业战略评析》，《当代世界》2020年第10期。

② 孙彦红、吕成达：《欧盟离“再工业化”还有多远？——欧盟“再工业化”战略进展与成效评估》，《经济社会体制比较》2020年第4期。

续增长、维持欧盟在工业领域的领导地位和提升战略自主权的重要性。

2019 年，新上任欧盟委员会主席冯·德莱恩在其 2019～2024 政治指导方针中提出六大目标，其中与经济直接相关的有两个，第一个是欧洲绿色协议。将绿色转型摆在目标首位，与欧盟在绿色技术领域的领先地位是分不开的，欧盟在能源密集型产业的绿色技术开发和使用、可再生能源开发和利用方面在世界上占有领先地位，如风能领域以及可再生能源集成的赋能技术（电池和智能电网技术等）。欧洲绿色协议一方面通过欧盟在世界范围内引领气候变化谈判方向，另一方面在绿色技术领域（如氢基炼钢、碳捕获、利用和储存以及循环系统集成）制定技术标准，完善相关领域的立法（如《采掘废物指令》《工业排放指令》《环境影响评估指令》《碳边境调节机制》），巩固欧盟在绿色经济领域的规则引领和技术领先地位。第二个是适合数字时代的欧洲。该目标聚焦数字技术发展和数字化转型，以适应数字时代发展，同时通过数字技术的发展，以更好地利用数据和人工智能进行创新，赋能从健康到农业、从安全到制造业等领域更好应对挑战。

为了实现政治指导方针中的六大目标，2020 年 3 月欧盟委员会发布题为“打造具有全球竞争力的绿色数字欧洲的新工业战略”（简称《欧洲新工业战略》）。与政治指导方针中的六大目标对标看，《欧洲新工业战略》目标中的引领向气候中立和数字领导的双重转型，聚焦绿色化和数字化双转型与欧盟 2020 战略智能化、绿色化、包容性发展总体方向并未发生大的改变，但新战略与 2019～2024 政治指导方针一致，同时突出欧盟要巩固其工业领域领导地位的决心，将推动欧洲在地缘政治变动和全球竞争加剧之际的竞争力和战略自主性作为双转型的并列目标。除了在绿色化和数字化双转型方面部署了相关政策，如清洁氢联盟外；在战略自主性方面，欧盟在关键原材料和技术领域，通过各种政策支持其在数字基础设施和关键赋能技术的发展，来增强其战略自主权；同时通过竞争政策，对国外竞争者进行评估，为欧盟市场数字经济的发展争取时间和空间。

表 1　欧盟新出台政策梳理（2019～2021 年）

战略(提出时间)	目　　标	主要政策内容
2019～2024 政治指导方针(2019 年 7 月)	欧洲绿色协议;为人民服务的经济;适合数字时代的欧洲;保护欧洲生活方式;世界上更强大的欧洲;对欧洲民主的新推动	欧洲气候法;碳边境税;审查能源税收指令;2030 年生物多样性战略;"从农场到餐桌战略";循环经济行动;中小企业战略;数字税;数字服务法案;数字教育行动计划
打造具有全球竞争力的绿色数字欧洲的新工业战略(《欧洲新工业战略》)(2020 年 3 月)	引领向气候中立和数字领导的双重转型; 推动欧洲在地缘政治板块移动和全球竞争加剧之际的竞争力和战略自主性	维护技术主权,使法律框架适应绿色和数字转型的知识产权行动计划; 持续审查欧盟竞争规则,包括对合并控制的持续评估和对国家援助指导方针的适用性检查; 解决单一市场中外国补贴造成的扭曲效应,并解决外国获得欧盟公共采购和欧盟资助的问题; 能源密集型产业现代化和脱碳,支持可持续和智能移动产业,提高能源效率,加强现有的碳泄漏工具; 通过关键原材料和药品行动计划确保关键原材料的供应,并通过支持战略性数字基础设施和关键赋能技术的发展,增强欧洲的工业和战略自主权; 清洁氢联盟,加速工业脱碳并保持工业领先地位; 绿色公共采购的进一步立法和指导; 重新关注创新、投资和技能 新的中小企业战略; 单一市场:《更好地实施和执行单一市场规则行动计划》
欧洲时刻:修复并为下一代欧盟做准备(《下一代欧盟》)(2020 年 5 月)	保护生命和生计,修复单一市场,建立持久和繁荣的复苏; 投资欧洲绿色协议和数字化;将促进就业和增长、社会复原力以及环境健康	成员国投资与改革:5600 亿欧元,投资和改革,包括绿色和数字转型以及国家经济复原力等;550 亿欧元,按受危机影响程度分配;400 亿欧元,协助成员国加速向气候中立过渡;150 亿欧元,农村绿色改革 撬动私人投资:310 亿欧元,为企业释放 3000 亿欧元的偿付能力;153 亿欧元动员私人投资;150 亿欧元撬动 1500 亿欧元,增强战略部门及内部关键价值链韧性(弹性) 处理危机:94 亿欧元,新卫生方案;20 亿欧元,应对危机;944 亿欧元,资助健康、复原力、绿色和数字转型方面的主要研究;165 亿欧元,人道主义援助

续表

战略(提出时间)	目　　标	主要政策内容
更新2020年新工业战略:为欧洲复苏建立更强大的单一市场(《更新2020新工业战略》)(2021年5月)	原则、优先事项、行动同《欧洲新产业战略》,重点是捕捉新冠肺炎疫情对欧洲经济和工业的真实影响,从疫情吸取教训,提出加强韧性和功能的措施,使欧盟工业在全球更具竞争力,并增强欧洲的战略自主性	从疫情中吸取重要的教训: 凸显了维护单一市场中人员、货物、服务和资本自由流动的根本必要性,以及共同努力加强其抗干扰能力的必要性; 更好地把握欧洲当前和未来可能的战略依赖;绿色和数字化转型理由充分 加强单一市场弹性: 单一市场应急工具;加强欧盟和进口产品的单一市场监管;致力于资本支持和股权融资以支持中小企业 处理依赖性: 解决单一市场中外国补贴的潜在扭曲效应;定期审查战略依赖关系并监控与战略依赖关系相关的风险;探索国际伙伴关系与合作,解决战略依赖问题;启动处理器和半导体技术、工业数据、边缘和云方面的联盟;加强针对中小企业供应链中断和脆弱性的行动;采用标准化战略;通过公共采购确定和解决战略依赖的指南 加速数字化和绿色化双重转型: 从旅游业和能源密集型产业开始,为相关生态系统共同创造绿色和数字过渡途径;推广可再生能源购买协议的行动;排放交易计划指令;能源和工业地理实验室

资料来源：根据欧盟官网上政策梳理。

《欧盟新工业战略》提出第二天，世界卫生组织宣布新冠肺炎为大流行病，随之而来的封锁和经济放缓对欧盟经济带来了冲击，欧盟迅速采取行动，实施了欧盟有史以来最大的经济刺激计划，欧盟的长期预算加上旨在推动复苏的临时工具——《下一代欧盟》（Next Generation EU），共2.018万亿欧元，以减轻疫情对包括中小企业在内的公司的影响，同时抓住时机，进行绿色、数字化转型，提出建设更强大更具韧性的欧洲，而这个韧性指的是供应链的韧性。因此，《下一代欧盟》政策中，特别拿出310亿欧元用于加强战略部门及内部关键价值链韧性。新冠肺炎疫情的冲击，揭示了全球价值链的相互依存性和全球一体化单一市场的价值，疫情也凸显了欧盟在某些领域的脆弱性，需要加快向更绿色、更数字化、更具韧性的经济和工业模式过渡，以保持和增强欧洲实现可持续竞争和增长的动力。

为此，冯·德莱恩在欧盟国情咨文中宣布了欧盟产业战略的更新：吸取危机的教训，加强经济韧性，并在保持和创造就业机会的同时加快双转型。2021 年 5 月 5 日，欧盟委员会提出“更新 2020 年新工业战略：为欧洲复兴建立更强大的单一市场”。这一更新的战略将欧盟工业政策和单一市场放在一个政策框架体系内，以便更好地理解商品、服务和人员之间跨区域和跨部门的复杂联系，更全面地考虑其中断对经济和社会的影响。政策不仅是对新冠肺炎疫情冲击的应激反应，更是对 2020 年 3 月单一市场执法行动计划执行情况评估报告的回应。更新的新工业战略除了双转型外，尤其强调加强单一市场的弹性和供应链的韧性。在加强供应链韧性问题上，从定期审查评估战略依赖、探索国际伙伴关系和合作、成立联盟、标准化战略等方面进行了政策部署。

（二）欧盟绿色化、数字化双转型政策

从欧盟总体政策看，经济领域的政策主要集中于绿色化和数字化双转型，通过双转型塑造竞争力和持续增长能力，提升战略自主权。从 2010 年提出的欧盟 2020 战略到 2021 年更新的新工业战略，欧盟始终将绿色化和数字化作为不变的主线。2019 年以来，欧盟绿色化转型的总体部署主要体现在“欧洲绿色协议”上，数字化转型则通过聚焦欧洲数据单一市场的“欧洲数据战略”和提升数字技术技能的“欧洲数字十年：2030 年的数字目标”进行政策安排。为了实现欧洲绿色协议，部署了气候、环境和海洋、能源、交通、农业、工业、金融和区域发展、研究和创新八个领域的行动，重新考虑整个经济、工业、生产和消费、大规模基础设施、运输、粮食和农业、建筑、税收和社会效益的清洁能源供应政策。数字化转型方面，部署了人工智能、欧洲数据战略、欧洲工业战略、高性能计算、数字服务法、网络安全、数字技能连接八项行动。

绿色化政策聚焦强化绿色、循环技术领域优势地位。绿色化主要包括能源、交通、农业、工业等清洁能源、可循环经济等方面，这些领域欧盟在全球技术领先，倡导绿色发展，是对气候变化的积极应对，更体现欧盟制定技

术标准、巩固欧盟技术主权的主要目的。从政策内容看，欧盟制定法规和指令，一方面强化欧盟标准在全球范围内的影响力，另一方面则对进入欧盟市场的产品进行监管，通过高技术标准建立贸易壁垒，巩固市场优势。如碳边境调节机制、可降解和生物基塑料监管框架等。

数字化政策强调提升数字技术水平、保关键产业链安全。在数字化领域，过去十年，欧盟整个数字经济的发展落后于美国，很多数字技术在欧盟之外的国家发展得如火如荼，因此，在 2020 年 9 月，冯・德莱恩宣布，欧洲应在明确目标和原则的基础上，以欧盟 2030 年的共同愿景确保数字主权。同时，新冠肺炎疫情凸显了欧洲在数字技术方面对外部市场的依赖。微处理器是关键战略价值链的链首，虽然欧洲设计和制造高端芯片，但与最先进国家相比仍存在较大差距，特别是在最先进的制造技术和芯片设计方面，这严重威胁到产业链安全。因此，在实现“数字十年：2030 年目标”的数字指南（罗盘）政策方案中，欧盟首先强调了建立监测系统的重要性，以跟踪把脉欧盟数字经济进展和问题所在，尤其是基础设施和关键能力差距。与绿色化政策更加重视巩固优势地位不同，数字化战略一方面强调补短板，在关键技术领域实施多国项目，如基础设施、可信处理器、电子元件、量子技术等，提升欧盟数字技术能力；另一方面重视保安全，通过国际伙伴关系深化技能、投资和研发，确保关键供应链安全，以摆脱芯片领域对亚洲的严重依赖，提高战略自主性。

表 2　欧盟绿色化、数字化双转型政策内容

领域	政策/协议名称	政策目标	政策内容
绿色化	欧洲绿色协议	2030 年欧洲比 1990 年减排 50%，甚至 55%，2050 年气候中立；提供清洁、可支付和安全的能源；清洁可循环的经济；以节约能源和资源的方式建造和翻新；资助过渡；零污染和无毒环境；保护和恢复生态系统和生物多样性；“从农场到餐桌战略”，加速向可持续和智能移动转型	《欧洲气候法》；《能源税征收指令》；碳边界调整机制；循环经济行动计划；“可持续产品”政策；跟进 2018 塑料战略；制定可生物降解和生物基塑料的监管框架；《电池战略行动计划》；《联合运输指令》；修订《能源税指令》；审查《替代燃料基础设施指令》；“从农场到餐桌战略”；2021～2027 年共同农业政策；生物多样性战略；《关于加强欧盟保护和恢复世界森林行动的沟通》；可持续性的化学品战略；可持续欧洲投资计划；欧洲能力框架；可持续金融战略；研究和创新议程

续表

领域	政策/协议名称	政策目标	政策内容
数字化	欧洲数据战略 2020 年 2 月	建立真正的单一数据市场	《欧洲共同数据空间的治理》 《开放数据指令》 《数据法》 《横向合作准则》 《数字市场法案》 《数字服务法案》
	欧洲数字十年：2030 年的数字目标（2021 年 3 月）	技能：信息和通信技术专家达到 2000 多万，最少 80% 人口具备基本数字技能；安全和可持续的数字基础设施：5G 无处不在，在尖端半导体全球生产中份额翻番；数据边缘云：1 万个气候中性、高度安全边缘节点，第一台具有量子加速度的计算机；企业数字化转型：75% 的欧盟公司使用云/AI/大数据，培育独角兽达到 30 家，超过 90% 的中小企业达到至少基本的数字强度水平；公共服务数字化：100% 主要公共服务在线，100% 公民能获得医疗记录，80% 公民使用数字 ID	监测系统：对标四大目标和数字原则衡量欧盟进展，发布《欧洲数字十年状况年度报告》； 关键技术项目方面多国项目：构建通用和多用途泛欧互联数据处理基础设施，开发实时（非常低延迟）边缘能力，设计安全、低功耗和可互操作的中间件平台；设计部署下一代低功耗可信处理器和其他电子元件；泛欧部署 5G 走廊；开发和部署覆盖整个欧盟的超安全量子通信基础设施；由以人工智能为动力的安全行动中心网络；互联公共管理；欧洲区块链服务基础设施；欧洲数字创新中心；通过《技能公约》建立数字技能的高科技伙伴关系； 监管、能力建设和技能、投资和研究相结合的国际伙伴关系：建立新欧盟 - 美国贸易和技术理事会，加强技术和工业联合领导，制定兼容的标准，深化研究合作，确保关键供应链安全；联合研究（6G、量子等技术）

资料来源：根据欧盟官网上政策梳理。

（三）欧盟最新出台产业政策的特征

1. 欧盟政策制定极具系统性、完备性

以政治指导方针为中心，通过战略计划将指导方针中的优先项转化为具体业务战略，战略通过总体目标和具体目标来表达，各司局配套相关政策法规进行分领域的政策措施设计，然后对战略进行年度执行情况报告，针对报告进行分析，对照目标查找还存在的问题，形成下一步政策措施，是一个完整系统的闭环。2019～2024 政治指导议程之后，围绕该议程，欧盟委员会气候总局提出冯·德莱恩委员会五年期间的总体战略《2020～2024 年战略计划：气候行动》；农业农村发展总局、区域和城市总局、能源司、竞争总局、金融总局等出台相应部门战略，配合指导方针中的优先事项，均有 KPI 指标进行考核。对年度 KPI 考核结果进行相应政策调整，保证政策取得相应成效。

2. 欧盟政策从追求复苏增长向追求增长、安全、领导地位并重转变

以欧盟 2019～2024 政治指导议程为标志，欧盟产业政策从追求竞争力、可持续增长向追求增长安全和领导地位转变。在欧盟委员会主席的“欧洲议程——一个追求更多的联盟”及其之后出台的相关政策中，领先、领导、领导力、领导地位成为高频词[①]。这一方面源于，与数字经济在美国和新兴经济体如中国的发展相比，欧盟数字经济整体表现逊色，鉴于数字技术的赋能作用，老牌技术强国的技术领先地位有可能被撼动，这加强了欧盟的紧迫感和危机感，因此，政策转向对领先地位的巩固与追求。同时，2020 年新冠肺炎疫情导致的封锁强化了欧盟对产业链安全的认知。新冠肺炎疫情使欧盟经济遭受了前所未有的持续冲击，欧盟经济萎缩了 6.3%，中小型企业尤其受到重创。疫情封锁及单方面对货物和人员的自由流动实施限制导致严重的供应链中断，经济活动受到限制，产品生产变得困难重重，这些都让欧盟深刻认识到基于产品的竞争力的可能风险。因此，疫情强化了欧盟产业政策从提升产品竞争力转向提升整个供应链、产业生态系统的领导地位和安全性。

二　欧盟出台的政策对全球产业链布局影响分析

（一）欧盟产业发展现状分析

欧盟高度重视工业发展。几个世纪以来，欧盟一直是工业创新的先驱，

① 忻华：《国际地缘政治变局中的欧盟新产业战略评析》，《当代世界》2020 年第 10 期。

帮助改善了世界各地的人们生产、消费和做生意的方式；多次危机也证明了工业引领变革的能力。欧洲拥有强大、创新和一体化的工业基础。工业是欧洲未来进步和繁荣的核心，占欧盟经济的20%以上，工业出口占商品出口的80%，是欧盟成为全球第一大外国直接投资商和目的地的一个重要原因。中小企业占所有欧洲公司的99%以上，其中绝大多数是家族企业，是欧盟经济和社会支柱。这些企业被称为隐形冠军，在相当多技术领域拥有专业技术知识和技能诀窍，在全球产业链占据重要位置，在国际市场上极具竞争力。

1. “再工业化”战略促进欧盟工业制成品出口份额提升

从商品出口看，2007年以来，欧盟出口占世界出口的比重为35.12%，国际金融危机的影响在随后几年内逐步显现，2008～2009年降低近两个百分点，2012年为最近15年内最低点，为28.86%（见表3）。随着欧盟“再工业战略”等一系列绿色化和数字化双重结构转型战略的颁布和实施，欧盟对工业的认识提高了战略层面，用“再工业化”促进结构转型、提升欧盟竞争力和在世界经济秩序中的地位和作用，成为最近十年来的总体趋势，而且取得较为显著成果，2013年以来，欧盟出口开始回升，到2020年总出口占世界总出口的比重上升至31.04%。

2. 欧盟传统领域优势明显，如药物、交通设备、汽车、钢铁、农产品等

从出口结构看，欧盟出口比例超过30%的行业超过所有行业分类的一半，农产品出口、工业制成品出口占世界出口的比重大部分维持在35%以上，从制成品细分产品看，钢铁、药物和汽车市场占有率很高，出口占比最高的是药物，2007年为61.42%，之后呈W形反弹，2019年恢复到接近2007年水平，达到61.30%。汽车和钢铁基本呈现先下降后回升的态势（见表3）。

表3　欧盟出口产品占世界出口比重

单位：%

年份	2007	2011	2012	2013	2014	2015	2016	2017	2018	2019
TO	35.12	30.46	28.86	29.18	29.74	29.77	30.97	30.81	30.66	30.63
AG	41.30	36.05	35.11	36.36	36.22	35.33	35.75	35.55	36.01	35.92
FO	42.52	37.18	36.14	37.25	36.78	35.70	36.16	36.07	36.45	36.25

续表

年份	2007	2011	2012	2013	2014	2015	2016	2017	2018	2019
MI	15.98	14.18	14.40	14.49	14.53	16.47	16.74	16.50	15.69	15.13
FU	12.50	11.89	12.53	12.82	12.66	14.29	14.47	14.17	13.34	12.86
MA	41.48	37.36	35.26	35.62	35.60	34.83	36.08	36.21	36.62	36.35
IS	42.00	37.38	35.39	35.46	34.02	34.87	36.18	36.45	36.31	36.08
CH	49.78	45.03	43.91	44.98	44.92	44.39	45.15	45.26	45.46	45.84
PH	61.42	58.63	57.79	59.11	59.18	56.93	56.71	59.36	61.10	61.30
MT	39.78	36.08	33.86	34.10	34.34	33.82	34.97	34.67	34.90	34.76
OF	24.56	21.40	19.35	18.15	18.70	17.66	18.42	18.00	17.85	18.18
EP	26.75	23.19	21.60	21.89	23.37	21.84	23.15	18.66	18.65	20.97
TL	29.85	26.47	23.75	22.26	22.20	21.25	21.61	25.70	26.32	24.10
IC	14.51	12.84	10.83	9.04	9.22	8.91	10.05	9.64	9.32	9.86
TE	47.40	43.45	40.86	42.16	42.70	42.14	43.25	43.22	43.93	43.44
AU	50.04	47.75	43.74	44.89	45.85	45.27	46.30	46.65	47.15	46.62
Te	32.19	24.64	23.16	22.48	22.62	21.18	22.38	22.30	22.60	21.70
CL	28.75	26.47	24.82	24.60	24.65	23.10	24.93	26.32	27.45	27.68

注：表中第一列字母意义：TO 为总出口、AG 为农产品、FO 食物、MI 燃料和矿产品、FU 燃料、MA 制成品、IS 钢铁、CH 化学品、PH 药物、MT 机器和交通设备、OF 办公和电信设备、EP 电子数据处理和办公设备、TL 电信设备、IC 集成电路和电子元件、TE 交通设备、AU 汽车产品、Te 纺织品、CL 服装。此表不包括欧盟国家出口到欧盟地区的数额，为欧盟出口到欧盟之外的世界其他国家和地区的出口占比。以下表同此。

资料来源：data. WTO. org。

3. 欧盟各国的出口中，有接近2/3的出口在欧盟市场内部

值得注意的是，欧盟出口大部分在欧盟内部各国之间，出口到欧盟之外世界市场的约占欧盟总出口的 1/3。这也是欧盟强调建设更强大的欧盟单一市场的重要原因。从欧盟出口到除欧盟之外的世界市场份额看，欧盟的药物行业竞争力极强，而且 2007 年以来一直保持持续上升态势，从 2007 年的 26.75% 上升到 2019 年的 33.96%，占据世界药物总出口的 1/3。其次是交通设备，尤其是汽车。相较而言，办公和电信设备、电子数据处理和办公设备、集成电路和电子元件等在欧盟处于相对弱势地位，世界市场份额不高，而且有下降趋势（见图 1）。

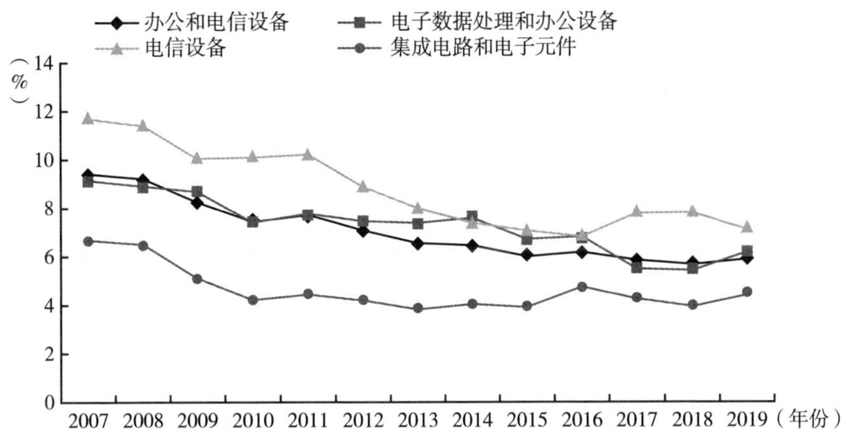

图 1　欧盟出口世界的部分行业市场份额走势（2007～2019 年）

资料来源：据 www. data. WTO. org 数据计算而得。

4. 欧洲工业在高附加值产品和服务方面具有全球竞争优势

欧盟遵守最高的社会、劳工和环境标准。凭借强大的创新能力，欧盟在绿色技术专利和其他高科技领域处于世界领先地位。欧盟此次战略仍以传统优势产业为基础，在生物化工的基础上发展绿色、循环经济。这一点从欧盟药物高的世界市场份额和持续增长的态势可见一斑。除去欧盟内部市场，欧盟出口到世界其他国家和地区的药物占世界药物总出口的比重从 2007 年的 26. 75% 上升至 2019 年的 33. 96%（见表 4），危机期间没有丝毫下降趋势。

表 4　欧盟出口产品净额占世界出口比重

单位：%

年份	2007	2011	2012	2013	2014	2015	2016	2017	2018	2019
TO	13. 31	12. 32	12. 29	12. 46	12. 55	12. 56	12. 87	12. 70	12. 44	12. 55
AG	12. 91	11. 67	11. 88	12. 39	12. 43	12. 28	12. 26	12. 12	12. 24	12. 56
FO	13. 17	11. 88	12. 01	12. 48	12. 46	12. 23	12. 25	12. 07	12. 20	12. 46
MI	5. 15	4. 93	5. 38	5. 39	5. 27	5. 79	5. 96	6. 06	5. 72	5. 44
FU	4. 56	4. 37	4. 90	5. 05	4. 90	5. 41	5. 61	5. 74	5. 29	4. 91

续表

年份	2007	2011	2012	2013	2014	2015	2016	2017	2018	2019
MA	16. 18	15. 62	15. 56	15. 76	15. 54	15. 16	15. 36	15. 30	15. 21	15. 23
IS	11. 96	11. 65	11. 85	11. 50	10. 83	10. 57	10. 21	9. 77	9. 52	9. 88
CH	19. 39	18. 66	18. 92	19. 33	19. 46	19. 81	20. 17	20. 16	19. 82	20. 79
PH	26. 75	28. 09	28. 39	29. 72	30. 43	30. 52	30. 38	32. 48	32. 25	33. 96
MT	16. 55	16. 42	16. 25	16. 41	16. 13	15. 64	15. 70	15. 42	15. 24	15. 06
OF	9. 41	7. 71	7. 07	6. 55	6. 46	6. 01	6. 18	5. 85	5. 66	5. 89
EP	9. 15	7. 76	7. 46	7. 39	7. 59	6. 71	6. 83	5. 49	5. 42	6. 18
TL	11. 69	10. 20	8. 88	8. 00	7. 39	7. 06	6. 82	7. 78	7. 81	7. 11
IC	6. 67	4. 44	4. 19	3. 83	4. 04	3. 92	4. 75	4. 26	3. 94	4. 41
TE	17. 80	18. 87	19. 30	20. 04	19. 87	19. 57	19. 39	19. 03	18. 97	18. 31
AU	17. 86	20. 02	20. 30	20. 98	20. 77	20. 19	19. 31	19. 02	18. 44	17. 82
Te	11. 24	8. 75	8. 55	8. 26	8. 28	7. 74	8. 02	7. 99	8. 12	7. 84
CL	8. 63	7. 87	8. 02	8. 01	7. 89	7. 36	7. 66	8. 24	8. 56	8. 80

资料来源：据 www. data. WTO. org 数据计算而得。

从供应链生态系统看，2021 年单一市场报告提取了欧盟 14 个工业生态系统进行分析，这 14 个生态系统在附加值和就业方面约占欧洲商业经济的 80%，也是欧盟大部分商品出口来源。同时，欧盟的 14 个工业生态系统涵盖了 WTO 贸易数据库中商品分类中的全部 12 个子类，除此之外，还囊括了对欧盟工业具有战略地位的零售和旅游产业生态系统。总体看，这些生态系统覆盖面广、代表性强，将其作为研究对象是合理的。本文重点在研究欧盟政策对全球产业链布局的影响，因此，对 14 个生态系统进行了挑选，排除了仅限于欧盟内部市场的安全生态系统。

欧盟在这 13 个关键的全球产业链中，具有领导地位的有航空航天和国防、农业食品、建筑、能源密集型产业、可再生能源、健康、纺织 7 个生态系统（见表 5）。欧盟这些生态系统掌握关键核心技术，占据生态系统的顶端。交通运输、零售生态系统则在传统领域有领导地位，如专业引擎、电子环境组件、机车车辆制造、信号和列车控制设备等，但随着数字化浪潮的到来和全世界范围内对绿色发展的重视，其数字化和绿色转型方面稍显落后，如新能源车的研制与零售生态中的在线领域。欧盟的文化创意、数字、电子、旅游4个生态系统在产业链中处于劣势地位，其中数字和电子尤为关键，不仅关系到欧盟在这两个生态系统中的位势，更关系到其他生态系统的提档升级和竞争力提升。

表5　欧盟主要生态系统构成及评估

名　称	生态系统构成	评　　估
航空航天国防	航空航天和国防制造公司;空间运营商以及数据和服务提供商;研究机构	由大型系统运营商和集成商以及高科技专业中小企业组成。核心制造商中154家公司具有全球竞争力。中小企业在供应链中执行许多利基、复杂和创新的任务,民用航空领域,占80%以上的中小企业提供高科技材料加工和工程服务。新空间初创公司正在快速发展,开发创新应用。2500多家中小企业在整个欧洲复杂的国防供应链中发挥核心作用
农业食品	农民、工业中的食品、食品零售和批发,以及食品服务及其投入和服务供应商,包括种子、农药、化肥、机械、包装、维修、运输、金融、生态系统咨询和物流	大型食品公司具有全球竞争力;中小企业是该生态的支柱。有国际竞争力,拥有声誉好、高价值、高质量的产品。欧盟“从农场到餐桌战略”(F2F)下的行动将有助于欧盟食品成为全球可持续发展基准并处于领先地位
建　筑	建筑和基础设施项目的承包商、建筑产品制造商、工程和建筑服务以及一系列其他经济活动(机器和设备的租赁、租赁、职业介绍所)	活动的集中程度很低,即生产结构由微型和小型企业主导。价值链可描述为“能力网络”。欧盟内部市场,进口较少
文化创意	视听(电视、视频游戏、视频点播、电影、虚拟现实、增强现实)、音乐、图书和新闻出版、广告、文化遗产(博物馆、历史遗址)、表演(戏剧、舞蹈)和视觉艺术、文化教育	处于内容端,缺乏大的数字平台。报纸出版领域,交易额最大的是欧盟,其次是亚太地区和美国。在图书领域,欧洲前十大出版商中有五家欧洲大企业集团;影音、视频、音乐点播美国主导;电子游戏亚太地区主导

续表

名　称	生态系统构成	评　估
数　字	通信技术制造、服务;电信	严重投资不足,供应链关键部分对其他地区依赖严重。欧盟依赖其他地区的关键数字能力(亚洲和美国),无论是硬件(纤维、电子元件、原材料)、计算能力或软件(数据处理、云和边缘计算)
电　子	电子元件的设计和制造;包括原材料(半导体晶片)和制造工具;设计到半导体制造,再到"组装—测试—封装"设施,然后到达最终用户公司,芯片集成到产品解决方案	拥有微电子和数字技术领域的 3 个世界领先的研发(R&D)卓越中心(IMEC、CEA-Leti)。欧盟主要半导体芯片生产商领导地位来自安全硬件、电力电子、传感器和微机电系统技术方面和光刻机;垂直整合的设计和制造公司、纯铸造厂、制造设备和材料供应商等;封装、组装和测试大多位于亚洲;半导体弱
能源密集型产业	化学品、钢铁、造纸、塑料、采矿、采掘和采石、炼油厂、水泥、木材、橡胶、有色金属、玻璃、陶瓷,能源供应商以及废物和再循环行业紧密	在环境足迹方面的全球领先地位;钢铁、有色金属、化学品和大多数其他能源工业有全球竞争力
可再生能源	风能、太阳能、水电、生物能源、地热能、海洋能和热泵,可持续能源储存解决方案、智能基础设施技术和能源转换技术,如电解槽	可再生能源市场占全球市场的25%。欧盟是可再生能源行业部分技术的全球领导者;出口竞争力很强(特别是风能领域以及可再生能源集成的赋能技术,如电池和智能电网技术)
健　康	药品及其关键投入、医疗器械和设备以及个人防护设备的制造;保健服务(医疗和住宿护理);卫生技术及相关服务	行业主要参与者,位于全球复杂供应链的高端部分;供应链的部分环节位于第三国(尤其是亚洲),欧盟依赖的关键投入有:某些药品化学品、医疗器械的某些部件、个人防护设备;全球销售相关细分市场由北美主导;欧盟私营独角兽在卫生部门的份额为10%;复杂生物创新药物和生物仿制药领导者
交通运输	汽车、铁路和水运	少数企业是全球主导,专业引擎、电子环境组件曾处于领先地位;中小企业不仅在零售(如汽车)中占主导地位,还直接参与关键零部件和子组件的生产,具有极强的专业知识和技术诀窍,创新力强,如机车车辆制造、信号和列车控制设备。脱碳、数字化和全球竞争方面面临强大挑战

续表

名　称	生态系统构成	评　　估
零　售	零售(大公司、中小企业、在线和线下)、相关批发、在线平台	全球背景在全球250强零售公司中,有88家位于欧洲。最大企业分布在食品连锁店、化妆品、纺织品和家具领域;传统零售欧盟竞争力较强,但电子商务领域竞争力弱
纺　织	天然、人造纤维转化为纱线和织物,生产纱线、家用纺织品、工业过滤器、技术纺织品、地毯、服装、鞋类和皮革	技术和智能纺织品领域处于领先地位;且可以推动智能纺织品的国际标准制定过程,以确保在未来市场中处于领先地位。全球价值链,在材料端依赖东南亚的纤维和纱线。制造环节也部分在外
旅　游	目的地一级的服务提供商	过去10年里,欧盟旅游生态系统失去世界市场份额

注：13 个生态系统数据来源于 NACE 修订版 2 的分类，因为以生态系统为单位，部门行业分类有重复。另外，欧盟 2021 年单一市场报告中提炼出 14 个产业生态系统，本文有 13 个，其中邻近经济、社会经济组织和公民安全生态系统没有纳入，因为该生态系统主要服务于国内市场。

资料来源：据欧盟委员会《2021 年度单一市场报告》材料整理提炼。

三　欧盟产业政策对全球产业链布局的影响

（一）单一市场政策初现成效，欧盟内部贸易份额略有增加

从欧盟总出口份额看，自 2011 年以来，欧盟出口世界市场份额增加，从 2011 年的 30.46% 上升至 2020 年的 31.04%。但从欧盟出口结构看，欧盟出口到欧盟内部各国的出口额增加，而出口到欧盟之外的世界市场的份额从 2011 年的 12.32% 增加至 2020 年的 12.56%。

（二）欧盟绿色优势得到巩固，供应链关键环节在欧盟集聚，原材料环节可能向欧盟转移

结合欧盟商品出口、产业生态系统的分析来看，欧盟产业政策指向非常明显，可以概括为“强长 + 补短”，指的是强其生态系统高端的产业，如能

源、健康、航空航天等领域之长，补其数字领域之短，进而提升整个欧盟在世界的技术领导力、规则制定力和政治影响力。由于基于能力的比较优势存在一定的路径依赖，其他国家在全球产业链上布局的改变不是一夕之功，因此欧盟仍然能够在其强势生态系统中保持高端位势。首先，由欧盟首推的绿色协议和其国际上相关领域的技术领导地位，欧盟在绿色经济、健康等领域产业链的优势地位能够得到巩固，由于技术上的先发优势，叠加上欧盟绿色协议，绿色、循环、可持续的技术会优先在欧盟范围内实施，产业链关键环节会首先出现并在欧盟固化且集聚，次要环节向下端延伸。其次，对纺织、钢材等原材料领域，为降低对低端原材料进口的依赖，加上绿色协议和对产业链安全的考虑，欧盟可能会依托其可再生资源技术优势，在欧盟内部构建可循环、新材料等产业链环节，导致纺织、钢材等领域产业链上大部分环节向欧盟内部迁移。

（三）欧盟在数字产业链的位势会有所提升

欧盟出台的产业政策对全球产业链布局的影响会突出表现在欧盟对外依赖严重的领域，如数字和电子生态系统，政策会加速数字产业链部分环节向欧盟转移，如硬件（纤维、电子元件、原材料）、计算能力和软件（数据处理、云和边缘计算）。因为，数字和电子生态系统具有基础性、赋能型作用，据预测，2021 年，公共云基础设施市场的前四大领导者将占全球收入的 80% 以上。边缘计算市场具有巨大的增长潜力，预计到 2024 年全球市场价值将超过 2000 亿欧元。欧盟显然不甘落后于美国，更不乐见中国后来居上，为获得这些潜在好处，欧盟部署了从数字基础设施到先进数字技术再到人力资本的全方位支持政策，如“欧洲 5G 行动计划”，先进数字技术如人工智能、区块链、云和边缘基础设施和服务、高性能计算、量子计算等。人力资本方面通过新技能和就业协议等促进学生和受训人员流动，在整个生命周期内发展技能，增强能力，以增加劳动参与率。这些政策会提升欧盟数字技术和产业发展能力，延长欧盟数字产业链并提升其在数字产业链上的位势。

四　欧盟出台政策对中国产业发展的影响分析

（一）中国出口现状

中国出口竞争力强势领域在办公电信设备和纺织，均持续走强。欧盟产业政策对中国的影响将首先表现在出口上。从中国出口产品世界市场份额看，份额超过30%的有五种，分别是办公和电信设备、电子数据处理和办公设备、电信设备、纺织品、服装，其中，2019年市场份额最高的是电信设备，为42.37%。纺织品是中国在世界出口市场占比超过30%的五种之一，2019年出口市场份额高达39.15%，仅次于电信设备，见表6。从表中可以看出，中国的出口优势在电子数据处理和办公设备、电信设备、纺织品；其次是集成电路和电子元件、钢铁，2019年，出口份额分别达到19.59%和13.18%。从出口份额高的产业看，电子数据处理和办公设备占比上下波动，服装则呈下降态势。其中，办公设备之中的集成电路和电子元件表现较为亮眼，增幅较大，从2007年的8.65%上升至2019年的19.59%，增加近11个百分点，见图2。钢铁先升后降，2019年比2007年有小幅上升。

表6　中国出口产品世界市场份额

单位：%

年份	2007	2011	2012	2013	2014	2015	2016	2017	2018	2019
TO	8.70	10.35	11.07	11.64	12.32	13.73	13.07	12.76	12.72	13.14
AG	3.43	3.92	4.00	4.05	4.25	4.65	4.77	4.55	4.59	4.58
FO	3.62	4.01	4.11	4.15	4.29	4.75	4.89	4.70	4.73	4.64
MI	1.60	1.44	1.35	1.48	1.68	2.30	2.49	2.40	2.45	2.56
FU	1.02	0.99	0.91	1.02	1.13	1.54	1.80	1.82	1.85	1.99
MA	11.92	15.38	16.73	17.52	17.92	19.11	17.82	17.64	17.88	18.21
IS	10.75	10.55	11.16	12.12	15.35	16.84	16.10	13.42	13.33	13.18
CH	4.08	5.78	5.79	5.99	6.56	7.04	6.71	7.11	7.52	7.29

续表

年份	2007	2011	2012	2013	2014	2015	2016	2017	2018	2019
PH	1.61	2.34	2.34	2.36	2.42	2.54	2.52	2.65	2.73	2.58
MT	11.61	15.68	16.67	17.41	17.40	18.69	17.55	17.62	18.27	18.45
OF	22.94	29.40	31.59	33.29	33.07	34.00	32.18	31.37	32.19	31.69
EP	30.42	39.28	40.54	40.68	42.16	38.71	37.08	41.83	40.84	33.30
TL	26.19	32.65	34.87	36.40	37.77	41.46	40.49	36.92	39.65	42.37
IC	8.65	14.07	16.87	21.73	17.50	19.53	16.99	15.66	16.94	19.59
TE	3.43	6.04	6.01	5.48	5.58	5.98	5.25	5.51	5.94	5.76
AU	1.92	2.91	3.31	3.41	3.62	3.71	3.53	3.70	3.93	3.95
Te	23.35	31.99	33.75	35.24	35.70	37.78	37.26	37.15	37.97	39.15
CL	33.09	36.66	38.39	39.17	38.56	38.54	35.57	33.88	32.03	30.71

资料来源：同表3。

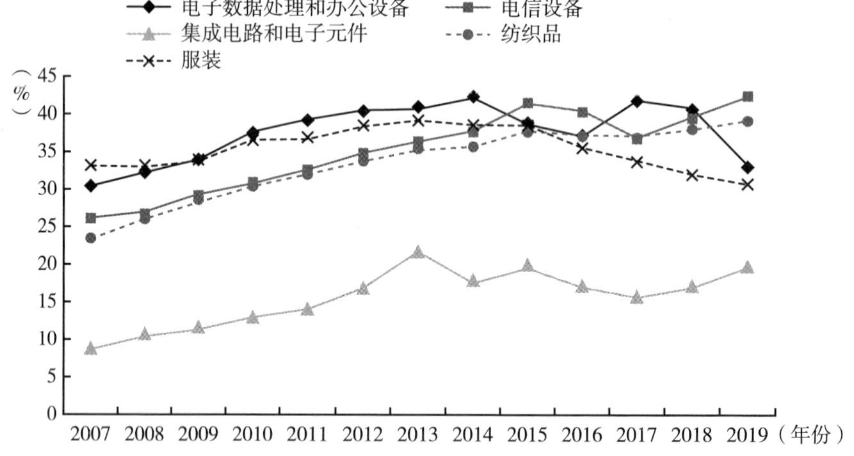

图2　2007～2019年中国主要出口产品份额走势

（二）欧盟对中依赖为办公电信设备和纺织，办公电信设备依赖增强，纺织业依赖变弱

从欧盟与中国之间的贸易份额看，欧盟进口产品中高度依赖中国的有如下13种，见表7，其从中国进口的份额占到欧盟总进口的比重大部分超过

30%，有5种甚至超过50%，分别是预制建筑、卫生、管道、供暖和照明设备及配件，其次是办公机器和自动数据处理机器，电信和录音及复制设备，家具及其零件，床上用品、床垫、床垫支架、垫子和类似的填充家具，旅行用品、手提包和类似用品，其中最高的是预制建筑、卫生、管道、供暖和照明设备及配件，近十年来进口比重维持在66%以上，最高达到73.93%。从贸易份额变动趋势看，超过50%的五种高度依赖型产品（除旅行用品、手提包和类似用品外）占比基本维持稳定或者波动不大。下降趋势稳定且下降幅度明显的产品种类有旅行用品、手提包和类似用品，服装和服装配件，鞋类等三大类，下降幅度均超过10个百分点。其中，旅行用品、手提包和类似用品虽然份额很高，但下降幅度最大，从2011年的72.33%下降到2020年的52.29%，下降超过20个百分点；服装和服装配件、鞋类分别下降12.48个和14.40个百分点。上升趋势显著的是纺织纱线、织物、制成品及相关产品，其中的原因在于欧盟本身位于纺织服装供应链的高端，在技术和智能纺织品领域占据领先地位，对供应链低端的纺织纱线等材料端则多依赖进口，这导致其进口额本身偏高；该种类在2020年出现跳跃性增长，原因在于新冠肺炎疫情导致医用纺织材料进口暴增。据欧盟数据，用于抗击疫情的材料需求增长强劲，2020年非织造布中的医用非织造布增长率高达118.0%，而非织造布是口罩和医用罩袍的关键原材料。

表7 中国出口欧盟产品种类及其占欧盟总进口比重

年份	2011	2012	2013	2014	2015	2016	2017	2018	2019	2020
63	37.80	39.72	39.40	39.82	39.95	37.78	36.28	35.16	36.07	31.20
65	31.77	33.58	32.95	34.03	34.70	34.93	34.87	35.66	37.35	62.04
69	39.42	39.80	39.74	41.85	42.34	42.30	42.56	42.27	43.73	41.63
74	27.16	28.32	28.91	30.31	30.90	32.16	32.60	33.63	34.08	33.81
75	59.13	60.54	59.85	60.43	58.94	61.57	64.70	66.03	65.91	62.09
76	52.33	50.76	51.36	54.60	58.85	60.75	61.46	61.75	61.69	60.63
77	39.68	38.29	35.95	35.72	36.32	35.84	33.99	34.50	37.77	38.18
81	66.29	68.30	68.34	70.69	73.24	73.45	73.93	73.45	73.61	69.77
82	56.56	57.67	57.53	59.17	59.00	57.78	56.35	55.39	57.01	55.91

续表

年份	2011	2012	2013	2014	2015	2016	2017	2018	2019	2020
83	72.33	71.04	69.54	67.63	66.16	65.28	61.94	59.72	57.76	52.29
84	43.81	41.39	39.87	38.98	37.42	34.93	33.65	32.41	31.15	31.33
85	49.93	50.26	49.37	47.56	46.21	44.24	41.83	42.12	41.22	35.53
89	44.36	42.49	42.04	43.24	43.28	43.30	44.26	42.94	43.17	38.44

注：分类为 SITC 第 4 版二位代码加总数据。第 1 列二位代码分别表示：63 软木和木材制品（不包括家具）；65 纺织纱线、织物、制成品及相关产品；69 金属制品；74 通用工业机械和设备及其他，以及机器零件及其他；75 办公机器和自动数据处理机器；76 电信和录音及复制设备；77 其他电机、仪器和器具及其电气部件（包括家用电气设备的非电气部件）；81 预制建筑、卫生、管道、供暖和照明设备及配件；82 家具及其零件，床上用品、床垫、床垫支架、垫子和类似的填充家具；83 旅行用品、手提包和类似用品；84 服装和服装配件；85 鞋类；89 其他制成品。

资料来源：据 uncomtrade 数据库数据计算。

（三）欧盟产业政策对中国的短期影响在纺织、钢铁，长期可能波及办公电信设备

基于以上分析，欧盟的产业政策对中国的影响较大，其政策虽然出台次数多而且经常更新其战略，但其核心战略目标变化不大，集中在绿色和数字化双重转型，而 2019 年后的政策加入对产业安全和领导地位的追求。这一战略的转向，会导致中欧之间合作空间变小，竞争变得更加激烈。

欧盟绿色转型直接冲击中国纺织、钢铁产业。欧盟优势行业在低碳绿色领域，因此，由其主导的绿色转型、脱碳式经济增长会对中国很多行业产生影响，最直接的影响会表现在出口上。欧盟委员会提出的碳边界调整机制（CBAM），旨在通过降低碳泄漏风险来实现欧盟的减排 55% 计划，CBAM 将确保进口价格反映产品的碳排放。这对原材料、产品、生产过程等提出了更高要求，而钢铁则会因为其巨大的产能和高排放而成为首批入围行业之一。为了改进生产装置的性能，欧盟标准化机构制定了通用标准 EN 19694 - 2，该标准应用生命周期方法向生产商和投资者提供关于整个钢铁产业链的可持续性表现的准确信号。另外，欧盟《循环经济行动计划》拟提出可持续产品倡议立法提案，将钢铁以及电子、信息和通信技术、纺织品、家具以及水

泥和化学品等其他中间产品确定为循环潜力尚未开发的优先产品/材料类别之一。中国钢铁冶炼技术效率不高，而且碳排放多。这些政策将对中国出口欧盟的钢铁造成极大的壁垒。纺织产业链上，欧盟的技能契约，旨在开发绿色可持续纺织品所需技能的战略，已经确定了设计、产品开发、技术纺织品生产、数字化、可持续性和循环经济的技能需求。同时，为确保进口服装符合欧盟立法，根据知识产权行动计划，欧盟委员会将通过加强海关风险管理，支持成员国海关当局加强海关控制。单一市场监督方面，欧洲化学品管理局宣布，成员国将检查纺织品是否符合有害物质的限制。这些政策将对中国纺织、钢铁等产业造成直接冲击，减少中国对欧出口倒逼中国产业进行绿色化转型。

欧盟数字化政策长期或对中国办公和电子设备产生冲击。针对欧盟产业生态系统中的弱项数字和电子生态系统，欧盟从加强投资基础设施、补强技术能力、提升人力资本、扶持中小企业、竞争政策等领域进行了全面部署。投资方面，欧盟除欧盟增加值的5.17%（6250亿欧元）外，还从复苏和恢复基金（RRF）、投资欧盟、欧盟空间和欧盟防务基金、地平线欧洲等渠道获取数字化转型相关投资。技术方面，“数字欧洲计划”对加强关键领域先进数字技术、基础设施以及先进数字技能，如超级计算、人工智能和量子计算等先进技术的应用进行了全面部署，还在支持中小企业和公共行政部门广泛采用数字技术方面进行协同。工业网络联盟促使成员国在半导体技术方面进行合作和共同投资；微电子和处理器工业联盟发展处理器设计、部署和制造的能力。人力资本方面，《技能契约》《数字技能和就业》通过促进培训、再培训和再培训的联合行动使工人能够满足转型劳动力市场的需求，并增加数字专家的储备。中小企业和初创企业扶持方面，欧盟也实施了大量资助方案，同时拟增加风险资本投资，以解决欧盟内部不平衡问题，扩大数字化范围；企业欧洲网络（EEN）帮助中小企业进行数字化转型，调整其业务流程并提高其信息技术准备程度，帮助中小企业利用欧盟数字创新中心的服务，并为中小企业进行基本的数字评估。竞争政策方面，除了想在数字标准化领域推动技术领导力、价值观和道德规范外，欧盟还审查《电子数据交换条例》《人工智能白皮书》关于安全、责任、基本数字权利等后续行动，提出立法倡议及相关条例，如，《数字服务法》（DSA）和《数字市场法》（DMA）、《通用数据保护条例》（GDPR）等，名义上是为数字企业创造一个公平的竞争环境，为数字服务用户创造一个更安全的数字空间，实则为通过加强监管，为其他国家数字企业进入欧盟市场设立障碍，为欧盟数字技能提升和数字经济发展争取时间。

欧盟想夺取数字化领域领导地位的决心和野心从上述数字化战略的全方位部署可见一斑，但是数字化有其发展的基本条件。从用户规模看，欧盟没有优势；数字技术和数字应用领域，美国和中国已然占有先机；从网络经济的特性看，没有网络规模，其技术开发使用也会受到限制。因此，欧盟的全面数字化转型部署，可能短期内对中国数字企业进入欧洲市场造成一定障碍①，但对中国国内数字应用市场影响较小；数字领域的各种联盟长期内有可能在办公和电信设备、数字技术部分领域培育出领先技术，进而对中国办公和电信设备形成竞争，对出口进行替代。

参考文献

孙彦红、吕成达：《欧盟离“再工业化”还有多远？——欧盟“再工业化”战略进展与成效评估》，《经济社会体制比较》2020 年第 4 期。

忻华：《国际地缘政治变局中的欧盟新产业战略评析》，《当代世界》2020 年第 10 期。

赵盈盈：《欧盟 GDPR 对中欧数字经济合作的影响及应对》，《对外经贸实务》2021 年第 2 期。

① 赵盈盈：《欧盟 GDPR 对中欧数字经济合作的影响及应对》，《对外经贸实务》2021 年第 2 期。

B.4
日本供应链重组政策及其影响

刘湘丽*

摘　要： 本文旨在解析日本供应链的政策动向及对中国的影响。通过对原文资料的系统研究，本文认为国际局势突变是使日本从经济安全角度重组供应链的主要原因。日本重组供应链的政策包括增强国内生产能量、开拓多元生产基地、防止重要技术流失和建立供应链国际互补机制。这些政策会带来日本国内或东南亚投资增加，虽然不意味着日本企业即刻停止在中国的生产，但长期看日本企业在中国的生产、产品更新、就业等会减少。

关键词： 经济安全　供应链重组　日本

目前，日本的供应链政策正发生根本性的改变。自20世纪80年代以来，日本积极推进"走出去"政策，鼓励企业到成本低廉、市场前景好的国家投资，在全世界建立生产、销售体系。然而在现今地缘政治冲突加剧、新冠肺炎疫情持续不散的肃杀态势下，日本重新对供应链进行了检视，提出了强韧供应链的战略目标。基于经济安全的考量，日本开始鼓励企业将生产基地多元化、分散化以及战略物资本土化。这些举措显示日本供应链政策发生了重大变化，以往的"国际化""全球化"概念在淡化，取而代之成为主

---

* 刘湘丽，博士，中国社会科学院工业经济研究所研究员，主要研究方向为人力资源管理与开发、劳动政策、日本产业政策等。

流思维的是“本土化”“区域化”。促使日本改变供应链政策的原因是什么？日本采取了哪些政策来重组供应链？这些政策对与日本有着密切经济关系的中国会带来什么影响？本文将围绕这些问题展开分析。

一　日本供应链政策改变的主要原因

日本原本在考虑全球的生产、销售布局时，首要考虑的是成本、效率和收益，即经济效益。然而现今的国际局势使日本不得不把经济安全放到首位。也就是说，国际局势的突变是日本供应链政策改变的主要原因。

国际局势的突变，首先是中美竞争激化。自2018年起，中美竞争在多个领域展开。美国对中国商品课税，禁止中国企业使用美国芯片技术，禁止华为参与本国5G网络建设，并且要求盟国不使用华为5G设备，都直接影响了日本在中国的投资利益。全球第二大闪存芯片制造企业“KIOXIA”就被迫停止了对华为的供货，还推迟了上市计划；索尼公司也停止了向华为提供智能手机镜头①。美国对中国企业的制裁，以及中国对技术监管与外商投资采取的反制措施，更让日本认识到关键技术被人控制的巨大风险。为了降低地缘政治摩擦对供应链的威胁，就有必要在国内生产关键技术产品，同时防止关键技术流出。于是，日本自2019年起在技术投资和出口上采取了从未有过的管控措施，加大了保障经济安全的政策力度②。

再者，新冠肺炎疫情暴发使日本的供应链遭受了几乎是毁灭性的打击，日本由此认识到生产高度依赖特定国家的巨大风险。2020年新冠肺炎疫情暴发，日企所在的国家实施了严格的控制措施，如停止海空运输、禁止医疗用品出口等。这些措施造成日本国内的医疗用品、工业产品断供，国民健康生活和工业生产受到重创，日本从中体会到了被人控制的危险。日本认为，

① NHK，新たな「防衛力」経済安全保障とは何か，https：//www. nhk. or. jp/politics/articles/feature/46667. html。

② 宫本雄二、伊集院敦：《技術覇権米中激突の深層》，日本経済新聞出版社，2020年3月。

供应链中断的根源在于将生产高度集中在特定国家，过去以为这是效益最佳化的结构，但现在这使供应链陷入无法预测、无法管控的风险①。因此，日本很快就提出了建立强韧供应链的目标，制定了多项不同于以往全球化的政策，要以经济安全为重，改变海外的生产布局，增加国内生产比重。

同时，国际市场半导体短缺使日本体会到了缺少战略物资的代价。近几年，国际市场上半导体供应持续短缺，日本的汽车、电子产业被迫停产、减产。日本在20世纪80年代曾经领先全球半导体产业，但后来由于成本过高在竞争中失利，就放弃了在这个领域的坚守。而在日本以外的世界，美国的芯片设计技术不断创新，欧洲的制造设备从机械加工进化到了激光加工，中国台湾、韩国企业的芯片加工纳米精度从两位数提高到了个位数，使大规模、高速、精准的计算变成可能，半导体也成为所有工业产品的基石。如今半导体生产集中在少数国家及地区，如果半导体交易中再掺杂进去地缘政治的影响，那就会给日本带来致命打击②。要降低这样的风险，就要建立国内生产体制。日本2021年制定了半导体战略，决定集中投资重建国内生产体制，就是出于经济安全的考虑，目的是摆脱半导体供应上的不安全态势。

总而言之，国际环境的变化使日本开始从经济安全角度审视供应链问题，把强化供应链韧性作为国家战略重点，动用诸种政策手段对供应链进行改革。

---

① 経済産業省：《通商白書 2020》，2020 年 7 月，https：//www. meti. go. jp/report/tsuhaku2020/whitepaper_ 2020. html。経済産業省：《令和 2 年度内外一体の経済成長戦略構築にかかる国際経済調査事業（アジア大でのサプライチェーン強靱化に向けた調査）事業報告書》，2021 年 3 月 21 日，https：//www. meti. go. jp/meti_ lib/report/2020FY/000173. pdf。高山嘉顕：《新型コロナ危機で見直されるサプライチェーン》，《国問研戦略コメント》2020 年 5 月 12 日，https：//www. jiia. or. jp/strategic_ comment/2020 – 10. html。

② 経済産業省：《半導体・デジタル産業戦略》，2021 年 6 月，https：//www. meti. go. jp/press/2021/06/20210604008/20210603008 – 1. pdf。経済産業省：《令和 2 年度内外一体の経済成長戦略構築にかかる国際経済調査事業（アジア大でのサプライチェーン強靱化に向けた調査）事業報告書》，2021 年 3 月 21 日，https：//www. meti. go. jp/meti_ lib/report/2020FY/000173. pdf。

二　日本供应链重组政策的基本内容

日本供应链重组政策可以概括为四个方面：增强国内生产能量，开拓多元生产基地，防止重要技术流失，建立供应链国际互补机制。

（一）增强国内生产能力

首先，日本开始通过补贴支持企业扩大国内生产，减少进口依赖。2020年5月日本宣布实施“作为供应链对策的促进国内投资补贴”政策。该政策的目的是对生产高度集中在特定国家的产品和对国民健康生活极为重要的产品，支持企业扩大国内生产能量，以减少对进口的依赖，缓解供应紧张局面，降低供应中断风险①。该政策称，企业投资厂房、设备、系统和生产线，可以申请国家补贴。补贴对象分为三种情况。第一，以降低国外生产集中度为目的的投资。日本企业在国外进行着大量的半导体、电动车、电池等产品及零组件的生产。如果企业将这些生产线迁回日本国内，或在日本国内建设新工厂，大企业可获得相当于支出经费1/2的补贴，中小企业可获得2/3的补贴。补贴金额上限为150亿日元（约合8.9亿元）②。第二，以缓解暂时性供应紧张为目的的投资，指在医疗口罩、呼吸机等医用品、医疗设备等上面的投资。企业在日本国内建设新工厂、增加生产线等，都可以申请国家补贴。大企业的补贴率为支出经费的2/3，中小企业为3/4，补贴金额上限为150亿日元（约合8.9亿元）。第三，两家以上中小企业联合增加生产规模以降低供应中断风险、提高整体效益的投资。比如，两家以上中小企业通过合作增加生产规模，提高设备开工率，降低交易成本，或者通过技术互补使供应来源扩大、销售渠道扩展、生产灵活性提高等，就可以申请这类

---

① 内閣府：《新型コロナウイルス感染症緊急経済対策～国民の命と生活を守り抜き、経済再生へ～》，2020年4月20日，https://www5.cao.go.jp/keizai1/keizaitaisaku/2020/20200420_taisaku.pdf。

② 按照2020年9月18日中国银行汇率1日元等于0.059元人民币计算。下同。

补贴。补贴率为支出经费的3/4，金额上限是150亿日元（约合8.9亿元）。

该补贴政策在2020年5～7月和2021年3～5月两次公开募集申请企业。第一次募集的预算金额是3060亿日元（约合180.5亿元）[①]，第二次募集的预算金额是2108亿日元（约合124.4亿元）[②]。第一次募集有1670家企业申请，146家企业最终获得批准，补贴金额为2478亿日元（约合146.2亿元）[③]。在146家企业中，56家与降低国外生产集中度有关，占获批准企业总数的38.4%，它们的产品涉及半导体、飞机、车用电池、稀土金属、面板多个行业。其他90家企业与缓解供应紧张局面有关，占获批准企业总数的61.6%，它们的产品主要是消毒酒精、口罩、医疗外罩、医用手套等医用品。第二次募集有280家企业申请，151家企业最终获得批准，补贴金额为2095亿日元（约合123.6亿元）[④]。在151家企业中，130家与降低国外生产集中度有关，占获批准企业总数的86.1%。它们的产品涉及半导体、电动车、海上风力发电等多个行业。这些企业中有66家的产品属于核心元件。另外21家企业和缓解供应紧张局面有关，占获批准企业总数的13.9%。它们的产品主要是疫苗注射针、注射器、医用橡胶手套、医药品低温物流设备等。总的来看，有近300家企业获得了补贴，其中超过六成的企业是因为实施了降低国外生产集中度的投资。

其次，日本还决定重建半导体的国内生产体制，启动了先行开发项目。日本于2021年6月公布了半导体产业战略，决定加大投资，重建生产体制，以增强供应链韧性。具体来讲，日本计划对不同类型的半导体采取不同的发

---

① 経済産業省：《サプライチェーン対策のための国内投資促進事業費補助金について採択スケジュールの変更をお知らせします》，https://www.meti.go.jp/press/2020/10/20201021004/20201021004.html。

② 経済産業省：《サプライチェーン対策のための国内投資促進事業費補助金2次公募について》，https://www.meti.go.jp/covid-19/supplychain/index.html。

③ 経済産業省：《サプライチェーン対策のための国内投資促進事業費補助金の採択事業が決定されました》，https://www.meti.go.jp/press/2020/11/20201120005/20201120005.html。

④ 経済産業省：《サプライチェーン対策のための国内投資促進事業費補助金（2次公募）の採択事業が決定されました》，https://www.meti.go.jp/press/2021/07/20210702003/20210702003.html。

展策略，总的思路就是“增强补短”“重建生产体制”。在技术发展方面，把半导体制造流程的“后工序”作为重点，以后工序技术突破带动“前工序”技术提高。在战略手段方面，引进国外先进企业，组建国家级技术攻关体制，推动半导体行业重组。

根据半导体产业战略①，半导体可以分为逻辑半导体、微处理器、储存器、动力半导体、传感器半导体和模拟半导体等。在逻辑半导体方面，日本认为自己尚没有尖端逻辑半导体的生产体制，而这种产品是智能手机、高性能计算机的必备元件，是5G、人工智能系统的核心。特别是近几年国际市场电动汽车、工业机械由于芯片短缺而减产停产，使建立自己的生产体制显得愈加重要。在微处理器方面，日本在世界市场占有较高份额，属于有优势的领域。微处理器是工业机械、电动汽车等电气产品中进行系统控制的半导体元件。未来电动汽车、智能工厂的发展都离不开微处理器。但日本目前的微处理器生产主要放在中国，对进口的依赖很大。因此，要对该产业供应链进行多元化改革，保证生产供应不受国际局势变动的影响，继续保持该领域的竞争力。在存储器（DRAM、NAND）方面，日本过去曾领先世界，但是现在受价格竞争劣势的影响，几乎在世界市场全面消失。并且由于中国企业的优势持续提高，预计国际市场的价格还会进一步下跌。面对这种局势，日本计划大规模投资研发生产，加强与“台积电”等高水平企业的合作，重新建立国内的生产体制，并且把非挥发性储存器作为技术突破口，力争在新型储存器上建立国际竞争优势。在动力半导体方面，日本一直有较强的国际竞争力。未来随着电动汽车以及电器产品的大量使用，动力半导体的需求会大幅度增长。因此，日本计划加强对该领域实施研究开发、设备投资的政策援助，以巩固、强化日本的国际竞争力。在传感器半导体方面，日本所拥有的先进像素技术是生产该元件的关键技术。对于有如此优势的领域，日本计划加大对该领域研究开发、设备投资的政策援助，以巩固、强化国际竞争

① 経済産業省：《半導体・デジタル産業戦略》，2021年6月，https：//www. meti. go. jp/press/2021/06/20210604008/20210603008 - 1. pdf。

力。在模拟半导体方面，日本具有国际竞争力。模拟半导体，是物联网、智能工厂、医疗设备中的必备元件，有着连接自然界和数位世界的功能。这种元件多是根据客户需求单独设计、制造，具有多品种少量生产的特点。日本计划对国内生产基地进行重新布局、企业合并，建立国际独一无二的研发、生产体制。

在技术突破方面，日本认为微细化是当今半导体技术发展的重要方向。与半导体制造流程的前工序相比，后工序的微细化技术发展得更快。将模拟、存储、感应等多种芯片叠置的小型化，缩短芯片间接线的高速化和省电化，将多个电路板叠置的高性能化等是当今半导体制造的尖端技术，日本在重建半导体生产体制中，要把这些技术作为投资重点，并且要利用这些技术来进一步提高前工序的效率。

在如何推进半导体战略方面，日本计划实施“后 5G 基金计划”，启动两个先行项目——“微细化流程技术开发项目”和“多电路板重叠流程技术开发项目”，由日本的半导体设备企业、材料企业和中国台湾的半导体企业合作开发尖端逻辑半导体技术，在此基础上建立国内生产体制。目前，在日本经济产业省的协调下，索尼、丰田、三菱电机和台积电已达成协议，在日本建造首个 20 纳米半导体工厂，生产用于汽车、工业机械和家用电器的芯片，防止未来出现短缺。日本希望企业投资能达到 1 万亿日元（约合 590 亿元）。再者，日本将集中投资下下代半导体制造设备、材料的研究开发，重点扶持在尖端半导体制造流程后工序中要用到的设备元件、碳纳米管下一代突破型储存器技术，并且加大对商业应用的政策支援。日本还组建了国家级技术攻关体制。这个体制以国立的产业技术综合研究所、开放创新联合体（TIA）为核心，以日本半导体设备制造企业、材料企业以及外国企业为成员。开放创新联合体（TIA）的成员，除产业技术综合研究所以外，还包括物质材料研究机构（NIMS）、筑波大学、高能加速器研究机构（KEK）、东京大学、东北大学。

（二）开拓多元生产基地

因为不可能将所有产品的生产都撤回日本国内，所以，日本还支持企业

开拓多元生产基地。日本在2020年5月制定了"海外供应链多元化支援"政策，对生产高度集中在特定国家的产品和对国民健康生活极为重要的产品，支持企业对供应链进行多元化和分散化，将生产从特定国家迁往以东南亚为中心的国家，以增加供应来源，降低供应中断风险①。根据该政策，企业在此过程中所支出的费用，可以得到国家补贴。具体包括三类。第一，土木、建筑工程费用。如新设立生产线或者增加生产线所需要的土木工程、运营管理等的建筑工程费用，以及相关的电气工程费用。第二，与机械设备等有关的生产费用、购买费用。如新设立生产线或者增加生产线所需要的机械设备以及包括软件在内的消耗品的生产费用、购买费用和组装费用。第三，改造费用。主要指对机械设备进行改造所支出的费用，即以提高价值或增加耐久性为目的的资本支出。补贴率分为三种情况，大企业为支出费用的1/2，中小企业为2/3，中小企业集团（指两个以上中小企业组成的集团）为3/4，补贴金额为1亿日元（约合590万元）到50亿日元（约合3亿元）不等。

截至2021年6月底，日本已经四次募集申请企业②。其中的三次是对设备投资的补贴。从这三次的募集情况来看，71家企业获得了批准。按设备分类，医药医疗产品27家，电子产品24家，汽车产品17家，稀土产品3家。按国家分类，越南30家，泰国13家，马来西亚、菲律宾、印度尼西亚各8家，缅甸2家，老挝、柬埔寨各1家。总体来看，与医药医疗、电子产品相关的设备投资居多，汽车产品的设备投资也占有一定比重。投资对象国

---

① 内閣府：《新型コロナウイルス感染症緊急経済対策～国民の命と生活を守り抜き、経済再生へ～》，2020年4月20日，https：//www5. cao. go. jp/keizai1/keizaitaisaku/2020/20200420_ taisaku. pdf。

② JETRO：《第一回公募（設備導入補助型（一般枠・特別枠））における採択事業者について》，https：//www. jetro. go. jp/services/supplychain/kekka－1. html。JETRO：《第二回公募（実証事業・事業実施可能性調査）における採択事業者について》，https：//www. jetro. go. jp/services/supplychain/kekka－2. html。JETRO：《第三回公募（設備導入補助型（一般枠・特別枠））における採択事業者について》，https：//www. jetro. go. jp/services/supplychain/kekka－3. html。JETRO：《第四回公募（設備導入補助型）における採択事業者について》，https：//www. jetro. go. jp/services/supplychain/kekka－4. html。

家中，越南居第一，占42.3%；泰国居第二，占18.3%，马来西亚、菲律宾、印度尼西亚并列第三，占11.3%。日本以越南、泰国为中心开拓多元生产基地的特征十分明显。此外，第四次募集申请企业，是对企业的商业可行性调查进行补贴。企业在正式决定在某地生产之前，一般要对当地商业环境进行调查。这次的海外供应链多元化支援政策也把调查费用纳入补贴范围。从募集情况来看，21家企业获得了批准，主要涉及机械、电子、材料、稀土、医疗设备等产品，以及电子商务平台、食品流通、物流、铁路运输等领域。由此可见，日本现在不只是将生产基地转移到东南亚，还在考虑在东南亚建设物流、电子商务平台等基础设施。调查对象国家包括：泰国7家，越南6家，印度尼西亚3家，印度2家，马来西亚、新加坡、柬埔寨各1家。越南、泰国仍然是日本最重视的国家，但日本也开始考虑印度、新加坡等国家，在东南亚地区建立更广泛的供应链。

（三）防止重要技术流失

日本认为，中美对立态势已经影响到自身的经济安全环境，日本必须加强技术监管，避免地缘政治动荡对技术地位造成冲击。日本2019年提出对重要技术进行全面管理，采取“知”“育”“守”“用”措施，即掌握重要技术分布，集中资源培育重要技术，防止重要技术流出，推进重要技术商业应用[①]。日本还修改了《外汇与外国贸易法》（简称《外汇法》），收紧了技术投资和出口监管。从供应链的角度看，这就是要把关键技术掌握在自己手中，增强供应链的可控能力。

《外汇法》的修改重点，是将外资收购日本上市公司股份时的申报门槛比例从原来的10%下调到1%[②]。这意味着日本上市公司在接受外国投资时

① 内閣府：《統合イノベーション戦略2019》，2019年6月21日，https：//www8. cao. go. jp/cstp/togo2019_ honbun. pdf。

② 財務省：《外国為替及び外国貿易法の関連政省令・告示改正について》，https：//www. mof. go. jp/policy/international _ policy/gaitame _ kawase/press _ release/kanrenshiryou01 _ 20200424. pdf。

将受到更严格的约束①。《外汇法》对外资收购日本上市企业股份采取分行业监管方式。《外汇法》把行业分为“指定行业”和“非指定行业”两类，指定行业又分为核心行业和非核心行业。对于外资来讲，当收购对象企业属于核心行业，就必须向有关部门事先申报；如果属于非核心行业，则可以豁免事先申报义务，但必须满足一定条件并且事后报告。如果属于非指定行业，则仅需要事后报告。

原来被列为指定行业的有 12 个，包括武器、飞机、核能、航太、可用于军事的通用零组件制造、网络安全、电力、燃气、通信、上下水道、铁路和石油业。2020 年 6 月，日本又追加了两个行业，一个是与疫苗、先进药物有关的医药制造行业，另一个是与人工呼吸机、心肺机、透析机、起搏器、输液泵有关的高端医疗设备行业。指定行业的数量看似不多，但是其中的“可用于军事的通用零组件制造”行业的范围非常广，几乎涉及了所有制造业，因此，实际有相当数量的企业将受到影响。这可以从日本财务省公布的监管清单中得到佐证。

2020 年 5 月 8 日，日本财务省公布了关于外资收购所需要事先申报、满足条件并事后报告以及事后报告的目标上市公司清单②。3800 家日本上市公司被列入清单。其中有 518 家属于核心行业，占清单公司总数的 13.6%。这些企业所属的行业非常广泛，如汽车、电子、电机、半导体、机器人、化学、制药、电信等都在此列。并且被列出的企业都是些耳熟能详的企业，如日立、东芝、丰田、本田、田村制造所、京瓷、三菱电机、富士电机、软银集团、日本电信电话等。外资在收购这些企业股份超过 1% 时需要事先申报。另外，有 1584 家企业被列入非核心行业，占清单公司总数的 41.7%。这些企业的行业也很广泛，也有很多著名企业，如发那科、任天堂等企业。外资在收购这些企业股份超过 1% 时，虽然不需要事先申报，但必须达到一定条件并

① 金本悠希：《外為法の対内直接投資審査制度のポイント》，《大和総研レポート》2021 年 4 月 15 日，https：//www.dir.co.jp/report/research/law-research/securities/20210415_022220.pdf。

② 財務省：《本邦上場会社の外為法における対内直接投資等事前届出該当性リスト》，https：//www.mof.go.jp/policy/international_policy/gaitame_kawase/press_release/20210707.html。

且事后报告。这些条件包括：外国金融机构的投资者及其代理人不能就任收购投资目标企业的董事等要职；不得提出转让或者废止属于指定行业的业务；不得接触属于指定行业的业务所涉及的非公开技术信息；非金融机构的外国投资者不得出席与核心行业的业务有关的董事会或重大决策的委员会，不得就属于核心行业的业务向董事会提出有回答期限的质询议案。除了以上所列的核心行业企业、非核心行业企业之外，还有1698家企业属于非指定行业，占清单企业总数的44.7%。外资投资这些企业股份超过1%，仅需要事后报告。

（四）建立供应链国际互补机制

经过多年来的国际化经营，日本已经和很多国家建立了密切的经贸关系。新冠肺炎疫情使日本进一步认识到加强国际合作对应对危机的必要性①。首先，国际合作关系可以在危机时发挥补充供应的作用。如新冠肺炎疫情暴发初期，口罩等医护品需求暴增，供应奇缺，此时若有国际援助，供应紧张局面就可以得到缓和。其次，国际合作有助于保障重要物资的顺利流通。如新冠肺炎疫情流行期间很多重要物资因为生产中断、物流延迟、通关停滞而冲击了全球供应链，如果各国之间基于共识相互协调，供应链就可以保障相对稳定。特别是粮食、能源、矿产这样的依赖进口的物资，更加需要国际合作机制来保障供应安全。最后，国际合作关系具有保障经济安全的作用。如把对经济安全极为重要的物资的生产布局在理念相近的经济体，可以减少地缘政治对供应的影响。

近几年日本加强国际合作的重点对象是东盟。日本与东盟经济部长会议在2020年4月20日发表了“应对新冠疫情的经济强韧性倡议”，表示要保持双方紧密的经济关系，减轻新冠肺炎疫情对经济的负面影响，加强经济韧性。该倡议明确了双方进行合作的领域与内容。一是努力保持市场开放，防止经济活动停顿，以保障食品、生活必需品、医用品及医疗设备等必备物资

---

① 経済産業省：《通商白書 2020》，2020年7月，https：//www. meti. go. jp/report/tsuhaku2020/whitepaper_ 2020. html。

的顺利流通，维持地区及国际供应链的运行①。二是尽力保障各种原材料、产品对世界市场的供应，支持所有人维持健康与福祉，维持市场稳定性，减轻可能对地区及世界经济造成的负面影响。三是共同探索供应多元化、互补化、透明化、适当库存化、持续化的途径，在应对商业风险与维持成本竞争力之间实现更好的平衡。日本与东盟经济部长会议在2020年7月28日出台了“日本东盟经济强韧化行动计划”。该项计划包含了50多项具体措施②。在供应链韧性方面，计划实施“强化海外供应链韧性计划”，由日本东盟经济产业合作委员会（AMEICC）事务局负责，支持企业以降低生产集中度为目的增加对东盟的投资，对企业购买设备、实施商业调查提供补贴。并且计划启动若干项人才计划，帮助东盟国家培养人才，提高生产供应管理能力。再者，还着手构建应对供应链危机的合作机制。如支持东亚与东盟经济研究中心（ERIA：Economic Research Institute for ASEAN and East Asia）设立强化供应链韧性的持续性项目，开展调查研究，举办产学官研讨论坛，对建立应对危机的合作机制提出政策建议。另外，着手建立与东盟的贸易手续数位化系统。主要就是使用区块链技术，建立“贸易信息合作平台”，使发货单、船载货物证明等电子化，进而达到通关手续等电子化。数位化通关系统的建立，会大大提高交易速度，加大监控力度，保障东南亚供应链的稳定安全。

日本还在东盟之外寻求与更多国家及地区的合作。2021年4月27日，日本、澳大利亚、印度三国的经济部长发表了“供应链强韧化倡议”（SCRI），内容概括为三点：通过贸易手续数位化来促进贸易及其顺利化；通过改善商业环境、供需匹配等促进投资及其顺利化；支持以生产基地多元化为目的的设备投资③。日本还和澳大利亚、印度、东盟共同举办了“供应

① 経済産業省：《「経済強靭性に関する日 ASEAN 共同イニシアティブ」を取りまとめました》，https：//www. meti. go. jp/press/2020/04/20200422005/20200422005. html。

② 経済産業省：《日 ASEAN 経済強靭化アクションプラン（仮訳）》，https：//www. meti. go. jp/press/2020/07/20200729005/20200729005 -2. pdf。

③ 経済産業省：《オーストラリア、インド、日本の貿易大臣によるサプライチェーン強靭化イニシアティブに関する共同声明（仮訳）》，https：//www. meti. go. jp/press/2021/04/20210427004/20210427004 -2. pdf。

链强韧化论坛”，探讨如何在印太地区加强供应链韧性和提高产业竞争力。日本至今为止在东盟建立了较完善的供应链，现在计划要与印度相连接，建立范围更广的供应链。2021 年 4 月，日本还与美国、欧盟、中国台湾合办了“重组供应链，促进理念相近伙伴间的韧性”的论坛，共同发布“巩固供应链安全的联合声明”，以加强在供应链重组与韧性方面的咨询与合作，鼓励将供应链布局在理念相近经济体，以确保供应链不受不稳定因素的影响。

三　日本供应链重组政策的影响

日本的供应链重组政策已经开始产生实际效应。政府的政策推动，大大提高了企业对供应链的安全问题的重视程度。这表现在申请政策补贴的企业数量上。例如，促进国内投资补贴政策在第一次募集申请企业时竟有 1600 多家企业报名，以至于不得不增加预算进行第二次募集。从企业的申请内容可以看到，口罩、呼吸机等医药品及医疗设备的数量最多，这表明日本企业准备要在国内投资生产这些产品，不再依赖进口，也就是说，投入中国市场的医用品及医疗设备的生产将回归日本国内。新冠肺炎疫暴发时，日本企业尽管在中国工厂生产了大量的口罩，但却无法运输到日本，使得日本国内口罩供应一度断链。现在，由于有政策补贴，不仅原来的口罩生产企业增加了国内生产，甚至有许多原本不生产口罩的企业也斥资生产口罩，很快日本国内的口罩供应就恢复到供应充足的局面，这意味着从中国进口口罩会有相当程度的减少。同时，也有很多企业申请在日本国内或是东南亚进行半导体、电动车、车用电池、飞机、海上风力发电设备、稀土金属等战略物资特别是其核心元件的生产。因为新冠肺炎疫情也中断了这些物资从中国的运输，日本国内使用这些产品的企业不得不停工待料。今后这些产品在中国的生产也可能会逐渐减少。近年来，受中国人工成本上升、汇率变化等的影响，已经有一些日本企业陆续将工厂从中国转移到东南亚。日本的供应链重组政策有可能会加速这种趋势。

日本的供应链重组政策对中国的影响，可以分两个层次观察。第一个层次是日本企业在中国生产、出口到日本及其他国家的产品。供应链重组的重要内容就是将这些产品或改为在日本国内生产，或改为非中国生产。因为除了疫情影响外，还要避开美国对中国制造课税的风险。对中国来说，出口减少必然会带来就业、税收以及相关零部件生产的减少。第二个层次就是在中国国内销售的部分。中国国内的需求依然存在，日本企业当然不会放弃这个市场机会，因此，日本的供应链重组对这个部分不会有太大的影响。但是。值得注意的是，如果日本企业在东南亚等的生产走上了轨道，经营成本又低于中国生产的话，在中国市场销售的产品也很有可能变成从外国进口。从这个意义上看，日本供应链重组有可能减少日本企业在中国的生产总量。

参考文献

内閣府：《新型コロナウイルス感染症緊急経済対策～国民の命と生活を守り抜き、経済再生へ～》，2020 年 4 月 20 日，https：//www5. cao. go. jp/keizai1/keizaitaisaku/2020/20200420_ taisaku. pdf。

内閣府：《統合イノベーション戦略 2019》，2019 年 6 月 21 日，https：//www8. cao. go. jp/cstp/togo2019_ honbun. pdf。

経済産業省：《通商白書 2020》，2020 年 7 月，https：//www. meti. go. jp/report/tsuhaku2020/whitepaper_ 2020. html。

経済産業省：《通商白書 2021》，2021 年 8 月，https：//www. meti. go. jp/report/tsuhaku2021/whitepaper_ 2021. html。

経済産業省：《半導体・デジタル産業戦略》，2021 年 6 月，https：//www. meti. go. jp/press/2021/06/20210604008/20210603008 – 1. pdf。

経済産業省：《令和 2 年度内外一体の経済成長戦略構築にかかる国際経済調査事業（アジア大でのサプライチェーン強靭化に向けた調査）事業報告書》，2021 年 3 月 21 日，https：//www. meti. go. jp/meti_ lib/report/2020FY/000173. pdf。

福田佳之：《日本の製造業はサプライチェーンの強靭化に着手 – 新型コロナウィルスと立地戦略についてー》，《経営センサー》2020 年第 9 期。

池部亮：《新型コロナウイルス感染症拡大の影響～中国を中心としたサプライチェーンの展望と日本の課題》，《MUFG BK 中国月報》第 172 号（2020 年 6 月）。

髙山嘉顕:《新型コロナ危機で見直されるサプライチェーン》,《国問研戦略コメント》2020 年 5 月 12 日, https: //www. jiia. or. jp/strategic_ comment/2020 - 10. html。

金本悠希:《外為法の対内直接投資審査制度のポイント》,《大和総研レポート》2021 年 4 月 15 日, https: //www. dir. co. jp/report/research/law - research/securities/20210415_022220. pdf。

宮本雄二、伊集院敦:《技術覇権米中激突の深層》、日本経済新聞出版社,2020 年 3 月。

B.5 韩国产业政策变化及其影响

白　玫*

摘　要： 本文主要研究韩国产业政策及其对全球供应链布局和中国产业发展的影响。韩国制造业竞争力提升得益于有效的产业政策。本文首先从扶持培育主导产业、强化优势产业、强化尖端技术产业竞争力和稳定供应链等四个角度分析了韩国支持产业发展的政策。通过分析发现：①韩国明确提出在尖端技术领域全球领先和制造业强国的意愿，在技术上强化与德美俄以的合作，在生产基地配置上多元化，这些产业政策对韩国制造业未来发展格局、韩国制造业全球供应链格局将产生深远影响，加剧了全球产业链高端环节的国际竞争；②韩国依然视中国为其最重要的市场，但也出现了通过转移生产基地和供应链多样化方式减少对中国的依赖现象。为此，中国应加深中韩供应链合作，弱化美国排华供应链联盟；共同推动产业链、供应链创新升级，扩大供应链合作规模，提升质量；扩大第三方市场合作领域，积极参与全球经济治理。

关键词： 产业政策　供应链　尖端技术　生产基地　韩国制造业

* 白玫，经济学博士，中国社会科学院研究员，中国社会科学院大学教授，工业经济研究所能源经济研究室副主任，能源经济研究中心副主任，主要研究领域为国别经济与政策、碳中和与碳经济学、新能源产业政策、经济大数据等。

在韩国制造业发展过程中，产业政策发挥了突出的作用。得益于有效的产业政策，韩国在短短60年，从农业国转变为以高价值制造业为驱动的制造业大国，制造业整体竞争力全球排第3位[①]，汽车、钢铁、造船、半导体、消费电子、纺织等产业均进入世界前列，内存、液晶显示器、工业机器人、LNG船竞争力排名全球第一。通过制造业强国，到2020年韩国成为人口5178万人[②]、GDP达到1933万亿韩元（约10万亿元人民币或1.6万亿美元）、人均GDP达到31489美元的发达国家。未来，韩国制造业产业政策可能对我国战略产业的方向产生重大影响，因此有必要研究韩国产业政策及其对全球供应链布局的影响。通过产业政策把握韩国制造业发展方向，以制定有利于我国制造业发展的策略。

一　与产业发展相关的政策

（一）扶持培育主导产业和强化优势产业的政策

1. 扶持培育主导产业的政策

从1961年朴正熙军政府上台，韩国开始实施的一系列扶持、保护类产业政策，以促进韩国产业发展。这些政策自上而下，集全国之力，以总统和经济企划院为中心、由总统亲自负责，以进口替代、出口导向为行动统领，以“五年计划”为总框架，以财阀为实施主体，以大项目为抓手，有力地促进了钢铁工业、汽车工业、船舶工业、石化工业、电子工业和纤维工业的发展。

以汽车工业为例，通过《汽车工业培育五年计划》（1962）、《发展汽车工业基本计划》（1969）、《汽车工业育成计划》（1970）、《汽车工业扶持

① 联合国工业发展组织每两年发布一次CIP指数排名，综合考核人均制造业附加价值、制造业出口规模等8项指标，是显示一国制造业整体竞争力的权威性指标。1990年时，韩国仅排名第17，此后逐年上升，2020年首次超过美国和日本等国，排名全球第3。

② 根据世界银行统计数据。

法》(1973)、《汽车工业长期振兴计划》(1974)、《汽车工业合理化措施》(1981)等一系列养成、扶持政策，使韩国从20世纪60年代的只具备修车能力的国家，到20世纪80年代末成为拥有汽车整车、汽车发动机和汽车零部件生产的，年产量百万辆的汽车生产大国，培育了现代、起亚、大宇、双龙这样的链主企业。

2. 强化优势产业的竞争性产业政策

随着80年代末韩国产业国际竞争力的提升以及1995年WTO的成立，韩国产业政策发生重大转变，逐渐取消了扶持、保护类产业政策，开始实施竞争性产业政策。从对个别产业的特定企业的支援，转变为支持更多企业的技术开发和人才培养，如《风险企业培育特别法》(1997)、《电子商务基本法》(1999)、《科学技术基本法》(2001)、《大中小企业共赢合作促进法》(2006)、《科学技术基本计划（2002～2006)》等；从对产业选址供应等支持，转变为更中立的、以市场为主导的、注重环境、鼓励创新的产业政策，如《环境友好法》(1997)、《产业技术园区支援特别法》(1998)、《产业聚集活性化法》(2002)和《国家均衡发展特别法》(2004)等；从自上而下的以供给为中心的产业政策，转变为以需求为中心的产业政策，如《制造业等贸易调整支援法》(2006)。

以汽车产业为例，韩国政府从1987年起逐渐取消了过去那种扶持、保护汽车工业的一系列优惠政策，开放了汽车市场，同时对各汽车生产企业所生产的车种、车型等也不再进行限制，以鼓励汽车生产会社之间展开竞争，优胜劣汰。例如，从1987年开始逐步降低国内汽车市场关税，解除了外国整车汽车的进入限制，1989年进一步解除了汽车市场进入、产量和销售方面的管制，只保留安全和环保等几项少数管制。韩国汽车产量从1990年的132万辆，增长到1995年的254万辆，5年的年均增长速度保持15%左右，并成为第六大汽车出口国。

（二）强化尖端技术产业竞争力的政策

随着韩国制造业的成功发展，韩国产业政策开始从追赶政策转变为领先政策，出台了一系列支持以尖端技术带动产业发展的政策。面对第四次工业革命、新冠肺炎疫情所暴露的供应链产业安全问题、高技术产业国家间竞争日益激烈，以及为解决气候变化问题所带来的产业重构，韩国产业政策也发生新的变化，主要体现在与工业和技术相关的产业政策，包括制造业复兴、监管、人才计划和智慧绿色产业园区等；与进出口相关政策，包括促进电子贸易（加强中小企业出口竞争力、自由贸易区的创建和激活）、为国内进出口企业提供贸易保险和担保支持的政策（战略物资管理系统、外商投资吸引政策、产地管理）和支援回国企业的政策（支持开城工业园区的入驻企业、全面推进自由经济区招商引资、贸易调整支持系统）；与能源转型相关的政策，包括向安全清洁能源过渡、增强可再生能源产业竞争力的措施、可再生能源和能源福利①。

1. 制造业复兴计划

制造业是韩国经济增长的引擎，是就业的蓄水池，是创新的源泉。2017年，韩国制造业增加值占 GDP 的 29.6%、产出的 90% 和设备投资的 56%；2016 年，韩国制造业企业研究开发费占全国的 89%，专利数量占全国的 83%。由于第四次工业革命、环境限制、中国制造业崛起等，制造业全球竞争环境发生巨大变化，世界主要制造业国家都在强化制造业竞争力。而韩国制造业面临主导产业发展停滞，新兴产业发展迟缓，制造业附加价值率低水平（25%）停滞、低于发达国家（30% 以上），韩国产业政策需要进行整体大的转变。

制造业复兴计划的目标是，到 2030 年，韩国成为世界四大制造强国之一，制造业的规模将从 2018 年的 511 万亿韩元增加到 2030 年的 789 万亿韩元（2010 年不变价格）；制造业向高附加值的产业结构转变，制造业增加值率从目前的 25% 提高到先进国家水平的 30%；世界一流企业数量增加 1 倍以上，从 573 家增加到 1200 家；提高制造业生产率水平，提高到 40%；新产业新项目在制造业产值中的比重由目前的 16% 提高到 30%（见表 1）。

① 韩国工业商业资源部，http：//www.motie.go.kr（韩语）。

表 1 韩国成为世界四大制造强国目标内容

主要指标	发展基础(2018 年)	发展目标(2030 年)
制造业附加价值率(%)	25	30
新产业/新产品比重(%)	16	30
世界一流企业(家)	573	1200
出口排名(位)	6	4

资料来源：韩国工业商业资源部，制造业复兴，http：//www. motie. go. kr（韩语）。

推进制造业复兴计划的四大战略。①产业结构高级化战略，以智能化、环保化、融合化加速产业结构创新。智能化，通过智能工厂 + 智能产团 + 人工智能、5G 等基础行业智能化，实现制造业智能化；环保化，使韩国由产品和生产的环保化，向绿色市场领先国家跳跃；融合化，制造业和服务业融合，提高制造业附加值。②培育新主导产业战略。培育新兴产业为新的主导产业，通过创新改造现有主导产业；全面重组产业生态；聚集国家力量和资源，持续创造新产业；推动主导产业加速向高附加值转换；集中培育制造业中的材料、配件和装备产业；促进企业组织创新；建立产业园区和创新中心；持续扩大世界一流企业数量及规模，将世界一流企业的成功 DNA 扩散到整个制造业，每年培养 50 家以上世界一流企业；加强出口支援。③产业生态重构战略。适时培养制造业所需人才、创新 R&D 体系和建立支持创新制造企业发展的金融体系。④强化创新创业型政府作用战略。通过营造适合企业的环境和积极的支援政策，活跃国内投资；通过政府采购，率先创造需求；建立创新扩散的民官合作体系。

制造业复兴计划的主导产业政策包括《2030 年充电电池产业发展战略》（2021）、《汽车零部件企业未来汽车改装支持计划》（2021）、《K-Semiconductor 战略实现综合半导体强国》（2021）、《稀有金属产业发展措施 2.0》（2021）、《航空工业发展第三个十年计划》（2021）、《环保汽车第四个基本计划》（2021）、《白色生物产业振兴战略》（2020）、《人工智能半导体产业发展战略》（2020）和《未来车辆扩张与市场占领战略》（2020）等。

2. 产业融合监管沙盒

监管沙盒（Regulatory sandbox），是一个免除或中止现有法规的制度，使创新理念和技术得以充分实现的政策机制。监管沙盒最初是由英国政府提出的，是金融监管机构为金融科技创新提供一个时间和范围有限的模拟测试机制，该机制旨在为金融机构或给金融服务提供相应支撑的非金融机构测试金融创新的一个“安全空间”。韩国引入“产业融合监管沙盒”（2019），在四个领域来运行监管沙盒机制：产业融合（工业部）、ICT 融合（科技部）、金融创新（金融委员会）和区域创新（中小企业和初创企业部）。产业融合监管沙盒的作用是为产业融合扫除制度与法规上的障碍：①法规的快速确认，及时确认新的融合产品等是否需要许可，是否有法规；②用于测试目的，对融合新产品测试验证的限制区域、期限和规模的排除规定；③临时许可，为新的融合服务和产品的早期上市提供临时许可。

第一批试点项目有城市加氢站、手动轮椅电动助手、高速公路休息区共享厨房、电动滑板车共享服务、利用通信电缆的智能照明、拿铁艺术 3D 打印机、智能 AED 等。

3. 阿尔基 · 米斯特计划

阿尔基 · 米斯特计划，又称炼金术士计划，是针对超高技术发展的产业政策。阿尔基 · 米斯特计划的政策目标是确保超高技术可以在充满挑战和冒险的研发过程中改变现有行业的范式，而不必专注于研发的成功或失败。多个研究机构针对具有较大经济和社会影响的艰巨任务，根据产业需求等进行竞争性研发，通过“企业会员”诱导中间和最终结果的商业化。

所谓超高技术是指如果没有解决方案很可能无法确保未来行业所需的核心源技术。它包括：①通过挑战没有技术解决方案的困难领域，支持如果成功则具有非常高的社会经济价值但失败率很高的极其困难的任务；②颠覆性技术，通过开发世界上不存在的技术和产品来改变市场范式或创造新市场；③突破性技术，突破现有技术局限，引领行业突破。

4. 智慧绿色产业园区

工业园区是制造业和中小企业的摇篮，在区域经济中发挥着举足轻重的作用。2019 年，韩国工业园区占制造业生产的 63.9%、出口的 65.7% 和就业的 49.2%。

通过数字化改造、能源创新和生态友好，把工业园区打造成生态友好型高新技术产业基地；通过环保与数字化的融合，使产业园区成为有竞争力的、低碳环保的制造业空间；通过人才建设，将产业园区打造成有希望的产业人才聚集空间。

表 2 智慧绿色产业园区十大核心目标

核心目标		支持内容	工业园区
扩展智能便利设施(物流平台)		通过 ICT 和 AI 技术,降低物流成本,将工业园区闲置的仓库连接到旧的联合物流中心加以利用	半月、西化、昌原等 4 个工业园区
流程创新模拟中心		通过对产品研发、生产、性能验证全过程的虚拟设计支持,加强中小企业的智能制造创新能力	昌原、龟尾、丽水
创新数据中心		通过构建制造数据收集、存储和分析基础设施并提供解决方案来支持流程创新	昌原、半月市
标准制造创新流程模块		制造技术验证和公司支持,通过建立模块化生产系统,用于数字孪生等智能制造技术的现场应用	昌原
打造制造创新综合体基础	生产服务	建立材料、零件和设备支持中心,支持检查、分析和认证程序	东南、龟尾
	商业化支持	建立业务多元化平台,基于大数据的智能诊断与分析咨询,运营新业务增长潜力企业培育计划	半月
	B2B 制造交易	通过对制造企业的制造供需匹配支持和在线营销支持,激活工业园区内的 B2B 制造交易	Common(产业园区本部)
建立智慧能源平台		构建工业综合体、综合能源系统(EMS),实现企业能效提升服务和能源数据积累的云端化	半月市、昌原等 7 个工业园区
建立能源自给自足的基础设施		在工业园区和 ESS 中扩建燃料电池、太阳能等新能源和可再生能源电站,构建基于电动汽车发电等的能源交易网络	半月市、昌原、南洞
扩大智能便利设施(基础设施)		安装结合 ICT 的智能便利设施(基于 IoT 的路灯、多功能智能展位等)	昌原、半月市

续表

核心目标	支持内容	工业园区
扩大智能便利设施(综合控制)	利用物联网、智能闭路电视和相关机构的数据运行系统来管理工业园区内的危险材料、环境污染和交通	半月市、昌原等6个工业园区
培育智能制造高级人才	打造智能制造领域本科/研究生课程(在职等)的教育环境,开发运营以现场解决问题为核心,培养产学联合人才,支持企业困难的课程	半月市、昌原等7个工业园区

资料来源:韩国工业商业资源部,制造业复兴,http://www.motie.go.kr(韩语)。

以电池产业为例,韩国锂电池产业的发展与通信设备、笔记本电脑等产业的发展一样,都是通过强有力的产业政策支持,引领全球。日本索尼首先开发锂电池,初期全球锂电池市场由索尼、松下、日立等日本企业主导。通过产业政策支持,韩国后来居上,从2010年以后主导了高附加值小型电池(IT用)市场,成为小型电池市场的后起之秀。随着全球电池市场从小型转型为中大型,韩国通过政策支持,大力进行设备投资、积极布局海外市场,成功抢占了全球中大型电池市场。到2020年韩国电池的占有率达到36.5%。韩国在电池产业的成就,是在既没有电池核心材料也没有强劲内需市场的条件下取得的。由此可见,韩国产业政策及其执行的有效性。

(三)稳定和优化供应链政策

韩国在供应链重组上给予大力的政策支持,主要包括如下几个。①企业回迁支持政策。支持与核心项目相关的企业回迁。②吸引外资政策,推进战略性产业的国内投资。③多元化供应链,分散供应链风险政策,实施供应链重组和风险分担支持政策。④积极推动进入全球供应链,扩大海外基地,强化进入全球材料、零件和设备供应链;扩大全球技术网络。

1. 促进企业回迁

韩国2013年出台“海外进军企业的国内回归支援法律”(简称掉头法),推动以核心项目为重点的企业回迁。主要政策内容如下。①资金支持。为中小型回迁企业设施投资提供4.5万亿韩元资金支持，为小型/部门/矿产项目提供至少1.5%的资金支持；对参与产业技术研发业务的回迁企业给予优惠政策；增加对回迁所需咨询费用的支持。②咨询服务和贷款优惠。为中小型回迁企业快速实施化学品安全制度提供贷款优惠和咨询服务优先支持。

2. 吸引外资

韩国扩大在重点领域的投资，在材料、零部件和设备领域发现和吸引优秀的全球公司，扩大绿地类投资，加大资金支持；大力支持为稳定尖端技术和核心产品供应链做出贡献的国内外企业，建立“投资支持制度创新计划”，支持制造业（半导体、生物等）和非制造业（移动通信服务、融合软件等）等33个领域的2990项技术。

3. 分散供应链风险

分散供应链风险的支持政策主要包括如下几个。①对供应链多元化转型的支持，如果公司完全依赖特定国家或公司，则推动供应链向第三国分销等。②推动引入行业联合采购、联合物流，以实现快速、顺畅的供应。从供应链中多个供应商处收集和采购物品以提高物流效率；通过研究主要材料和零部件生产国，选择高优先级的目标区域和项目。③扩大稀有金属的储备，推进充电电池等高科技产业所需的稀土等稀有金属的适当储备。

4. 进入全球供应链

扩大海外基地政策。①扩大地区运营中心的数量，从2019年的4个（底特律、法兰克福、名古屋、上海），扩大到2020年的7个（新增墨西哥城、吉隆坡、雅典）。②在东南亚国家建立技术合作和新供应链拓展平台，包括韩越材料零部件任务中心（Materials & Parts Korea-Vietnam TASK Center，越南）、模具技术支持中心（菲律宾）、韩缅工业园区（缅甸）等。③加强关键技术研发合作，加强与德国、美国、俄罗斯和以色列建立合作研究，如建立韩德部长级产业合作对话（2019），建立韩俄部长级产业合作对话（2020）。扩大韩国技术合作基地，如“韩国－德国材料和零部件合作中心”。

扩大全球技术网络政策。对于韩国技术欠缺的领域，引进、并购相关技术企业，吸引海外优秀人才，给予税收优惠等。例如，对并购企业，给予收购金额的5%（大公司）、7%（中型公司）、10%（中型公司）税收抵免，对于外籍技术人员，给予3年所得税减免70%+接下来2年减免50%的个人所得税优惠。

为了支持全球扩张和进口替代等有前景的材料、零部件和设备公司的发展，设立了1100亿韩元的新投资基金。

二　韩国产业政策对全球产业链布局影响分析

在国际生产高度分工的前提下，全球供应链主要国家产业间的相互依赖是必然存在的。过去几十年，韩国一直是全球供应链最为活跃的国家之一，既是本国全球供应链的组织者，也是国外全球供应链的供应商。韩国产业政策总体目标是实现制造业强国战略，未来韩国依然是全球产业链布局的重要参与者，韩国相关产业政策的出台必将对全球产业链布局产生深远影响。

（一）影响韩国制造业发展格局

韩国拥有世界发达国家水平的机械、电子、汽车、IT等产业基础。牢牢抓住新能源汽车产业、大容量电池产业、人工智能半导体产业、航空工业、稀有金属产业、氢能产业发展的主动权和先发优势，是韩国今后一段时期的制造业发展重点。按照制造业的相关政策，到2030年，韩国国内制造业的比重将维持在25.1%~28.5%的水平；到21世纪30年代后半期，韩国制造业生产规模将超过德国，上升到第5位。

韩国制造业重构将推动全球产业链向数字化、智能化、低碳化转型升级。通过扩大优质产品比重，逐渐升级制造业产品结构。运输设备供应链将单纯的制造优势，扩大到优质产品的概念设计、销售整个产业链。材料、零部件、装备供应链，将从通用、基础材料过渡到精密、复合材料，核心零部件的国内供应力量有望得到加强。为了应对智能工厂的扩张，机器和装备将主要产品从一般机器转变为智能型机器、设备和SW融合的解决方案，通过加工装备、制造用机器人的核心部件自主化，提高价值链的附加值，确保供应链稳定。

第一，内存芯片产业比重预计会随着第四次工业革命进一步加大，系统半导体比重将大幅提升。

第二，随着汽车产品结构转变，传统内燃机汽车及相关零部件的比重有所下降，新能源汽车、无人驾驶汽车等相关零部件有望成为新的主力产品。

第三，生物健康产品的比重也将大幅提高。

第四，船舶产业也将改变产品结构，向低碳船舶转型。

第五，航空产业将有较大的发展。到2030年韩国的航空产业将成为全球第七，在技术上达到发达国家80%的技术水平，实现技术自主化。

第六，随着产品结构的升级，通用钢、通用石化、LCD、家电、纤维等目前韩国主力产品的比重将有所下降。

表3　基于产品的制造业结构变化趋势

单位：%

	2018年			2030年	
排名	行　业	附加价值比重	排名	行　业	附加价值比重
1	内存半导体	8.9	1	内存半导体	9.8
2	内燃车及零部件	8.2	2	金属制品	7.5
3	金属制品	7.1	3	内燃车及零部件	5.1
4	机械元件	5.3	4	机械元件	4.5
5	塑料制品	4.8	5	其他电气设备	4.4
6	通用石化	4.7	6	通用石化	4.3
7	其他电气设备	4.1	7	系统半导体等	4.3
8	食品	3.5	8	生物健康	3.9
9	通用钢	3.3	9	其他电子元件	3.7
10	通信设备	3.3	10	塑料制品	3.7
11	石油及煤炭制品	3.2	11	OLED & 下一代显示器	3.3
12	OLED & 下一代显示器	2.9	12	家具和其他制造业产品	3.3
13	系统半导体等	2.9	13	食品	3.2
14	LCD	2.6	14	尖端加工设备	3.0

续表

	2018 年			2030 年	
排名	行　　业	附加价值比重	排名	行　　业	附加价值比重
15	其他电子元件	2.5	15	石油及煤炭制品	2.8
16	生物健康	2.4	16	通信设备	2.6
17	尖端加工设备	2.3	17	通用钢	2.4
18	家具和其他制造业产品	2.2	18	新能源汽车及零部件	2.3
19	精密仪器	1.8	19	充电电池	1.9
20	传统船舶	1.7	20	环保船舶	1.6
21	其他非金属矿物制品	1.6	21	精密仪器	1.4
22	家电	1.5	22	高附加值橡胶,塑料制品	1.4
23	纸浆和纸	1.5	23	其他非金属矿物制品	1.4
24	纤维	1.3	24	高附加值精密化学	1.4
25	有色金属	1.2	25	家电	1.4

资料来源：韩国产业研究院（KIET）（韩语）。

（二）影响韩国制造业全球供应链格局

韩国的产业政策将影响韩国制造业全球生产网络重构和供应链格局调整。

1. 制造业生产网络重构的路径

《韩国产业发展展望2030》明确韩国制造业生产网络重构的路径。①韩国制造业将以在全球市场上占据较高竞争优势的主导产业为基础，增强韩国作为全球供应基地的作用。以具有全球竞争力的IT、电子产业和运输机计算业为基础，连接材料、零部件、设备的下游企业，提高海外市场对韩国国内生产的带动效应，并使之成为国内制造业增长新动力和优质工作岗位的来源。从生产供应角度，通过迅速转型为智能生产结构，从而带动中小企业创新，带动装备、机器人产业成长与发展。通过智能生产体系的成功转型，韩国制造业将转变为灵活、敏捷的生产体系，从而实现产品的高度化和多样化。②以核心材料—尖端零部件—装备制造业的下游产业为基础的产业增长升级路径。通过技术创新提高材料产业质量，强化核心装备的国内供应能

力，确保下一代产品开发和供应中的全球领导力。③制造业服务化，即制造企业为了获取竞争优势，从微笑曲线中较低价值的组装、制造环节向更高价值的设计、研发和服务环节移动。与设计、工程、流通、营销等制造活动相关的服务业发展，将对韩国制造业价值链的向上移动起着重要作用。

以制药行业为例，政府支持制药行业全产业链全球扩张。建立全周期全球准入体系，引导国内药企在全球医药市场进入领先地位，将制药企业的竞争能力提升至全球领先水平。支持内容包括：①全球临床/许可咨询，支持制药企业海外市场进入和全球研发规划，提升全球竞争力；②支援医药出口品生产基地建设，支援医药品出口品生产设备升级所需费用；③支持韩国本地制药公司的设立和出口项目的本地化，为希望进入新兴国家的国内制药公司，提供公司设立和产品出口等费用的支持。

2. 重新布局生产基地

（1）鼓励韩国企业回迁本土

为了应对日韩贸易争端和新冠肺炎疫情造成的供应链不稳定，顺应主要国家正在推进新的全球供应链稳定战略，韩国加大国内生产供应。为了促进企业回到韩国，2013 年韩国制定并实施了企业“掉头法”，鼓励海外的韩国企业回到本土。从 2014 年到 2020 年 8 月，有 80 家企业被选定为“掉头”企业，根据这些企业提出的计划案，创造了 1 兆 1103 亿韩元的投资和 2967 个的就业岗位。

（2）要求日本供应商增加在韩国本土生产布局

为了避免供应链中断风险，韩国一方面发展本国替代技术，摆脱对日本技术和设备的依赖；另一方面，要求日本供应商增加在韩国本土生产，摆脱日本政府可能的出口管控。韩国对日本的 100 种核心产品的依赖度已经从两年前的 31.4% 下降到了 24.9%。韩国电子工业具有世界一流竞争力，在很多领域都居世界前列，庞大的生产规模让韩国企业成为日本设备和材料的最大买家。对于日本的芯片设备和材料厂商来说，韩国企业早就取代日本企业成为最重要的客户，比如三星、SK 海力士和 LG 这些韩国巨头的芯片和显示器年销售额接近 1500 亿美元。

（3）扩展以越南为代表的新生产基地

从2000年代中期开始，越南逐渐成为韩国纺织产业和电子产业重要的生产基地。到目前为止，韩国跨国企业对越南海外直接投资累计127亿美元，继美国、中国大陆和中国香港之后排在第四位；新企业法人数为3741个，继美国、中国大陆之后排在第三位。纺织产业和电子产业的生产基地向越南转移，对韩国和越南的供应链影响是不一样的。纺织产业在将生产转移到越南后，导致韩国国内生产空心化，强化了越南纺织业本地化；电子产业则由于生产基地转移到越南，增加了韩国国内生产的中间材料对越南的出口。

（三）加剧全球产业链的国际竞争

国家间制造业竞争，本质上是供应链和供应链之间的竞争。韩国现阶段出台的产业政策，试图在新能源汽车产业、大容量电池产业、人工智能半导体产业、航空工业、稀有金属产业、氢能产业等领域重新配置有利于韩国的供应链，势必加剧美国、欧洲、中国、日本和韩国在相关产业领域的供应链竞争，对国际供应链产生重大影响。

1. 尖端技术领域竞争加剧

韩国现阶段产业政策与美国拜登总统关于加强电池供应链、半导体供应链、稀有金属供应链政策高度重合，韩国《制造业复兴计划》旨在向相关产业链高端转移，与美国和欧洲（主要是德国、英国和荷兰等国）在产业高端市场形成正面竞争。例如，全球半导体供应链上的链主企业三星，提出到2030年要在系统芯片领域成为全球霸主，这是挑战美国的霸主地位。

2. 以稀有金属为代表的核心资源竞争更加激烈

尽管韩国在金属、零部件等中间材料和最终材料上占据竞争优势，但其原材料、基础材料大部分依赖进口（一部分来自海外基地）。

为了保障供应，应对主要国家对稀有金属材料的争夺，韩国于2021年8月出台了《稀有金属产业发展对策2.0》。内容主要包括：①加大国际合

作和民间进军海外的支持力度，确保海外稀有金属的供应；②完善稀有金属储备制度，扩建专用储备基地，将稀有金属储备能力从现在56.8天提高到100天；③促进废旧资源再利用，建立光伏等新产业废弃物的回收系统和循环利用集群，提高稀有金属国内自给率。显然，其中的①和②将加大对全球稀有金属的争夺，与美国出台的稀有金属供应链审核总统命令（2021年2月）、欧盟出台的核心原材料供需稳定化计划（2020年9月）、日本出台的新国际资源战略（2020年3月）形成竞争性关系，加剧稀有金属的国际竞争。

3. 研发竞赛升级

韩国不断加大研发投入，将推动全球研发竞赛升级。韩国一直以来将保障对尖端技术研发投入视为最重要的产业政策。为了获得高技术制造业未来市场主动权，政府以核心目标产品为对象、以市场为导向，对企业提供大规模R&D支持。韩国在促进民间研究开发方面，实施了超过GDP 0.4%的资金支持等，为创造韩国新增长动力及构建创新力量提供资金保障。韩国从2010年就开始以“新增长动力及源泉技术研究开发”对相关部门进行税收支持。

以大容量电池产业研发政策为例。韩国为了实现2030年新一代电池全球第一的目标，最重要的政策就是“民官合作”大力推动相关领域R&D活动，确保独一无二的技术领先。韩国将以供应商联系和产学研合作为基础，推进核心技术研发，逐渐扩大对产品换代核心源技术的支持。①为确保目前正在使用的锂离子电池技术领先，支持开发高镍正极材料、硅负极材料和智能型充电电池，到2030年韩国民间将投入40.6万亿韩元的研发经费；②为提前确保韩国主导下一代电池制造技术，到2030年，韩国民间对下一代电池R&D投资将累计达到20.1万亿韩元。

4. 海外技术和知识产权保护力度更大

为了保护韩国在海外的知识产权，支持韩国企业海外扩张，韩国设立知识产权纠纷支持政策（见表4）。

表 4 海外技术和知识产权保护支持

支持类型	支持内容
专利纠纷回应	提供解决出口地区专利调查和争议风险分析、外国公司警告信等具体问题的解决策略
品牌保护	支持应对与商标和外观设计相关的海外纠纷的策略
权利整合的争议应对	通过提供涵盖所有应用于产品的专利、商标和外观设计的响应策略,建立一个全面的知识产权保护网络

三　政策建议

（一）加深中韩供应链合作

中美贸易摩擦和美国对中国的技术封锁引发了韩国对全球化生产的担忧，同时韩国也对与中美两国任何一方合作担心引发另一国的不满。尽管中国是最大的制造业国、全球化生产中重要一环，但是全球供应链的其他环节也在影响韩国对贸易合作与分工形式的选择。韩国正在寻找以越南为代表的、替代中国的新生产基地。中国要积极推进与全球供应链上下游国家的相互认同与分工合作，积极采取签署双边合作协议、研发费用税收优惠等措施吸引韩国跨国公司。

（二）共同推动产业链、供应链创新升级，提升供应链合作规模与质量

相互促进，进一步扩大开放，提升产业竞争优势，实现产业基础高级化，产业链、供应链高端化，培育我国国际合作和竞争新优势。强化中国在5G 网络、高铁、电力、电动汽车、大容量电池、建筑工程等领域的国际领先地位，通过建立中韩在相关领域的产业联盟，密切全球供应链上下游企业的关系；积极布局尚未形成合作竞争新优势的高技术产业链，如智能制造、半导体产业、医药、3D 打印等，加强中韩合作，利用市场优势和政策优势，

形成产业链、供应链新优势。

在双循环新发展格局下，以尖端技术创新合作为重要支撑点，深化尖端技术、低碳能源、制造业以及金融和服务贸易等领域的合作。①提升中韩加工贸易质量和规模。韩国对华直接投资建厂、引入先进生产线，是中国制造业参与全球价值链的一种重要形式，是中国制造业升级的重要途径之一。进一步扩大开放，吸引韩国在华投资和生产经营，促进中韩加工贸易高质量发展。②密切关注韩国制造业复兴计划实施进程，密切与韩国在智能制造、3D 打印、航空航天、环保交通工具、系统半导体、工业软件等领域的合作，提升中韩两国产业链、供应链、创新链升级，实现共赢。③中国制造业服务市场、医疗服务市场对韩国有极大的吸引力，双方可以探讨在相关领域进一步合作。④留住企业，中国应就技术和知识产权保护、恶意拖欠应收账款等方面加强制度建设，消除韩国投资合作、在华经营的顾虑。

（三）扩大第三方市场合作领域，积极参与全球经济治理

第三方市场合作是中韩两国参与国际分工协作的新型合作模式，也是两国发展战略对接与比较优势互补的重要经济实践。中韩两国在第三方市场就产品服务、工程建设、投资合作、产融结合、远程医疗服务等领域开展合作，不仅有利于加深中韩两国的合作基础，还会为第三方市场的经济发展注入新动力。此外，中韩应积极参与全球经济治理体系改革，共同推进国际经济秩序朝着平等协商、合作共赢的方向发展，从而保障全球产业链供应链安全、稳定。

参考文献

Jinmyeon Lee, Bau Kim, Jeonghyeon Kim, Junyeop Lee, Hwajung Kim. 美中贸易脱钩影响全球贸易网络（미•중 무역 디커플링이 글로벌 무역네트워크에 미친 영향과 한국에 대한 시사점）. 2021. 02. 19. https：//www. kiet. re. kr/kiet_ web/？ sub_ num = 8&state =

view&tab = list&idx = 58128&sty = W&ord = 50（韩语）。

金东洙、朴在坤、司空木、韩韩民、赵恩京、朴佳英、朴素熙. 进入中国企业营商环境调查报告（2020 年）（중국진출기업 경영환경 실태조사 보고서（2020 년）），2021. 02. 03. https：//www. kiet. re. kr（韩语）。

韩国工业商业资源部，2020 促进贸易政策（2020 년도 무역통상진흥시책），http：//www. motie. go. kr/motie/py/gh/Publication/bbs/bbsView. do? bbs _ seq _ n = 623&bbs_ cd_ n = 30¤tPage = 1&search_ key_ n = &cate_ n = &dept_ v = &search_ val_ v = （韩语）。

韩国工业商业资源部，制造业复兴政策（제조업 르네상스），http：//www. motie. go. kr/motie/py/brf/motiebriefing/motiebriefing101. do? brf _ code _ v = 101 # header（韩语）。

郑善仁. 韩国与越南的贸易和投资结构及其对进入消费市场的影响. 2017. 11. 23，韩国产业研究院（KIET）研究报告（韩语）。

工业视觉研究团队. 韩国工业发展愿景 2030（한국 산업발전 비전 2030）. 2019. 12. 05. https：//www. kiet. re. kr/kiet_ web/? sub_ num = 8&sty = W&ord = 50&pageNo = 3&state = view&tab = list&idx = 56649（韩语）。

林恩贞. 全球金融危机对供应链类型就业的影响（글로벌 금융위기가 공급망 형태별 고용에 미치는 영향）2001. 18. https：//www. kiet. re. kr（韩语）。

民赫基、文钟哲、姜智贤、安允儿. 企业回迁推广策略与任务（리쇼어링 Reshoring 추진전략과 과제.），2021. 02. 03. https：//www. kiet. re. kr/kiet _ web/? sub _ num = 8&state = view&tab = list&idx = 57568&sty = W&ord = 50（韩语）。

钟成勋：《韩国参与全球价值链措施和影响》，《KDI 经济政策杂志》2016 年第 4 期。

冯立果：《韩国的产业政策：形成、转型及启示》，《经济研究参考》2019 年第 5 期。

产 业 篇

Industrial Reports

B.6
汽车芯片产业链创新链竞争力分析

李先军 *

摘　要：　汽车芯片是驱动汽车行业创新的重要技术力量之一，也是芯片领域的重要应用场景，不仅代表了信息时代制造业发展的新趋势，也是技术与生活相融的典范。我国汽车芯片行业整体自给率极低，与我国汽车生产和消费大国的地位极不相称。功率半导体、微控制单元、汽车存储芯片、模拟芯片、传感器等细分领域依然是欧美日等企业主导，国内也涌现出一大批创新型企业在加速突破，但其总体竞争力相对较弱，龙头企业带动力不足，不仅在关键核心技术方面突破困难，在用户市场的拓展方面也面临较大的挑战。为此，要进一步提升我国汽车芯片竞争力，应强化对这一细分行业的关注，以差异化政策推动产业发展和竞争力提升，发挥大企业优势引领汽车芯片关键核心技术突破，同时强化生态圈建设，形成产业间和产业内良好的内外循环机制。

* 李先军，中国社会科学院工业经济研究所副研究员，主要研究方向为创新管理、企业管理等。

关键词： 汽车芯片 产业竞争力 核心技术

一 全球汽车芯片行业发展态势

（一）汽车行业发展概况

汽车作为第二次工业革命最具代表性的产品之一，不仅推动了人类交通方式的变革，也成为人类经济活动的重要构成要素，汽车产业逐步发展成为集多种材料、多项技术、多个产业的重要系统。随着传统内燃机汽车向现代新能源汽车的演进，汽车产业所代表的技术范式、生产模式、产业竞争等方面都发生了显著的变化，其既成为新技术革命的新兴应用领域，也在现实的发展需求中推动了新技术革命的进一步深化。

从全球市场规模来看，受新冠肺炎疫情、全球经济再次陷入低迷等因素的影响，2020 年全球汽车销量保持继续下降的态势。根据世界汽车制造商协会（OICA）的数据，2020 年，全球汽车销量下降 13.77%，仅为 7797.12 万辆（见图 1）。

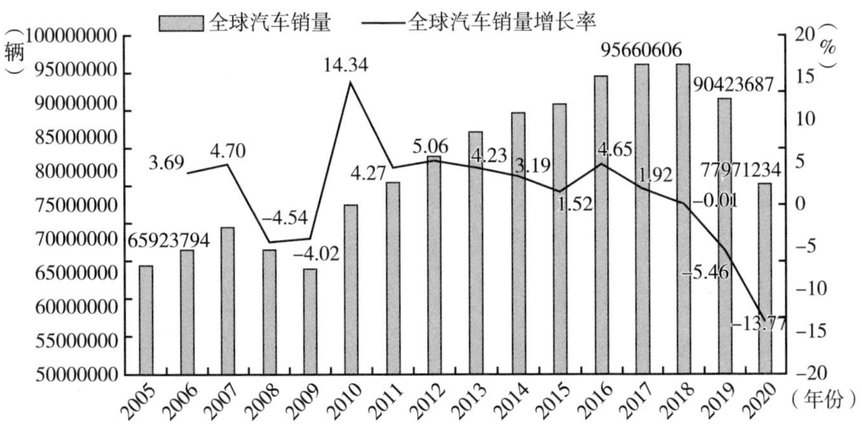

图 1 2005～2020 年全球汽车销售量及增长变化情况

资料来源：OICA。

从市场结构来看，中国、美国、日本和德国是全球最大的汽车消费国，2020年销量分别为2531.11万辆、1445.29万辆、459.86万辆和326.82万辆，分别占全球汽车销量的32.46%、18.54%、5.90%和4.19%，合计占全球总销量的61.09%（见图2）。之后为印度、法国、巴西、英国、韩国、俄罗斯、意大利，其中韩国是2020年汽车销售量唯一实现增长的主要消费国（销量增速为6.2%）。

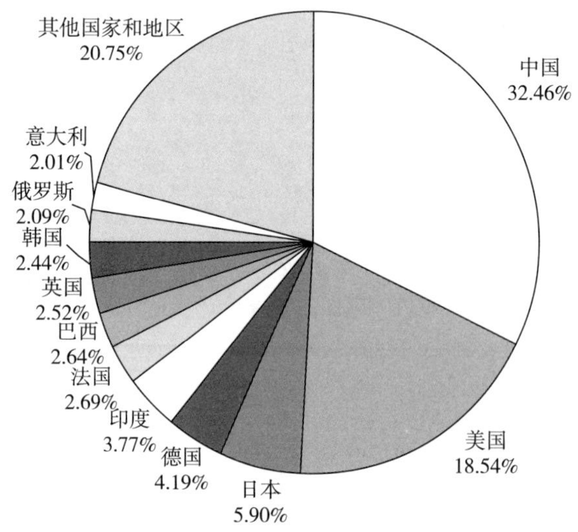

图2　2020年各国和地区汽车销量市场份额

资料来源：OICA。

与销量表现出高度的一致性，2020年全球汽车产量保持继续下降态势。根据世界汽车制造商协会（OICA）的数据，2020年，全球汽车销量下降15.43%，为7762.16万辆（见图3）。

从产量结构来看，中国、美国、日本和德国同样是全球最大的汽车生产国，2020年产量分别为2522.52万辆、882.24万辆、806.76万辆和374.25万辆，分别占全球汽车产量的27.94%、11.82%、10.51%和5.37%，合计占全球总产量的55.64%（见图4）。其中，中国和美国是净进口国，日本和德国产量高于销售量，尤其是日本，是全球最大的汽车出口国。之后是韩国、印度、墨西哥、西班牙、巴西、俄罗斯，其中韩国也是汽车净出口国家。

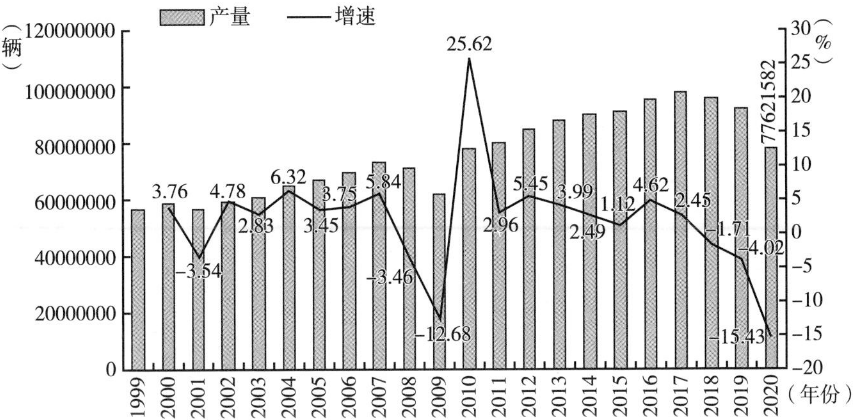

图3　1999～2020 年全球汽车产量及增长变化情况

资料来源：OICA。

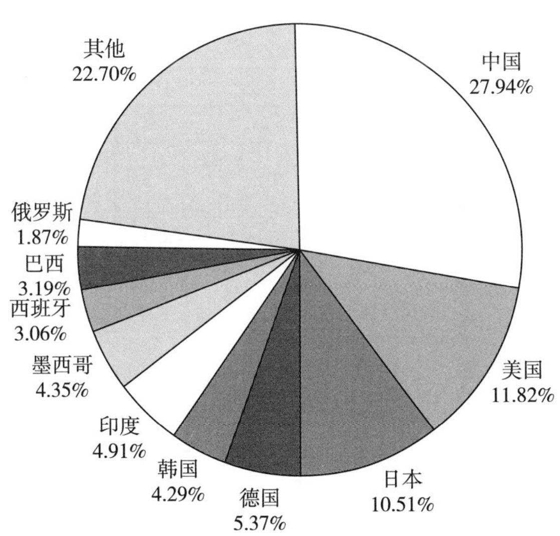

图4　2020 年各国和地区汽车产量份额

资料来源：OICA。

（二）全球整车制造基本情况

整车制造企业是汽车行业的龙头，也是牵引汽车行业发展的核心主体。从2018年到2019年全球汽车企业销量的变化情况来看，日本、美国、德国、韩国等国依然在整车制造和销售中占据绝对领先地位，大众、丰田、雷诺-日产-三菱联盟、通用、现代、福特、本田、菲亚特克莱斯勒、标致雪铁龙和戴姆勒十大集团销售量占据全球汽车销售量的比重从75.1%进一步增长到75.9%，CR3从34.4%进一步增长到35.7%，汽车整车行业集中度进一步提高（见表1）。从汽车销售前十大集团企业来看，没有一家中国企业，中国在汽车产业链的整车环节竞争力严重较弱。

表1　2018~2019年TOP10汽车集团销量变化

排名		集团	销量			市场占有率		
2018年	2019年		2018年（万辆）	2019年（万辆）	同比增长（%）	2018年（%）	2019年（%）	变化（百分点）
1	1	大众	1083.4	1097.5	1.3	11.6	12.3	0.7
3	2	丰田	1059.4	1074.2	1.4	11.3	12.0	0.7
2	3	雷诺-日产-三菱联盟	1075.7	1015.5	-5.6	11.5	11.4	-0.1
4	4	通用	841.8	774.5	-8.0	9.0	8.7	-0.3
5	5	现代	742.7	720.4	-3.0	7.9	8.1	0.2
6	6	福特	531.0	490.1	-7.7	5.7	5.5	-0.2
8	7	本田	485.0	482.6	-0.5	5.2	5.4	0.2
7	8	菲亚特克莱斯勒	485.5	441.8	-9.0	5.2	4.9	-0.3
9	9	标致雪铁龙	386.3	350.0	-9.4	4.1	3.9	-0.2
10	10	戴姆勒	335.0	334.0	-0.3	3.6	3.7	0.1

资料来源：笔者根据公开数据整理。

另外，作为汽车产业未来发展趋势的新能源汽车在近年来表现出强劲的增长态势。据中国汽车工业协会、ACEA、Markline等机构统计，2014~2020年，全球新能源车产量从54.9万辆增长至324万辆，五年CAGR达

42.62%，渗透率从0.61%增长至4.24%。从国内市场来看，我国新能源车销量从2014年的7.5万辆增长至2020年的136.7万辆，CAGR达62.22%，渗透率从0.32%迅速提升至5.40%，增速显著高于世界平均水平，是全球新能源车市场增长的主要动力。

（三）汽车芯片整体竞争情况

技术尤其是信息技术不断进步，有效地融入并驱动着汽车产业的不断前行。汽车产业作为半导体的重要应用领域，按种类可分为微控制单元（MCU、SoC等）、功率半导体（IGBT、MOSFET、电源管理芯片、二极管等）、存储芯片（NOR、NAND、DRAM等）、传感器（压力、雷达、电流、图像等）以及互联芯片（射频器件等），使用范围涵盖车身、仪表/信息娱乐系统、底盘/安全、动力总成和驾驶辅助系统五大板块。传感器、微控制单元、存储设备、功率半导体在各个板块都有需求，而互联芯片主要用于车身及信息系统方面。

根据Strategic Analytics数据，传统燃油车中，价值占比最高的半导体器件为微控制单元，占比达23%，功率半导体和传感器分别占21%和13%，而在典型的纯电动汽车中，受益于动力系统由内燃机过渡为电驱动系统，传统机械结构的动力系统被电动机和电控系统所取代，其中电控系统需要大量的逆变器，对IGBT、MOSFET等功率器件产生了大量需求，推动了功率半导体在纯电动车的价值占比大幅提升至55%，MCU和传感器价值占比分别下降至11%和7%。随着汽车产业在移动互联时代的发展，芯片在汽车整车成本中的比重将不断提升。

根据IC Insights的研究，汽车芯片在集成电路领域的市场份额从1998年的4.7%增加到2019年的8.7%，受疫情影响消费类电子需求快速上涨，汽车芯片在集成电路领域的市场份额在2020年回落到7.5%。但是，在全球集成电路产业快速增长的态势下，汽车芯片总产值长期保持快速增长态势，2020年依然达到380亿美元的市场规模。进入2021年，受到汽车芯片短缺预期的影响，汽车芯片总体需求和产能保持高速增长，2021年第一季

度相较于2020年同期汽车IC市场增长了23%，与全球集成电路产业保持同样的高速增长态势。

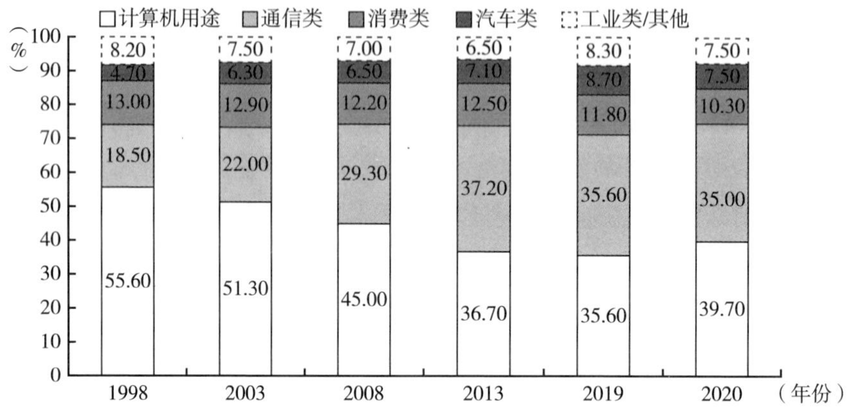

图5　1998～2020年按照用途分集成电路的市场份额占比

资料来源：IC Insights。

欧美日巨头占据汽车半导体市场近95%的份额，我国企业整体市场占有率极低。就全球半导体市场的竞争格局来看，优势企业主要集中于美国、德国、法国、荷兰、瑞士、日本、韩国、中国和以色列等。其中，行业内的龙头企业英飞凌（德国）、恩智浦（荷兰）、瑞萨电子（日本）、德州仪器（美国）、意法半导体（瑞士、法国和意大利）、博世（德国）、安森美（美国）等拥有行业内的领先者优势，2019～2020年，前五大汽车半导体企业（英飞凌、恩智浦、瑞萨电子、德州仪器、意法半导体）占据了全球近50%的市场份额（见图6）。

我国汽车芯片企业一方面面临设计和制造等方面技术和工艺的限制，另一方面受传统汽车芯片行业在客户上的先发优势影响，尚未出现在国际上具有显著竞争力的汽车芯片企业，在全球汽车芯片市场占有率极低。根据Gartner的数据，2019年，全球汽车半导体市场中欧洲、美国、日本的市场份额分别达到36.8%、32.1%和26.0%，中国只占全球市场的2.5%，远低于我国集成电路的全球市场份额，更与我国汽车大国的地位极不相称。

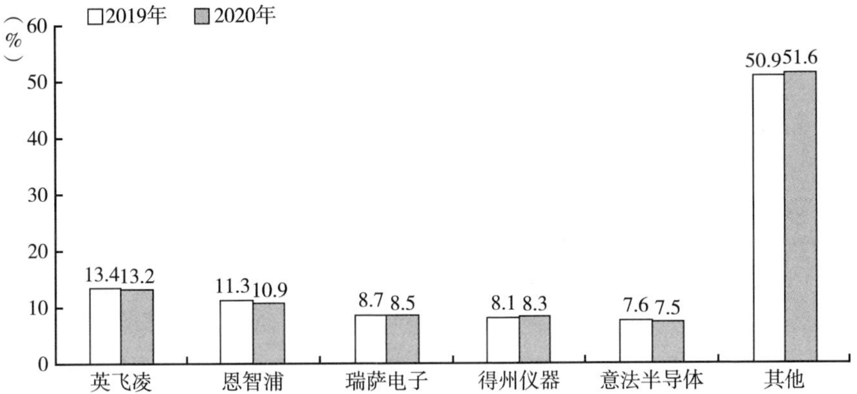

图 6　2019～2020 年汽车半导体行业前五大企业市场份额占比变化

资料来源：www. statista. com。

二　汽车芯片细分领域行业主要企业及我国企业竞争力

近年来，随着国家在集成电路产业的投入力度不断加大，加之中国跃升成为全球第一大汽车生产和消费国，中国汽车芯片也在全球巨头主导的背景下不断突破和发展，具体的细分领域也涌现出一些具有创新力的企业，这些企业在打破汽车芯片的全球垄断、保障我国汽车产业链安全和实现在集成电路产业细分领域的突破方面具有重要的意义。但是，从总体来看，汽车芯片产业依然是国际巨头居于垄断地位的基本态势。本节将围绕汽车芯片的主要细分领域，对具体细分领域的主导厂商和我国在细分领域具有创新力的企业予以分析。

（一）功率半导体

功率半导体主要承担电压、频率的调节，交流、直流转换等功能，满足各功能模块对电压、频率的不同要求。功率半导体可以分为功率分立器件和

功率集成电路两大类。其中，功率分立器件又包括功率二极管、IGBT（绝缘栅双极型晶体管）、MOSFET（金属氧化物半导体场效应晶体管）、晶闸管等。根据工作电压、频率等不同，功率分立器件适用于不同的领域。功率集成电路，通常是指将控制电路和大功率电力电子器件集成在同一块芯片上的集成电路，主要产品包括电源管理集成电路（PMIC）、驱动集成电路等，是电力电气器件技术与微电子技术相结合的产物。

从全球竞争态势来看，海外企业长期占据主导地位。英飞凌（Infineon）、德州仪器（TI）、安森美（ON Semi）、意法半导体（ST）、高通（Qualcomm）等欧美半导体厂商长期处于全球半导体第一梯队。从整个汽车半导体相对较高的集中度来看，功率半导体市场集中度相对较低，前五大功率半导体厂商的市场占有率（CR5）为39%。细分领域也同样具有相对较低的市场集中度，其中功率集成电路和功率分立器件/模组前五大厂商的市场占有率分别为44.3%和43.5%。三菱电机、富士电机等日本企业在整体竞争力上略弱于欧美企业。以MOSFET产品为例，根据Yole①的数据，2020年前十大企业如英飞凌、安森美、意法半导体、威世（Vishay）、瑞萨电子、东芝、Alpha and Omega以及安世半导体（被闻泰科技收购）等，大约占据我国高端功率器件约90%的市场份额。随着集成电路产业的发展以及汽车厂商的后向一体化，我国涌现出以士兰微、安世半导体、比亚迪半导体、斯达半导体、宏微科技等后发企业，也将成为汽车半导体领域的重要参与者。

从国内产业的发展现实来看，受需求牵引和政策驱动，功率半导体材料、设计、制造、封测等领域涌现出一大批有代表性的企业。

一是材料领域，尽管在科锐（Cree）、英飞凌和Rohm等国际巨头垄断的形势下②，我国企业在第三代半导体材料及其应用方面取得一些突破，GaN和SiC衬底和外延生长方面也涌现出一批创新性企业。SiC材料方面，单晶衬底有天科合达、北电新材、山东天岳、河北同光、世纪金光、中科钢

① Yole，Silicon MOSFET Market and Technology Trends 2021，2021.

② 在SiC领域，科锐、英飞凌和Rohm三家公司占据了全球市场约70%的份额，前五大厂商份额约为90%，寡头竞争局面明显。

研等；外延生长有瀚天天成、天域半导体、世纪金光、三安集成、中电科等。GaN 材料方面，衬底企业有苏州纳维、东莞中镓，外延生长有苏州晶湛等。

二是设计领域，有韦尔股份、创能动力（APS）、绿能芯创、陆芯科技、基本半导体等一批新创企业。此外，传统硅基材料生产企业有上海新昇、中环股份、金瑞泓等，并已在 12 寸硅片上取得一些突破。

三是制造领域，有华虹半导体、中芯国际、上海先进等晶圆代工企业，但主要集中在硅基功率半导体制造。

四是封测领域，一方面，国内领先民营企业以及国有企业，如中车时代电气、比亚迪等，在掌握下游电控、轨道交通及新能源汽车等应用后，向上延伸完成功率半导体 IDM 布局，实现上下游深度结合；中电科 13 所依托技术优势形成一定的细分优势。另一方面，例如，斯达半导体在 2018 年度 IGBT 模块供应商全球市场份额排名中位居第 8（市场份额 2.2%）[①]，在中国企业中排名第 1，成为世界排名前十中唯一的中国企业。另据 Yole 数据测算，2018～2020 年，宏微科技 IGBT 系列产品销售数量占国内市场需求总数量比例分别为 1.43%、1.47% 和 1.81%；斯达半导体 IGBT 系列产品销售数量占国内市场需求总数量比例分别为 4.79%、4.40% 和 4.75%。此外，士兰微陆续完成大功率 IGBT、多芯片高压 IGBT 智能功率模块、超结 MOSFET、高压集成电路等产品的研发、设计；北京世纪金光具备 SiC 器件全产业链供应能力；三安集成等公司凭借在 LED 领域的技术积累，正积极向 GaN 功率器件领域发展。

从功率半导体的国内竞争力来看，一方面，传统硅基功率半导体已面临应用范围的瓶颈，短期难以有效突破，另一方面，由于 GaN 和 SiC 属于新兴的第三代半导体，中国在材料领域出现了一大批新兴的创新企业，这可为我国功率半导体的快速突破提供机会。而一些汽车厂商、高铁制造厂商等结合产业发展需要而向后向关键零部件延伸，形成了在此领域的差异化竞争，

① IHSMarkit（2018）.

但产品以低端二极管和低压 MOSFET 为主，在高压、高频、复杂工况下的产品竞争力较弱。但是，由于英飞凌、德州仪器、安森美、意法半导体、高通、三菱电机、富士机电等欧美日巨头具有强大的先发优势，其在技术、可靠性、学习效应等方面的优势短期难以赶超，且与本国乃至全球汽车厂商形成的“锁定”优势，我国功率半导体企业进入汽车行业存在较高的门槛，短期实现赶超的难度较大。

（二）微控制单元

MCU（Micro Control Unit）中文名称为微控制单元，又称单片微型计算机（Single Chip Microcomputer）或者单片机，是指随着大规模集成电路的出现及其发展，将计算机的 CPU、RAM、ROM、定时计数器和多种 I/O 接口集成在一片芯片上，形成芯片级的计算机，为不同的应用场合做不同组合控制。传统汽车上的娱乐、安全、动力总成、转向以及车身控制系统都离不开 MCU，随着电动汽车和自动驾驶技术的发展，MCU 在电源管理的功能也得到进一步拓展和应用。

相对于功率半导体，微控制单元技术复杂度较高，且由于传统领先企业的先发优势，导致这一细分领域表现出较高的市场集中度，且领先企业具有较宽的产品线系列，在行业内具有较强的控制力。代表企业有英飞凌、瑞萨电子、恩智浦、意法半导体等，全球 CR5 达到 80%。国内也在近年来有一些企业在微控制单元方面有所突破，例如中颖电子、兆易创新、东软载波、杰发科技等，基于 ARM 和 RISC - V 架构开发的产品已取得了较好的成绩，但整体市场占有率较低。

（三）逻辑芯片

逻辑芯片是集成电路技术复杂度最高、市场价值最大的一类，在传统的汽车芯片中几乎为微控制单元所替代。然而，随着自动驾驶技术、智能驾驶技术的发展，逻辑芯片已成为汽车芯片中的一个重要类型。一方面，传统汽车芯片主导厂商，例如瑞萨电子、恩智浦、德州仪器等，基于其自身在汽车芯片设计和使用方面的经验，且能够与合作伙伴形成深度的协同，主动进入汽车用逻辑芯片的设计领域；另一方面，传统集成电路大企业，例如英伟达、高通、Intel 等，利用其在高性能芯片上的领先优势，进入 ADAS、自动驾驶以及智能座舱等智能芯片的新领域，实现了在新领域的有效渗透。从现实来看，目前头部整车厂商中超过半数主要使用高通的智能驾驶平台 Snapdragon Ride，英伟达与大量智能驾驶开发企业合作，英特尔的自动驾驶方案 Mobileye 也在整车厂商中得到大量运用。我国在智能驾驶芯片方案领域快速追赶，涌现出像华为、地平线、黑芝麻、平头哥等一些创新型企业，华为的鲲鹏、昇腾、麒麟系列芯片等，地平线的征程系列，黑芝麻的华山系列，平头哥半导体公司的玄铁 C860 等，尽管在应用场景上略有差异，但在制程上已经实现了追赶。然而，在各地如火如荼大力推进新能源汽车、智能驾驶的大潮下，各个汽车厂商出于营销方面以及在先进性、稳定性等方面的考虑，普遍选择采用传统集成电路企业或者芯片企业，我国汽车逻辑芯片的自我发展水平较低。

（四）存储芯片

随着机械存储方式向数据存储方式的转变，存储芯片已成为集成电力产业仅次于逻辑芯片的第二大细分领域。其中，NAND 和 DRAM 是存储市场的两大主要产品类型，且表现出极为显著的寡头垄断特征。根据 Trendforce 2021 年 3 月的数据，三星、铠侠（东芝）、威腾（西部数据）、SK 海力士、美光、英特尔在 NAND 市场的份额分别达到 32.9%、19.5%、14.4%、11.6%、11.2% 和 8.6%，前六大市场占据了全球市场的 98.2%。另据 Trendforce 2021 年 8 月的数据，2021 年第二季度，三星、SK 海力士、美光、南亚科技、华邦电子、力积电的市场份额分别达到 43.6%、27.9%、22.6%、3.4%、1.0% 和 0.3%，合计占全球市场份额的 98.8%。国内存储企业主要有长江存储、福建晋华、兆易创新、合肥长鑫、资管集团等，也在 NANA、DRAM 等领域取得了一些突破。

尽管汽车存储芯片在整体存储器市场中所占比重较小，但从发展前景来看，潜力巨大。为此，存储领域内的领军企业也在汽车存储领域强化布局。三星、海力士、镁光利用自身的技术优势，围绕汽车存储的需要，推进大容量、高度写速度开发出 UFD、PCLeSSD 等存储芯片。我国存储芯片企业也在全球存储芯片几乎垄断的背景下不断创新，并在一些细分领域取得了突破，例如兆易创新与合肥长鑫 2019 年推出 GD25 全系列 SPINORFLASH，是目前少有的全国产化车规存储器解决方案。

（五）模拟芯片

模拟芯片主要是处理、接收、发送模拟信号，将声、光、磁、温度等信息转化为数字信号，主要包括放大器、滤波器、变频等。近年来，随着新能源汽车、5G、物联网等行业的发展，模拟芯片行业发展迅速，成为智能芯片功能无法实现领域的重要补充。从技术成熟度来看，模拟芯片主要集中在相对成熟的制程，主要集中在 8 英寸晶圆和 28 纳米以下制程工艺。根据 2019 年 IC Insights 对全球模拟芯片公司的排名，德州仪器（19%）、亚德诺（ADI）（10%）、英飞凌（7%）、意法半导体（6%）、思佳讯（7%）、恩智浦（5%）、美信科技（4%）、安森美（4%）、微芯科技（3%）、瑞萨电子（2%）等前十大模拟芯片供应商占据了全球 67% 的市场，集中度相对于存储芯片、传感器等较低。其中，德州仪器在电源管理和运算放大器领域处于领军地位，下游市场集中于工业和汽车电子市场；亚德诺在数据转换器领域优势显著，目前专注于工业和通信市场；英飞凌在电源管理和功率半导体领域中极具优势；思佳讯在射频芯片方面竞争力较强。

模拟芯片具有产品多样性和产品生命周期长的特征，并表现出制造工艺相对成熟、用户黏性大的特点，模拟芯片传统在位厂商在拥有经验、技术、客户等方面的优势下保持较强的控制力。从国内情况来看，随着国内市场的快速成长以及产业政策的扶持，国内在这一领域通过增加研发投入、切入细分领域、打开新兴客户、全球范围并购等方式，实现了一定程度上的突破，其中尤以电源芯片、基带芯片等成效显著，电源芯片中，有兆易创新、圣邦微电子、矽力杰、南芯半导体、芯朋微电子、钰泰科技、上海贝岭、上海琪埔维半导体、南京微盟电子、芯智汇科技等。射频前端市场由欧美日厂商寡头垄断，但我国在 C－V2X 车联网通信领域实现了芯片、模组、设备、整车、测试认证与运营服务的全产业链覆盖，蜂窝通信领域，华为已累计为全球数百万辆汽车提供 4G 通信模组，5G 模组也已实现量产上车，我国出现了以华为、大唐、高新兴、移远通信等为代表的一大批 C－V2X 芯片/模组企业。

（六）传感器

车用传感器是汽车计算机系统的输入装置，它把汽车运行中各种工况信息，如车速、各种介质的温度、发动机运转工况等，转化成电信号输给计算机，以便计算机系统调整汽车各个零部件处于理想的工作状态。车用传感器包括用于测量温度、压力、流量、位置、气体浓度、速度、光亮度、干湿度、距离等功能的各类传感器，种类多样，可分为两大类，分别是车身感知传感器和自动驾驶传感器。车身感知传感器主要用于获取汽车车身信息，如胎压、油压、车速等，是维持汽车正常、稳定和安全行驶必备的基础传感器。车身感知传感器分布于汽车的各个子系统中，包括动力系统、传动系统、底盘及安全系统及车身舒适性系统等子系统。自动驾驶传感器是汽车智能化和自动化发展后的重要检测装置，通过将感受到的被测量信息按特定规则转化为电信号或其他形式的信息输出，以协助智能汽车实现智能驾驶。按照传感器的功能分类，自动驾驶传感器可分为视觉传感器、听觉传感器、雷达传感器和定位传感器。

车身感知传感器以传统的 MEMS 为主。根据测量对象的不同，MEMS 传感器可以分为物理传感器、化学传感器和生物传感器三大类，并衍生出众多细分类别。MEMS 传感器行业具有较高的集中度，根据 Yole Development 发布的最新数据，2019 年，惯性、射频、压力、声学、流量控制、光学、红外等七大类 MEMS 传感器在整个 MEMS 传感器市场总量的占比分别为 27.7%、19.2%、14.3%、10.6%、9.4%、5.4%、4.5%，合计占比超过 90%，主要产品包括加速度计、陀螺仪、压力传感器、微型麦克风等。在汽车用 MEMS 领域，博世、森萨塔科技、恩智浦、霍尼韦尔、德尔福、东芝、

英飞凌、大陆等大型企业依赖汽车行业稳固的供应链体系，基本上垄断了MEMS的生产和供应。近年来，我国也涌现出一些在MEMS的创新企业，例如敏芯科技，在惯性、压力、声音传感器方面也取得了一些成绩。

自动驾驶传感器是传感器中的新兴门类，也是车用传感器中的“未来之星”，其中尤以车载摄像头和车载雷达最为重要。摄像头产业链主要包括光学镜头、CIS传感器、模组封装、音圈马达、红外截止滤光片，其中CIS（COMS图像传感器）是摄像头产业链中价值链的主要部分，价值占比达52%。车载摄像头镜头中舜宇光学出货量位居全球第一，还有联创电子、欧菲光等；摄像头芯片出货量第一的是安森美，而摄像头模组厂商包括松下、法雷奥、富士通、信利国际、海康威视、比亚迪、联合光学、德赛西威等；摄像头芯片中，豪威科技（被韦尔股份收购）在车载市场排名第二，仅次于安森美，是我国在汽车芯片细分领域中全球占有率最高的企业。

雷达传感器中，超声波雷达技术十分成熟，且进入门槛较低，我国在这一领域具有较强的竞争力，总体上占了将近一半的市场份额，但是，我国厂商在提供完整的辅助驾驶解决方案等方面远远落后。毫米波雷达领域由德美日等巨头垄断，博世、大陆、海拉、奥托立夫、德尔福、富士通天、电装是这个领域的主导者，国内有一些追赶企业，例如华域汽车、浙江智波等，但芯片却来源于英飞凌和飞思卡尔，这一领域的进一步突破面临较大的压力。激光雷达属于新兴市场，国内外基本上处于相同起跑线，行业内主要的激光雷达公司包括美国的Velodyne、Luminar、Aeva、Ouster，以色列的Innoviz，德国的Ibeo，以及国内的禾赛科技、速腾聚创。

三　我国汽车芯片行业发展的问题

芯片是驱动汽车更安全、更高效、更舒适的关键因素之一，汽车芯片行业的竞争力决定了我国未来汽车行业的竞争力，也在一定程度上体现了我国芯片行业的整体竞争力。从汽车芯片各个细分领域的全球竞争态势以及中国企业的竞争地位来看，我国汽车芯片行业发展面临较为严峻的问题，主要表现在如下几个方面。

（一）国产化率较低，与汽车大国的地位极不匹配

根据 Gartner 的数据，2019 年中国汽车半导体全球占有率只有 2.5%，这与我国汽车产量 27.94% 的比例极不相称。从汽车芯片细分领域的具体情况来看：中国企业在功率半导体领域尤其是第三代半导体领域加速布局，但从市场占有情况来看，在中低端二极管和低压 MOSFET 有一定的优势，但在 IGBT 等具有较高技术水平领域几乎没有市场；在 MCU 领域尽管也有一些新企业出现，但市场份额极低；存储芯片基本上被国外巨头垄断，国内企业中兆易创新、旺宏半导体和北京矽成推出了一系列能够满足当前汽车存储需要的芯片，在一定程度上能满足企业存储的需求；模拟芯片涌现出矽力杰、圣邦微、思瑞浦、芯海科技等新兴企业，但由于传统国际巨头的垄断性和用户黏性，模拟芯片领域市场占有率也极低；传感器领域中，传统的视觉传感器领域我国占据了较高的市场份额，超声波雷达这一传统技术领域也有一定的竞争力，但微米波雷达基本上被国外垄断，激光雷达和国外尚处于同一起跑线上。

随着近年来企业行业创新的加速，中国把握新一代信息革命和技术革命的优势，有望在下一代汽车产业上获得“后发优势”。然而，在美国打压中国高科技行业的背景下，中国在汽车芯片领域的全球并购几乎难以通过，在关键设备、材料采购领域受到极大的限制，与领先企业的技术和商业合作也势必受波及，这将直接影响我国汽车芯片产业发展正常进程。此外，受新冠肺炎疫情、下游汽车厂商备货增加、晶圆厂产能过载等因素的影响，汽车芯片陷入严重的短缺困境，极大地影响了汽车制造行业的安全性和稳定性，尤其对我国正处于赶超阶段的汽车产业影响更甚。从 2020 年底开始，大众、福特、本田、丰田、菲亚特克莱斯勒、日产、戴姆勒、通用、沃尔沃等汽车厂商相继宣布由于芯片供应不足出现减产或者短期停产，国内汽车厂商蔚来等也宣布减产。尽管“芯片荒”对全球汽车厂商都会造成一定程度的影响，但由于我国已成为全球第一大汽车制造和消费大国，在汽车芯片上的自给率

只有2.5%，这将进一步蚕食我国汽车制造产业的利润，甚至直接影响汽车产业的创新发展，不利于汽车产业和芯片产业的长期发展。

更进一步，随着汽车行业的数字化、互联化和智能化发展，汽车已成为记录人口地理信息和个人信息乃至隐私信息的重要来源，由汽车所记录信息的安全已成为未来国家安全、信息安全的重要内容。在国产汽车芯片市场占有率极低的情况下，汽车行业智能化发展所带来的信息安全和国家安全问题需要予以充分的重视。

（二）关键核心技术受制于人，学习曲线突破难度大

半导体是汽车行业未来获取核心竞争力的关键内容，汽车行业近年来在互联化、电气化、自动驾驶、多元出行方式、车辆数字化管理等方面的创新都是由半导体驱动的，获取在半导体领域的核心优势可为汽车行业的高质量发展提供基本的动力支撑。然而，我国在汽车芯片的关键核心技术方面极大地受制于人，且对领先企业在行业的默会知识难以短期掌握。

产业链上下游面临严峻的外部压力，国内企业在芯片产业链上总体竞争力较弱。一是在汽车芯片的基础材料方面，高端材料受制于美日韩德等发达国家。例如第三代半导体材料GaN和SiC的主要生产工艺被发达国家垄断，科锐、英飞凌和Rohm等企业拥有绝对的话语权；IGBT和高压MOSFET材料的选择和制造工艺难以短期突破。二是芯片设计过程中DEA软件、专属IP内核形成庞大的产业生态，中国企业的突破难度极大。三是制造过程中行业龙头企业占据绝对话语权，台积电、三星等掌握着全球芯片代工的主要产能，在先进制程设备进口受限的大背景下，国内制造的产业扩张短期内难以快速突破。

作为工业级用途的汽车芯片，与消费级芯片相比还存在一个显著特征是产业更新迭代周期相对较长，产品的可靠性要求更高，进而决定了汽车芯片生产过程中存在难以突破的默会性知识壁垒。随着美国发起的意在打压中国经济尤其是高科技领域发展的“贸易战”，中国汽车芯片及相关行业融入全球技术和产业体系，以及通过资本重组等方式实现资源优化配置的方式势必面临更为苛刻的“审核”，中国企业只能通过长期的发展来实现在这一领域的后发赶超。

（三）缺乏龙头企业，难以在全球市场开展有效竞争

从全球汽车芯片巨头的成长之路来看，主要延续两条成长路线。一是传统制造企业尤其是大型电子制造企业，将自身涉及半导体的业务拆分、独立或者与其他企业合作，成为专门的半导体企业。例如，恩智浦从飞利浦拆分后独立，英飞凌是从西门子半导体部门独立的，瑞萨电子从 NEC 拆分后和三菱电机半导体事业部整合，意法半导体是 SGS 和汤姆逊重整后的产物，博世半导体是博世集团内的企业，安森美是由摩托罗拉半导体部门独立形成的。二是芯片行业主动介入汽车芯片领域，例如，英特尔、德州仪器、英伟达、AMD 等主动把握汽车行业发展的需求，推出能够发挥自身优势和满足市场需求的新产品。无论是前一种模式还是后一种模式，都是发挥企业自身核心竞争力朝着汽车芯片领域的延伸，企业的知识、技术、人才、资本、市场等基础条件越优越，越能形成龙头企业引领的总体成长模式。

我国目前在汽车芯片行业也涌现出一批具有创新性的企业，但是，企业规模相对较小、芯片企业与汽车生产企业生态链融入不足，难以形成大型的行业龙头企业来参与全球竞争。从 2020 年全球企业行业市场态势来看，丰田汽车尽管全球销量同比下跌 11.3%，但依然有 952.8 万辆；排名第九的宝马汽车销量为 232.5 万辆；排名第十的沃尔沃汽车销量为 66.2 万辆。与之形成鲜明对照的是，我国最大的汽车企业吉利汽车 2020 年销量（含沃尔沃）仅有 210 万辆；比亚迪 2020 年销量为 39.46 万辆。中国汽车企业小而散，难以形成诸如欧美日韩发达国家的大型企业集团，未能形成高度集中化的汽车行业竞争格局，自然而然也难以在知识、技术、人才、资本、市场等方面形成领先优势，也就难以在推动汽车芯片研发方面加大投入和承担这一行业的高风险，行业赶超面临较大的压力。

芯片产业也类似，尽管我国涌现出华为、中芯国际、紫光集团（现陷入破产危机）等一些芯片行业内的领军企业，但企业总体规模较小且综合竞争实力相对较弱，未能在行业中具有话语权，且自身实力难以允许其在芯片领域的多元化发展，在强调对关键芯片尤其是高制程逻辑芯

片突破的大背景下，相关芯片企业对汽车芯片发展所产生的溢出和驱动效应难以显现。

（四）用户路径依赖，后发企业进入困难

在芯片制造的工程管理上，车用芯片和工业类、消费类芯片完全不同，它需要一种高可靠、高复杂度的制造流程。相比消费芯片和一般工业芯片，车规级芯片在温度、湿度、出错率、使用时间等方面要求更加严格，导致开发周期长、难度大。同时，由于涉及人身安全，车用芯片要求极高的安全性和可靠性。因此，对汽车制造企业尤其是品牌企业来说，为保证产品质量的可靠性和稳定性，使用行业龙头企业和成熟供应商是其普遍的选择，新的和后发供应商进入汽车供应体系十分困难。此外，由于汽车芯片企业和汽车制造企业形成的长期稳定的“锁定”关系，上下游在股权、业务、社会网络等方面形成相对稳定的局面，其他供应商进入汽车厂商供应链难度极大，这将极大地阻碍我国汽车芯片企业在全球汽车供应链体系中的进入。

四　提升中国汽车芯片产业竞争力的对策建议

基于汽车芯片发展的基本现实以及当前存在的突出问题，建议强化对这一细分行业的关注，以差异化政策推动产业发展和竞争力的提升，发挥大企业优势引领汽车芯片关键核心技术突破，同时强化生态圈建设，形成产业间和产业内良好的内外循环机制。

（一）科学把握行业特征，以差异化政策支持产业发展

从芯片行业内的结构来看，汽车芯片市场占有率只有2.5%，甚至远低于全部集成电路4.9%[①]的市场占有率，在高度关注集成电路产业国产替代

---

① Semiconductor Industry Association. 2020 Factbook，https：//www. semiconductors. org/wp – content/uploads/2020/04/2020 – SIA – Factbook – FINAL_ reduced – size. pdf.

和实现科技自律自强的同时，要高度重视汽车芯片这一细分产业，争取在细分领域的率先突破。一是利用汽车芯片相对较低制程的机遇，发挥我国在制造业方面的优势，从全产业链和全要素的角度加快布局，补齐我国在设备、材料、软件等方面的基础短板，也为未来在更高制程上的突破和提升创造条件。二是把握企业芯片领域一些新兴细分领域的发展机遇，例如激光雷达、第三代半导体、射频芯片等巨头市场占有率相对较低且处于高速成长的细分领域，加快推进相关细分领域的快速成长和积累，形成比较优势。三是进一步深化半导体领域的对内对外开放，强化半导体领域内的互动和交流，鼓励行业内企业与国内外同行的交流，鼓励汽车企业和芯片企业协同发展，强化行业内企业知识的共享，迅速积累行业内的学习经验，提升芯片制造良率和可靠性。四是优化产业支持政策，尤其是对整车企业的政策引导，鼓励其在特定领域和场景中优先采用国产汽车芯片，一方面可以帮助我国汽车芯片进入用户端并持续改进，另一方面也能够在一定程度上提升信息安全水平。

（二）发挥大企业优势，引领关键核心技术突破

汽车芯片的种类更加多元和复杂，不仅需要在细分领域具有创新精神的企业来不断突破，更需要发挥大企业尤其是龙头企业在资金、技术、人才、市场等方面的优势，引领企业芯片关键核心技术的突破。一是发挥国有企业尤其是机械制造、电子信息、军工企业等国有企业实力雄厚、容错能力强的优势，鼓励其向一体化延伸至汽车用芯片产业中，也可利用国企国资改革的机会充当风险投资者和战略性投资者的角色。此外，还可考虑在资本运营过程中以一定比例的资本支持基础研究，保证对汽车芯片基础研究的长效支持机制。二是发挥汽车和芯片行业内领军企业的专业优势和用户优势，加大对产业链上下游企业的支持和整合，协同推进对关键核心技术的共同研发与突破，形成产业发展的合力。三是发挥好产业联盟、技术联盟的优势，以龙头企业为牵引，加大汽车芯片共性技术的研发，为产业技术创新和产业发展提供底层和公共技术供给。

（三）注重生态圈建设，促进产业有效的内外循环

一方面，汽车芯片是一个囊括汽车制造和集成电路两大产业门类的领域，不同产业具有不同的经济和技术特征，这就要求在汽车芯片的发展中强化产业间的跨界融合。要在汽车芯片的相关政策支持中协同好汽车用户和汽车芯片供应者的关系，构建供给者、用户之间良好的合作生态。

另一方面，汽车行业上下游的高黏性和对基础元器件可靠性的要求决定了汽车芯片后发厂商进入市场存在“高门槛”困境。为此，要关注汽车芯片企业的市场进入问题，发挥行业内的协同作用，为上游芯片设计、制造企业提供充裕的市场空间，为各类原材料生产、设备制造企业提供有效的应用场景，不仅有助于产业的突破，更有助于产业的长期可持续发展。一是要发挥政府、行业团体或者龙头企业的引导作用，构建产业上下游和横向企业之间的社会协同网络。二是要利用好“首台套”“首版次”等相关优惠政策机会，不仅要给予创新突破企业以支持，同时要给予用户以支持，降低用户使用国产替代设备、材料所造成的机会成本和风险损失补偿。三是注重发挥资本市场优势，强化通过行业整合、跨国并购提升行业集中度和快速提升产业竞争能力，例如韦尔股份收购豪威，北京君正收购 ISSI，为汽车芯片在 CIS 和 SRAM 领域迅速获取产能提升。

参考文献

冯昭奎：《日本半导体产业发展的赶超与创新——兼谈对加快中国芯片技术发展的思考》，《日本学刊》2018 年第 6 期。

李先军、刘建丽：《中国集成电路产业发展：“十三五”回顾与“十四五”展望》，《现代经济探讨》2021 年第 3 期。

刘雯、马晓辉、刘武：《中国大陆集成电路产业发展态势与建议》，《中国软科学》2015 年第 11 期。

邱泉：《汽车电子芯片的市场规模与发展趋势研究》，《科技经济导刊》2021 年第 24 期。

王一鸣：《集成电路芯片产业分工模式的新演进与模块化研发》，《科学管理研究》2019 年第 3 期。

杨道州、苗欣苑、邱祎杰：《我国集成电路产业发展的竞争态势与对策研究》，《科研管理》2021 年第 5 期。

B.7
大容量电池产业链创新链竞争力分析

袁惊柱*

摘　要：作为新能源汽车产业链核心环节的大容量电池，已成为世界主要国家布局的重要产业之一。从目前全球大容量电池行业产业链的布局情况来看，上游产业链竞争力主要取决于锂、钴、镍、锰等矿产资源开采权及提取生产技术的掌控能力，中游产业链竞争力主要取决于核心环节技术水平和市场份额，下游产业链竞争力主要取决于对应用企业需求的锁定能力。目前，在上游产业链的锂、钴、镍、锰等矿产资源储量方面，非洲和大洋洲国家具有较强的竞争力，中国的竞争力不强，但具有较强的生产加工能力，且已经在国外相关矿产资源储量丰富的地方进行了大量布局，具有一定的掌控能力；中国在中游产业链环节的正极材料、负极材料、电解液和隔膜四大核心领域，都具有世界一流水平的国际竞争力；在下游产业链环节，中日韩主导了世界竞争格局，中国具有较强的市场竞争力，特别是在动力电池领域，且发展潜力巨大。在全球推进碳中和进程和强化产业安全的时代背景下，中国的大容量电池企业应该把握好时代发展带来的市场机遇，综合考虑技术创新研发和技术迭代周期对产业发展的影响，理性布局产业链新技术路线和核心环节，持续保持中国在大容量电池产业链上的世界一流竞争力。

---

* 袁惊柱，博士，中国社会科学院工业经济研究所助理研究员，研究领域为资源定价与能源转型。

关键词：　大容量电池　产业链竞争力　头部企业

一　大容量电池产业链

“大容量”电池被定义为具有200瓦时每公斤（Wh/kg）或更高的重量能量密度，主要是锂离子和可充电锂金属阳极电池（以下简称“锂电池”）。按照价值链划分，大容量电池供应链主要包括五部分，即原材料生产、材料精炼和加工、电池材料制造和电芯制造、电池组和终端产品制造以及电池报废和回收。[①] 产业链主要包括上中下游三大环节，其中，上游包括钴、锰、镍矿、锂矿、石墨矿；中游包括正极材料（碳酸锂、钴酸锂、锰酸锂、镍酸锂、三元材料）、负极材料（石墨材料、钛酸锂、硅碳负极、碳材料）、电解液（溶剂、添加剂、六氟磷酸锂、新型锂盐）、隔膜、极耳、其他辅材（铜箔、铝箔、导电剂、分散剂、铝塑膜、粘结剂），中游末端为不同型号的电芯产品、模组及BMS方案；下游包括消费电子、动力电池、储能、电池回收以及回收电池利用（见图1）。

锂电池的核心原材料主要是四种——正极材料、负极材料、电解液和隔膜，其中，常见的正极材料可以分为钴酸锂（$LiCoO_2$）、锰酸锂（$LiMn_2O_4$）、磷酸铁锂（$LiFePO_4$）和三元材料［镍钴锰酸锂 $Li(NiCoMn)O_2$］等。目前，钴酸锂主要用于小型锂电池，锰酸锂主要应用于储能领域，磷酸铁锂主要用于电动大巴车及少量乘用车，三元材料主要用于动力电池。常见的锂电池负极材料主要有六种，一是碳负极材料，如人工石墨、石油焦、热解树脂碳等；二是锡基负极材料，分为锡的氧化物和锡基复合氧化物两种；三是含锂过渡金属氮化物负极材料；四是合金类负极材料，包括锡基合金、

① The White House, 100 - Day Reviews under Executive Order 14017: Building Resilient Supply Chains, Revitalizing American Manufacturing, and Fostering Broad-based Growth, USA: Washington, June 2021.

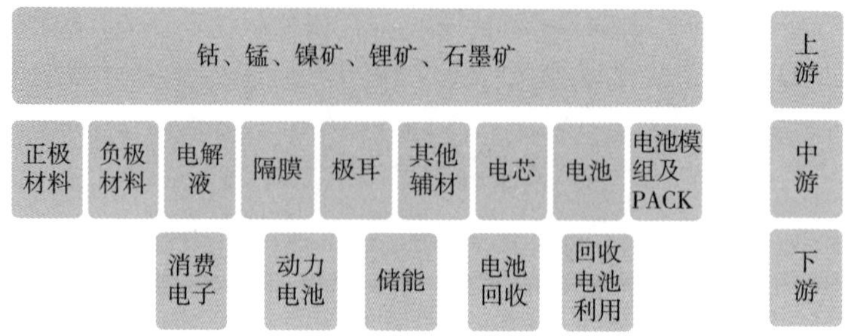

图1　锂电池产业链

铝基合金、镁基合金等；五是纳米级负极材料；六是纳米氧化物材料。[①] 锂电池隔膜主要有织造膜、微孔膜、隔膜纸和碾压膜等几类，目前市场化的隔膜材料是以聚乙烯（polyethylene，PE）、聚丙烯（polypropylene，PP）为主的聚烯烃（Polyolefin）类隔膜，其中，聚乙烯主要应用于三元锂电池，聚丙烯则主要应用于磷酸铁锂电池。锂电池电解液主要由溶剂、溶质和添加剂三部分构成，其中，溶剂有环状碳酸酯（PC、EC）、链状碳酸酯（DEC、DMC、EMC）和羧酸酯类（MF、MA、EA、MA、MP 等）（用于溶解锂盐）；溶质有 $LiPF_6$、$LiClO_4$、$LiBF_4$和 $LiAsF_6$等；添加剂主要有成膜添加剂、阻燃添加剂、导电添加剂和过充保护添加剂等。

二　大容量电池行业全球产业链竞争力现状

在全球积极应对气候变化推进“碳中和”进程的背景下，新能源汽车的需求快速增长，作为新能源汽车主体部分的动力电池，成为全球贸易竞争的一大阵地。各国为了增强本国供应链的韧性，积极出台产业政策，加强核心产业在全球的产业链布局，降低对国外产业链的依存度。如美国政府 2021 年发布了《14017 号行政命令下的 100 天审查：建立有弹性的供应链、

① 中商情报网。

振兴美国制造业和促进广泛的增长》，将大容量电池作为四大重点行业之一，加强本国产业链的布局，提升产业链竞争力，强化对本国制造业振兴以及经济快速增长的产业支撑。

（一）上游产业链竞争力主要取决于矿产资源开采权及提取生产技术的掌控能力

大容量电池上游产业链主要是锂、钴、镍、锰等矿资源供给。

1. 锂资源以澳大利亚锂矿和南美盐湖为主，澳大利亚为最大供应国，智利为最大储量国，中国为最大进口国

核心的锂资源以矿石和盐湖为主要来源。锂资源在地壳中的含量仅约为0.0065%，主要以盐湖卤水、锂辉石、云母、黏土等形式存在，盐湖卤水和矿石类分别占比58%和26%。70%的锂资源主要分布在南美洲地区，88.1%的盐湖锂资源主要分布在智利、阿根廷、玻利维亚和中国，8.6%的锂辉石主要分布于澳大利亚和智利。南美方面，目前在产盐湖有智利Atacama（SQM、Albemarle）、阿根廷Hombre Muerto（Livent）、阿根廷Olaroz（Orocobre）；在建项目主要有Cauchari盐湖（赣锋锂业、America Lithium）和Vida盐湖（银河资源）。国内方面，目前在产盐湖主要有西藏扎布耶（西藏矿业）、青海察尔汗（蓝科锂业）、青海一里坪（五矿盐湖）、东台吉乃尔（青海锂业）、西台吉乃尔（中信国安、恒信融）。[①] 据中国有色金属工业协会锂业分会统计，我国锂资源储量约为714万金属吨，其中，青海地区和西藏地区的储量分别占43.4%和31.1%。锂资源主要以盐湖卤水形式存在，占比高达81.6%。与国外不同的是，我国大部分盐湖卤水镁锂比和钠锂比高，分离难度大，不能采取国外SQM、南美Salar de Atacama等盐湖采取的盐田浓缩沉淀法，目前初步形成了括膜法（包括电渗析法和纳滤膜分离法）、吸附法和溶剂萃取法三种盐湖提锂路线。

---

① 王琪等：《锂资源国内海外“双循环”保供，创造战略级赛道、历史性机会》，国盛证券研究报告，2021年7月20日。

美国地质调查局 USGS 最新数据显示，全球锂资源储量约为 2105.5 万金属吨，折合碳酸锂当量 LCE（Lithium Carbonate Equivalent）超过 1 亿吨，智利、澳大利亚、阿根廷、中国、美国 5 个国家储量占比达到 85.73%。锂资源供应方面，2020 年澳大利亚产量约 21.3 万吨 LCE，全球市场占比达 48.66%；智利产量约 9.6 万吨 LCE，占比 21.90%；中国产量约 7.5 万吨 LCE，占比 17.03%；阿根廷产量约 3.3 万吨 LCE，占比 7.54%；巴西产量约 1 万吨 LCE，占比 2.31%；这 5 个国家产量占比合计达到 97.44%。澳大利亚是全球最大的硬岩型锂资源生产国，同时也是全球最大的锂资源供应国，最近几年锂资源产量都能够占到全球总产量的 50% 左右。① 南美盐湖②是全球最优质的卤水资源，主要集中在智利、玻利维亚和阿根廷 3 个国家，它们的锂资源量合计占全球总资源量的 58%。

2020 年，中国锂资源量为 510 万吨，占全球总资源量的 5.94%；锂资源储量为 150 万吨，占全球总资源储量的 7.12%；锂金属产量为 1.4 万吨（见表 1），折合约 7.5 万吨 LCE，占全球总产量的 17.03%，主要包括硬岩型锂矿和卤水型锂矿。其中，前者有花岗岩型、花岗伟晶岩型、云英岩型与碳酸盐黏土型锂矿几种，后者有盐湖卤水型和地下卤水型两种。目前已经开发利用的锂矿资源中，以花岗伟晶岩型、花岗岩型与盐湖卤水型为主，这 3 种锂矿床规模较大，其他类型规模相对较小。硬岩型锂矿当中，四川甘孜州和阿坝州锂辉石资源储量丰富，主要分布于金川 - 马尔康成矿区和康定 - 道孚成矿区，代表锂矿有“甲基卡”和“可尔因”，目前在产的只有康定市甲基卡锂辉石矿和金川县业隆沟锂辉石矿。其中甲基卡锂矿在 60 多平方千米范围内发现花岗伟晶岩等脉体 498 条、工业锂矿体 114 条，探明 Li_2O 储量 92 万吨，是国内最大的锂矿资源基地。江西宜春地区现探明可利用氧化锂总储量约 250 万吨，其中宜春钽铌矿可开采氧化锂储量约为 110 万吨，分布

① 澳大利亚目前已建成或者在建的锂矿有 8 座，全部分布在西澳大利亚州，而且所开采的锂矿都是伟晶岩型锂辉石，矿石品质好，所生产的锂盐产品品质也更稳定。

② 南美盐湖镁锂比低，通常小于 8，盐湖中锂离子的浓度高，资源禀赋好，盐湖提锂成本低，是全球碳酸锂生产成本最低的地区。

主要集中于两个区域：宜丰－奉新矿区，包括宜丰县花桥乡、同安乡及奉新县上富镇等；新坊矿区，即江钨所属的宜春钽铌矿所在地。①

表 1　世界锂矿资源开采量与储量

单位：吨

国　家	开采量		储量
	2019 年	2020 年	
美　国	—	—	750000
阿根廷	6300	6200	1900000
澳大利亚	45000	40000	4700000
巴　西	2400	1900	95000
加拿大	200	—	530000
智　利	19300	18000	9200000
中　国	10800	14000	1500000
葡萄牙	900	900	60000
津巴布韦	1200	1200	220000
其　他	—	—	2100000
全球总计(圆整)	86000	82000	21000000

资料来源：U. S. Geological Survey，Mineral Commodity Summaries，January 2021。

尽管我国锂资源开采量和储量都排在世界前列，但仍不能满足我国发展中的锂资源需求。目前，我国 80% 的锂资源供应来自进口，已经成为全球锂资源第一大进口国，主要进口地为澳大利亚。国内的锂矿生产和供应企业主要有天齐锂业、西藏矿业、江特电机、赣锋锂业和融捷股份，全球的供应企业主要有美国雅宝（Albemarle）、美国富美实（FMC）、澳大利亚泰利森（Talison）、智利矿业化工（SQM）和中国天齐锂业、赣锋锂业六家，其中，澳大利亚泰利森由中国天齐锂业和美国雅宝控股，分别占比 51% 和 49%，SQM 中天齐锂业控股 25%。中国企业的全球市场份额约为 40%，其中，天

① 王琪等：《锂资源国内海外“双循环”保供，创造战略级赛道、历史性机会》，国盛证券研究报告，2021 年 7 月 20 日。

齐锂业和赣锋锂业为主要龙头，赣锋锂业是锂矿资源最大的企业，天齐锂业是产能最大的企业。

2. 钴资源主要分布于刚果（金）和澳大利亚，刚果（金）为最大供应国和最大储量国，中国为最大进口国

据美国地质调查局（USGS）资料，全球的钴资源储量为700万吨左右，其中，储量最丰富的则是位于非洲中部的刚果（金），达到360万吨；其次是澳大利亚，储量有140万吨；然后是古巴、菲律宾等国。中美两国的储量都很少，其中，美国的钴资源储量仅为5.3万吨，中国的储量为8万吨，仅占全球储量的1%左右（见表2）。在对外依存度高达90%以上的情况下，中美都将钴资源作为关键矿产和战略性资产，在全球范围内进行了一系列布局。如我国的洛阳钼业收购了刚果（金）最大的Tenke铜钴矿80%的股权；华友钴业取得了刚果（金）多个矿山股权，控制的钴储量达到7万吨。另外，新疆金川矿业公司、中国中铁等中企在刚果（金）也有布局。目前，刚果（金）钴矿产量的40%~50%都由中企掌控。从数据来看，2019年刚果（金）的钴矿产量约10万吨，全球占比超70%，其中，我国从刚果（金）进口的钴原料就达到6.41万吨。同时，我国在钴矿的加工、精炼上同样具有优势。根据大宗商品研究机构的分析，中企生产的精炼钴化学品的全球市场份额已经从9年前（2012年）的67%提升到目前的77%，未来甚至可能拿下90%的市场份额。

表2　世界钴资源开采量与储量

单位：吨

国家	开采量		储量
	2019年	2020年	
美国	500	600	53000
澳大利亚	5740	5700	1400000
加拿大	3340	3200	220000
中国	2500	2300	80000

续表

国　家	开采量		储量
	2019 年	2020 年	
刚果(金)	100000	95000	3600000
古　巴	3800	3600	500000
马达加斯加	3400	700	100000
摩洛哥	2300	1900	14000
巴布亚新几内亚	2910	2800	51000
菲律宾	5100	4700	260000
俄罗斯	6300	6300	250000
南　非	2100	1800	40000
其他国家	6320	6400	560000
全世界合计(圆整)	144000	140000	7100000

资料来源：U. S. Geological Survey, Mineral Commodity Summaries, January 2021。

中国的钴资源稀少，主要依靠进口，对外依存度高达 95%，进口来源国主要为刚果（金）和南非。全球十大钴矿公司包括嘉能可、洛阳钼业、金川集团、谢里特、Chemaf、淡水河谷、诺里斯克镍业、欧亚资源、华友钴业、中国中冶，产量占全球总产量的比例为 75%，其中，嘉能可占比 31%，洛阳钼业占比 14%。中国企业共有 4 家，产量占比 24%。

3. 镍资源主要分布在印度尼西亚和澳大利亚，印度尼西亚为最大供应国和最大储量国，中国为最大进口国

据美国地质调查局资料，2019 年全球镍资源主要集中在印度尼西亚、澳大利亚、巴西、俄罗斯、古巴、菲律宾等国，储量为 8900 万吨，其中，印度尼西亚占比 23.6%，澳大利亚占比 22.5%，巴西占比 12.4%。我国镍储量较少，仅为全球的 3.1%，主要分布在甘肃、新疆和云南三省。镍矿分为红土镍矿和硫化镍矿，其中，前者主要分布在印度尼西亚、菲律宾等东南亚地区以及巴西、古巴等美洲地区，后者主要分布在澳大利亚、俄罗斯和中国等。在产量方面，产量最大的三个国家印度尼西亚、菲律宾和俄罗斯占比 56%，中国产量约占 4%。我国是镍资源的最大进口国，来源地主要为印度尼西亚和菲律宾，对外依存度为 95%。

表 3　世界镍资源开采量与储量

单位：吨

国　家	开采量		储量
	2019 年	2020 年	
美　国	13500	16000	100000
澳大利亚	159000	170000	20000000
巴　西	60600	73000	16000000
加拿大	181000	150000	2800000
中　国	120000	120000	2800000
古　巴	49200	49000	5500000
多美尼加共和国	56900	47000	—
印度尼西亚	853000	760000	21000000
新喀里多尼亚	208000	200000	—
菲律宾	323000	320000	4800000
俄罗斯	279000	280000	6900000
其他国家	310000	290000	14000000
全世界合计(圆整)	2610000	2500000	94000000

资料来源：U. S. Geological Survey，Mineral Commodity Summaries，January 2021。

截至 2020 年，全球产量前十的镍矿生产企业分别为 NorilskNickel（俄罗斯诺里尔斯克镍业公司）、Glencore（嘉能可）、Vale（巴西淡水河谷）、BHP Billiton（澳大利亚必和必拓）、SumitomoMM（日本住友金属矿山）、Eramet（法国埃赫曼）、AngloAmerican（英国英美资源）、SMSP（新喀里多尼亚）、South32（澳大利亚第三大矿业公司）、AnekaTambang（Antam）（阿内卡矿业）。市场占有率分别为：俄罗斯镍业 8.50%、淡水河谷 7.70%、嘉能可 4.50%、必和必拓 3.10%、谢里特 2.50%、英美资源 1.60%。国内主要的镍矿生产企业有贵研铂业、青岛中程、鹏欣资源、金川集团、华友钴业、格林美和盛屯矿业，其中，金川集团、华友钴业、格林美和盛屯矿业都在印度尼西亚进行镍资源生产布局。

4. 锰资源主要分布在非洲与大洋洲，南非为最大供应国和储量国，中国为主要消费国

锰矿石主要分为软锰矿、硬锰矿、水锰矿、黑锰矿、菱锰矿和硫锰矿六

种，据美国地质调查局资料，从全球锰矿石资源储量来看，南非是全球锰矿石资源储量最多的国家，储量达到 52000 万吨，巴西、澳大利亚、乌克兰、加蓬紧随其后，储量分别为 27000 万吨、23000 万吨、14000 万吨、6100 万吨，中国锰矿石储量为 5400 万吨，位居第六（见表 4）。中国锰矿资源储量较少，仅占全球总储量的 4.15%。锰资源主要分布在贵州和广西，两者储量合计占比超过 60%。

表 4　世界锰资源开采量与储量

单位：千吨

国　家	开采量		储量
	2019 年	2020 年	
美　国	—	—	—
澳大利亚	3180	3300	230000
巴　西	1740	1200	270000
缅　甸	430	400	—
中　国	1330	1300	54000
科特迪瓦	482	460	—
加　蓬	2510	2800	61000
格鲁吉亚	116	150	—
加　纳	1550	1400	13000
印　度	801	640	34000
哈萨克斯坦(精矿)	140	130	5000
马来西亚	390	350	—
墨西哥	202	190	5000
南　非	5800	5200	520000
乌克兰(精矿)	500	550	140000
越　南	158	150	—
其他国家	270	270	少
全世界合计(圆整)	19600	18500	1300000

资料来源：U. S. Geological Survey，Mineral Commodity Summaries，January 2021。

我国进口锰矿资源的规模逐年增高，对外依存度 2019 年达到 96.48%，南非与澳大利亚是进口锰资源的主要来源地。全球知名的锰企主要有：南非的 Samancor 和 United Manganese Kalahari（UMK），乌克兰的 Nikopol Ferro Alloy Plant，法国的 Eramet，澳大利亚的 BHP Billiton，巴西的

Vale，哈萨克斯坦的 Zhairem GOK，中国的中信大锰矿业有限公司。我国的锰企有新疆科邦锰业、长阳古城锰业、宁夏天元锰业集团公司和中国天雄锰业集团等。其中，中信大锰矿业和新疆科邦锰业等龙头企业市场份额超过 50%。

（二）中游产业链竞争力主要取决于核心环节技术水平和市场份额

中游产业链的核心材料主要包括正极材料、负极材料、电解液和隔膜。

1. 正极材料以三元材料为主，NCA 上日本竞争力最强，NCM 上中国竞争力最强

正极材料主要包括三元正极材料、磷酸铁锂材料、钴酸锂材料和锰酸锂材料，2019 年的市场份额分别为 47.62%、21.83%、16.42% 和 14.14%。[①] 全球锂离子电池正极材料主要厂商有贝特瑞、Hitachi Chem（日立化学）、杉杉科技、JFE Chem（日本 JFE 化学）、Mitsubishi Chem（三菱化学）、Nippon Carbon（日本碳素）、Zichen Tech（紫宸科技）、Kureha（日本吴羽）、ZETO（江西正拓新能源）等，前三大厂商共占有大约 45% 的市场份额。目前中国是全球最大的锂离子电池正极材料市场，占有超过 55% 的市场份额，之后是日本和北美市场，共占有超过 30% 的份额。[②]《中国锂离子电池正极材料行业发展白皮书（2020 年）》研究成果显示，2019 年中国正极材料出货量达到 40.7 万吨，同比增长 25.7%，总体市场规模达到 507.4 亿元。从主要材料类型来看，三元材料 19.5 万吨，磷酸铁锂材料 8.8 万吨，钴酸锂材料和锰酸锂材料分别为 6.7 万吨和 5.7 万吨。

三元材料是以镍钴锰酸锂（NCM）和镍钴铝酸锂（NCA）为代表的多元金属复合氧化物，[③] 是动力电池主要正极材料之一，主要用于乘用车以及

---

① 正略咨询。

② 恒州博智（QYR）化工及材料研究中心。

③ NCM 是指正极材料由镍钴锰三种材料按一定比例组合而成，而 NCA 的正极材料是由镍钴铝构成。在 NCM 电池中，按照三者含量不同，NCM 材料可分为 NCM111、NCM523、NCM622、NCM811 等，其中后面的数字代表的就是三者的比例。

大部分物流车。2020年国内三元材料产量超过1万吨的企业共有10家。分别为容百科技、天津巴莫、长远锂科、当升科技、湖南杉杉、广东邦普、厦门钨业、贵州振华、南通瑞翔和新乡天力，其中，前三名的市场占有率分别为14%、11%和10%。德方纳米、湖南裕能和贝特瑞等在磷酸铁锂材料行业中的市场份额相对较高。从三元正极材料产品型号结构来看，2020年国内高镍三元材料市场基本被容百锂电与天津巴莫垄断，两家合计市场占有率超过85%。其中，5系列高镍三元材料占比53%，6系列高镍三元材料占比20%，3系列高镍三元材料占比4%，NCA型占比1%。但从国际上来看，目前NCA材料产能主要集中在日韩，主要供应商有5家，包括日本的住友金属（Sumitomo）、日本化学产业株式会社和户田化学（Toda），韩国的Ecopro和GSEM。中国市场目前贝特瑞的产能最大（3000吨NCA材料产能），其他比如杉杉能源、容百锂电、巴莫、长远锂科等都有少量的NCA材料的产能布局。[①]

2. 负极材料以人工石墨为主，中国的市场竞争力最强

2020年，在全球的锂电池负极材料细分产品结构中，天然石墨仍占据主导地位，需求占比达到47.8%，人造石墨为44.8%。但在中国，人造石墨市场占比超过天然石墨，占比达到77.7%。2020年，中国锂电池负极材料市场需求为36.5万吨，在全球占比63%。从企业竞争格局来看，2019~2020年，在全球锂电池负极材料市场前九大企业中，中国占据了7席，其余两席分别是韩国的浦项化学和日本的日立化成，前三的企业分别是璞泰来、贝特瑞和杉杉股份。[②] 国内锂电池负极材料行业的主要企业有贝特瑞、璞泰来、杉杉股份、凯金新能源、中科电气、翔丰华、国民技术、山河智能、百川股份，2020年，按负极材料产量来看，贝特瑞、璞泰来、杉杉股份、凯金新能源的市场份额均在10%以上，中科电气的市场份额为5%；按负极材料出货量来看，贝特瑞的市场份额达22%，璞泰来、杉杉股份、凯

① 高工锂电。

② 前瞻产业研究院。

金新能源的市场份额在16%左右。从产业链上下游来看，杉杉股份、璞泰来、凯金新能源、中科电气、翔丰华均进入宁德时代的供应链；贝特瑞为三星、LG化学、比亚迪等锂电池头部企业供货。

3. 电解液市场集中度较高，中国的市场竞争力最强

据《中国锂离子电池电解液行业发展白皮书（2021年）》，2020年全球锂离子电池电解液出货量同比增长24.6%，主要来源于中国。从中国主要电解液企业来看，出货量在2万吨以上的企业达到4家，排名靠前的10家企业合计出货量达到21.9万吨，占全部行业出货量的81.4%。天赐材料以7.2万吨的出货量排名第一，新宙邦以14.5%的市场份额排名第二。2020年国内电解液产量排在前五名的厂商分别是天赐材料（产能14万吨/年）、新宙邦（产能6.5万吨/年）、国泰华荣（产能3万吨/年）、东莞杉杉（产能4万吨/年）和比亚迪，其中，天赐材料市场占有率上升较快，从2017年的18.3%升至2020年的29.3%，排名第一，新宙邦和国泰华荣市场份额较为稳定。[①] 国际上主要的电解液公司有四家，包括日本的三菱化学和宇部兴产、韩国的LG化学和旭成化学，相比我国国内企业不具有优势。

4. 隔膜市场主要由中、韩、日、美四国主导，中国的市场竞争力最强

据Bloomberg NEF，全球隔膜竞争格局由四个国家主导，中国、韩国、日本、美国拥有的市场份额分别为43%、28%、21%、6%，中国份额提升速度明显。从全球范围来看，2020年，恩捷股份、日本东丽、旭化成、苏州捷力、星源材质、韩国SKI湿法隔膜合计出货量占比近60%，超过全球一半市场份额；星源材质、旭化成、宇部干法隔膜合计出货量占比约37.7%，较2019年持平。2020年国内湿法CR3/CR5较2019年有所提升，分别达到74%/90%；干法CR3较2019年有所提升，达到62%，CR5略微下降至76%。整体来看，龙头市场占有率进一步提升，恩捷股份国内湿法份额约50%，星源材质国内干法份额约24%，均位列第一。湿法隔膜走出

① EVtank.

了“一超多强”的竞争格局，单一龙头的优势地位凸显。[①] 头部企业如恩捷股份、星源材质、中材科技在不断增加国内锂电池隔膜产能的同时，也加快了在海外的布局。目前，星源材质的隔膜产品已经批量供应 LG 能源、三星 SDI、日本村田、SAFT 等国际客户，并与瑞典电池企业 Northvolt 签署合计 33.4 亿元的隔膜供货合同；恩捷股份进入松下、LG 能源、三星 SDI 等日韩电池企业的海外供应体系；沧州明珠湿法隔膜产品也实现对三星 SDI 批量供货。

（三）下游产业链竞争力主要取决于对应用企业需求的锁定能力

下游产业环节以锂电池应用和回收利用为主。

1. 动力电池市场集中度不断升高，由中、韩、日三国主导，电池品种主要为三元电池，中国的市场竞争力最强，以 NCM 路线为主

锂电池按照使用正极材料的不同，主要可以分为钴酸锂离子电池、三元电池、锰酸锂离子电池、磷酸铁锂离子电池，目前技术路线主要为三元电池和磷酸铁锂电池，三元电池主要细分成 NCM 路线和 NCA 路线。[②] 由于目前锂离子电池产业主要聚集在中日韩三国，从路线的选择上，日本以 NCA 路线为主，韩国则是 NCM 和 NCA 齐头并进，中国目前来看是以 NCM 路线为主，NCA 的产量相对较小。NCM 的电池种类主要有 NCM523、NCM622、NCM811，主要生产企业有宁德时代、LG、SK、三星 SDI、BYD 等，NCA 的电池种类主要有松下、LG、三星、江苏天鹏的 18650 和 21700 系列，目前中国电动车市场 NCA 电池主要的供应商有松下、LG、三星 SDI、江苏天鹏、德朗能、力神。

据《新能源汽车产业链数据库》[③]，2020 年全球动力电池装机量约为

---

① 中泰证券。

② NCM 是指正极材料由镍钴锰三种材料按一定比例组合而成，产品类型从 NCM111（N∶C∶M = 1∶1∶1）到 NCM532、NCM622、NCM811，随着镍含量的增加，电池能量密度也相应得到提升，而 NCA 的正极材料是由镍钴铝构成的，三种材料通常的配比为 8∶1.5∶0.5，相对更高能量密度的 NCA 规模化使用也在日韩普遍展开。

③ 高工产业研究院（GGII）。

136.30GWh，同比增长18%。同期中国动力电池装机电量为62.85GWh，同比仅微增1%。截至目前，全球动力电池供应商主要有宁德时代、比亚迪、LG化学、中航锂电、国轩高科、亿纬锂能、力神、孚能科技、瑞浦能源、天津捷威、塔菲尔、星恒电源、蜂巢能源、松下及鹏辉能源等企业，中国、韩国企业占据绝对市场份额，日本企业排名第三。在2020年全球动力电池装机前十企业中，中国、日本、韩国电池企业分别占据6席、3席和1席，其中，中国企业有宁德时代、比亚迪、中航锂电、远景AESC、国轩高科和亿纬锂能，合计市场份额达41.1%；韩国企业有LG能源、三星SDI和SKI三家，合计市场份额为31.7%；日本企业是松下，市场份额为20.2%。①

2. 储能市场集中度较高，由韩、中、日三国主导，韩国的竞争力最强

据韩国市场研究机构SNE Research发布的数据，全球动力电池和储能电池出货量一共达213GWh，其中动力电池出货192.9GWh，占比达90.6%，同比增长30%；储能电池出货量达20GWh，占比达9.4%，同比增长81.8%。目前，韩国在全球储能电池市场中出货量第一，中国排名第二。2020年，韩国储能电池出货量达11GWh，占全球比例为55%；中国和日本的储能电池出货量分别为3.5GWh和2.1GWh，占全球比例分别为17.5%和10.5%。从厂商来看，全球储能电池前三名企业是SDI、LGC和宁德时代，三家企业的出货量达13.8GWh。

目前，中国在电化学储能方面发展起来一批企业，主要为储能技术提供商、储能变流器提供商和储能系统集成商。2020年，中国新增投运的电化学储能项目中，储能技术提供商装机规模最大的为宁德时代，储能变流器提供商装机规模最大的为阳光电源，储能系统集成商功率规模最大的为阳光电源。海外电化学储能（不含家用储能）市场中，中国储能技术提供商海外出货量最大的为比亚迪，储能变流器提供商海外出货量最大的为阳光电源，储能系统集成商海外出货量功率规模最大的也是阳光电源。②

---

① 韩国市场研究机构SNE Research。

② 中关村储能产业与技术联盟在储能国际峰会暨展览会ESIE2021重磅发布《储能产业研究白皮书2021》。

3. 电池回收利用环节市场比较分散，美国、欧盟、日本具有较好的政策和技术优势，中国具有最大的市场规模优势

当锂离子电池寿命衰减至80%以下时，电池的电化学性能将出现明显下滑，难以完全满足汽车正常动力需求，电池进入常规更换阶段。锂离子电池回收必须先进行放电、拆解、粉碎、分选等预处理，通常采用火法和湿法两种技术路线，前者的工艺主要应用在欧洲和北美，主要从正极材料中回收钴和锂，从负极集电器中回收铜；后者的工艺主要应用在国内，主要回收正极材料。正极材料中以回收三元材料为主，回收与再生的技术路线主要有物理修复再生和冶金法回收两种形式，其中，前者对只是失去活性锂元素的三元正极材料，直接添加锂元素并通过高温烧结进行修复再生；对于严重容量衰减、表面晶体结构发生改变的正极材料，进行水热处理和短暂的高温烧结再生；后者主要有火法、湿法、生物浸出法三种方式。其中火法耗能高，会产生有价成分损失，且产生有毒有害气体；生物浸出法处理效果差，周期较长，且菌群培养困难；相比之下，湿法具有效率高、运行可靠、能耗低、不产生有毒有害气体等优点，因此应用更普遍。

欧美、日本等发达国家和地区具有较早的电池回收利用基础，政策环境和技术水平相对完善和成熟。中国起步较晚，但市场规模已达到全球最大，2020年底国内累计废弃的三元锂离子电池超过20万吨，预计2022年将达到42.2万吨，梯次利用和回收拆解市场规模将达到131亿元，[①] 主要回收模式是以电池和汽车生产者为回收主体与以专业回收处理企业为回收主体两种。前者由锂离子电池制造企业和整车企业建立回收网络，将回收的锂离子电池自行或委托专业回收处理企业完成梯次利用或再生利用。后者由传统锂电池回收处理企业建立回收网络，并完成废弃锂离子电池处理利用。典型的回收模式有湖南邦普与宝马、格林美与比亚迪以及北汽鹏龙、赣州豪鹏与北汽新能源等，光华科技更是与广西华奥、南京金龙、奇瑞万达、五洲龙汽车

① EVTank研究数据。

等多家车企牵手，进行了废弃锂离子电池回收等领域的战略合作。[①] 国内主要的动力电池回收企业共有 12 家，主要技术路线为湿法。其中北京赛德美以磷酸铁锂修复再生为技术路线，衢州华友、哈尔滨巴特瑞、山东威能生产电池原材料，其余均为三元材料的生产。[②]

三　政策建议

在全球推进碳中和进程的时代背景下，新能源汽车的消费需求大量增长。作为新能源汽车产业链核心环节的大容量电池，已成为世界主要国家布局的重要产业之一。欧美发达国家以保护本国产业链安全为由，大力布局和培育本国大容量电池产业链条，加快推进产业链条“去中国化”。在这种背景下，中国的大容量电池企业应该把握好时代发展带来的市场机遇，综合考虑技术创新研发和技术迭代周期对产业发展的影响，理性布局产业链新技术路线和核心环节，增强产业链韧性，持续保持中国在大容量电池产业链上的世界一流竞争力。

（一）强化产业链上游环节企业在国外镍、钴、锂、锰资源丰富地区布局

我国在大容量电池上游环节的镍、钴、锂、锰矿产资源储量上并不具有明显优势，特别是镍、钴资源非常稀少。相对于我国巨大的需求，我国在镍、钴、锂、锰资源上都具有非常高的对外依存度，如果不能确保上游环节的矿产资源供应，我国在大容量电池产业链上的现有竞争力优势将很难保持。目前，中美贸易摩擦深化，保护主义、单边主义抬头，加之新冠肺炎疫情延续，全球产业链供应链按经济规律调整的进程受到了影响，要素成本、分工效率、关税成本、出口管制和供应链风险共同成为跨国公司进行空间决策的重要考

---

① 电池联盟。

② 未来智库。

量。一些国家为了国家安全，在战略意义上进行全球供应链长度缩短调整，从而使得全球产业链出现本土化、区域化和近岸化的趋势。目前，我国大容量电池产业链发展正处于一个关键时期，面对处于扩张状态的全球生产网络趋向区域化、近岸化乃至本土化发展的趋势，我国需积极在提升稳定性、协同性和控制力上下功夫，增强产业链供应链的韧性。下阶段，我国大容量电池上游资源企业应该强化在非洲和东南亚的布局，进一步提升对大容量电池产业链上游环节稀缺矿资源的掌控能力，提升上游环节企业的国际竞争力。

（二）利用现有竞争力优势加强中游环节企业进行产业链上下游集群配套

目前，我国企业在大容量电池产业链中游环节核心领域正极材料、负极材料、隔膜和电解液上均具有世界领先的国际竞争力，头部企业具有较高的市场份额。韩国和日本在这些领域也具有较高的国际竞争力，产业链上下游配套能力较强。在“碳中和”逐渐成为国际公认的气候目标的大背景下，为新能源系统提供重要支撑的电池产业，会成为各个国家积极布局的重点产业之一。随着各国的企业进入大容量电池市场，各个环节的竞争会加剧，国家之间的贸易摩擦以及疫情反弹会进一步冲击产业链上下游关系。在外部风险增加到破坏产业链供应链稳定性的时候，一国产业链的完备程度将是决定其能否在全球市场上保持其核心竞争力的关键因素。因此，对于大容量电池这种重点战略性产业，中国应该加强其重要核心材料上的生产能力及系统集成能力的布局，进而形成产业链上下游配套的良好集群生态。

（三）促进宁德时代等全产业链头部企业培育产业链整体集成竞争力

大容量电池行业具有重资产性质，具有一定的门槛效应。目前，中国的宁德时代是全球最具竞争力的动力电池企业，但同时也面临 LG 能源等重要竞争者。特别是在 NCA 电池方面，目前的技术水平和竞争力都要落后于国外先进企业。目前，尽管宁德时代已经进行了一些前沿技术路线布局，但仍要理性选择布局区域和考虑技术迭代周期，有效加强全产业链集成配置能力建设，加快对产业链上下游核心环节相关企业的收购和兼并，通过对上下游主要资源和材料环节的掌控能力提升，来提高对整个产业链的配套能力，在保持动力电池环节国际领先竞争力的同时，增强产业链整体集成竞争力。

（四）通过完善全产业链政策体系建设营造良好的产业发展生态

国内大容量电池产业进入新的发展阶段，如何围绕产业链构建全生命周期的政策体系，帮助供需双方更便捷、低价地链接，吸引更多企业入驻。根据不同阶段发展需求，需要各地针对行业特性，构建明确的产业生态建设策略（软件 + 硬件 + 载体相结合），实现服务全链条、全流程、全周期闭环，降低企业资源获取成本，同时提升服务资源服务能力，加速地区大容量电池产业快速发展。遵循市场理念，努力打造大容量电池产业市场化营商环境，形成良好的市场规则和秩序，让技术先进的企业能够通过市场机制作用解决“卡脖子”技术问题。

参考文献

卓贤：《增强韧性是保产业链供应链稳定的关键》，《经济日报》2020 年 10 月 20 日。

张英杰、宁培超、杨轩、董鹏、林艳、孟奇：《废旧三元锂离子电池回收技术研究新进展》，《化工进展》2020 年第 7 期。

B.8

光刻机产业链创新链竞争力分析

许　明*

摘　要：　光刻机被誉为“半导体工业皇冠上的明珠”，是集成电路制造行业的核心设备。本文对光刻机的产业发展路径展开分析，从全球产业链与创新链布局、光刻机技术沿革、阿斯麦（ASML）发展历程、中国的产业政策等多个视角进行梳理，展望中国光刻机产业的未来发展方向。现阶段，中国在光刻机领域仍然面临技术瓶颈，从国家战略层面出发，政府和企业均需要做好光刻机研发“持久战”的准备，保障光刻机产业政策的连贯性。从政策层面出发，一方面，需要推动形成良好的上下游合作关系，提高政策瞄准精度以及重视研发体系构建；另一方面，要推动产业分工，加强开放合作，加快光刻机产业链国产替代进程。

关键词：　光刻机　ASML　产业政策　产业链　竞争力

集成电路是新一代信息技术领域的核心产业，更是促进国民经济高质量发展的战略性新兴产业。根据2020年国民经济和社会发展统计公报，2020年中国集成电路产量为2614.7亿块，较2019年增长29.6%，2016～2020年年均复合增速为18.7%，中国已成为全球规模最大、增速最快的集成电

* 许明，经济学博士，中国社会科学院工业经济研究所国际产业研究室副主任、副研究员，主要研究方向为产业经济。

路市场。2020 年集成电路进口量为 5435 亿块，较 2019 年增长 18.8%，表明中国集成电路市场对外依存度处于较高水平，国产集成电路产业仍然具有广阔的发展空间。推动集成电路产业链国产化、提高国际分工合作的位置有利于建立具有国际竞争力的信息技术产业集群。

“十四五”规划提出为集成电路领域实施一批具有前瞻性、战略性的国家重大科技项目，既是国家的迫切需要和长远需求，更事关国家安全和发展全局。在集成电路庞大的产业链中，光刻机是产业链核心的制造设备。本质上，光刻机的技术决定了集成电路的高度。因此，芯片制造以及背后的光刻机技术成为美国对华科技封锁的缩影。近年来，美国政府对华为公司发起“芯片禁令”，对多个中国芯片制造和科研实体签发封锁令，从硬件、软件、技术多方位遏制中国芯片产业的国产化和转型升级进程。随着中美经贸关系的复杂化，实现光刻技术“卡脖子”的突围能够使中国在中美关系中争取更大的主动权，对于产业链供应链自主可控、建立现代工业体系有着重要现实意义。基于以上背景，本文主要对光刻机的产业发展路径展开分析，从光刻机产业特征、ASML 案例分析、中国产业政策等多个视角进行梳理，展望中国光刻机产业的未来发展方向。

一 光刻机产业的特征

（一）典型的寡头垄断市场

光刻机是集成电路制造行业的核心设备，是集精密光学、精密仪器、高分子物理与化学、机械自动化、高精度环境控制和流体力学等多个顶尖技术于一身的智慧结晶，被誉为“半导体工业皇冠上的明珠”。光刻机产业特征明显，具有高技术壁垒和寡头型市场结构的特点，并且是下游庞大电子产品生产的核心组成部分，具有高额的利润空间。其高技术壁垒主要体现在，光刻机从研发到投入使用需要极高的专业技术专利储备，需要极高的研发投入和沉没成本。根据 SCP 框架，市场结构决定市场行为，光刻机寡头型的市场结构决定其具有强烈的卖方市场特征，上游的寡头企业对下游集成电路制造企业具有极强的议价能力。目前，光刻机市场是典型的“三分天下”格局。阿斯麦（ASML）、尼康（Nikon）、佳能（Canon）合计市场占有率超过90%，是典型的寡头垄断市场，而ASML更是垄断最高端的极紫外（EUV）光刻机市场。光刻设备对光学技术和上游供应链的要求非常高，光刻机技术是全球化带来技术进步的结果，无明显的政府干预手段，这充分表明光刻机产业的垄断性并非如供水、供热等市政公用行业的区域性、局部性市场的自然垄断，而是全球性的自然垄断，其垄断性更强。

（二）光刻机是芯片制造的最核心环节

芯片的制造工艺分为“三大”“四小”工艺：三大工艺为光刻、刻蚀、沉积；四小工艺为离子注入、清洗、氧化、检测。需要使用光刻机、等离子刻蚀机、镀膜设备、测量设备、清洗机、离子注入机以及其他设备的辅助才能完成芯片制造的前道工艺。在芯片制造过程中，光刻的功能是将要印刷的图案（光掩膜）放置在光源和需要图案化的基板（晶片）之间。被图案化的基板涂有感光材料（光刻胶），该材料对从阴影图像投射的光起反应。光刻机将光束穿过掩膜，通过一系列光源能量和形状控制方式绘制电路图，通过物镜补偿各种光学误差，按比例缩小电路图并映射到硅晶圆片。然后，光刻机通过化学方法在硅片上显影电路图。光刻的本质是将电路结构图复制到硅片上的光刻胶上，方便之后进行刻蚀和离子注入。一般而言，芯片越复杂，电路图的层数越多，需要越精确的曝光控制过程；越为微小的芯片，技术含量也越高。光刻工艺定义了半导体器件的尺寸，是芯片生产流程中最复杂、最关键的步骤，光刻机的重要性位居前道设备之首。光刻的工艺水平直接决定芯片的制程和性能水平，在制造设备投资额中的单项占比超过20%。

（三）对前沿技术要求高，工艺难度大

光刻机的制造对于运行环境和技术工艺有着极高的要求。在现阶段全球

的生产技术要求下，光刻工艺的难点主要体现在光源质量、真空环境、光学系统等多个方面。实际上，越是前沿的光刻技术，对光刻系统的要求越高，对光刻胶的材料、掩膜版的设计有着更严格的要求。以目前最高端 EUV 光刻机制造工艺为例，其光刻制造工艺的难点在于以下几点。

1. 需要强大的光源

光刻技术需要高强度的射线光线，EUV 光刻技术使用的极紫外光线容易被物质吸收，光束经过多次反射后能够真正利用到的光线不到 2%，能量转化率极低，耗能巨大。因此，光刻技术需要引入强大的光源，保证在低能源转化率下仍然能够保持一定的强度。

2. 对真空环境极为苛刻的要求

EUV 光刻技术所使用的极紫外光波长为 13.5nm，能源损耗率高，光线容易在空气中被物质吸收或产生折射，导致印刷的图案出现偏差。因此，在光刻过程中对真空和无尘环境的质量要求极高。从光源到圆晶的整个光路必须处于近真空状态。为了在整个光刻工艺中保持真空，光刻机制造必须使所有工序符合要求，所有材料都需要经过除气处理。此外，还必须采用超净制造标准。

3. 对光学系统的超高标准要求

EUV 光刻技术要求使用复杂的布拉格反射镜系统，主要功能是将多层反射集成单一反射，以保证光刻工艺的精度。目前达到高端芯片工艺的光学系统制造成本仍非常高。

4. 需要特殊的光刻胶和掩膜版

普通的光刻胶由分子链聚合而成，对 EUV 光线吸收效果很差，导致光刻成像图案模糊，需要使用非化学放大光刻胶。而且 EUV 光线会破坏普通掩膜版，需要特殊的掩膜版。

（四）技术壁垒高，产品迭代速度快

从使用功能来看，光刻机分为三类：一是主要用于芯片制造的光刻机；二是用于封装的光刻机；三是用于 LED 制造的投影光刻机。对于生产芯片

的光刻机，其涉及世界多个领域的先进技术，中国制造的光刻机与国外顶尖光刻机仍存在较大差距。ASML 推出的 EUV 光刻机可以量产 7nm 制程芯片，最小制程 5nm，对技术要求极高，单台价值为 1.2 亿欧元。可以说，光刻机技术是除航空航天领域外又一个代表人类文明上限的工业制造业作品，代表着工业制造业顶尖水平，是半导体制造设备中技术含量最高的设备，涉及精密光学、高精度环境控制、精密运动、图像识别等多项顶尖技术，包含上万个零部件，涉及上游上千家供应商，其支撑着整个半导体制造产业，具有极高的技术壁垒。

从技术发展路径来看，光刻机的技术迭代满足了芯片更小制程、更低成本的生产要求：芯片制造总体上向着更小的制程以及更低的成本方向发展，这要求光刻机在技术上能实现更高的分辨率水平。20 世纪 60 年代至今，在摩尔定律的驱动下，按照所用光源划分，光刻机历经了五代变革，光源波长从 436nm 逐步缩小到 13.5nm，每次光源的更替都伴随着制程水平极大地提升（见表 1）。目前，最先进的光刻机采用波长为 13.5nm 极紫外光的第五代 EUV 光源，而行业内使用最多的是第四代浸入式光刻机，最高制程可达 7nm，生产在 7nm 之后的芯片只能使用第五代 EUV 光刻机。

表 1　光刻机工艺发展历程

<table>
<tr><th>代数</th><th>年份</th><th colspan="2">光源</th><th>波长（nm）</th><th>制程节点（nm）</th><th>对应设备</th></tr>
<tr><td rowspan="2">第一代</td><td rowspan="2">1980</td><td rowspan="4">UV 光源</td><td rowspan="2">g-line</td><td rowspan="2">436</td><td>800～250</td><td>接触式光刻机</td></tr>
<tr><td>800～250</td><td>接近式光刻机</td></tr>
<tr><td rowspan="2">第二代</td><td rowspan="2">1990</td><td rowspan="2">i-line</td><td rowspan="2">365</td><td>800～250</td><td>接触式光刻机</td></tr>
<tr><td>800～250</td><td>接近式光刻机</td></tr>
<tr><td>第三代</td><td>1997</td><td rowspan="3">DUV 光源</td><td>KrF</td><td>248</td><td>180～130</td><td>扫描投影式光刻机</td></tr>
<tr><td rowspan="2">第四代</td><td rowspan="2">2001</td><td rowspan="2">ArF</td><td rowspan="2">193</td><td>130～65</td><td>步进扫描投影光刻机</td></tr>
<tr><td>45～7</td><td>浸没式步进扫描投影光刻机</td></tr>
<tr><td>第五代</td><td>2016</td><td colspan="2">EUV 光源</td><td>13.5</td><td>7～3</td><td>极紫外光刻机</td></tr>
</table>

资料来源：根据各公司官网整理。

二　光刻机全球产业链分析

（一）光刻机行业龙头企业分析

光刻机的发展经过长久的技术变迁，而全球光刻机市场的需求稳定掌握在 ASML、Nikon 和 Canon 等少数几家龙头企业手中。除了占据龙头位置的荷兰的 ASML 外，日本的 Nikon 和 Canon 也具备光刻机制造能力，但高端光刻市场已经被 ASML 完全占领。由于技术水平不足，Nikon 和 Canon 在 7nm 及以下制程芯片的制造能力已落后于 ASML。当前，技术最为先进的是 ASML 研发出的 EUV 光刻机，能够适配 7nm 到 5nm 制程芯片的设计制造。Canon 将其业务重点放在中低端的光刻机市场，主要制造封装光刻机、LED 光刻机和面板光刻机。Nikon 则处于追赶 ASML 的状态，Nikon 的光刻机范围广泛，从采用独特的多镜头投影光学系统处理大型面板到制造智能设备中的中小型面板，充分发挥了其在面板（FPD）光刻方面的比较优势。目前，Nikon 仍然主推 ArF 浸没式技术，EUV 技术的运用尚不成熟，光刻工艺距离 ASML 仍有不小差距。光刻机三大公司技术现状如表 2 所示。整体上，Nikon 和 Canon 主要占据中低端市场。

表 2　光刻机三大公司技术现状

	代　数	最小制程(nm)	技术类型	所属市场
ASML	第五代 EUV	5	顶级极紫外式和高端浸入式	顶级、高端
Nikon	第四代 ArFi	22	高端浸没式	中、高端
Canon	第三代 KrF	90	步进投影式	中低端

资料来源：根据各公司官网整理。

2020 年，从全球光刻机市场份额来看，ASML、Nikon 和 Canon 分别占据全球光刻机市场的 84%、7%、5%，合计市场份额约 96%。2020 年三家企业光刻机销量为 413 台，其中，ASML 销售 258 台，占比 62%；Nikon 销

售33台，占比8%；Canon销售122台，占比30%。从销售额来看，ASML、Nikon、Canon的占比分别为91%、6%和3%。从销售量的变化趋势来看，2017~2020年，三家企业光刻机销量由294台增加至413台，年均复合增长率约12%；① ASML销售量的市场份额由67%下降到62%，Nikon由13%下降至8%，而Canon则由20%提高至30%（见图1）。从光刻机类型来看，Canon主要生产i-line光刻机，生产的制程节点90nm+；Nikon除无法生产EUV光刻机外，对其他类型的光刻机均有所涉猎，但是以ArF光刻机领域更为突出；ASML除不生产i-line光刻机外，在其他光刻机领域占据主导地位，ASML更是在超高端光刻机领域独占鳌头，是全球唯一能生产第五代EUV光刻机的设备厂商。从生产高端光刻机的市场份额来看，2020年ASML、Nikon、Canon在EUV、ArFi和ArF高端光刻机出货量分别为121台、22台、0台，在高端光刻机市场占有率分别为84.6%、15.4%和0%。从高端光刻机类型来看，2020年ASML分别销售EUV、ArFi和ArF光刻机

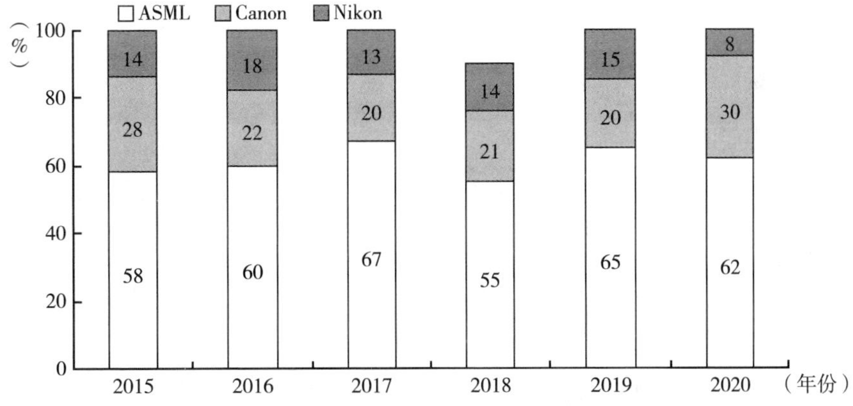

图1　2015~2020年三大光刻机公司按销售量的市场份额

资料来源：根据各公司2020年财务年报整理。

① 根据ASML、Nikon、Cannon三家公司年报，2017~2020年，光刻机合计销量分别为294台、374台、358台和413台。

31 台、68 台、22 台；Nikon 销售 ArFi 和 ArF 光刻机各 11 台。ASML 在高端光刻机市场占据绝对的龙头位置，从销售的市场份额来看，在 EUV 光刻机领域，ASML 市场占有率为 100%；在 ArFi 光刻机领域，ASML 市场占有率高达 86%；在 ArF 光刻机领域，ASML 占有 67% 的市场份额。

（二）光刻机行业产业链分析

光刻机的生产制造极为复杂，从光刻机行业产业链来看，上游产业链主要包括测量台与曝光台（双工作台）、激光器、光速矫正器、能量控制器、光速形状设置、遮光器、能量探测器、掩膜版、掩膜台、物镜、内部封闭框架和减振器等 11 个模块。上游最核心的设备分别为光学镜头、光学光源和双工作台，其中，镜头控制光学系统的精密度，光源决定使用的波长，物镜数值孔径与光源波长决定了光刻机的工艺能力；双工作台决定了光刻机的工作效率和精度。光刻机行业的下游主要是圆晶代工企业，下游主要决定了光刻机市场的需求。

从上游光学镜头来看，全球仅有三家公司可以生产光刻机的光学镜头，分别为德国的卡尔蔡司（Carl Zeiss）、日本的 Nikon 和 Canon。卡尔蔡司是光学及光电子学领域的绝对权威，第五代高端 EUV 光刻机的光学镜头仅有卡尔蔡司具备制造能力，其长期为 ASML 生产的光刻机提供高效能光学镜头。卡尔蔡司的主要产品包括 P 型、E 型、L 型和自动变焦镜头等类型，主要应用于半导体制造设备、医疗技术、测量系统、民用光学（照相机）等场景。在光刻机领域，卡尔蔡司主要生产 13.5nm 波长的 EUV 光刻机和 193nm 波长的 ArF-DUV 光刻机。Nikon 主打生产 AF 尼克尔、AF 变焦尼克尔、DX 系列等大光圈广角系列镜头，在光刻机领域主要用于自家生产的 ArFi 和 ArF 高端光刻机。Canon 主要生产 EF、TS-E、MP-E 等系列的光学镜头，大量应用于医学技术、测量系统、眼镜镜片、相机等领域，在光刻机领域主要应用于 i-line 光刻机。

从上游光源来看，光刻机要求体积小、功率高而稳定的光源，因此光源是高端光刻机的另一个核心部件。最高端的 EUV 光刻机所用的光源为激光等离子光源，而目前仅有美国公司 Cymer 和日本公司 Gigaphoton 能够生产。Cymer 是世界光源制造的领军企业，市场份额超过 70%，自 20 世纪 80 年代开始，Cymer 正式进入半导体行业，主要研究半导体制造中最为关键的光蚀刻微影技术所使用的深紫外光，2013 年被 ASML 收购共同研发 EUV 光源技术，为其提供 EUV 光源保障。Gigaphoton 主要生产光源 ArF 浸没式激光器“GT66A”和 KrF 激光器“G60K”，被广泛运用于半导体光刻机制造。从光源的光能特性来看，Cymer 光源带宽窄、运行速度高、可靠性强，主要应用在 EUV 光刻机上；Gigaphoton 光源空间相干性低，具有良好的曝光面，光束均匀性高，广泛应用于中高端的 DUV 光刻机上。

从上游双工作台来看，双工作台是承载硅片的工作台，一般的光刻机需要先测量，再曝光，只需要一个工作台。双工作台虽然仅是一个加工台，但是技术难度却不容小觑，对工作台转移速度和精度要求极高，在高速运动下需达到 2nm 的运动精度，它的定位精度也直接影响了光刻出来的硅片质量。2001 年 ASML 推出了 Twinscan 双工作台系统，使得光刻机能在一个工作台进行曝光晶圆片，同时在另外一个工作台进行预对准工作，并在第一时间得到结果反馈，生产效率提高大约 35%，精度提高 10% 以上。

从下游晶圆代工企业来看，全球晶圆代工市场呈现“一超多强”现状。2020 年，台积电以 56% 的市场占有率处于绝对领先的地位，三星和联电分列第二、第三，中芯国际位列第五。从制程工艺来看，领先工艺（5 ~ 7nm）目前占据 25% 左右的市场份额，主要用于 CPU、GPU 等超大规模逻辑集成电路的制造。从全球晶圆代工厂市场规模来看，2017 ~ 2020 年，全球晶圆代工行业市场规模由 601 亿美元增长至 928 亿美元，年均复合增长 15.6%。[①] 从产业市场需求来看，随着人工智能、物联网、5G 等产业的快速发展，各行业对芯片的需求呈爆发式增长，高端光刻机将供不应求。

---

① 根据 IC Insights 数据，2017 ~ 2020 年，全球晶圆代工行业市场规模分别为 601 亿美元、687 亿美元、628 亿美元和 928 亿美元。

三　ASML 案例分析

（一）ASML 基本情况

在 1984 年成立之初，荷兰的 ASML 是一个名不见经传的小公司，面临光科技领域龙头企业 Nikon 和 Canon 的竞争，推出 PAS 5500 光刻机、双工作台、浸没式光刻机、EUV 光刻机是公司发展历史上的四大里程碑事件，ASML 逐步超越竞争对手发展为垄断光刻机领域的龙头企业。1991 年，在 PAS 5500 光刻机正式问世之前，ASML 在光刻机的市场地位远远落后于竞争对手 Nikon 和 Canon。然而，PAS 5500 的大获成功让 ASML 超越 Canon 成为全球第二大光刻机设备商，并为 ASML 日后占领全球光刻机市场奠定了基础。2001 年，ASML 推出双工作台，标志着光刻机生产效率向前一大步。以往在单工作台技术下，光刻工艺的步骤都要在一个工作台上完成，而双工作台则实现了晶圆的曝光和测量的同步进行，极大地提高了芯片的产能和效率。以推出 ArF 浸没式光刻机为契机，ASML 成为 DUV 光刻机时代的龙头。2002 年台积电的研发工程师林本坚博士提出了 ArF 浸没式方案，在台积电技术支持下 ASML 在 2003 年成功推出第一台浸没式光刻样机。尽管 Nikon 紧随其后也研制出了 ArF 浸没式光刻机，但 DUV 光刻机大部分的市场份额早已被 ASML 占领。ASML 和台积电联合推出的 ArF 浸没式技术取得巨大成功，二者实现了双赢。在光刻机市场，ASML 终于全面超越 Nikon，而台积电也成为第一家使用 ArF 浸没式技术量产芯片的企业。从技术工艺上，ArF 系列的光刻机可用于制造 7 ~ 130nm 制程的芯片，而且该制程范围内的芯片到目前仍然是芯片市场的主流。因此，ASML 的市场份额得以进一步提高。ArF 光刻机的跨时代意义使 ASML 自 2006 年超越 Nikon 成为全球光刻机龙头以后，行业领导地位始终稳固。后续 ASML 联合英特尔、三星、台积电、卡尔蔡司等知名企业继续进行光刻技术的革新，2006 年推出的 EUV 光刻机奠定了行业内的领先地位，全面占据高端光刻机市场。EUV 光刻机技术相比

DUV 光刻机技术是一次质的飞跃，在高端芯片制造领域没有其他可竞争的光刻机设备。

光刻机技术正处于更新迭代的阶段，EUV 光刻系统正逐步取代 DUV 光刻系统成为芯片产业主流的上游供应设备。2020 年，ASML 累计交付光刻机 258 台，其中，31 台 EUV 光刻机贡献了 43% 的系统销售额，72% 的机器最终用于制造逻辑芯片。从营业收入来看，2017 ~ 2020 年，ASML 营业收入由 91 亿欧元增长至 140 亿欧元，年均复合增长率 15. 4%；从营业收入的产品类型来看，2020 年提供光刻机产品和其对应的服务分别为 103 亿欧元、37 亿欧元，分别占比 73. 6%、26. 4%。从营业收入的地区份额来看，2020 年中国台湾地区营业收入为 47 亿欧元，占比 33. 6%，排名第一；其次是韩国，为 42 亿欧元，占比 30%；第三为中国大陆，营业收入 23 亿欧元，占比 16. 4%。在毛利率指标上，ASML 毛利率高达 48. 6%。在 EUV 光刻系统方面，更为精细制程的光刻机正逐步投入使用，2020 年第四季度，ASML 正式交付第一台能够制作 3nm 制程的 YieldStar385 光刻机系统。与以前的系统相比，YieldStar385 的主要革新包括更快的工作台和波长切换，能够实现高精度的套准测量和使用多个波长的设备匹配。

（二）ASML 的核心竞争力分析

1. 建立高度生态体系壁垒，打造产业链利益共同体

ASML 通过上游并购和引入客户作为股东的方式打通上下游产业链，形成稳定的生态产业，建立高度生态体系壁垒，打造产业链利益共同体。在产业链上游，ASML 高度依赖外部供应商，需要上游企业提供多种原材料以及相关组件，包括激光光源、物镜组、光学组件、精密加工、双工作台以及零部件等，供应商主要是世界上各个国家的顶尖技术公司，代表了制造业在世界上多个领域范围内的尖端水平。如德国卡尔蔡司提供物镜组，美国 Cymer 提供激光光源，日本 Kyocera 提供零部件，等等。ASML 主要通过并购形式掌控技术，2001 年以 1 亿美元收购硅谷集团，获得投影掩罩瞄准技术、扫描技术；2013 年以 26 亿美元收购 Cymer；2017 年以 11 亿美元现金收购卡尔

蔡司子公司 SMT 的 24.9% 股份。通过并购，ASML 直接获得光源、光学镜头等光刻机关键零部件的领先技术，推动了 EUV 光刻机的成功研发。在产业链下游，ASML 主要客户为内存和逻辑芯片制造厂商，代表性企业包括英特尔、三星、台积电等芯片制造头部企业。2012 年，ASML 创新性地提出了“客户联合投资计划”（Customer Co-Investment Program），通过客户对 ASML 少数股权的投资，享受优先供货权。三星、台积电、英特尔投资总计约 39 亿欧元，共获得 ASML 23% 的股份，并向 ASML 提供 EUV 研发资金 13.8 亿欧元，通过打造稳定的产业生态，实现客户与企业的双赢。

2. 主动融入创新链，积极联合外部平台合作研发

ASML 重视技术创新能力的提升，在研发投入方面，2020 年，ASML 全年研发投入支出高达 22 亿欧元，占总营收的比例为 15.7%。除了重视研发投入以外，ASML 强调合作开放的技术创新理念，通过全球创新链分工合作，采取模块化外包协同联合开发策略，构建以 ASML 为核心的创新链联合体。开放式创新机构包含了研究机构、大学、技术合作伙伴、客户、供应商等，包括上海集成电路研发中心、EUV LCC 联盟、荷兰 ARCNL 等。通过建立强大的知识技术共享网络，企业可以获得行业内最前沿的领先技术和相关知识，深度参与产品的研发与设计。例如，ASML 加入 EUV LCC 联盟直接使其成功生产 EUV 光刻机。截至 2020 年末，ASML 制造的 EUV 光刻机中有 90% 零部件来自进口，且根据 ASML 加入 EUV LLC 联盟的约定，美国供应的零部件需占比 55% 以上。2019 年，ASML 与一些大学、研究机构和高科技公司参与了欧盟补贴的项目，这一系列的合作项目围绕着光刻、计量和工艺开发三大核心技术领域，每一项技术都在推动企业创新过程中发挥着至关重要的作用。

3. 模块化设计和制造，加快产品迭代

ASML 的光刻机主体单元包括物镜、光源、照明、晶圆台、掩膜台、传输、对准、框架八大功能组。ASML 光刻机采用模块化的设计、制造、集成和调试。各模块系统与单元组件分别在 ASML 产业链联盟伙伴和关键供应商内部完成，之后交由 ASML 组装，然后再分解成若干单元，将其包装并空运

到用户的 Fab 厂房，再次进行整机安装调试。这种模式加快了 ASML 新产品的开发速度，缩短了产品上市周期。ASML 旗下的 TWINSCAN 系列是目前世界上精度最高、应用最为广泛的高端光刻机，该系列最新的 3400C 机型可用于生产 5nm 制程芯片，满足最高端芯片的生产。预计到 2021 年底，ASML 将推出 0.55NA 的新机型 ECE：5000 样机，可用于 2nm 制程芯片生产。ASML 通过产业链联盟伙伴的模块化设计和制造，加快产品迭代，实现迅速垄断高端市场的目的。

四　我国光刻机产业链与相关产业政策

（一）产业发展与产业链布局

我国高度重视半导体产业的发展，多年来积极推动芯片产业链的国产化，但受制于相关技术的高壁垒特征，在部分领域难以取得重大技术的突破，用于生产芯片的光刻机是我国半导体设备制造的最大短板。目前，我国光刻机相关的制造业尚不具备完全自主研发光刻技术的能力，美国通过长臂管辖限制我国光刻机领域的发展，一些技术和关键设备长期被“卡脖子”，这使我国未来需要继续走独立自主的光刻机技术研发路线，建立起一套完善的“去美国化”的光刻机产业链成为实现技术突破的必然选择。从我国的光刻机产业链来看，在国家相关政策的大力支持下，我国光刻机产业链在一些领域已经实现了从 0 到 1 的突破，初步打破国外巨头完全垄断的局面，为我国在光刻机产业链实现直线追赶提供了契机。

在光刻机产业链上游，我国初步突破光刻机的三大核心子系统。在双工作台方面，华卓精科打破了 ASML 在光刻机工作台技术上的垄断，成为世界上第二家掌握双工作台核心技术的公司。华卓精科在光刻机双工作台技术上的突破，也为我国自主研发 65nm 至 28nm 双工作干台式及浸没式光刻机奠定了基础，成为自主生产国产光刻机的上海微电子的唯一工作台提供商。在光源方面，科益虹源自主研发设计生产了首台高能准分子激光

器，以高质量和低成本的优势填补中国在准分子激光技术领域的空白，打破国外厂家对该技术产品长期市场垄断局面，其已完成了 6khz、60w 主流 ArF 光刻机光源制造，也是上海微电子即将交付的 28nm 光刻机的光源制造商；福晶科技生产的 KBBF 晶体属于激光设备的上游关键零部件，KBBF 晶体是目前可直接倍频产生 EUV 激光的非线性光学晶体，用于建造超高光分辨率光电子能谱仪、光刻技术等前沿领域。在光学镜头方面，奥普光学提供的镜头可以做到 90nm，但是与卡尔蔡司、Nikon 等企业在技术水平上还有非常大的差距。

在光刻机整机生产（中游）方面，上海微电子是国内技术最领先的光刻设备厂商，主要产品是 SSX600 系列步进扫描投影光刻机，可满足集成电路前道制造 90nm、110nm 和 280nm 光刻工艺需求，主要用于 8 寸线或 12 寸线的大规模工业生产。上海微电子预计在 2021 年第四季度交付第一台 28nm 制程工艺沉浸式光刻机，我国光刻机将从 90nm 一举突破 28nm 工艺，标志着低端芯片生产用光刻机的产业链即将实现国产化。上海微电子芯片后道封装领域光刻机在国内市场占有率高达 80%，全球市场占有率达到 40%。在美国对华为进行“全方面打压”的背景下，上海微电子国产光刻机的重大技术突破不仅能够解决芯片代工被限制的问题，打破国外企业的对于集成电路前端光刻机市场的长期垄断，而且能够覆盖更为广阔的市场需求。尽管相比目前占据主流的中高端芯片 5nm、7nm 以及 14nm 制造工艺仍存在相当大的距离，但随着国产技术工艺的不断精细成熟，长期来看实现技术的追赶并非不可能。

在光刻机产业链下游，中芯国际是全球领先的集成电路晶圆代工企业之一，是中国大陆技术最先进、规模最大、配套服务最完善的专业晶圆代工企业，主要为客户提供 0. 35μm 至 14nm 多种技术节点、不同工艺平台的集成电路晶圆代工及配套服务。在逻辑工艺领域，中芯国际是我国第一家实现 14nm FinFET 量产的晶圆代工企业，代表中国大陆自主研发集成电路制造技术的最先进水平。中芯国际受制于美国出口管制条例，在 28 ~ 14nm 制程工艺领域份额较小，而收入主要在 28nm 以上制程工艺，但随着中芯国际技术成熟和产能扩张，未来有望将进一步提高 28nm 以下制程工艺份额，加速抢占 14nm 制程领域份额。国产光刻机产业链如表 3 所示。

表 3　国产光刻机产业链

产业链	组件	企　业
上游	双工作台	华卓精科
	浸没式系统	启尔机电
	曝光系统	国科精密
	物镜系统	奥普光电、国望光学
	光源	福晶科技、科益虹源
	光掩膜版	华润微、菲利华
	光刻胶	南大光电、上海新阳、晶瑞股份、容大感光
	光刻气体	华特气体、雅克科技
	缺陷检测	东方晶源、精测电子
	光栅系统	中国科学院上海光学精密机械研究所
	涂胶显影	芯微源
	光罩	清溢光电、菲利华
中游		上海微电子
		芯硕半导体
		影速半导体
下游		中芯国际
		华润微
		华虹宏力

资料来源：作者整理。

（二）我国的光刻机产业政策

政府对光刻机以及整个集成电路产业链的重视程度越来越高。“十三五”规划开局之年，中办、国办印发《国家信息化发展战略纲要》，强调在政策层面推动集成电路生产的薄弱环节实现根本性突破。中央顶层设计层面已经充分意识到从电子零部件入手掌控核心技术的战略意义。在此后的多个重磅政策文件中，政策的扶持力度逐步加大。

政策扶持的重点并非一成不变，而是根据全球经济发展形势综合考虑而不断调整扶持方向。在集成电路被列入战略性新兴产业作为重点发展对象以后，在预期到中国集成电路可能对光刻机产业发起冲击后，美国政府开启对以华为为代表的中国科技创新型公司的打压和技术封锁。随之，我国的产业政策根据中美科技战、经贸摩擦进行调整，在鼓励芯片自主研发大方向不变的前提下，产业政策的扶持方向从注重定点的薄弱环节技术扶持逐步转向技术研发体系的全方位支持。

进入“十四五”时期，中央政府强调打造先进制造业产业集群，标志着产业政策的支持从单点支持转向行业发展全局角度为战略性新兴产业提供全方位的支持（见表4）。以芯片产业国产替代为目标，行业生产的标准化提上日程。2021 年 1 月，工业和信息化部科技司发布公告成立首个全国集成电路标准化技术委员会，旨在完成集成电路产业标准相关的起草工作，推广集成电路质量评价和软件开发成本度量规范。该委员单位包括上游龙头企业、终端应用企业以及研究机构。以往我国集成电路产业缺乏行业公认的标准，产品标准的规范加速国产集成电路的产业化。在该组织成立前，我国集成电路仅仅是制造业中的一个细分产品类目，并没有形成规范的产业标准，国内相关企业主要引入和依靠国际前沿技术进行生产制造，并未形成我国自有的系统性的生产标准。我国多家集成电路、半导体企业被美国政府列入实体清单后，国内企业难以与国际标准组织建立合作关系，建立一套国内自主的集成电路产业标准是实现芯片产业链自主研发的必由之路。

表 4 “十三五”时期以来集成电路相关领域的重要政策

文件名称	发布时间	颁布单位	核心要点
《国民经济和社会发展第十四个五年规划和 2035 年远景目标纲要》	2021 年 3 月	中共中央、全国人大	瞄准人工智能、量子信息、集成电路、生命健康、脑科学、生物育种、空天科技、深地深海等前沿领域，实施一批具有前瞻性、战略性的国家重大科技项目，培育先进制造业集群
《新时期促进集成电路产业和软件产业高质量发展若干政策的通知》	2020 年 7 月	国务院	为集成电路相关企业提供税收、投融资、研发、人才、专利应用和国际合作等多方面的支持，且技术层级越高的企业享受的政策支持力度越大

续表

文件名称	发布时间	颁布单位	核心要点
《关于促进集成电路产业和软件产业高质量发展企业所得税政策的公告》	2020 年 12 月	财政部、国家税务总局、国家发展和改革委员会、工业和信息化部	明确和细化集成电路企业清单的认定方法以及税收减免政策规定
《战略性新兴产业分类》	2018 年 10 月	国家统计局	将节能环保、信息、生物、高端装备制造、新能源、新材料、新能源汽车等作为现阶段国家重点扶持与发展的产业
《扩大和升级信息消费三年行动计划(2018～2020)》	2018 年 8 月	工业和信息化部	加大集成电路产业发展的支持力度,支持信息消费前沿技术研发,拓展各类新型产品和融合应用
《战略性新兴产业重点产品和服务指导目录》	2017 年 1 月	国家发展和改革委员会	将集成电路芯片设计及服务、芯片设计平台作为电子核心基础产业列入战略性新兴产业
《"十三五"国家战略性新兴产业发展规划》	2016 年 11 月	国务院	部署集成电路发展工程,从完善管理方式、构建产业创新体系、强化知识产权保护和运用、深入推进军民融合、加大金融财税支持、加强人才培养与激励提供政策支持
《国家信息化发展战略纲要》	2016 年 7 月	中共中央办公厅、国务院办公厅	以体系化思维弥补单点弱势,打造国际先进、安全可控的核心技术体系,带动集成电路、基础软件、核心元器件等薄弱环节实现根本性突破

资料来源：作者整理。

五　政策建议

从国家战略层面出发，政府和企业均需要做好光刻机研发“持久战”的准备，保障光刻机产业政策的连贯性。光刻机的研发周期长、投入资金大，并非一朝一夕就能够取得大的成就，企业应脚踏实地、逐步推动技术工艺的进步和成熟。政府应认识到光刻机研发的成本远超一般企业所能承受的极限，从国家层面多方整合研发资源，集合科学界、企业界的研发人员以及行业的龙头企业共同制定光刻机技术开发的中长期计划。

（一）推动产业分工，加快国产光刻机产业链国产替代进程

ASML 的产业链特点在于，入股注资 ASML 的企业能够获得更高的供货优先级，这使芯片产业围绕 ASML 形成更强的利益绑定关系。制造上下游企业的“犬牙相入”为光刻机产业链的良性合作循环奠定了基础。光刻机的国产自主研发并非单个企业就能够实现，需要掌握光刻机上游核心设备的高精尖企业相互配合、形成合力。光刻机制造存在两个重要的设备和材料来源：一是核心设备，包括光源、物镜组、光学组件、双工作台、零部件等关键元件和子系统；二是配套材料，包括光刻胶、光掩膜版、涂胶显影设备等。需要推动集成电路产业标准化，整合国内光刻机供应链与芯片制造企业的行业标准，充分发挥产业集聚效应和知识溢出效应。国产光刻机产业链相关生产企业应形成产业分工，各取所长、各取所需，从上游的光刻机组件、中游的光刻机制造，再到下游的晶圆代工企业，要建立更为紧密的合作关系，以提高纵向一体化水平，加快光刻机产业国产替代进程。

（二）加强开放合作，与先进设备制造商积极开展技术合作

虽然 ASML 垄断 EUV 光刻机市场，但是并非所有的芯片制造都需要 EUV 光刻机，以 Nikon 为代表的日本光刻机企业在全球半导体设备市场仍然具备不俗的实力，例如，Nikon 在 2020 年也推出了第一台制程 5nm 的 ArF 浸没式光刻机 NSR-S635E，可用于 7nm、5nm 制程工艺量产的光刻机。国内相关产业链企业应重点联合美国以外的光刻机产业链设备制造和供应商，建立良好的双边合作关系，积极寻求开展技术合作，通过引进和再吸收积累技术。虽然 Nikon 的技术仍不能冲击 ASML 在高端光刻机市场的垄断地位，但不失为一种可替代的进口合作选择。Nikon 在光学镜头、曝光设备等一些领域也拥有非常强的技术水平，一方面，应考虑在一些芯片生产制程上增加对

Nikon、Canon 光刻机的进口，降低美国长臂管辖的影响，实现在部分先进制程上芯片制造的供应保障；另一方面，在一些技术领域积极寻求开展技术合作，对一些项目强化联合攻关，加快实现中国在一些领域的技术突破。

（三）加强政策支持，激发企业创新活力

光刻机需要的科研投入必不可少，例如，2020 年 ASML 研发投入高达 22 亿美元，而这一巨大的投入并非一般企业可以承受，因此，一方面需要激励企业加大研发投入，另一方面需要政府进一步在政策上加大对相关企业的支持力度。需要在政策上推动形成良好的上下游合作关系，提高政策瞄准精度以及重视研发体系构建，强化对具有核心技术、发展潜力的企业识别力度，重点对产业链龙头企业进行支持，激发企业研发投入力度。要通过政府统筹、行业协会引导，大力培养相关领域人才，建立有效的奖励机制，整合行业的研发力量，提高相关企业在全球价值链中的分工地位。鉴于光刻机设备的复杂性和技术壁垒特征，落实到扶持政策制定时应充分参考企业的需求和建议，聘请特定领域的专家辅助评估扶持政策的投入效果，合理制定政策目标与实现路径。在相关政策出台后，定期走访企业，考察政策扶持效果，严格把控财政补贴与税收优惠的定点准确，减少对财政资源的滥用。

参考文献

Ito T. , Okazaki S. , “Pushing the Limits of Lithography”, *Nature*, 2000, 406 (6799): 1027 - 1031.

Van deKerkhof M. , Benschop J. P. H. , Banine V. Y. , “Lithography for Now and the Future”, *Solid-State Electronics*, 2019, 155: 20 - 26.

胡浩、刘武、全博、雷瑾亮：《光刻机行业巨人的成长带来的启示和思考》，《中国基础科学》2015 年第 6 期。

张霞、刘宏波、顾文、周细应、于治水：《全球光刻机发展概况以及光刻机装备国产化》，《无线互联科技》2018 年第 19 期。

B.9
重型燃气轮机产业链创新链竞争力分析

胡文龙*

摘　要：目前成熟先进的重型燃气轮机技术被德国西门子、美国通用电气、日本三菱等少数企业垄断，我国重型燃气轮机产业链在设计、制造、调试、运维等多个领域尚有许多关键核心技术有待突破，并没有形成自主可控的重型燃气轮机产业链生态，存在较为严重的被“卡脖子”风险。当前，我国重型燃气轮机产业链存在如下问题：一是燃气轮机研究、设计、试验等基础设施建设长期滞后，二是燃气轮机技术涉及的众多基础科学和学科基础较为薄弱，三是燃机行业发展战略与发展路径失误导致历史欠账太多。为弥补我国重型燃气轮机产业链的缺陷和短板，当前亟须做好三方面工作：一是充分发挥新型举国体制和市场决定力量协同攻关，二是积极开展国际合作完善自主创新体系，三是释放更多政策红利促进重型燃气轮机快速发展。

关键词：重型燃气轮机　产业竞争力　“卡脖子”工程技术

燃气轮机是一种复杂而先进的成套动力机械设备，它是继蒸汽轮机、内燃机之后出现的新一代动力装置，也是迄今为止热－功转换效率最高的发电类动力装备。燃气轮机应用广泛，常用于航空、舰船、车辆等动力驱动领域

* 胡文龙，中国社会科学院工业经济研究所副研究员、研究室副主任，主要研究方向为产业竞争力、产业金融等。

和工业发电、城市电网、分布式能源等能源发电领域。重型燃气轮机是典型的军民两用技术，是燃气轮机相关技术与工艺集成应用于能源发电与动力驱动领域的综合装备产品。作为高新技术集聚的典型产品，它是关系国防安全、能源安全，保持工业竞争力的战略性装备，一定程度上集中体现了一个国家的科技水平、综合国力和重工业水平，是装备制造业"皇冠上的明珠"。本文重点分析我国重型（发电）燃气轮机的竞争力状况，分析其产业链存在的主要问题，并提出加快我国重型燃气轮机产业发展的政策措施。

一　我国重型燃气轮机的竞争力现状

燃气轮机是一种旋转叶轮式内燃热力发动装置，它以连续流动的气体带动叶轮高速旋转，从而将燃料能量转化为有用功。一般而言，燃气轮机是由压气机（Compressor）、燃烧室（Combustor）和燃气透平（Turbine）等主要结构形成的循环系统。按照燃气轮机的输出功率大小可分为三类：重型、轻型和微型。其中：重型燃气轮机的功率通常在50MW以上，主要作为陆地或海上固定的大型发电机组使用，用于城市电网、大型舰船动力等能源供给；轻型和微型燃气轮机通常可由航空发动机适当修改研制获得（业内称为"航改燃"），功率通常在50MW以内，主要应用领域包括普通船舶动力、工业用发电、机车坦克、管道增压、热电联供以及分布式发电等。尽管我国现已具备轻型燃机（功率5万千瓦以下）自主化能力（只是具备技术能力，尚未正式推向商用市场），但重型燃气轮机（功率5万千瓦以上）仍基本依赖进口。长期以来，重型燃气轮机设计、制造、试验等尖端技术完全被德国西门子（SIEMENS）、美国通用电气（GE）、日本三菱（MHI）等少数公司垄断，目前，国内重型燃气轮机尚未完全掌握重型燃气轮机热端部件制造、维修以及控制等尖端技术，也并未形成系统全面的研发、设计、试验与维保体系，与上述国际重型燃气轮机先进企业相比差距在30年以上。我国重型燃气轮机尚有许多关键核心技术有待突破，燃气发电技术装备存在较大瓶颈，重型燃气轮机设计、制造、调试、运维等多领域均存在被"卡脖子"的风险。

1. 德美日少数企业垄断了重型燃气轮机先进技术

重型燃气轮机是特殊材料、高端设计、先进制造等技术集成的重大动力装备。从原理上来说，重型燃气轮机跟航空发动机是一样的，都是利用压气机加压压缩空气，使得燃料和压缩空气在燃烧室内充分混合燃烧产生高温高压气体，从而推动透平叶片转动为设备提供动力。一般来说，燃气轮机涡轮前能够承受的温度越高，技术等级越高，性能也越先进。根据涡轮前温度和压比，重型燃气轮机通常可分为 E 级、F 级和 H 级。目前全球最先进的一代重型燃气轮机，分别是美国通用电气研制的 H 级和日本三菱日立研制的 J 级。除此之外，市场主流的重型燃机是 E 级、F 级，全球也仅有少数公司能生产。总体来看，目前世界上完全具备重型燃机研制能力的仅有五家企业：美国通用电气（GE）、德国西门子（SIEMENS）、日本三菱（MHI）属于第一梯队，上述三家公司均具备成熟的 E 级、F 级重型燃气轮机技术，同时最先进的 H 级、J 级产品也已研发完成开始进入市场；法国阿尔斯通（目前已被 GE 收购）和意大利安萨尔多（2014 年被上海电气集团收购）属于第二梯队，当前也具备成熟的 F 级重型燃机设计制造能力（见表 1）。截至 2019 年，发电用的重型燃气轮机市场份额，美国通用电气以近 50% 的占比夺得首位，其次是德国西门子，市场份额为 27%，日本三菱、日立占据 13%，意大利安萨尔多拿下 6.5%。目前我国重型燃气轮机主力机型为引进并国产化制造的 F 级和 E 级燃气轮机，但 E 级、F 级燃气轮机关键核心技术仍被美国通用电气、德国西门子和日本三菱、日立公司所垄断。

表 1　国际主要重型燃机厂商 F 级燃机参数比较

制造商	型号	燃气温度（℃）	压比	单循环功率（MW）	联合循环功率（MW）	单循环效率（%）	联合循环效率（%）
美国通用电气	9FA	1288	15.4	255.6	390.8	41.5	56.7
日本三菱	M701F	1350	17	270	398	39.5	57.0
	V94.3A	1310	17	260	390	38.5	57.3
	GT26	—	—	—	—	38.5	58.5
意大利安萨尔多	AE94.3A	—	—	304.2	450	—	58.6

资料来源：作者根据主要重型燃气轮机技术指标整理所得。

从重型燃气轮机技术的发展特征来看，重型燃气轮机技术等级越高，燃气初温越高，燃气轮机发电机组发电效率越高，发电容量越大。目前，与E级和F级燃气轮机相比，最先进的H/J级燃气轮机技术更先进，燃气初温已经高达1500～1600℃，联合循环效率在60%左右，如表2所示。国外已有多台出力更大、效率更高的H/J级重型燃气轮机投入商业运行，市场已经充分验证了其高效率和高可靠性。具体来看，先进H/J级燃气轮机的技术特征主要包括：改进气膜冷却技术、热障涂层技术、干式低NOx燃烧技术、全三维压气机叶片造型技术、单晶叶片铸造技术、镍基超级合金和定向晶、先进刷式密封和间隙控制系统等。除了研究开发更高效率、更高参数的燃气轮机之外，国际上燃机技术研究领域的热点还包括氢气燃气轮机开发（用于捕获燃烧前的二氧化碳）、燃用合成气、烟气再循环、化学链燃烧、燃气轮机富氧燃烧等。目前我国国内尚无建成并投入运营的H/J级燃气轮机项目，2019年上海电气和安萨尔多合建H级重型燃气轮机应是我国首台H级重型燃气轮机，将来H级燃气轮机将成为我国大型天然气发电项目的首选机型之一。

表2　国际先进重型燃机厂商G/H/J级燃机参数比较

制造商	型号	燃气温度（℃）	压比	单循环功率（MW）	联合循环功率（MW）	单循环效率（%）	联合循环效率（%）	投运年份
美国通用电气	9HA.02	—	21.8	470	701	41.5	61.4	2017
日本三菱、日立	M701G2	1500	21	334	498	—	59.3	2016
	M501H	1500	25	225	330	—	60.0	2014
	M501J	1600	23	327	470	—	61.5	2016
德国西门子	SGT5－8000H	1550	19.2	340	530	40.0	60.0	2015

资料来源：作者根据主要重型燃气轮机技术指标整理所得。

值得一提的是，在重型燃气轮机方面，韩国斗山重工在2020年获得首个重型燃机订单，从而成为继德国西门子、美国通用电气、日本三菱和意大利安萨尔多之后的第五个先进燃气轮机 OEM 厂商。韩国斗山重工自 2013 年以来一直致力于大型重型燃气轮机的开发，该公司于 2019 年 9 月完成了对首台重型燃气轮机 DGT6－300HS1 的最终总装，2020 年 6 月宣布与韩国西部电力公司（KOWEPO）签订了总价值 3 亿美元的重型燃机供货合同，在位于京畿道金浦市建设一个 500 兆瓦的联合循环热电联供电厂。此外，日本三菱 2020 年在 G 级、H 级和 J 级的先进级燃气轮机上取得了 52% 的全球市场份额，J 级机组在全球范围内的商业运行时间已经超过 100 万小时，几乎是竞争对手类似规模的燃气轮机的两倍，表现十分强劲。尽管 2020 年以来新冠肺炎疫情全球肆虐，美德日各国的燃气轮机市场仍然呈快速增长趋势。

2. 我国重型燃气轮机仍存在被“卡脖子”的风险

2002 年以前，我国重型燃气轮机在设计、试验、制造与维修方面可以说长期处于停滞状态，我国电力能源装备制造企业几乎不具备燃气轮机设计、试验、制造与维修能力。无论市场需求前景、工业制造基础，还是设计试验水平、基础工程设施，在不借助外力的情况下，当时均难以通过自身力量建立燃气轮机产业链生态体系。2001 年之后，随着西气东输和进口液化天然气（LNG）的增加，我国以“打捆招标”方式重新启动了重型燃机天然气发电项目。根据国家发改委《燃气轮机产业发展和技术引进工作实施意见》，我国当时决定以市场换取技术的方式，由上海汽轮机、东方汽轮机、哈尔滨汽轮机分别与德国西门子、日本三菱、美国通用电气合作，引进 E 级、F 级以及 F 级改进型重型燃气轮机的部分制造技术，规划建设了一批重型燃气轮机电站项目。2001～2007 年 6 年间，我国由哈气－美国通用、东气－三菱重工、上气－西门子、南气－美国通用等 4 个联合体引进 E 级和 F 级重型燃气轮机 60 余套共 2000 万千瓦，并均完成了机组总装和厂内空负荷试车（西门子和三菱燃气轮机不需要厂内空负荷试车）。通过这一过程，国内四大重型燃气轮机制造企业掌握了 E 级和 F 级重型燃气轮机的冷端部件制造和整机组装技术，但是核心的设计和热端部件制造技术仍然为外方所垄断，不得不主要依赖进口。截至 2019 年 8 月，国内 F 级 M701 燃气轮机一共有 34 个电站 74 台次。比如华电青岛发电有限公司 2 × M701F4

（1on1）、华能重庆两江燃机发电有限责任公司 2×M701F4（1on1）、华能国际电力股份有限公司清远分公司 2×M701F4（1on1）等。目前，国内重型燃气轮机主机制造企业主要包括上海电气、东方电气、哈尔滨电气等（见表3），上述国内燃机制造商大多只拥有部分（冷端部件和整机组装）制造技术，尚没有完全独立自主的核心研发能力，并没有形成完整的自主可控的重型燃气轮机产业体系。2019 年，中国重燃完成了 F 级 300MW 燃机第一级动叶、静叶和燃烧室的制造，东方电气集团首台 F 级 50MW 重型燃气轮机原型机整机点火试验成功，表明我国突破了一系列“卡脖子”关键核心技术，初步获得了重型燃机高温部件制造技术能力，初步具备了自主研制 E 级/F 级重型燃机的全过程能力。

表 3　我国重型燃气轮机核心企业基本现状

核心企业	国际合作	基本现状
哈尔滨电气	美国通用电气	2003 年 3 月，哈电集团与通用电气公司签署了 9FA 重型燃机及其配套的 D10 蒸汽轮机、390H 发电机的“技术转让协议”。随后公司投资建设了秦皇岛出海口基地，目前具备了年生产 18 台以上燃气轮机机组的能力。2010 年至今，完成及在建共 11 个项目 23 台 F 级燃气轮机机组
东方电气	日本三菱、日立	2004 年，日本三菱重工与东方电气出资合建三菱重工东方燃气轮机（广州）有限公司，其中三菱重工持股51%，东方电气持股49%。该公司产品线集中在 M701F 型燃气轮机热通道部件部分，包括燃烧器和由透平动静叶片、分割环构成的透平。2016 年，东方电气与三菱、日立电力系统公司（MHPS）签订 M701F5 燃机技术转让协议暨 M701J 燃机技术转让框架协议。2019 年，F 级 50MW 燃气轮机的气缸、转子、燃烧器、透平叶片等关键部件在东汽公司加工完成。截至 2019 年，东方电气和三菱重工的合资公司已取得超过 70 台大型燃气轮机订单，燃气轮机年产能 15 套
上海电气	德国西门子、意大利安萨尔多	2001 年，上海电气从德国西门子公司引进技术，后与其分道扬镳。2014 年，上海电气收购意大利安萨尔多公司 40% 股权，并与其在上海合资合作，成立了上海电气电站工业燃气轮机技术中心。2018 年以来，公司积极切入燃机维保市场。截至 2019 年底，上海电气已签订 12 台燃机长协服务订单，新增燃机设备订单人民币 65.5 亿元，2019 年末在手燃机设备订单 105 亿元

资料来源：作者根据各公司官网收集整理。

重型燃气轮机是典型的设计建造一体化（AE 模式）产品，其产业链的核心单位，既包括中科院、清华、上海交大等高校院所，也包含国家智能传感器、上海增材制造等创新中心，还有上海电气、东方电气、哈尔滨电气等三大动力集团，国家能源集团、中国华电、国家电投、中国大唐、中国华能等五大电力集团，以及江苏永瀚、无锡透平、北京北冶、二重重装等燃气轮机生产制造关键部件供应企业，以及上电股份、申能等行业用户。从重型燃气轮机关键核心部件国产化进展来看，2002 年以来“技术引进、打捆招标”的发展方式，为我国引进消化吸收国际重型燃气轮机先进生产制造技术做出了一定贡献。进入 21 世纪以来，国内上气 – 西门子、东气 – 三菱重工、哈气 – 美国通用等企业，按照“先系统后本体，先静子后转子、先低温后高温”原则，在制造环节逐步进行国产化替代生产并取得了积极成效。国内四大重型燃气轮机制造企业分别与日本三菱、美国通用电气、德国西门子三家跨国巨头合资合作生产 E 级和 F 级重型燃气轮机，一方面满足了当时国内对燃气轮机电站建设的迫切需求，另一方面通过加大燃气轮机设备本地生产制造的比例，既减少了工程造价、降低了运营成本，又促进了我国重型燃气轮机生产与制造环节的国产化替代。截至目前，以市场主流的 F 级重型燃气轮机为例，我国重型燃气轮机生产与制造技术国产化率大幅提高，我国燃气轮机零部件数量国产化率可达到 80% ~90%（见表 4），但燃气轮机零部件价值的国产化比重还不到 70%。究其原因，一方面，国内主要重型燃气轮机企业尚未完全掌握 E 级和 F 级燃气轮机的热端部件制造维修技术、关键备件以及控制等技术，上述技术与设备均高度依赖进口且缺乏议价权；另一方面，在与外方合作共同生产制造燃气轮机产品过程中，外方通过合作协议和专利技术等特别约定，限制了重型燃气轮机制造企业的技术改进和品牌创造，这使得“市场换技术”的燃气轮机发展路径受到一定限制。当前，我国引进的重型燃气轮机机种类型与国外先进水平还有很大差距，且国内制造企业尚没有完全掌握燃气轮机关键核心技术，不具备产品的自主研发和设计能力以及热端部件的制造和维修能力，行业整体仍处于国际产业链的低端，不具备与美德日等国外企业竞争的能力与实力。

表 4　燃气轮机关键零部件国产化程度

大部件	零部件	哈尔滨电气	东方电气	上海电气
压气机	压气机缸体	国产毛坯、厂内加工	国产毛坯、厂内加工	国产毛坯、厂内加工
	压气机叶片	国产	国产	国产
	压气机转子	厂内加工、组装	厂内加工、组装	厂内加工、组装
燃烧室	燃烧室缸体	国产	国产	国产
	燃烧室陶瓷片	进口	进口	进口
	燃烧气阀	进口	进口	进口
	燃机控制系统	上海新华	三菱，东方电气组态、提供控制柜	西门子基础设计，并与上气共同完成组态
	气压机	进口	进口	进口
	进排气室	国产	国产	国产
透平	透平缸体	国产	国产	国产
	透平转子	国产	国产	国产
	透平叶片	进口	进口	进口

资料来源：作者根据各公司官网、广发证券报告收集整理。

值得一提的是，与重型燃气轮机类似，我国轻型燃气轮机尽管现已具备国产自主化能力，但仍未广泛应用于国内商用领域。我国国内航空发动机技术水平长期以来较为落后，由航空发动机改型而来的轻型燃气轮机发展也一直受到制约。20 世纪 50 年代以来，中航工业集团（目前为中国航空发动机集团）以国产军用航空发动机（如 WP6G、WP5G、WJ6G 等）为发展基础，研制了十余款功率小、效率低的轻型燃气轮机，但一直以来没能进入国内轻型燃气轮机市场。随着国家日益增加投入，自主创新的国产航空发动机二代、三代相继成功，目前国内轻型燃气轮机也取得了积极进展。比如，立足昆仑、太行发动机等基础型机，中国航发集团下属的沈阳发动机设计研究所，开发了 QD70 轻型燃气轮机、QD128 轻型燃气轮机、QD185 轻型燃气轮机等三款工业轻型燃气轮机产品及业务，中原油田和大庆油田已应用 QD128 轻型燃气轮机完成并网发电。但由于我国航空发动机相关性能和质量与国外同类机型相比仍存在较大差距，且不具备长期考核基础数据与运行条件，缺乏国产燃气轮机科研试验电站，缺乏工业燃气轮机运维保障等因素，上述轻

型燃气轮机型号尚未正式大范围推向商用市场。因此，目前国内商用领域的轻型燃机技术仍亟待发展，轻型燃气轮机产品仍然主要依赖国外进口。

3. 新时代我国重型燃气轮机自主创新发展进入快车道

2010 年以后，我国重型燃气轮机产业进入发展快车道。一方面，我国用电需求总体呈现逐年缓慢增长的发展态势；另一方面，伴随我国发电工业企业面临的资源环境压力日益加大，减少煤炭发电以大幅减少碳排放，增加绿色清洁能源发电比重，已经成为碳达峰碳中和目标下的必然选择。在此背景下，由于燃气轮机发电具有高效低排、缓解全球气候变暖的优势，重型燃气轮机发电成为我国调整能源结构、弥补清洁能源发电不足的重要举措。随着国内重型燃气轮机市场的快速增长，我国同时走了两条截然不同的技术路线，不断突破重型燃气轮机关键技术，初步具备了一些关键核心技术工艺的自主创新发展能力，初步形成了重型燃气轮机制造领域的生产体系。

一是继续通过与国际垄断巨头合作，学习引进国际先进重型燃气轮机技术。2014 年上海电气入股意大利安萨尔多，使我国有能力初步实现 E 级、F 级重型燃机国产化，这是我国重型燃气轮机跨越式发展的关键一步。安萨尔多本来是西门子在非洲的组装商，后来通过一系列操作成为西门子的零件商，并且获得了 E 级、F 级重型燃机的专利使用权。在安萨尔多之前，还有一个重型燃机巨头就是法国的阿尔斯通，阿尔斯通燃机的核心业务就是 GT26 和 GT36 燃气轮机项目，其中 GT36 更是新一代的 H 级燃气轮机。阿尔斯通决策层走错了两步，一步是自己拆分自己，另一步是陷入美国陷阱，最终经营不善导致自己被美国通用收购，由于市场反垄断的限制，阿尔斯通的 GT26、GT36 项目转而被安萨尔多收购。所以安萨尔多同时拥有了 E 级、F 级和 H 级燃机的专利使用权。自欧债危机爆发后，安萨尔多由于经营不善陷入困境，于是在 2014 年将 40% 的股份卖给了上海电气，中国顺理成章也获得了 E 级、F 级、H 级燃气轮机的使用权。以此为基础，上海电气通过与安萨尔多合作，也获得了一定的海外市场份额，并倒逼国际巨头企业逐步向中国转让先进的重型燃气轮机设计与技术工艺。东方电气是国内 F 级重型燃机市场占有率最高的制造厂商，该公司以日本三菱 F 级燃气轮机技术为基础，开展了5万kW燃气轮机自主研发工作，目前已基本完成了压气机、燃烧器和高温透平的设计与相关试验工作。2014年，哈尔滨电气集团与美国通用电气签署了“高效、灵活、低排放重型燃气轮机联合循环发电机组设计和制造示范项目”合作意向书，GE9HA燃气轮机技术本地化也取得了一定进展。

二是利用新型举国体制开展重型燃气轮机自主研发设计。为提升我国航空发动机和燃气轮机行业自主创新能力，2012年党中央、国务院启动了“航空发动机与燃气轮机”国家科技重大专项（简称“两机专项”）论证工作，2014年7月两机专项实施方案正式上报国务院。2015年国务院政府工作报告明确提出实施燃气轮机重大专项（简称“重燃专项”）；次年两机专项作为百项重大工程之首被列入国家“十三五”规划。在此背景下，2014年9月，国家电力投资集团有限公司、上海电气（集团）总公司、东方电气股份有限公司、哈尔滨电气股份有限公司共同出资设立的中国联合重型燃气轮机技术有限公司（以下简称“中国重燃”）在上海挂牌成立，它是承担国家重型燃气轮机重大专项的新型科研企业，主要承担重型燃气轮机型号和工程验证机研制、关键技术研究与验证等科研工程项目等任务。2018年教育部批准清华大学协同中国重燃成立“燃气轮机省部共建协同创新中心”，以国家两机专项中燃气轮机研制需求为导向，开展燃气轮机科技攻关研究和应用基础研究。2020年6月“中国燃气轮机产业创新联盟”正式成立，创新联盟由中国重燃担任理事长单位，集聚了国内高校院所、创新中心、动力集团、制造企业和行业用户等66家燃气轮机产学研用领域的核心单位，初步构建了研发设计、制造试验和运行维护相结合的高效合作机制。2017年，为加快推进燃气轮机产业创新发展与关键核心技术国产化替代，国家发展改革委和国家能源局联合发布了《依托能源工程推进燃气轮机创新发展的若干意见》，依托哈尔滨电气、东方电气、上海电气、中国航发、中国船舶重工集团等10家单位组织了第一批燃气轮机创新发展示范项目，具体包括电力调峰（7个）、分布式能源（13个）、油气类（2个）、运维服务（2个）等四大类项目24个燃气轮机示范试验和推广应用示范工程（见表5）。

表 5　第一批燃气轮机创新发展示范项目情况

单位：个

项目类别	电力调峰	分布式能源	油气类	运维服务
哈尔滨电气	2	2	0	0
东方电气	2	1	0	0
上海电气	2	1	0	0
中国航发	1	3	1	0
中国船舶重工集团	0	0	1	1
南京汽轮电机	0	2	0	0
华电电力科学研究院	0	0	0	1
中科院上海高等研究所	0	2	0	0
辽宁福鞍燃气轮机	0	1	0	0
新奥能源动力	0	1	0	0
项目总数	7	13	2	2

资料来源：作者根据《依托能源工程推进燃气轮机创新发展的若干意见》收集整理。

二　当前我国重型燃气轮机产业链存在的主要问题

当前，我国重型燃气轮机产业链存在的问题主要体现在三个方面：一是燃气轮机研究、设计、试验等基础设施建设长期滞后，二是燃气轮机技术涉及的众多基础科学和学科基础较为薄弱，三是行业发展战略与发展路径失误导致历史欠账太多。

1. 燃气轮机研究、设计、试验等基础设施建设长期滞后

重型燃气轮机开发需要完整的设计、制造和实验体系，我国燃气轮机研究、设计、试验等基础设施建设在历史上长期处于落后状态，总体上与世界先进水平的差距非常大。在燃气轮机应用基础研究试验设施方面，2000 年之前国家投入主要集中于各大学和科研院所，相关基础设施建设总体呈现投资少、水平低、多重复、小规模等特征，且各大学与研究机构基础研究实验设施多以小型、低参数的机理性设备为主，彼此间独立自发建设，缺乏协调和沟通，普遍存在利用率不高和设施浪费问题。对于燃气轮机制造企业来

说，一是压气机、燃烧室和透平部件的试验基础设施技术含量要求高，设计建设技术难度极大，没有独立建设大型、高参数、测量技术先进、用于关键技术验证的实验研究设施能力，想建也建不起来；二是上述这些试验设施投资巨大、运行维护成本很高，建设和运营这一类大型试验设施对单个燃气轮机制造企业而言是不能承受的沉重负担。进入 21 世纪后，我国重型燃气轮机大型试验设施建设有了较快进展。国家“十五”期间“863”重大专项 R0110 重型燃气轮机项目是中国自主研制的第一台重型燃气轮机，“十一五”时期国家“973”计划开展了“燃气轮机的高性能热－功转换关键科学技术问题研究”和“大型动力装备制造基础研究”两个大型研究项目，缩短了与国际燃气轮机研究设计基础设施先进水平的差距。比如：东方汽轮机公司和中船重工集团 703 所规划建设了全尺寸燃烧室和透平冷却高温实验台，建成了多级轴流压气机实验台（驱动功率为 25MW 等级）。此外，我国航空发动机设计研究所自主建成了压气机、燃烧室和透平等部件的大型试验设施，但这些试验设施的流量、温度、压力等参数主要满足于航空发动机部件试验需要，不能与重型燃气轮机试验台架设施与装置通用。综合来看，当前我国重型燃气轮机研究、设计、试验设施装置仍然较为缺乏且不成体系，尚没有形成重型燃气轮机“应用基础研究—关键技术验证—产品研发设计—部件性能试验验证—生产制造”全产业链完整的试验设施平台体系。

2. 燃气轮机技术涉及的众多基础科学和学科基础较为薄弱

燃气轮机技术属于高科技，涉及材料学、空气动力学、燃烧学、传热学、工程热力学、自动控制技术、先进制造技术等多种学科，需要材料研发能力、基础科学能力、制造工艺水平以及实验技术的协同支撑。涉及众多基础学科的新材料、新结构、新制造技术、新测试技术，对燃气轮机的设计、生产、制造、维修都会产生重大影响。由于我国众多基础科学和学科基础十分薄弱，一定程度上导致我国重型燃气轮机整体质量与效能的落后。虽然我国较早提出了国际公认的叶轮机械三元流动理论（科学家吴仲华于 20 世纪 50 年代提出），奠定了燃气轮机设计的理论基础，但在落地技术上我国并没有及时跟进，重型燃气轮机的设计技术、制造技术与材料技术均没有真正掌握；1980～2000年，我国部分高校一直在进行学院式、论文式探索，但国内大部分高校并没有设置重型燃气轮机专业，全国真正从事过重型燃机研究设计的技术人员不到两位数，重型燃气轮机攻关面临无人才储备、无技术储备、无试验设施储备的“三无”挑战，离重型燃气轮机技术应用还有相当远的距离。2012年我国设立重燃专项时，上述基础科学和学科基础薄弱问题仍然没有得到有效解决，燃气轮机研究、设计、试验、运营等一系列基础工作不够扎实，研究设计试验系统性、协同性不足，试验产出的重型燃气轮机达不到长时间高效稳定安全运营的结果及效果。

3. 行业发展战略与发展路径失误导致历史欠账太多

我国重型燃气轮机的落后，某种程度上也可以说是在特殊历史时期行业发展战略与发展路径选择有关。但从做出行业发展战略决策的具体时点和相关背景来看，当时的行业战略选择未必不是正确的选择。20世纪50年代，我国在消化吸收苏联燃气轮机技术的基础上，自主设计开发出了200千瓦至2.5万千瓦包括机车燃气轮机、车载燃气轮机和重型燃气轮机等多种型号的系列燃气轮机，培养了我国第一代燃气轮机自主研究设计、试验开发、产品制造和维修服务的人才队伍，全行业整体技术进步很快。1980～2000年，由于油气供应严重短缺而禁止使用燃气/燃油发电，全国除保留南京汽轮机厂一家重型燃机制造厂外，原有其他燃气轮机企业不再开展燃机制造业务，我国燃气轮机行业整体进入发展低潮，这一时期燃气轮机人才流失严重，研发投入与人才培养大幅减少，与国际先进水平差距迅速拉大。2000年以后，随着经济快速发展带来的电力需求缺口增加，以及西气东输和进口液化天然气日益增长，我国通过“打捆招标以市场换技术”方式重新启动了重型燃气轮机天然气发电项目，国内东方汽轮机等4家企业分别与美德日3家国际企业合作建设了一批燃气轮机电站项目，同时引进了E级、F级以及F级改进型重型燃机的部分制造技术。直到2012年，我国重型燃气轮机才坚定了自主创新的攻关道路，国家专门启动“航空发动机与燃气轮机”国家科技重大专项，进一步提升自主创新能力。

三　构建基本完整重型燃气轮机产业链的政策建议

重型燃气轮机是新一代利用天然气等进行能源发电与动力驱动的高科技设备装置，是21世纪乃至更长时期内能源洁净利用与高效热-功转化的关键核心装备。为弥补我国重型燃气轮机产业链的缺陷和短板，突破国际领先企业对我国燃气轮机关键核心技术的制约与封锁，进一步提升重型燃气轮机自主创新能力，构建自主可控、体系完善的重型燃气轮机产业链，当前亟须重点做好以下几方面工作。

1. 充分发挥新型举国体制与市场力量协同攻关

新时代市场经济背景下的新型举国体制，是在发挥市场优化配置资源的基础上，利用举国力量集中攻关实现创新资源的高效合理配置。推动重型燃气轮机国家科技重大专项和“卡脖子”工程，并不是常规意义上科研活动的自由创新，而是在国外技术封锁存在被“卡脖子”风险情况下的“后发赶超”。因此，有必要在发挥市场决定资源配置的基础上，通过新型举国体制，采取诸如“揭榜挂帅”等机制，集中力量高质量、高效率地推进实施国家重大任务。一要充分发挥“中国燃气轮机产业创新联盟”的纽带与桥梁作用，加强国内高校院所、创新中心、动力集团、制造企业和行业用户等燃气轮机产学研用核心单位的联系沟通，协同构建项目式、矩阵型的攻关团队，形成协同高效、密切配合的工作机制，打好关键核心技术攻坚战，形成研发、设计、制造、试验、维修和应用相结合的重型燃气轮机产业协同攻关体系。二要充分发挥中国重燃的引领协调作用，按照“小核心、大协作、专业化、开放式”要求，以“科研工程化”为引领，搭建好重型燃气轮机设计建造一体化（AE 模式）协同平台，集研发、设计、安装、调试与运维等全生命周期与各环节于一体，实现研发设计的可制造性，提高重型燃气轮机产业链、创新链的整体效能。三要更加充分发挥市场的资源优化配置决定力量。重型燃气轮机新型举国体制应坚持市场配置资源为主，关键核心技术攻关应摒弃单纯的技术挂帅思想，要兼顾注重技术路线的目标实现和注重成本效益的商业利益，以市场化应用和客户认可信任为最终目标。

2. 积极开展国际合作，完善自主创新体系

一要继续加强与美国通用电气、日本三菱重工、德国西门子等企业的国际合作，防止我国重型燃气轮机企业与国际"脱钩"。我国重型燃气轮机市场需求增长快速且潜力巨大，重型燃气轮机企业失去中国市场将在激烈国际竞争中落于下风，难逃失败命运。同时，新一轮科技革命和产业变革正在重塑世界，德国西门子、日本三菱重工、美国通用电气等重型燃气轮机企业正处于数字化转型起步阶段，失去中国市场将迟滞上述国际企业的转型升级。因此，尽管重型燃气轮机技术被国际少数企业垄断，但我国燃气轮机企业存在诸多有利契机，仍然可以继续与国际先进企业保持密切合作。二要依托重型燃气轮机产业链核心单位完善我国重型燃气轮机的自主创新体系。除了加强国际合作借鉴国际经验，构建完善的产业技术创新体系和服务体系外，还要把握好智能制造、数字转型等时代契机，大力推进重型燃气轮机转型升级，积极将智能算法、增材制造技术等新兴产业技术融入重型燃气轮机设计制造一体化过程，从而为燃气轮机行业提供新的生产方式，降低设计与生产成本，不断缩短产品研发周期，大幅提高生产效率，进而逐步构建重型燃气轮机设计制造的自主创新体系。

3. 释放更多政策红利促进重型燃气轮机快速发展

2012 年以来，党中央、国务院启动了包括两机专项等在内的多项支持政策，持续推动重型燃气轮机高端装备制造业发展，但目前尚没有成熟的完全自主的重型燃机产品，尚未建立自主可控、体系完整的产业链和创新体系。一是建议国家支持政策由专项的科技政策、产业政策，适当拓展到采取财政、税收、金融、贸易等多元政策体系支持，多措并举释放更多政策红利，根据细分领域和任务设立专项基金支持，全面提升产品研制、加工制造、售后服务等体系建设能力，加快推进燃气轮机产业自主创新发展，逐步实现进口依赖的关键核心技术国产化，形成以企业为主体、产学研用相结合的具有竞争力的重型燃气轮机产业体系和自主创新技术体系。二是建议支持

采用自主知识产权重型燃气轮机发电企业的鼓励政策，继续实施好《依托能源工程推进燃气轮机创新发展的若干意见》，实施好重型燃气轮机重大专项的重点工程项目，有效扩大重型燃气轮机设计、研发等工程项目市场需求，在加快推进清洁能源生产的同时，为自主创新燃气轮机核心技术提供市场空间。

参考文献

李建华、胡娓娓、胥波：《东方电气重型燃气轮机发展历程与经验研究》，《东方电气评论》2020 年第 3 期。

蒋洪德、任静、李雪英、谭勤学：《重型燃气轮机现状与发展趋势》，《中国电机工程学报》2014 年第 10 期。

赵龙生、钟史明、王肖祎：《H 级重型燃气轮机的最新发展概况》，《燃气轮机技术》2017 年第 9 期。

宋寅：《大型发电企业燃机技术发展路径研究》，《应用能源技术》2018 年第 7 期。

束国刚：《凝集重燃力量推进重大专项》，《国家治理周刊》2021 年 1 月 18 日。

B.10

核心工业软件产业链创新链竞争力分析

郭朝先　苗雨菲*

摘　要：　本文首先构建了工业软件产业链全景图，图中跨国巨头占据绝对优势地位，国内企业较少。全球工业软件产业生态系统呈现如下特征：寡头垄断市场格局，上下游之间密切嵌合，智能化、云化、集成化发展态势明显，行业巨头通过并购称霸全球，与国家利益高度相关。当前，中国工业软件产业规模接近2000亿元，仅占全球的7%左右；国内市场被外资企业主导，部分细分行业产品严重依赖进口；中国EDA行业市场规模增速快于全球，但外资企业占有绝对优势地位；我国企业主要集中于产业链中低端和以提供点工具为主，与国际巨头主要从事高端环节和提供全流程工具链相比差距巨大。本文分析了我国工业软件产业竞争力偏弱的原因，主要是研发投入不足，融资能力偏弱；技术积累不足，产业基础薄弱；庞大国内用户形成对国际巨头产品的依赖，国内产业生态亟待优化；人才短缺，人才流失问题严重等。最后，本文提出了相应的对策建议。

关键词：　工业软件　产业链　产业生态　产业竞争力

* 郭朝先，中国社会科学院工业经济研究所研究员，产业组织研究室主任，主要研究方向为产业经济、工业发展、可持续发展；苗雨菲，中国社会科学院大学硕士研究生，主要研究方向为产业经济、工业发展。

作为工业领域里进行研发设计、业务管理、产品制造、生产调度和过程控制的相关软件与系统，工业软件已经被公认为"工业制造的大脑和神经"，是数字经济时代工业领域的"皇冠"。作为制造业第一大国，我国拥有世界上最齐全的产业门类，然而，核心工业软件领域却始终是我国产业发展的软肋。目前，我国核心工业软件产业发展落后发达国家约20年，80%的工业软件被外企垄断。工业软件已经在中美贸易摩擦中被美方用作断供、"卡脖子"的具体手段，直接关系到我国企业生存与发展，关系到产业链供应链安全稳定。大力发展工业软件，推动核心工业软件自主可控，是我国建设"制造强国"的必由之路，是提升产业国际竞争力的重要抓手，是保障我国产业链供应链安全与韧性的根本所在。

核心工业软件是将科学计算与工业技术紧密结合，主要应用于工业产品研发设计和生产制造领域的软件，以CAE（计算机辅助工程）、CAD（计算机辅助设计）、EDA（电子设计自动化）等软件为典型，这类研发设计软件具有体量小、集中度高、开发难度大、开发周期长、资金需求高等特征，是工业软件中极其重要的一类，也是国内最薄弱的一类，因此被称为核心工业软件，是发展国产工业软件首先要考虑的部分。

一　工业软件产业链构成分析

从产业链视角来看，中国工业软件产业链可分为上游、中游和下游。其中上游主要是为工业软件产品制造提供基础服务的软硬件，如硬件设备、操作系统、开发工具和中间件。中游主要包括研发设计类软件、生产控制类软件、业务管理类软件及嵌入式软件。其中，研发设计类软件主要应用于设计环节，是数字化研发创新的主要工具，能够提升产品开发效率、降低开发成本、提高产品质量；生产控制类软件主要应用于产品生产过程，帮助企业提高制造过程的管控水平，改善生产设备的效率和利用率；业务管理类软件主要用于提升企业的管理治理水平和运营效率；嵌入式软件就是基于嵌入式系统设计的软件，用于实现对其他设备的控制、监视或管理等功能。在下游应用方面，工业软件广泛应用于机械装备、汽车制造、能源电力、航空航天、工业通信和安防电子等多个领域与环节中（见图1）。

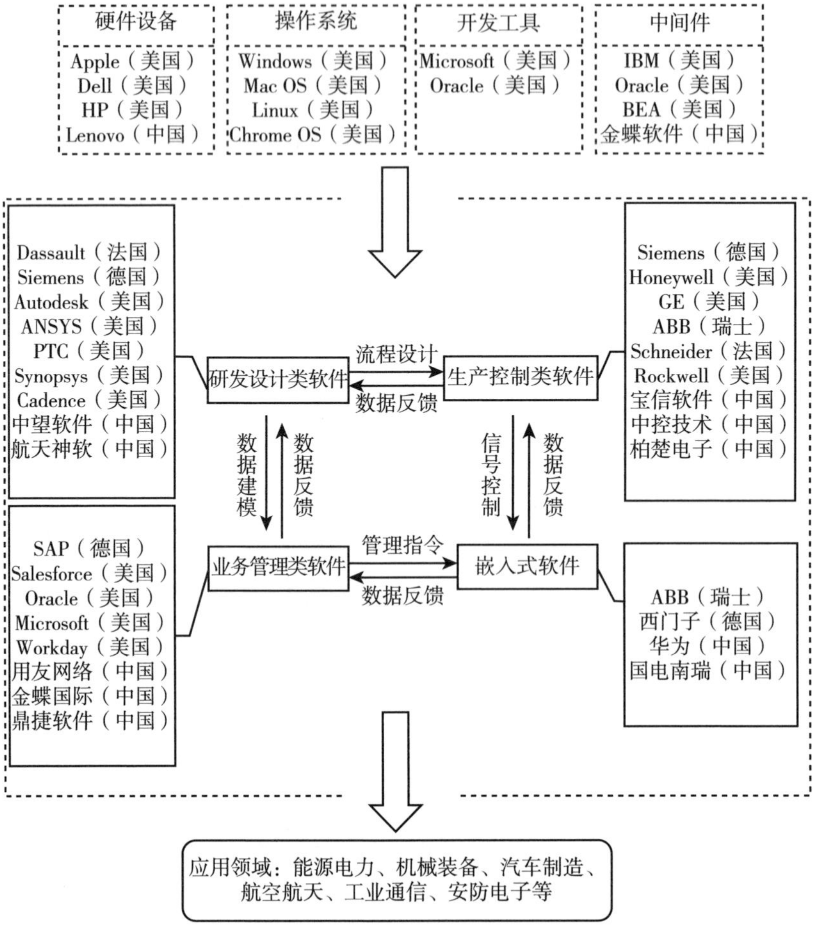

硬件设备
Apple（美国）
Dell（美国）
HP（美国）
Lenovo（中国）

操作系统
Windows（美国）
Mac OS（美国）
Linux（美国）
Chrome OS（美国）

开发工具
Microsoft（美国）
Oracle（美国）

中间件
IBM（美国）
Oracle（美国）
BEA（美国）
金蝶软件（中国）

Dassault（法国）
Siemens（德国）
Autodesk（美国）
ANSYS（美国）
PTC（美国）
Synopsys（美国）
Cadence（美国）
中望软件（中国）
航天神软（中国）

研发设计类软件
流程设计
数据反馈
生产控制类软件

Siemens（德国）
Honeywell（美国）
GE（美国）
ABB（瑞士）
Schneider（法国）
Rockwell（美国）
宝信软件（中国）
中控技术（中国）
柏楚电子（中国）

数据建模
数据反馈
信号控制
数据反馈

SAP（德国）
Salesforce（美国）
Oracle（美国）
Microsoft（美国）
Workday（美国）
用友网络（中国）
金蝶国际（中国）
鼎捷软件（中国）

业务管理类软件
管理指令
数据反馈
嵌入式软件

ABB（瑞士）
西门子（德国）
华为（中国）
国电南瑞（中国）

应用领域：能源电力、机械装备、汽车制造、航空航天、工业通信、安防电子等

图1　工业软件产业链全景

资料来源：作者自绘。

目前，在中国市场工业软件产业链的上游及中游，占据主导地位的是国外厂商，比如上游的苹果、微软，中游的SAP、西门子，这些企业通过频繁横向扩展和纵向积累，拥有最尖端的人才、科技与创新资源，控制着整个生态系统。近年来，随着成本优势发挥与人才资源汇集，中国工业软件企业在

部分领域已获得了较高的市场份额，通过加大研发投入逐步在产业链的中高端占有一席之地，如业务管理类软件的用友网络和金蝶软件，在产业链中初步获得了话语权。在产业链下游环节，基于数字化模型，中国工业软件已经发展出满足各专业应用领域需求的工业 App，发展前景可期。

基于产品用途，工业软件可划分为研发设计类软件、生产控制类软件、业务管理类软件和嵌入式软件。由于我国过去的工业数字化路径偏向于“重硬轻软”，而嵌入式软件大多与硬件集成销售，因此从销售额来看，嵌入式工业软件市场规模最大，接近千亿元；排在第二位和第三位的生产控制类及业务管理类工业软件受益于工业自动化、企业数字化升级，过去几年实现了较快发展；而研发设计类软件受到国内软件行业环境等问题的影响，目前市场份额最小，成为工业 4.0 时代我国产业结构转型升级的重点和难点。

位于产业链中游研发设计环节的核心工业软件，主要包括 CAD、CAE、CAM、PLM、EDA 等软件。其中，EDA 由 CAD、CAE、CAM 等概念发展而来，是最重要的集成电路软件设计工具。EDA 软件水平代表了一国电子产品的设计能力。借助 EDA，以计算机辅助的工业软件来替代人脑计算，可自动完成对目标芯片的逻辑编译、简化、分割、综合、布线和仿真，产品合格率大大提高，平均成本显著下降。

表 1 显示了主要核心工业软件产品类型、应用领域、国内外代表性企业。

表 1　主要核心工业软件产品及代表性企业

产品类型	简要介绍	应用领域	国际代表企业	国内代表企业
CAD(Computer Aided Design:计算机辅助设计)	基于计算机技术对产品进行设计的软件系统，利用计算机软件制作并模拟实物设计，展现新开发产品的外形、结构、色彩、质感等。包含 2D 和 3D 两大门类	主要应用于机械、电子、航空航天、化工、建筑、船舶、轻工等领域，不同细分领域拥有专业化的产品	Dassault、Autodesk、PTC、Siemens UG	中望软件、CAXA、天合智能、浩辰软件、华天软件、ExTech

续表

产品类型	简要介绍	应用领域	国际代表企业	国内代表企业
CAE(Computer Aided Engineering:计算机辅助工程)	基于计算机技术对产品做有限元分析的软件,主要用于模拟分析、验证和改善设计	应用于机械设计、航空航天、石油化工、能源、汽车交通、电子、土木工程、地矿等	Ansys、Atlair、MSC、Abaqus	安世亚太、安怀信、中望电磁仿真
CAM(Computer Aided Manufacturing:计算机辅助制造)	负责产品的加工与制造环节,主要功能是根据产品的设计建模、几何造型对加工制造流程进行 NC 自动编程,以输入 CNC 数控机床进行产品加工	主要应用于电子组装、机械制造等	PTC、Siemens UG、SOLIDWORKS	CAXA、中望软件
PLM(Product Lifecycle Management:产品全生命周期管理)	是在产品数据管理 PDM 技术的基础上延伸发展而来,为产品全生命周期的信息创建、管理、分发和应用提供服务的一系列软件解决方案	主要应用于航空航天、装备制造、交通运输、生活设施等领域	Siemens PLM、Dassault	华天软件、ExTech、开目、天喻研究所;中航 HAJIF、中航 APOLANS
EDA(Electronic Design Automation:电子设计自动化)	在计算机辅助设计(CAD)、计算机辅助制造(CAM)、计算机辅助测试(CAT)和计算机辅助工程(CAE)的基础上发展而来,是芯片设计的基础工具,贯穿集成电路设计、制造、封装、测试的全部环节	应用于机械、电子、通信、航空航天、化工、矿产、生物、医学、军事等各个领域	Synopsys、Cadence、Mentor Graphics	华大九天、芯禾科技、概伦电子、广立微电子
DCS(Distributed Control System:分布式控制系统)	通常采用分级递阶结构,形成金字塔结构。主要特征是集中管理和分散控制相结合	广泛应用于电力、冶金、石化等领域	ABB、Emerson、Honeywell	中控技术、和利时

续表

产品类型	简要介绍	应用领域	国际代表企业	国内代表企业
SCADA（Supervisory Control And Data Acquisition System：数据采集与监控系统）	一种以计算机为基础的生产过程控制与调度自动化系统，可对现场运行设备进行监视和控制	广泛应用于电力、冶金、石油、化工、天然气、水利、能源管理、市政、烟草、煤矿等领域	Emerson、Schneider、ABB、Rockwell	力控科技、台达电子
MES（Manufacturing Execution System：制造执行系统）	面向车间层的管理信息系统，为操作人员、管理人员提供计划的执行、跟踪以及所有资源（人、设备、物料、客户需求等）的当前状态信息	汽车、电子通信、石油化工、冶金矿业和烟草等领域	Siemens、Dassault、GE、AVEVA	鼎捷软件、中控技术、赛意信息、能科股份

资料来源：基于公开资料整理。

二　全球工业软件产业生态系统特征

当前，全球工业软件产业呈现如下产业生态系统特征。

1. 寡头垄断市场格局

这种寡头垄断市场结构主要来自三方面的门槛。首先，技术本身的门槛。由于集成电路产业经过半个多世纪的快速和高速发展，其设计和生产复杂程度已经空前提高，一个高端芯片，动辄包含上百亿晶体管，如何让计算机高效准确地求解这些复杂问题，形成了一个个实在的技术壁垒，不仅如此，核心工业软件种类众多，流程复杂，大多数厂商只能生产部分点工具，即使行业巨头通过不断并购重组，补齐产品，也有自己的优势领域，也很难做到全链通吃。其次，市场容量的壁垒。电子信息产业中越前端的产业规模越小，越后端的产业规模越大，核心工业软件处于产业前端，其市场容量很大程度上限制了后来竞争者。最后，锁定效应与用户黏性形成的壁垒。从客户来讲，用户从成熟的核心工业软件切换到新的软件工具，要付出较高的学习成本，因此核心工业软件的使用存在用户黏性。可想而知，在这样一个市场容量不大，存在较高技术壁垒和产品用户黏性，已被成熟公司垄断的领域，其他竞争者反超的可能性微乎其微。

2. 上下游之间形成相互嵌合的生态网

工业软件产业链的正常运行要求实现上下游软件之间的匹配与兼容，受这一特征影响，不仅要求工业软件企业的自身产品覆盖从设计到封装使用的全流程工具链，而且要求与上游软硬件设备供应商、下游应用需求方形成较稳固的产销关系，这种密切嵌合的关系网日益成为工业软件产业的发展常态。在工业软件上下游相互嵌合的生态网中，新产品、新工艺相互促进，互为一体，滚动发展，使生态网外的竞争者更难以跻入产业链的某一环，实现反超。

3. 智能化、云化、集成化发展态势

以 EDA 软件为例，人工智能将在 EDA 中扮演更重要的角色，促进智能化发展。一方面，芯片设计基础数据规模的增加与系统运算能力的阶跃式上升为人工智能技术在 EDA 领域的应用提供了新的契机，通过 AI 算法可以帮助客户设计达到最优化的 PPA 目标（功耗、性能和面积），开发针对具体环节或场景的定制化工具与性能更高的终端产品；另一方面，利用人工智能技术可以更智能化地进行判断，帮助设计师精准决策，降低芯片设计门槛，缩短设计周期，提升 EDA 工具效率。

云化就是云技术将更多应用于 EDA 领域。利用“云计算 + EDA”模式，在线化提供 EDA 工具和软件，不仅能够使设计工作摆脱物理环境制约，还能避免设计企业因计算资源不足、流程管理等问题带来的研发风险，保障企业研发生产效率；通过 EDA 云化，可以为客户提供混合云、公有云等环境服务，提供模块可选、弹性算力、高可靠性的工具服务；此外，EDA 云平台能有效降低企业在服务器配置和维护等基础设施方面的费用，降低客户资本支出。

集成化就是通过将不同元器件用封装等形式集成到更高层次，从而提供更强的性能。EDA 软件可以在芯片设计早期进行系统集成，建立裸片—封

装—PCB—系统的闭环建模和分析流程，推动复杂功能设计的异构集成，为整个系统提供设计和验证工具。

4. 并购是行业巨头称霸全球的重要手段

国外工业软件巨头绝大多数经历了多次并购重组而得以发展壮大，这也是它们之所以能够为客户提供完整产品系统能力的重要来源。比如，新思科技通过大量并购，形成从设计前到后端的完整生产能力与技术，满足客户差异化诉求，自 1990 年首次并购以来，公司已并购超过百起，产品线得到持续补强，2021 年，公司并购步伐还在加速，收购了 10G 到 800G 数据速率以太网控制器 IP 公司 MorethanIP，使公司 IP 产品组合得到进一步扩充，将为客户提供面向网络、AI 和云计算片上系统（SoC）的低延迟、高性能全线以太网 IP 解决方案。Dassault 公司在大量收购后往往推出对应的产品品牌，扩充自身产品线，在 PLM、CAD、CAE、工业仿真技术、平台打造等方面均积累了优势，能够支持从项目前阶段、具体设计、分析模拟、组装到维护的全部工业设计流程，工业软件产品功能强大、市场份额领先、客户基础广泛，成为当之无愧的工业软件巨头（见表 2）。

表 2　Dassault 公司收购历程

序号	年份	收购公司/产品	主要产品
1	1997	SolidWorks	三维 CAD 软件
2	1998	IBM PDM	IBM 的 PDM 资产(产品管理器软件)
3	2000	Spatial	3D 软件开发工具包
4	2005	ABAQUS	CAE 软件——多物理场仿真
5	2006	MatrixOne	协同 PLM 解决方案
6	2008	Engineous Software	仿真生命周期管理解决方案
7	2010	Exalead	搜索平台和基于搜索的应用程序(SBA)
8	2010	IBM PLM	IBM 的 PLM 业务,包括分销渠道
9	2010	Medidata	临床云解决方案
10	2011	Enginuity	适用于配方类行业的 ENOVIA 产品
11	2011	Simulayt	复合材料纤维模拟和建模工具
12	2015	Modelon GmbH	复杂机电工程的系统建模和仿真
13	2016	CST	电磁仿真技术

续表

序号	年份	收购公司/产品	主要产品
14	2016	Next Limit	高度动态流体场仿真
15	2017	AITAC	船舶与海洋工程设计软件、智能绘图软件
16	2017	No Magic	基于模型的系统工程建模解决方案
17	2019	IQMS	制造业 ERP 软件
18	2019	trace Software	高端电气 CAD/CAE 解决方案

资料来源：根据文章《工业软件巨头解读：西门子是一家软件公司，达索是一家“3D 体验”公司》（http://www.360doc.com/content/20/0908/20/62427247_934632364.shtml）整理。

5. 与国家利益高度相关

21 世纪以来，欧美发达国家将工业软件发展上升为国家战略，出台一系列政策措施重点扶持。2009 年美国“竞争力委员会”发布《美国制造业——依靠建模和模拟保持全球领导地位》白皮书，将建模、模拟等高性能计算视为维系制造业竞争力的重要支撑；2011 年美国推出高端制造合作伙伴计划 AMP，重点发展围绕数值模拟技术的软件工具和应用平台；2020 年 7 月，美国工业互联网联盟首次发布《工业数字化转型白皮书》，认为云计算、物联网、超链接等关键技术与高效的创新流程是企业数字化转型的重要驱动因素；2021 年 4 月拜登宣布规模 1800 亿美元的科技研发计划，重点支持量子计算、人工智能、先进半导体制造等前沿领域发展。德国政府出台《高技术战略 2020》《信息通讯技术 2020》等政策措施，鼓励工业软件产业发展与项目创新。法国政府将工业软件研发课题列为国家关键技术项目，并积极参与欧盟框架下的信息科技计划（IST）和尤里卡框架下的 ITEA 计划。

日本和韩国在信息技术产业领域具有各自优势，近年来也加入大力支持工业软件发展行列。日本发布 2021 年《制造业白皮书》，推动企业深化数字化转型。2020 年 7 月，韩国政府发布“材料，零部件和设备 2.0 战略”，意在大幅扩充关键战略产品的供应链管理，打造尖端产业世界强国。

伴随中美贸易摩擦加剧，美国对中国采取“限购”措施，限制芯片、工业软件、设备器件、技术服务等的对华出口，对国内工业生产造成较大影响。特别是我国 EDA 等核心工业软件依旧主要依靠进口，如果境外厂商因美国政府“限购”而停止对中国 EDA 供货和技术支持，国内关键领域的工业生产可能受到严重影响。

随着国内“智能制造”产业的快速发展和国际环境的变化，我国对发展核心工业软件越来越重视，支持力度越来越大。近年来，相继出台了《新时期促进集成电路产业和软件产业高质量发展的若干政策》（国发〔2020〕8 号)、《工业互联网创新发展行动计划（2021 ~ 2023 年)》（工信部信管〔2020〕197 号)、《关于加快推动制造服务业高质量发展的意见》（发改产业〔2021〕372 号）等政策文件，均提出要加快发展工业芯片、工业软件、工业互联网，大力培育工业软件企业及产业生态。

三　中国工业软件产业竞争力分析

1. 中国工业软件产业规模接近2000亿元，仅占全球的7% 左右

近年来，随着智能制造、工业互联网等政策利好持续释放，我国工业软件市场规模基本保持中高速增长。2016 ~ 2020 年，工业软件产品收入从 1078 亿元上升到 1974 亿元，年均增长 16. 3%；工信部《2021 年 1 ~ 7 月软件业经济运行情况》显示，2021 年 1 ~ 7 月，我国工业软件产品收入达 1273 亿元，同比增长 17. 0%①，表明我国工业软件领域正向扩大产业规模、驱动工业智能化、推进国产替代等方向迈进（见图 2）。但是，有报道称，现阶段，全国 150 家自主研发的工业软件企业中，95% 的企业营收规模不足 5000 万元，工业软件小而散的现象比较突出。

另据 Gartner 数据，2020 年全球工业软件市场规模约为 4332 亿美元，约合人民币 2. 8 万亿元，2020 年我国工业软件产品实现收入 1974 亿元，照此计算，仅占全球的 7%，表明我国工业软件实力明显偏弱。

---

① 工业和信息化部：《2021 年 1 ~ 7 月软件业经济运行情况》，2021 年 8 月 20 日，https://wap. miit. gov. cn/gxsj/tjfx/rjy/art/2021/art_ 6cfd5e79d1e04142ba94d71e31e7ca87. html。

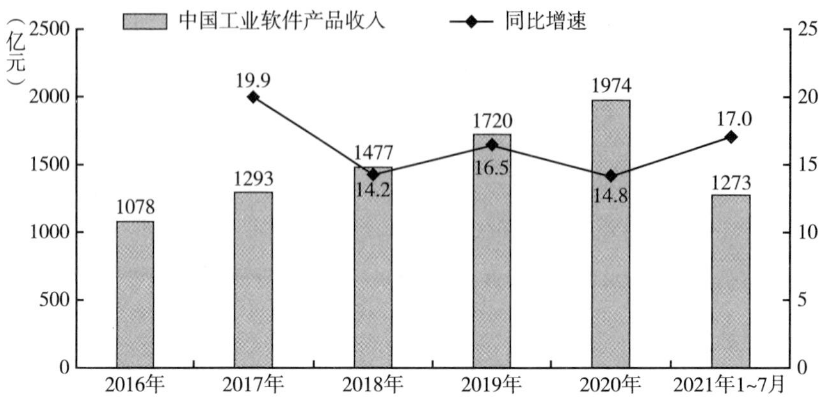

图 2　2016 年至 2021 年 1～7 月中国工业软件产品收入

注：2019 年和 2020 年增长率为根据图中数据计算所得，由于口径不同，工业和信息化部的统计数据分别为 14.6% 和 11.2%。

资料来源：根据工业和信息化部（https：//wap.miit.gov.cn/gxsj/index.html）数据整理。

2. 国内市场被外资企业主导，部分细分行业产品严重依赖进口

《中国工业软件产业白皮书（2020）》披露，在国内市场上的很多工业软件细分领域，国外企业产品占据主导地位。国内市场前十大供应商中，中国企业均不足半数，在 CAE 领域，中外企业比是0∶10，在 CAD 领域，中外企业比是3∶7，在 PLM 领域，中外企业比是2∶8，在 SCM 领域，中外企业比是4∶6。尽管在 MES 和 ERP 领域，中外企业比达到7∶3，但是其高端市场部分仍由外国企业产品所垄断，如以 Siemens、Dassault、SAP、Oracle 等企业产品为主。甚至调研发现，国内有些用户企业在创建初期使用国产 ERP 软件，但当企业发展到一定规模时，因国产软件功能难以支撑业务需求，转而将国产 ERP 软件替换成 SAP 的产品，出现了“逆国产化”现象。

根据对 30 余家知名工业软件供给侧企业和 28 家头部工业软件需求侧企业的调研结果发现，95% 的研发设计类工业软件依赖进口，国产可用的研发设计类产品主要应用于工业机理简单、系统功能行业复杂度低的领域。生产控制类工业软件要好一些，国内企业产品国内市场占有率能达到 50%，但在高端市场中也不占优势。总体而言，国内市场上，我国工业软件中只有 ERP、CAD、CAE、CAPP 的渗透率超过 50%，其他工业软件的渗透率大多

低于30%，外资企业产品占主导状况的形势仍比较严峻。①

3. 中国EDA行业市场规模增速快于全球，但外资企业占有绝对优势地位

ESD Alliance（电子系统设计联盟）数据显示，2020年全球EDA市场规模达到114.7亿美元，同比增长11.6%，2015～2020年年均复合增长率为8.03%，EDA软件行业在全球市场中的重要性日益突出。受到下游集成电路市场需求拉动，我国EDA行业市场规模不断增长，2015～2020年年复合增长率高达13.82%；国内EDA企业数量多年持续增长，现已有近30家本土EDA企业，市场参与度有所提升。但国内EDA市场规模尚不足10亿美元，在全球EDA市场规模中占比较小（见图3）。整体来看，我国市场EDA行业集中度高，主要由美国Synopsys、美国Cadence和德国Mentor Graphics（2016年被西门子收购）三家厂商垄断，占国内市场份额达到77.7%（此三家占全球市场份额达到60%以上），留给华大九天、芯禾科技、广立微等本土EDA厂商的市场份额较少（见图4）。

4. 国内厂商主要集中于产业链中低端和以提供点工具为主，与国际巨头主要从事高端环节和提供全流程工具链相比差距巨大

近年来，我国EDA厂商在细分领域逐步实现突破，如在仿真端，华大九天和概伦电子实力强劲；在后端，芯禾半导体具有较完整的解决方案和竞争力；广立微电子在良率优化端的软件和测试机、博达微在数据端的快速参数测试方案等达到较高水平。受益于在细分领域的产品突破，我国本土EDA厂商竞争力有所增强，目前，华大九天在我国EDA市场已经占据了一定的市场份额，超过另外两大国外企业（Ansys、Keysight）。

尽管如此，国内EDA厂商在全球产业链中仍缺乏竞争力。一方面，我国EDA厂商以提供点工具为主，在产品完整性、集成度等方面仍与发达国家跨国公司有较大差距，仅有华大九天一家可以提供面板和模拟集成电路全流程设计平台，其他的厂商只能提供某领域内的部分工具，而发达国家跨国

① 《摸清家底，全球工业软件的“中国版图”》，中国软件网，2021年3月9日，https://baijiahao.baidu.com/s?id=1693735842253689339&wfr=spider&for=pc。

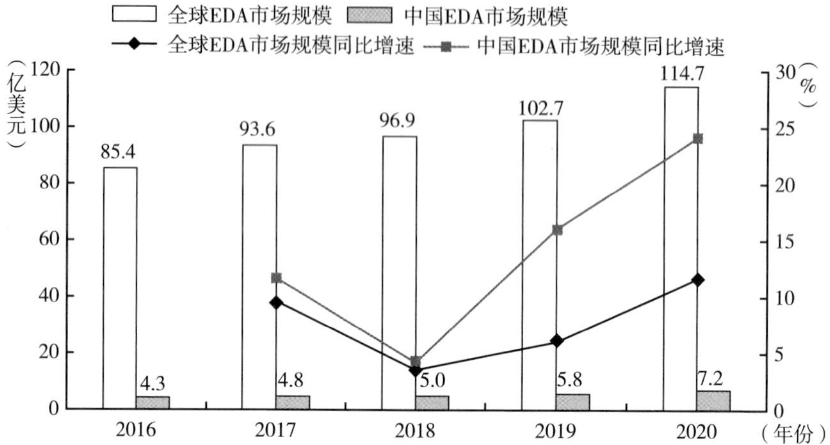

图 3　2016～2020 年 EDA 市场规模及增速比较

资料来源：Wind 数据库。

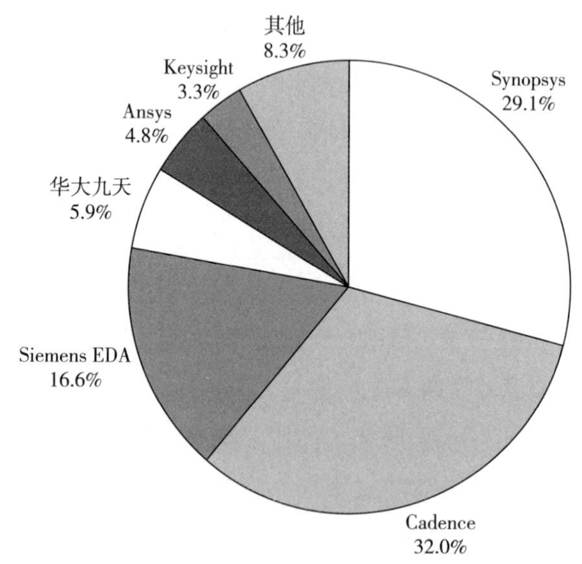

图 4　2020 年中国 EDA 行业市场份额

资料来源：根据 Wind 数据库及各公司年报数据整理。

公司经过一系列并购，基本打通了EDA全流程工具链，能够覆盖全领域的设计需求（见表3）。另一方面，我国自主研发的工业软件产品大多集中于产业链中低端领域，同行业内产品竞争力相对较高，但针对高端产品及部分核心工业软件的研发生产，我国产品竞争力水平则明显不足。相比之下，国内核心工业软件企业还需要进一步加快研发覆盖全领域的设计平台，争取在产业链高端环节实现突破。

表3　国内外主要EDA企业

国　内	主要产品	国外	主要产品
华大九天	模拟设计全流程系统工具、数字后端SoCIC设计与优化系统工具、生产制造点工具、平板显示设计全流程工具	Synopsys	全球排名第一的电子设计自动化（EDA）解决方案提供商，产品覆盖电子设计全部流程，产品线最为完整，在芯片设计和验证、IP、软件安全等领域具备优势，最强产品有逻辑综合工具DC和时序分析工具PT
概伦电子	在spice建模工具、噪声测试系统、快速仿真工具方面技术处于领先地位	Cadence	产品覆盖电子设计全部流程，Ada业界第二大厂商在模拟或混合信号的定制化电路PCB电路设计版图设计方面更胜一筹
芯禾半导体	芯片级系统仿真，集成无源器件IPD，系统级封装sip工具	Mentor Graphics	在PCB印刷电路板设计，模拟硬件系统布局布线工具后端验证确认可测试性设计，光学临近修正等领域具有优势

资料来源：根据各企业官网资料整理。

EDA软件还只是工业软件中的冰山一角，和EDA面临相同困境的还有三维CAD、CAE、CAM、PLM、MES等核心工业软件，以汽车制造、航空航天为代表的高端装备制造业基本都被法国达索CATIA、德国西门子UGNX、美国PTC等产品垄断。由此可见我国自主工业软件之殇，发展自主工业软件体系刻不容缓。

四　中国工业软件产业竞争力不高的原因分析

通过以上对我国工业软件产业竞争力的分析，可以看到，与发达国家相比，我国工业软件产业整体呈“小、散、差”的发展局面，国内企业市场份额小，产业链不完整，技术水平相对落后，离自主可控距离还比较远。究其原因，主要有如下几个。

1. 研发投入不足，融资能力偏弱

高额资金投入，在核心工业软件产品设计研发中扮演不可或缺的角色，从 Synopsys 和 Cadence 的财报来看，这两家公司每年花费在研发上的投入分别是营收的 30% 和 20%。高额的研发投入提升了公司产品的技术水平，使其在该领域多年保持世界领先。反观我国，由于现阶段工业软件研发投入大、周期长、回报低，大多数企业资金有限，难以维持高额研发投入。

融资渠道狭窄，融资能力弱。一个最典型的例子是，在互联网初创公司动辄数千万元、上亿元融资的时代背景下，成立了 22 年的国内领先的工业软件龙头厂商——广州中望龙腾软件股份有限公司，2018 年底完成第一轮融资 8000 万元，2019 年 10 月完成第二轮融资 1.4 亿元，这两轮融资竟然均为国内研发设计类工业软件领域彼时规模最大、估值最高的融资案例。随着中美贸易摩擦加剧，EDA 行业成为市场关注的重点，资金开始积极进入。2020 年 EDA 行业有 9 家企业完成了 15 次融资，2021 年前两个月已经完成 7 次融资。但总体而言，工业软件行业融资水平仍然偏低，难以满足现阶段工业软件企业对资金的强烈渴求。

2. 技术积累不足，产业基础薄弱

工业软件是信息技术和工业技术融合发展的产物，核心工业软件产业的发展需要长期积累。欧美工业经历几百年发展，完成了三次工业革命，在实践中充分试错、总结经验，其工业软件产业无论从市场规模还是知识和人才储备上均具有优势，而我国工业化起步晚，工业信息化经验积累薄弱，远远没有国外工业软件的经历丰富。国外工业软件巨头之所以强大，根本原因之

一就在于积累了几十年甚至上百年的工业生产的关键技术、流程、知识、工艺和数据，形成了扎实的工业数据知识库，具备了最重要、最核心、最底层的支撑。而这些对于我国企业而言，都还相当薄弱。国内工业软件企业要追赶国际巨头，要有“老黄牛”精神，需要沉下心来苦练内功，进行底层技术积累，夯实产业基础。

3. 庞大国内用户形成对国际巨头产品的依赖，国内产业生态亟待优化

长期以来，国内工业软件市场被国际巨头所垄断，由于软件产品使用习惯“黏性”，国内用户形成了对供给巨头产品的依赖。这种依赖导致国内旺盛的用户需求很大程度上推动了国际工业软件巨头产品优化发展，而不是本土企业工业软件的发展。工业软件就是要不断解决自身 Bug（缺陷），不断迭代，才能保证软件的活力。比如，达索的系统，那么多国内用户天天用、不断反馈需求，迭代自然就很快。只有经过不断地开发、反馈、升级这样循环上升的过程，工业软件的技术水平与市场竞争力才能有效提高。相比之下，国内工业软件使用用户少，产品缺乏用户反馈，导致产品优化和迭代升级状况不太理想。当前，外资企业垄断了大多数的国内头部客户，在核心技术、产品成熟度和营销渠道的完善程度上，导致国内厂商难以同外资企业竞争。

4. 人才短缺、人才流失问题严重

人才是根本，强大的人力资本是支持工业软件持续发展的基石。以 EDA 为例，有数据表明，仅新思科技一家企业就在美洲雇用了 5000 多名工人，其中 80% 是工程师①。然而，我国在高端技术领域的专业人才相对缺乏，工业软件领域的人才缺口尤甚。首先是因为从事工业软件要求既要懂工业又要懂软件，这种复合型人才培养难度大、培养周期长。工业软件是一个跨学科的应用方向，涉及数学、信息技术、机械、电气传动与控制等多领域的知识，在工业软件设计和研发过程中，需要既懂信息化又懂工业机理的复

① 柯静：《4 项关键产品供应链弱，拜登慌不择“路”，又扯上中国……》，瞭望智库，2021 年 7 月 14 日。

合型人才。而现实情况是，绝大部分高校在专业设置领域有偏差，没有工业软件专业，培养的软件人才基本都是计算机工程、软件工程专业，缺乏工业基础，工厂的业务人员懂工业制造，却不懂软件设计。

工业软件人才短缺，还由于人才流失严重。据调查，在工业软件行业刚毕业的硕士研究生在其单位的年薪在 12 万 ~15 万元，工作七八年后的开发人员年收入也仅能达到 20 万元，可一些互联网、游戏公司轻易就能用数倍年薪挖人，有经验的技术开发人员都去做电商、做金融、做游戏了，人才流失问题严重。

五 对策建议

1. 提升核心工业软件战略地位，制定可落地的政策措施

发挥新型举国体制优越性，集中力量解决核心工业软件领域创新能力不强、生态构建能力较弱等问题。一是加大对工业软件投入力度，推动成立核心工业软件发展专项基金，利用国家重点研发计划、国家科技重大专项予以扶持。二是稳步推进国产替代。鼓励国内工业企业，尤其是国有大中型工业企业使用国产工业软件，通过设置考核指标、建立相关激励机制等方式，引导国企使用国产工业软件。针对企业不敢用、不愿用问题，探索出台软件“首版次”政策，通过保险补贴、研发应用双向奖补等政策，推动国产软件在各行业应用。三是针对企业散弱、缺乏龙头引领问题，出台鼓励企业兼并重组政策；推动国有大型工业软件集团联合与收购，加快核心工业软件大企业培育；集中资源与力量，由头部企业或国家主管部门牵头进行专业领域突破。四是积极落实《新时期促进集成电路产业和软件产业高质量发展的若干政策》，对工业软件类企业在财税、投融资、科技研发、知识产权、人才、国际合作、市场应用等方面切实给予有力度的优惠政策。

2. 夯实产业发展基础，优化国内产业生态

一是整合国内产学研用优势力量，加强计算数学、并行算法等基础研究，推进三维几何建模引擎、求解器等关键共性技术联合攻关，完善知识产

权保护和科技成果转化机制。要抓住5G、大数据、云计算、人工智能等新一代信息技术发展机遇，加快工业软件与新一代信息技术融合的步伐，促进核心工业软件技术和架构创新，推动工业App和工业互联网等相关前沿技术的研发。

二是加快建立工业知识数据库，将工业技术领域的专家经验、工艺流程、核心参数等知识沉淀下来，变个别知识经验为集体知识财富，从源头上增强国产工业软件的竞争优势。鼓励科研院所和高等院校搭建开源平台，提供软件开发验证的资源和环境，实现技术资源共享和反馈。

三是丰富国内应用场景，推动国产工业软件在更多领域应用。大力推动国内工业软件在机械、电子、船舶、航空航天、汽车、轨道交通等重点领域示范应用，促进一批重大项目立项和建设，系统总结一批优秀行业解决方案，在全行业推广应用。鼓励软件企业与工业企业、军工企业加强战略合作，通过并购股权、投资成立合资公司等，形成利益共同体，面向特定需求开展工业软件的技术研发、磨合和应用。

四是完善工业软件标准体系建设。第一，建设统一的工业软件测试评价技术体系，试验验证标准，测评指标集、方法和准则，工具和环境，数据集和操作规程等。第二，开展工业软件测试评价，为国产工业软件进入国家目录提供测试评估，增强对高端工业软件核心技术、关键算法的评价能力，形成具有创新性和广泛应用性的测试评估支撑平台。第三，建立自主数据模型和接口标准体系，基于市场对国际主流工业软件的模型读取转换、异构协议转换、软件二次开发等兼容性和定制化要求，发展和定义自主数据模型和接口标准，形成覆盖设计、建模、仿真、制造、运维等不同环节的自主数据表达和交换能力，发展对国外产品的替换能力。

3. 完善投融资机制，扶持工业软件产业发展

有钱才能支撑“烧钱式”的研发，要大力支持符合条件的工业软件企业上市融资。要抓住北京证券交易所成立的历史性机遇，打造服务工业软件类创新型中小企业主阵地。创新投融资方式，支持企业通过知识产权质押融资、股权质押融资、科技及知识产权保险等手段获得商业贷款；充分发挥融

资担保机构作用，为小微企业提供各种形式的融资担保服务；拓宽企业融资渠道，鼓励符合条件的企业发行企业债券、公司债券、短期融资券和中期票据等；进一步改善金融机构服务，加大对核心工业软件产业的中长期贷款支持力度，在风险可控、商业可持续的前提下，加大对重大（点）企业和项目的金融支持力度，支持保险、信托等非银行金融机构发起设立专门性资管产品。

4. 完善人才培养和使用激励机制，避免人才流失

响应国家特色化示范性软件学院建设号召，依托国内高等院校，设立“工软”特色软件学院，建立工业软件研究实验室，开展工业软件通用技术基础研究，培养综合性研究人才。聚焦行业突出问题，鼓励国内科研院所、高校和企业开展联合培养，建立“产－学－研－用”综合实践应用平台、人才实训基地等，从供需两侧共同培养一批高端型工业软件人才。依托职业技术学校，细化工业软件相关学科专业，针对国内外常见的工业软件，打造各应用领域的工业软件职业技校，培养专业技术人才。加强高校和职业技术学校工科、软件特别是工业软件等专业教材建设，调整课程设置，优化教学计划和教学方式，努力培养复合型、实用型的高水平工业软件人才。在大力培养国产工业软件人才的同时，要积极创造条件吸纳工业软件类留学归国人员为中国企业服务。加快出台人才专项政策，对于核心工业软件研发人才，给予医疗保险、子女入学等优惠政策。鼓励企业制定股权分配、股票期权激励方案，激发工程技术人员工作积极性和长期主义思想。加强行业自律，引导工业软件人才合理有序流动，避免恶性竞争和人才流失。

参考文献

中国工业技术软件化产业联盟：《中国工业软件产业白皮书（2020）》，2021 年 5 月。

刘丽辉：《工业软件：在智能制造中智慧前行》，http：//www. caict. ac. cn/kxyj/caictgd/201804/t20180428_ 159407. htm。

姚翔：《我国工业软件发展面临的挑战与展望》，《人工智能》2021 年第 2 期。

蔡恩泽:《中国 EDA 产业突围之路》,《产权导刊》2021 年第 3 期。

《核心工业软件:智能制造的中国无人区》,《科技日报》2018 年 5 月 17 日。

王健君、余蕊、宫超:《工业软件之忧》,《瞭望》2019 年第 47 期。

柯静:《4 项关键产品供应链弱,拜登慌不择“路”,又扯上中国……》,瞭望智库,2021 年 7 月 14 日。

《摸清家底,全球工业软件的“中国版图”》,中国软件网,2021 年 3 月 9 日。

B.11
新冠疫苗研发产业链创新链竞争力分析

徐　娟*

摘　要：　新冠疫苗的成功研发，对全球疫情防控和经济复苏以及筑牢国家生物安全屏障具有重要意义。本文在对疫苗产业特征和产业链分析的基础上，从全球新冠疫苗研发的参与国家及研发速度、不同技术路线、产业链及产业体系、龙头企业产能及市场占有率等多个视角进行梳理，分析全球新冠疫苗研发的竞争格局；并对中国新冠疫苗的全饱和式研发技术路线、产学研合作及疫苗研发国际合作方面的成效进行梳理，展望了中国在加强针疫苗研发和深度参与疫苗国际公共产品提供方面的未来方向。从政策层面出发，需要加强基础研究和技术能力储备，以新冠疫苗研发为契机培育优秀头部企业，增强疫苗产业链的稳定性和竞争力，加快评审审批和提高企业创新积极性，加强疫苗研发生物安全领域国际合作，从而增强中国疫苗产业链创新链竞争力。

关键词：　疫苗研发　国际竞争　产业链

习近平总书记在中共中央政治局第三十三次集体学习时强调，生物安全关乎人民生命健康，关乎国家长治久安，关乎中华民族永续发展，是国家总

* 徐娟，经济学博士，西北大学公共管理学院副教授，主要研究方向为产业经济与公共政策、技术评价等。

体安全的重要组成部分，也是影响乃至重塑世界格局的重要力量①。2020 年突如其来的新冠肺炎疫情对全球卫生安全构成了严重威胁，也给全球卫生治理带来了重大挑战。新冠肺炎疫苗是战胜疫情的关键产品工具。党的十九届五中全会通过的《中共中央关于制定国民经济和社会发展第十四个五年规划和 2035 年远景目标的建议》明确要求，瞄准生命健康等前沿领域实施一批具有前瞻性、战略性的国家重大科技项目。在当前疫情全球肆虐、全球供应链产业链加速重构背景下，补齐疫苗安全短板，疫苗研发及安全领域表现更为突出。为此，本文以全球供应链产业链加速重构与新冠肺炎疫情冲击为背景，对比分析全球主要经济体新冠疫苗研发格局及领域布局，并结合中国新冠疫苗研发状况和未来挑战，就优化我国新冠疫苗产业链体系和维护产业链安全提出建设思路。

一 疫苗产业特征与产业链分析

疫苗产业是生物医药领域不可或缺的重要子领域。近年来由于国内外疫苗产品的代际差异逐渐收窄，以及新冠疫苗成功研发契机驱动我国疫苗市场迅速发展，迎来了前所未有的发展机遇。疫苗是将细菌、病毒等病原微生物，经过灭活、人工减毒、基因工程等技术制成的保留了免疫原性的用于预防传染病的自动免疫制剂。疫苗研发周期长，技术要求高，投入成本大，风险高，属于高度行政监管行业。

（一）典型的寡头垄断市场格局

研发持续的高投入提升疫苗产业进入门槛，全球疫苗产业逐渐形成寡头垄断市场格局。如图 1 所示，2017 ~2020 年全球疫苗销售收入呈上升态势，2020 年增长较往年有所提速，市场规模达 410 亿美元，约占医药产业市场份额的 3.6%。由于研发周期长、技术要求高，存在较高进入壁垒，全球疫

① 人民网，http：//theory. people. com. cn/n1/2020/0916/c40531 -31862878. html。

苗行业集中度高。2020 年，全球四大疫苗巨头葛兰素史克（GSK）、默沙东（MSD）、辉瑞（Pfizer）、赛诺菲（Sanofi）营业收入占全球疫苗市场规模的近 90%，行业趋于寡头垄断（见图 2）。早期疫苗研发有政府机构、非政府机

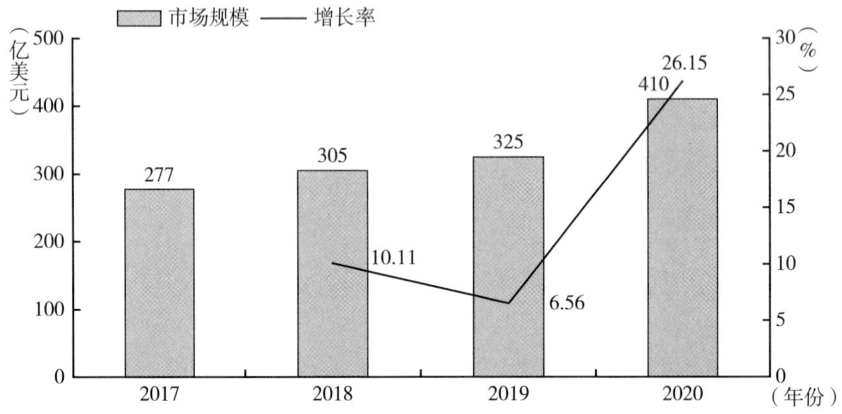

图 1　2017～2020 年全球疫苗市场规模及增长率

资料来源：Evaluate Pharma，https：//www. evaluate. com/products - services/pharma/evaluate - pharma。

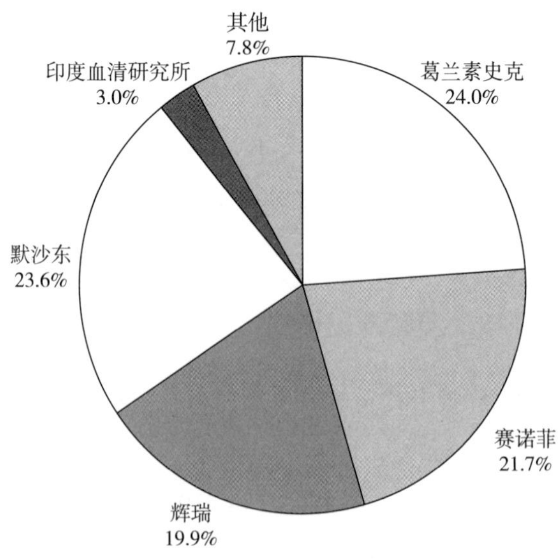

图 2　2020 年全球疫苗市场规模企业占比

资料来源：Evaluate Pharma。

构以及风险资金等多种来源资金。后期疫苗生产、大规模临床和商业化相关成本的增加，使得小型生物医药公司很难有进一步的研发资金支持和发展空间。据 Nature 披露，全球 79% 的 Ⅰ 期临床由公共和私有资金进行，Ⅱ 期、Ⅲ 期临床中政府投资比例分别下降至 44% 和 29%。此外，疫苗超长的研发周期、高额的投入以及可能的失败风险使得只有大企业能够负担新型疫苗的研发。

（二）新型疫苗和新技术平台不断涌现

疫苗产业的大品种驱动特征明显，前十大重磅疫苗均为新型疫苗和多联多价疫苗。如表 1 所示，2020 年全球销量前十的重磅疫苗排名第一的是辉瑞的 13 价肺炎疫苗，仅此一款疫苗销售额达 58.50 亿美元。默沙东的 HPV 疫苗和赛诺菲的流感疫苗以 39.38 亿美元和 24.72 亿美元销售收入分列第二位和第三位，同比增长 5.38% 和 16.77%。疫苗产业以大品种驱动的特点十分明显。从全球四大疫苗巨头的研发管线看，mRNA 疫苗、重组病毒载体疫苗、纳米颗粒疫苗等新技术平台不断涌现，越来越多新兴市场疫苗厂商开始关注新型疫苗和新技术平台的竞争，未来全球疫苗市场增长潜力巨大。

表 1　2020 年全球销售额前十疫苗产品

单位：亿美元，%

排名	英文商品名	生产商	销售额		同比增长
			2020 年	2019 年	
1	Prevnar13	辉　瑞	58.50	58.47	0.05
2	Gardasil	默沙东	39.38	37.37	5.38
3	Fluzone	赛诺菲	24.72	21.17	16.77
4	PentaceI	赛诺菲	21.06	21.79	-3.35
5	Shingrix	GSK	19.89	23.17	-14.16
6	ProQuad/M - M - R	默沙东	18.78	22.79	-17.60
7	Pneumovax23	默沙东	10.87	9.26	17.39
8	Varivax	默沙东	8.23	9.70	-15.15
9	Fluarix	GSK	7.33	5.41	35.49
10	Bexsero	GSK	6.50	6.79	-4.27

资料来源：各公司官网、Evaluate Pharma。

2020年，中国疫苗市场规模为364亿元，正好约合辉瑞Prevnar13一款疫苗全球销售额。不同于全球疫苗市场的高集中度，中国疫苗市场化不到20年，疫苗市场相对分散。我国疫苗批签总量整体平稳。2020年，国内疫苗批签发总量约为6.51亿剂，显示了经历疫苗行业事件和疫苗审批监管体系调整后，近年来疫苗生产部门恢复明显（见图3）。

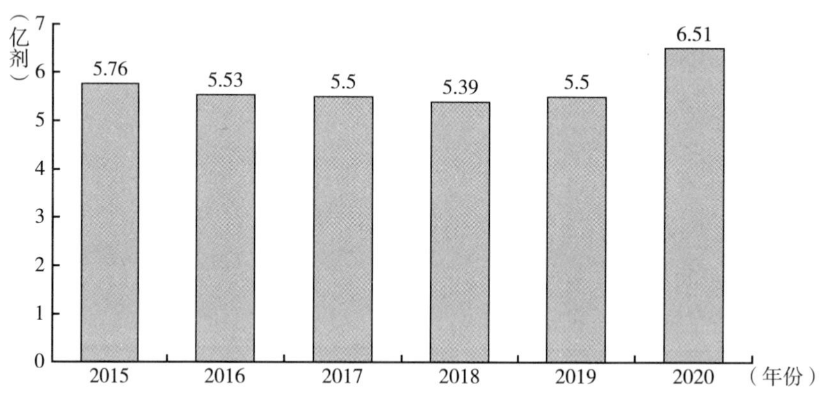

图3　2015～2020年我国疫苗批签总量

资料来源：中检院。

2020年共有334款国产疫苗批件，分属于53家疫苗企业。其中中国生物下属六大所占比55.7%。从进口疫苗情况看，2020年进口疫苗批件数70个，主要分布在葛兰素史克、赛诺菲、默沙东、辉瑞等跨国药企。相比于欧美发达国家，中国疫苗市场企业多且同质化，大部分企业都是进行传统疫苗的仿制开发，新疫苗研发能力弱。

（三）疫苗产业链分析

1. 研发

疫苗研发是一个复杂且系统化的过程。新型疫苗的研发周期一般需要10～15年。疫苗研发包括临床研究、工艺选择和鉴定方法研究。临床研究分为实验室研究，临床前研究，Ⅰ、Ⅱ、Ⅲ期临床研究。Ⅰ期临床试验主要是评价疫苗的安全性，Ⅱ期临床检验疫苗的免疫效果和安全性等，Ⅲ期临床试验主要是评价疫苗的保护力。工艺选择主要涉及准备符合临床试验监管要求的试验用候选疫苗，包括临床前毒理学研究及评估、多批次及规模生产的工艺开发，完成车间大规模正式生产的技术转移等。疫苗生产从小试到车间规模化生产的技术转移中对生产工艺的要求越来越高，需要不断优化。鉴定方法研究主要包括原料纯度检测方法的选择、疫苗安全性和有效性检测标准以及其他免疫学检测标准选择等，通常情况下开发合适的动物实验和体外检测等功能性效力试验。疫苗的安全性和有效性与生产工艺的稳定性以及鉴定方法密切相关。是否继续研发的判断贯穿疫苗研发的每个阶段。临床、工艺选择和鉴定开发每个环节相互交织在一起，每个过程都是限速步骤，有必要协同进行。值得注意的是，一些病原体发生突变的可能性大大增加了疫苗研发的复杂性，以及由于疫苗通常适用于健康人群，尤其是儿童和婴幼儿，研发的安全性和伦理学方面要求极高，这也增加了疫苗研发的复杂性。在此背景下，一款疫苗的成功研发一般至少需要 10 ~ 15 年。但是基于疫情形势等客观情况，各国允许采取诸如适应性、无缝衔接等合理设计以加快研发速度，以及结构免疫学等新技术的日益成熟，也大大缩短了疫苗研发周期。

2. 生产

疫苗生产包括抗原生产、收获、纯化、灭活、配方（佐剂/防腐剂）、药物制备（灌装、检验、包装）等阶段以及全程质量控制。整个生产流程大致可以分为生产原液的批生产和分装制剂的后处理两个过程。生产周期中的七成以上时间都用于检测和质量控制，因此生产环节上游的原液质量至关重要，事实上原液生产对疫苗企业而言，不仅是产品质量的保证，更是核心的商业机密。在大多数情况下，疫苗原液、专有细胞系、毒株和工艺改进技术等在专利保护下导致疫苗在大规模产业化方面有一定难度。此外，疫苗生产车间建造成本极高，据 WHO 披露，各种费用共计需要 0.5 亿 ~3 亿美元。而且，不同疫苗产品需要不同的生产厂房和管线，规模化刚性生产造成了管理上的困难，所需大量资金也提高了行业的进入门槛。尽管疫苗批量生产非常复杂，但疫苗原液生产具有明显的规模效应。据

Our World in Data 估计，投产后的 3 ~5 年疫苗成本会降到 10 美元/剂以下。而产品成本主要和灌装、封装、冻干、包装等后处理成本相关。由于疫苗原液生产的重要性，原液生产基地选址一般位于公司总部。疫苗分装等低技术后处理环节基于成本考虑会选择在全球进行布局，在合适的国家和地区建立分装制剂生产基地和实现产业转移。流通阶段是疫苗的运输和销售。疫苗的冷链运输非常重要，大部分疫苗需要 2 ~8 摄氏度冷藏。使用阶段即疫苗接种，该阶段仍有一部分 IV 期临床研究，评估疫苗大规模人群的保护力/安全性。疫苗从研发、生产到储存、使用整条产业链每一阶段都与疫苗安全息息相关，我国《新疫苗法》《药品管理法修正草案》《中华人民共和国生物安全法》等相关政策法律的出台都对疫苗行业提出更高的要求。

二　全球新冠疫苗研发竞争情况

根据 WHO 数据①，截至 2021 年 9 月 10 日，全球新冠肺炎累计确诊 2.23 亿例，累计死亡超 460 万例。全球累计接种新冠疫苗 53.5 亿剂，国内累计接种超 20 亿剂。控制 COVID－19 全球流行，安全和有效②的疫苗是关键。2020 年初，全球范围展开一场新冠疫苗的研发竞赛。2020 年 12 月底，美国辉瑞联合德国 BioNTech 研发的 mRNA 疫苗和国药中生北京所研制的灭活疫苗分别成功获批紧急上市，研发速度史无前例。新冠疫苗研发战略意义明确，国家间和企业间竞争激烈。竞争格局上体现在参与国家和研发速度、不同技术路线布局、产业链和产业体系不同环节、龙头企业产能的竞争等。

① https：//covid19. who. int.

② WHO 对新冠疫苗的三个评价指标定义如下：安全性（safety）即疫苗是面向广泛健康人群和易感人群接种的，其安全性要求高于常见急性或慢性感染性疾病的治疗药物。免疫原性（immunogenicity）即疫苗接种的目的是激发人体自身产生针对某种病原体的适应性免疫力，包括 B 细胞的体液免疫和 T 细胞的细胞免疫。有效性（efficacy）即保护力，如果接近 100% 称为安全保护力，如果超过群体免疫（herd immunity）阈值但仍有部分个体在暴露环境中存在感染可能性，称为部分保护力。

总体看，中国、美国、英国、印度、俄罗斯处于第一梯队，这些国家的疫苗已获批紧急上市，在全球疫苗竞赛中占有优势。

（一）参与国家和研发速度的竞争

2020 年 3 月 16 日 Moderna 开发的 mRNA－1273 跳过动物试验，迎来了首例人体测试。同日我国康希诺的腺病毒 Ad5 载体新冠疫苗通过获批进入临床试验，至此开启新冠疫苗加速研发历程。据 WHO 统计，截至 2021 年 8 月，全球范围内共有 110 款新冠疫苗进入临床试验阶段，共有 26 个国家和地区参与其中。如图 4 所示，全球临床试验阶段候选疫苗中有 30 款（包含参与）来自美国（23%），20 款（包含参与）来自中国（16%），9 款（包含参与）来自英国（7%），德国、印度、韩国参与研发的候选疫苗各 6 款（5%）。

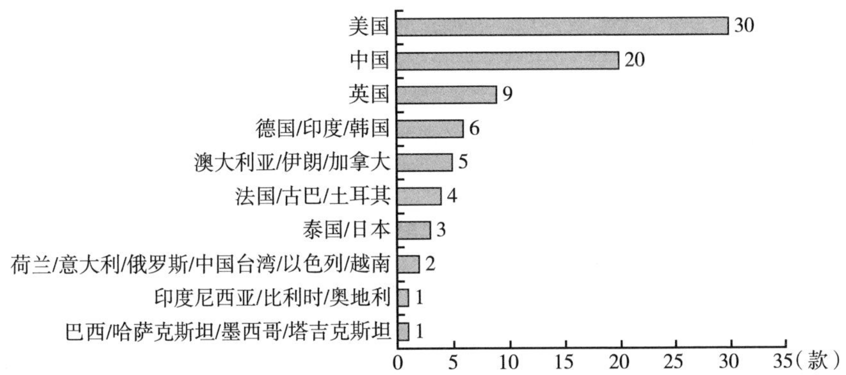

图 4　临床试验阶段候选疫苗国家和地区分布（截至 2021 年 8 月 16 日）

资料来源：WHO，https：//www. who. int/publications/m/item/draft－landscape－of－covid－19－candidate－vaccines/。

2020 年 8 月 11 日，俄罗斯“卫星 V”获得国家注册，随后 2020 年 12 月 2 日，英国政府批准使用辉瑞和 BioNTech 合作生产的新冠疫苗，2020 年 12 月 31 日，中国药监局批准国药中生北京所灭活疫苗附条件上市。截至目前全球有 12 款新冠疫苗获批上市，包括中国 5 款、美国 4 款、英国 1 款、

俄罗斯1款、印度1款（见表2、图5）。此次新冠疫苗全球赛跑中，中国、俄罗斯、印度等新兴国家同欧美国家基本同步。

表2　全球已获批上市新冠疫苗厂商

技术路径	产　品	研发企业	获批时间	有症状感染保护效力/重症保护效力	获批/紧急使用国家和地区
mRNA	BNT162b2	Pfizer/BioNTech/复星医药	2020年12月2日	95%/100%	英国、美国、加拿大等
	mRNA－1273	Moderma	2020年12月17日	94.1%/100%	美国、加拿大、德国等
腺病毒载体疫苗	SputniV	Gamaleya	2020年8月1日	91%/100%	俄罗斯、阿根廷等
	AZD1222	牛津/阿斯利康	2020年12月1日	76%/100%	英国等
	Ad26. COV2. S	强生	2020年7月	66.9%/76.7%	美国等
	Ad5－nCov	康希诺*	2021年2月25日	65.3%/90.1%	巴基斯坦、墨西哥、匈牙利、中国等
重组亚蛋白疫苗	NVX－CoV2373	Novavax	审核中**	89.3%/100%	
	ZF2001	智飞生物/中科院微生物所	2021年3月17日		中国等
灭活疫苗	BBIBP－CorV	国药中生	2020年12月9日	78.1%/100%	阿联酋、巴林、中国、埃及等
	克尔来福	科兴中维	2021年1月11日	57.7%/100%	中国、巴西、土耳其等
	可维克	康泰生物	2021年5月14日		中国等
	BBV152B	Bharat	2021年1月3日	78%/93%	巴西、印度、菲律宾、伊朗、墨西哥等

注：* http://www.cansinotech.com.cn/upload/1/editor/1614252864369.pdf。

** 2021年9月底提交FDA审批。

资料来源：WHO。

为了加速新冠疫苗上市，各国政府积极开展疫苗研发的各项支持政策。美国政府通过“Warp Speed”计划扶持疫苗研发，美国卫生与公共服务部

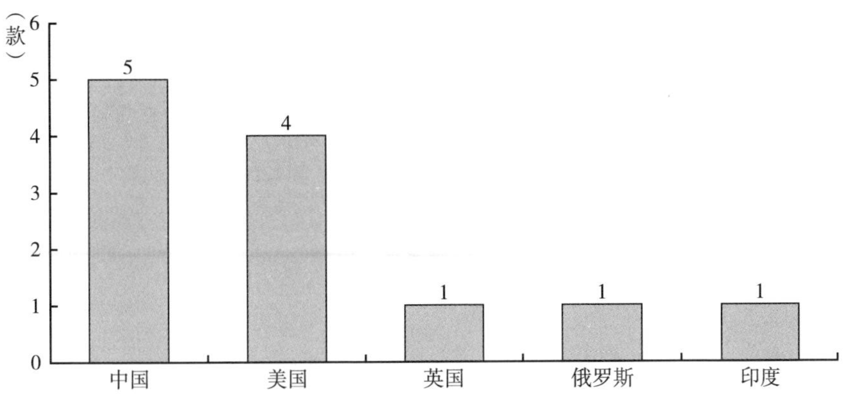

图5　已获批上市新冠疫苗数量及国家分布

资料来源：WHO。

（HHS）通过评估100多种研发阶段的疫苗，并从中先后选出强生、赛诺菲、默沙东、Moderna、阿斯利康和Novavax六家获美国政府资助。英国政府为牛津大学和帝国理工学院的新冠疫苗研发项目提供总计8400万英镑的资助，以加速疫苗研发。主要新冠疫苗企业获资助情况如表3所示，金额从几百万美元到21亿美元不等，主要资助方来自流行病防范创新联盟（CEPI）、全球疫苗免疫联盟（GAVI）①、美国生物医学高级研究与开发局（BARDA）、美琳达·盖茨基金会、美国国防部等。

表3　主要疫苗企业获资助情况

企　业	金　额	具体协议情况
Moderna	9.55亿美元	美国生物医学高级研究与开发局(BARDA)资助
辉瑞*/BioNtech	19.5亿美元	美国政府以19.5亿美元达成6亿剂协议,与英国达成3000万剂协议

① CEPI和GAVI均是疫苗研发与交付领域的多边合作平台，致力于将有效的疫苗部署到无力承担采购成本的中低收入国家。前者专注于研发针对传染性疾病的新型疫苗，后者基于有效性和量产能力来发掘应对传染病的最佳候选疫苗，并通过其资源加速疫苗的后续研发和生产环节。

续表

企　业	金　额	具体协议情况
阿斯利康** ***/牛津大学	19.5 亿美元	美国 BARDA 资助 12 亿美元，CEPI 和 GAVI 达成 7.5 亿美元订单。与印度 IIS、欧洲 IVA、巴西、日本、阿根廷、墨西哥等签署 AZD1222 采购协议
强生	10 亿美元	美国 BARDA 与美国国防部合作共同资助。与美国政府签署 10 亿美元供应协议，将在美国国内大规模生产和使用 1 亿剂
赛诺菲/GSK	21 亿美元	美国政府投资，一半以上用于临床试验，其余用于扩大生产规模。向美国交付 1 亿剂疫苗，美国政府有权获取 5 亿剂的长期供应
Novavax	19.84 亿美元	CEPI 资助 3.84 亿美元，美国政府投资 16 亿美元。美国政府拥有预期生产 1 亿剂的新冠疫苗
Inovio	8290 万美元	美琳达·盖茨基金会资助 500 万美元，CEPI 补助 690 万美元，美国国防部资助 7100 万美元开发疫苗接种装置
印度血清研究所	1.5 亿美元	美琳达·盖茨基金会资助，印度血清研究所生产，牛津大学和 Novavax 研发并授权的两种候选疫苗，1.5 亿美元为前期资本，帮助提高新冠疫苗生产能力
沃森生物	100 万美元	美琳达·盖茨基金会资助
三叶草生物	6950 万美元	CEPI 资助
CureVac	830 万美元	CEPI 资助
昆士兰大学	1060 万美元	CEPI 资助
SK 生物	2.1 亿美元	CEPI 资助。资金用于“GBP510”的跨国三期临床试验、相关审批、建设生产线、购买原材料和研究变异株等

注：* https：//s21.q4cdn.com/317678438/files/doc_financials/2021/q2/Q2 - 2021 - PFE - Earnings - Release.pdf。

** https：//www.astrazeneca.com/content/dam/az/PDF/2021/h1 - 2021/H1_2021_results_presentation.pdf。

*** https：//www.astrazeneca.com/investor - relations/annual - reports/annual - report - 2020.html。

资料来源：CEPI、各公司官网、政府官网。

（二）不同技术路线的竞争

全球新冠疫苗采取多技术路径（vaccine platform）研发策略。以灭活疫

苗、核酸疫苗、腺病毒载体疫苗、重组蛋白疫苗、减毒流感病毒载体疫苗五条研发技术路径为主。多种技术路线在此次新冠疫苗研发中得到有效运用，不同疫苗通过不同机理和方法对病毒进行阻断（见表4）。其中灭活病毒传统技术路线最为成熟，核酸疫苗是进入临床阶段数量最多的疫苗，减毒流感病毒载体疫苗研发过程最为漫长。mRNA 疫苗的 LNP 递送平台、重组蛋白疫苗的新型佐剂等都是首次取得大规模应用。

表4　新冠疫苗五种技术路线比较

分　类	作用机制	优　点	缺　点
重组蛋白疫苗	通过基因工程方法在体外制备病毒S蛋白，刺激人体产生抗体	安全、高效、可规模化生产	制备疫苗需要对表达系统进行慎重选择
腺病毒载体疫苗	将S蛋白基因装入改造后无害的腺病毒，送入人体，在体内产生S蛋白，刺激人体产生抗体	安全、高效、引发的不良反应少	有效性可能不足，需要考虑如何克服"预存免疫"
核酸疫苗	将编码S蛋白的基因直接注入体内，利用人体细胞产生S蛋白，刺激人体产生抗体	研制时不需要合成蛋白质活病毒，流程简单，安全性相对较高	无成功先例，多数国家无法大规模生产，可能因价格较贵而难以普及到低收入国家
灭活疫苗	体外培养病毒，用杀灭的病毒刺激人体产生抗体	制备方法简单快速，安全性较高	接种剂量大、免疫期短、免疫途径单一，或有抗体依赖增强效应（ADE），制备过程控制严
减毒流感病毒载体疫苗	利用减毒流感病毒作为载体，携带S蛋白，共同刺激人体产生针对两种病毒的抗体	一苗防两病，接种次数少，接种方式简单	研发过程漫长

资料来源：Vaccine Knowledge Project。

从全球获批的12款疫苗技术路线来看，包括4款灭活疫苗，分别来自中国生物、科兴中维、康泰生物和印度 Bharat；2款重组蛋白疫苗，分别由美国 Novavax 和我国智飞生物开发；4 款腺病毒载体疫苗，分别由中国康希诺、美国强生、英国阿斯利康/牛津和俄罗斯 Gamaleya 开发；2 款核酸疫苗，分别由美国 Moderna 和美国辉瑞/BioNTech 开发，中国的复星医药也参与了后者在大中华区的开发。从各国技术路线覆盖情况看，英国、俄罗斯和印度只选择了其中一种，美国覆盖了 mRNA 和腺病毒载体两种，中国覆盖了其中三种。在此次全球疫苗获批国家中未看到日本、法国等医药产业发达国家，许多生物医药强国因为只选择了一两种技术路线，在前期疫苗研发失利后目前还没有疫苗上市。

从几种技术路线的产能看，灭活疫苗、腺病毒载体疫苗和 mRNA 疫苗当前产量最大。重组蛋白疫苗临床试验数量最多，为 37 款，其次是核酸疫苗（包含 DNA 和 RNA）有 28 款，腺病毒载体疫苗（包含非复制和复制）和灭活疫苗分别为 19 款和 16 款，其余技术路径合计 10 款（见图 6）。

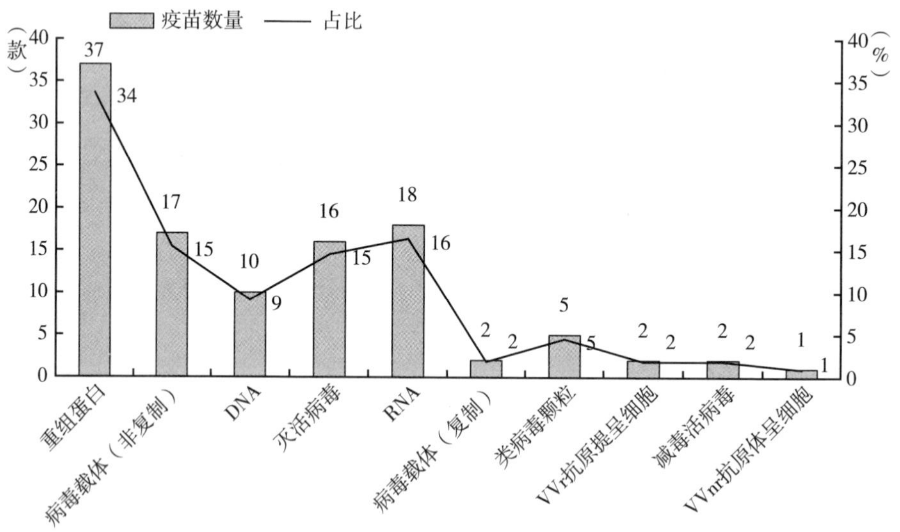

图 6　五种技术路线新冠疫苗数量及占比（截至 2021 年 8 月 16 日）

资料来源：笔者根据 COVID－19 vaccine tracker and landscape 进行整理。https：//www. who. int/publications/m/item/draft－landscape－of－covid－19－candidate－vaccines/，最后访问时间：2021 年 8 月 16 日。

（三）产业链和产业体系的竞争

疫苗产业链分为三个环节，包括上游原材料、中游研发生产及批签发流通、下游终端采购和使用。新冠肺炎疫情加速了整个供应链的断裂，巨量的需求让疫苗用玻璃瓶、瓶塞、药剂、包材等上游，以及疫苗分销、冷链、运输等下游均面临严峻考验。根据 Cytiva2021[①] 一项生物制药行业调查结果，从全球情况来看，新冠疫苗产业链上的关键挑战在于“疫苗研发生产厂商数量有限”“疫苗温度监控困难”“疫苗接种成本缺乏财政支持”等。

上游包括培养基、化学试剂、药品包装等。培养基主要包括无血清细胞培养基、合成细胞培养基、天然细胞培养基等。全球主要供应商包括 Lonza、Thermo Fisher Scientific、Merck Danaher、Fujifilm、GE Healthcare 等。我国疫苗培养基以国外供应商为主，进口厂商占比 90%。双林生物是我国为数不多的细胞培养基国产品牌之一。化学试剂类包括各类佐剂、循环系统药物、抗寄生虫病制药、抗微生物制药等，主要国外供应商有 GSK、强生、AstraZeneca、Roche 等。疫苗佐剂可以增强疫苗的持久免疫反应，对于疫苗保护起到事半功倍的效力，我国灭活疫苗用的明矾是一种较为传统的佐剂，各大疫苗厂商新型佐剂研发生产情况见表 5。其中，我国三叶草生物重组蛋白疫苗研发中采用了 GSK/Dynavax 的新型佐剂。药品包装包括顶罐封注射器、疫苗玻璃瓶、包装盒等，主要国外供应商有德国肖特、美国康宁和日本 NEG 等。这三家企业的中硼硅玻璃管市场份额占全球的 90%，我国虽然具备药用玻璃瓶生产的产业基础，但能提供给新冠疫苗的中硼硅玻璃瓶[②]的产能还停留在几千万支级别。疫苗普遍投产以来，肖特公司迅速扩大了其全球 10 多个工厂的中硼硅玻璃瓶产能，包括我国苏州和浙江缙云的两个工厂。

---

① 《全球生物制药弹性指数报告》，https：//www. cytivalifesciences. com. cn/zh/cn/about - us/global - biopharma - resilience - index。

② 目前全球药用玻璃瓶按硼含量分三类：普通口服液和保健品的低硼硅玻璃瓶、疫苗和血液制剂等高端药品国际标准为中硼硅玻璃瓶、实验室玻璃仪器使用的高硼硅玻璃瓶。

表 5　新冠疫苗中限制使用或处于临床试验中的疫苗佐剂

佐剂	疫苗	制造商	使用方式
明矾	灭活疫苗	国药、科兴	批准在某些国家有限或紧急使用
Matrix-M	重组蛋白疫苗 *	Novavax	Ⅲ期
AS03	重组蛋白疫苗 **	GSK、赛诺菲	Ⅰ/Ⅱ期，Ⅲ期
CpG 1018	重组蛋白疫苗 ***	Dynavax	Ⅰ/Ⅱ期
TLR9 配体	灭活疫苗	Bharath	Ⅲ期

注：* 重组 SARS-CoV-2S 蛋白疫苗。

** 重组 SARS-CoV-2 S 蛋白作为可溶性蛋白或病毒样颗粒。

*** 病毒样颗粒重组 SARS-CoV-2 S 蛋白。

资料来源：https：//www. nature. com/articles/s41573 －021 －00163 －y。

中游包括疫苗研发、生产、批签发、流通环节。新冠疫苗研发、生产环节中，我国具有综合领先优势。我国现有 13 家企业和 18 条新冠疫苗生产线，其中 7 家获批临床试验。目前全球产能排在前五位的疫苗厂商分别是中国生物、阿斯利康/牛津、科兴中维、辉瑞/BioNTech、俄罗斯 Gamaleya，中国占到两家，自主研发攻关和产能优势突出。然而应清楚看到，无论是研发技术基础还是生产工艺，美欧各大医药巨头在新冠疫苗研制上处于领先地位。辉瑞、BioNTech、强生、Moderna、Novavaca、印度血清研究所、默沙东、阿斯利康、赛诺菲和 GSK 公司拥有疫苗原始创新研发技术和巨大产能。欧美企业在跨国研发合作上走在最前列，对于疫情突变风险增大情况下，快速研制成功上市疫苗有很强的竞争力。与此同时，欧美等国陆续在全球范围积极布局产线，为提升疫苗产能及生产柔性进行充分准备。

下游包括冷链运输、个人消费者、基层卫生服务中心、各级医院等。疫苗运输需要冷链物流体系和对全过程的监测，储运设施、设备要求严格。2020 年，我国医药冷链市场规模 4000 亿元，医药冷库面积和冷藏车增长迅速。新基建深度融合背景下机器人、无人仓等“无人接触”冷链物流模式大量应用，设施网络体系建设效果明显。不同疫苗技术路线对冷链运输的温湿度要求有所不同。如灭活疫苗相较核酸疫苗的零下 20 ~ 70℃ 超低温运输

条件上有明显优势。但随着美国辉瑞最新研发的针对德尔塔病毒的新疫苗的运输温度可以达到零上2℃，大大缓解了其冷链物流瓶颈。此外，在疫情检测、防护、消杀等防疫检疫物资需求刺激和产业政策的引导下，短期内产能迅速提升。国内疫苗产业链主要企业如表6所示。

表6 国内疫苗产业链主要企业

产业链位置	主要企业
上游	东富龙、威尔药业、正川股份、阿科力、海顺新材、泰林生物、楚天科技、蓝晓科技、双林生物
中游	中生集团、科兴中维、康希诺、智飞生物、沃森生物、复星医药、康泰医药、华兰生物
下游	英特、长虹美菱、澳柯玛、海尔生物、微光股份

可以看出，我国已经基本形成了较为完善和掌控能力较强的新冠疫苗自主研发产业链和产业体系。然而在中硼硅玻璃瓶、培养基、新型佐剂及疫苗高端研制设备上，由于技术能力不足存在不同程度的短缺风险。

（四）产能和市场规模的竞争

在新冠疫苗生产上，各国企业表现出极高的生产率。按照上市公司披露的产能情况看，2021年和2022年全球产能分别能够达到约160亿剂和约240亿剂。其中辉瑞/BioNTech、阿斯利康/牛津和国药中生2021年计划产能约30亿剂。2021年，欧美国家疫苗总产能预计超过90亿剂，俄罗斯15亿剂，印度12亿剂，三者累计约120亿剂，我国新冠疫苗在2021年总产能预计超过50亿剂，在全球处于主要地位（见图7）。以中国生物为例，截至2021年8月16日，国药中生新冠疫苗全球生产供应16亿剂，为全球唯一在3条技术路线上研发4款的企业。国药中生产能建设与研发进度同步，从获批临床到获批WHO紧急使用认证，疫苗产能也从最初2亿剂提高到目前50亿剂（2022年）。鉴于疫情病毒变异和疫苗分配公平有效的不确定性，全球疫苗供需缺口尚不确定，但随着全球对疫苗需求的增加，全球疫苗产能仍有进一步增加的趋势。

综上，对中国、美国、欧洲、印度、俄罗斯新冠疫苗研发速度、技术路

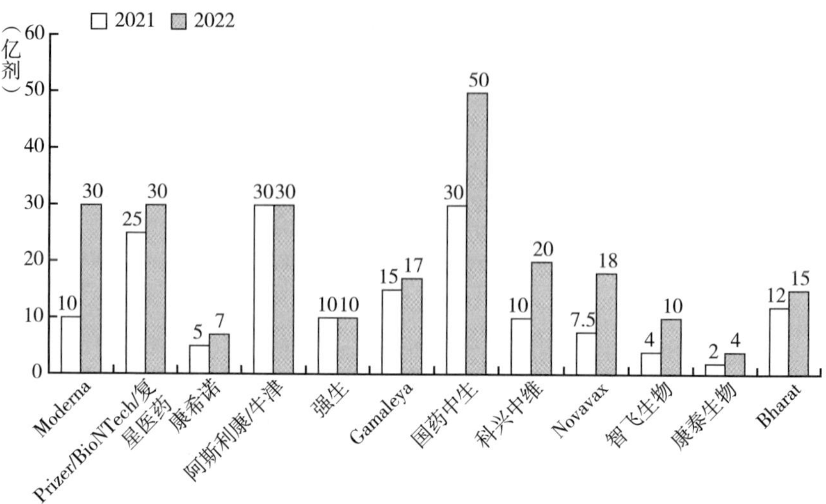

图7　各疫苗厂商 2021 年和 2022 年预计产能

资料来源：公司官网，Republic World，Business Today，DNAINDIA，笔者根据下列文献整理。

AstraZeneca，"AZD1222 Vaccine Met Primary Efficacy Endpoint in Preventing COVID－19，" https：//www. astrazeneca. com/media－centre/press－releases/2020/azd1222hlr. html，访问时间：2021 年 7 月 25 日。

Jared S. Hopkins，"Pfizer Lifts Covid－19 Vaccine Production Targets for 2021，2022"，Wall Street Journalist，May 7th，2021.

Roxanne Liu and Ryan Woo，"Sinopharm's Wuhan Affiliate Boosts COVID－19 Shot Annual Capacity to 1 Bln Doses"，Reuters，June 1，2021.

线、产业链及产业体系、产能及市场占有率、龙头企业竞争力基本格局归纳如表 7 所示。

表7　中、美、欧、印、俄新冠疫苗竞争力基本格局

地区	研发速度	技术路线	产业链和产业体系	产能和市场占有率	龙头企业（产能）
中国	获批 5 款 临床 20 款	覆盖 4 条技术路线；灭活疫苗全球规模第一；腺病毒载体疫苗和重组蛋白疫苗有一定竞争力；核酸疫苗与欧美差距大	全产业链布局，产能设施建设和自主研发攻关优势突出；上游硼硅玻璃瓶、培养基、新型佐剂及疫苗高端研制设备等自主研发能力弱	年产约 50 亿剂。成本、安全性、运输优势；国内外市场需求潜力巨大；主要出口发展中国家	国药中生（30 亿剂） 科兴中维（10 亿剂） 智飞生物（4 亿剂） 康希诺（5 亿剂） 康泰生物（2 亿剂）

续表

地区	研发速度	技术路线	产业链和产业体系	产能和市场占有率	龙头企业(产能)
美国	获批4款 临床30款	覆盖3条技术路线;核酸疫苗竞争力极强;腺病毒载体疫苗和重组蛋白疫苗有很强的竞争力	全产业链布局,前沿生物研发技术优势突出;冷链运输瓶颈有望突破	年产约60亿剂。满足国内需求后,主要出口发达国家;国际市场占有率高	辉瑞(25亿剂) Moderna(10亿剂) 强生(10亿剂) Novavax(7.5亿剂)
欧洲	获批1款 临床25款*	覆盖1条技术路线;英国腺病毒载体疫苗领先优势明显	研发能力强;产能较弱,全球寻找CMO;化学试剂、培养基等供应商竞争力强	主要满足欧盟内部需求,国际市场占有率较高	阿斯利康(30亿剂)
印度	获批1款 临床6款	覆盖1条技术路线;灭活疫苗有一定竞争力	全球最大疫苗产能国;仿制生产能力强;研发能力较弱	成本优势;国内市场需求大,出口限制较大	Bharat(12亿剂)
俄罗斯	获批1款 临床2款	覆盖1条技术路线;腺病毒载体疫苗有一定竞争力	自主研发生产能力强	满足国内市场需求为主;具备产能优势	Gamaleya(15亿剂)

注:* 英国9款、德国6款、法国4款、意大利2款、荷兰2款、奥地利1款、比利时1款。

三　我国新冠疫苗研发情况与未来挑战

面对新冠肺炎疫情，我国是世界上为数不多的实现新冠疫苗自主研发的国家之一。我国新冠疫苗研发是充分运用新型举国体制，组织各方力量共同攻关解决国家重大需求的典型案例。从启动到获批，无论是新冠疫苗的数量、品种，还是研发速度我国都展现出超强竞争力。

（一）我国参与新冠疫苗全球竞争的成效

1. 全饱和式研发技术路线

疫情发生初期，科技部对WHO公布的五条技术路线进行了全面布局。

每条技术路线布局 1 ~3 个研发团队，正是这种全饱和式的底线思维研发战略才得以使我国自主研发疫苗成功上市。我国新冠疫苗研发处于全球领先地位，多种疫苗技术路线的研发都取得了巨大成功。全球获批的 12 款新冠疫苗主要分为四种不同技术路线。中国有 5 款，覆盖了其中三种技术路线（灭活疫苗、腺病毒载体疫苗、mRNA）。除了现有已获批的技术路线外，其他 19 款已进入临床试验阶段，覆盖了四种技术路线。包括重组蛋白 7 款、灭活病毒 5 款、病毒载体 4 款、核酸疫苗 3 款（见表 8）。

表 8　我国进入临床试验阶段的新冠疫苗

技术路线	开发机构	临床阶段	接种剂次(剂)
重组蛋白	安徽智飞生物/中国科学院微生物研究所	Ⅲ	2 ~3
重组蛋白	三叶草生物制药公司/GSK(英)/Dynavax(美)	Ⅱ/Ⅲ	2
重组蛋白	华西医院/四川大学	Ⅲ	2
重组蛋白	江苏瑞科生物科技有限公司	Ⅰ	2
重组蛋白	广东疾病预防控制中心/高州市疾病预防控制中心	Ⅱ	2
重组蛋白	中国国家疫苗血清研究所	Ⅰ/Ⅱ	2
重组蛋白	上海泽润生物科技/沃森生物科技/CEPI	Ⅰ	2
灭活	科兴生物	Ⅳ	2
灭活	国药北京所	Ⅳ	2
灭活	国药武汉所	Ⅲ	2
灭活	中国医学科学院医学生物学研究所	Ⅲ	2
灭活	深圳市康泰生物制品有限公司	Ⅲ	2
病毒载体(非复制)	康希诺/北京生物研究所	Ⅳ	1
病毒载体	香港大学/厦门大学/北京万泰生物制药	Ⅱ	2
病毒载体	深圳基因免疫医学研究所	Ⅰ	3
病毒载体(非复制)	深圳基因免疫医学研究所	Ⅰ/Ⅱ	1
mRNA	军事科学院/沃森生物/苏州艾博生物	Ⅲ	2
DNA	Inovio/国际疫苗研究所/艾棣维欣(苏州)生物制药有限公司	Ⅱ/Ⅲ	2
RNA	上海东方医院/斯微生物	Ⅰ	2

注：截至 2021 年 8 月 16 日。

资料来源：WHO。

2. 政产学研合作加速疫苗研发进程

习近平在考察新冠肺炎防控科研攻关工作时指出，“要推进疫苗研发和产业化链条有机衔接，加快建立以企业为主体，产学研相结合的疫苗研发和产业化体系”。新冠疫苗研发中，我国政府率先启动了包括疫苗研发在内的科研应急攻关项目，科研院所、企业、高校、医院、军队研发组织各方面作出迅速响应和开展有序并行的合作开发。在应急研发的产学研合作中，得益于新型举国体制制度优势，我国迅速整合多家科研平台，利用多学科平台提供技术支持，以并行工程替代串行工程，在疫苗临床试验阶段超前布局和扩大产能建设。成功案例包括：军事医学院陈薇院士团队与康希诺共同成功开发腺病毒载体新冠疫苗（Ⅳ期临床）、中国科学院与智飞生物共同开发重组蛋白疫苗（Ⅲ期临床）、军事科学院与沃森生物和艾博共同研发的 mRNA 疫苗（Ⅲ期临床）、广东疾病预防控制中心与高州疾病预防控制中心合作的重组蛋白疫苗（Ⅱ期临床）、上海东方医院和斯微生物合作研发的 RNA 疫苗（Ⅰ期临床）、香港大学/厦门大学与万泰生物合作研发的病毒载体疫苗（Ⅱ期临床）。其中国际产学研合作研发的案例包括三叶草生物/GSK/Dynavax 合作的重组蛋白疫苗（Ⅱ/Ⅲ期临床）、艾棣维欣/Inovio/国际疫苗研究所合作研发的 DNA 疫苗（Ⅱ/Ⅲ期临床）等。

3. 新冠疫苗国际合作成效显著

疫情发生以来，习近平多次在国际场合积极推进疫苗国际合作进程，并主张让疫苗成为全球公共产品。2021 年 8 月 5 日习主席在新冠疫苗合作国际论坛上表示 2021 年中国将努力向全球提供 20 亿剂疫苗。截至 2021 年 7 月，我国对外捐赠疫苗超 2600 万剂①。其中向南美洲国家出口近 2. 8 亿剂，捐赠 100 万剂，向非洲 31 个国家捐赠了疫苗，同时还向埃及等发展中国家提供生产线。截至 7 月，国药中生和科兴中维向 COVAX② 提供 1. 1 亿剂疫苗③。

① “China COVID – 19 Vaccine Tracker”, Bridge Consulting, May 24, 2021.

② 新冠疫苗实施计划（COVAX），由全球疫苗免疫联盟、世界卫生组织、流行病预防创新联盟共同提出并牵头进行，计划在 2021 年底前向全球提供 20 亿剂新冠疫苗，供应给“自费经济体”和“受资助经济体”。

③ https://www.fmprc.gov.cn/web/wjb_673085/zzjg_673183/gjs_673893/gjzz_673897/lhgyffz_673913/fyrth_673921/t1876269.shtml.

另外，中国新冠疫苗在各个国家或地区尤其是发展中国家获批紧急使用，根据海关总署数据，截至7月底我国出口新冠疫苗和原液超10亿剂，人用疫苗出口货值483.8亿元（见图8）。

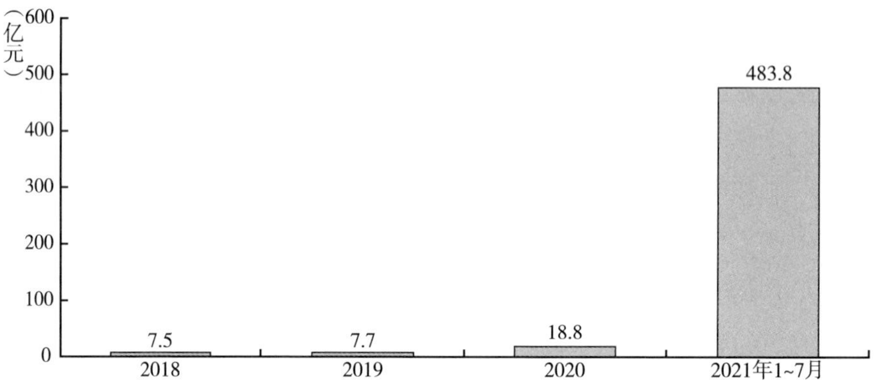

图8　2018年至2021年1~7月我国人用疫苗出口货值

注：2021年人用疫苗出口产值主要由新冠疫苗贡献。

资料来源：中国海关总署。

我国新冠疫苗主要向发展中国家出口，2021年1~7月我国新冠疫苗前五大出口国为印度尼西亚、土耳其、巴西、墨西哥和巴基斯坦，出口占比分别为12.4%、6.8%、6.8%、6.4%和5.9%（见图9）。以国药中生为例，

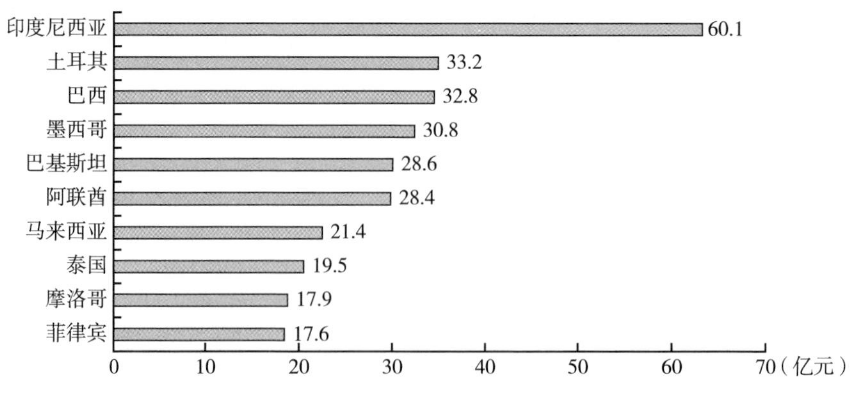

图9　2021年1~7月我国人用疫苗前十国家出口货值

资料来源：中国海关总署。

新冠疫苗产品已在9个国家注册上市，103个国家和地区及国际组织批准紧急使用或市场准入，接种人群覆盖196个国家和地区；在阿联酋、塞尔维亚、摩洛哥、孟加拉国等国家的新冠疫苗分装和建设基地也在陆续投产。

（二）未来趋势与挑战

1. 加强免疫与疫苗更新升级势在必行

目前，新冠病毒德尔塔变异株已蔓延全球130多个国家和地区。Nature调研近九成科学家认为新冠病毒会从大流行转为局部流行。为了应对德尔塔毒株及后续可能的变异毒株，进行加强针接种和针对变异株研发疫苗成为必要。疫苗接种时间越长，保护效力越低。变异毒株、抗体衰减、流感季等因素都有可能加大防控难度。加强免疫和序贯免疫在各国有序开展。英国、以色列、德国等欧洲地区已经明确启动加强针。美国也表示从2021年9月开始第三针加强免疫（见表9）。

表9　部分国家加强针计划

国　家	加强针规划
德　国	从2021年9月1日起，给完全接种mRNA的易感人群接种加强针
以色列	从2021年8月1日起，60岁以上的老人接种加强针
英　国	从2021年9月6日起，将开始向50岁以上年龄组、脆弱群体、NHS医护人员、养老院工作人员等3200万人提供第三剂加强针
美　国	FDA预计2021年9月20日开始提供加强针，对已完成第二针新冠疫苗接种8个月后的成年人提供一次加强针注射

资料来源：笔者整理，https：//www. cdc. gov/media/releases/2021/s0818 - covid - 19 - booster - shots. html。

随着加强免疫试验结果出炉，中国也将对完成基础免疫的人口开展大规模加强免疫计划。与此同时，全球企业纷纷利用技术平台布局Beta、Gamma、Delta等变异毒株的研发（见表10）。比较来看，我国企业基本处在临床前阶段，而美国和英国企业走在临床研究前列。展望未来，加强疫苗或成常态，针对变异株研发疫苗成为必要，mRNA、病毒载体、新型佐剂等都将成为我国疫苗企业赶超国际水平的新技术领域。

表 10　全球变异毒株疫苗研发进展（不完全统计）

公　司	技术路径与变异株	临床进度
国药中生	灭活（Beta 株、Delta 株）、重组蛋白、mRNA	临床前
科兴中维	灭活（Gamma 株、Delta 株）	临床前
智飞生物	双价重组亚单位、mRNA、黑猩猩腺病毒载体	临床前
康泰生物	多价灭活、mRNA	临床前
康希诺	腺病毒载体、mRNA	临床前
沃森生物	重组 S-trimer 蛋白、mRNA	临床前
三叶草生物	重组蛋白（Beta 株）	临床前
BioNTech	mRNA（Delta 株）	2021 年 8 月启动
Moderna	mRNA（Beta 株） mRNA（双价 Beta 株与野生株）、mRNA（Delta 株、双价 Delta 株与野生株）	临床Ⅱ期 临床Ⅱ期 临床前
阿斯利康	黑猩猩腺病毒载体（Beta 株）	临床Ⅱ/Ⅲ期
Novavax	单价/双价重组蛋白	临床前
CureVac/GSK	mRNA	临床前
Janssen	腺病毒载体	临床前

资料来源：各公司官网，Blooming。

2. 加速疫苗国际化深度参与

据估算①，全球各地区达到群体免疫所需疫苗剂量为：北美地区 8.9 亿剂，欧洲 12.1 亿剂，亚洲 61.5 亿剂，南美洲 7.0 亿剂，非洲 20.7 亿剂，大洋洲 0.7 亿剂，合计 110.9 亿剂。然而考虑到病毒变异、加强针各国逐步启动、疫苗分配失衡和部分国家奉行“疫苗民族主义”等不确定性因素，疫苗需求数量远远不止这些。高收入国家通过提前订单采购为本国锁定大量疫苗，预计快速实现群体接种和大规模加强免疫。中国与印度作为超 10 亿人口大国，执行自主研发、生产与接种的本土化策略。其他中等收入和中低收入国家约占 40 亿人口，对疫苗进口需求量巨大，国际卫生政策组织预测

① 计算方法如下：达到群体免疫需要（$1-1/R_0$）$=68.25\%$（选用武汉在 1 月 23 日启动应急响应之前的 $R_0=3.15$），考虑疫苗有效性及每个药企的生产能力占比 × 临床有效性 = 84.65%，达到群体免疫需要人群达到的接种疫苗百分比：（$1-1/R_0$）/有效性 = 80.6%，忽略供应及重复接种问题，平均每人大约需要接种 2 剂，得到各地区达到群体免疫所需的新冠疫苗剂量（参考 LeadLeo 研究院编辑整理）。

至少到2023年中低收入国家才能实现实质性保护。

随着中国与高收入地区加速接种，新冠疫苗供求关系将趋于均衡，此时中国疫苗与mRNA疫苗将进一步深度参与国际市场。中国疫苗相较于mRNA疫苗具备价格优势和运输优势，相较于病毒载体疫苗具备安全性优势。未来在病毒载体、重组蛋白疫苗即将全面开花的同时也应看到，进入欧美市场并不是国际化的唯一标准，临床设计坚实、数据完整可靠为中国疫苗企业国际化竞争提供有利因素。例如康希诺在新冠疫苗的研发中完成了独立数据检测委员会（IDMC）下的国际多中心Ⅲ期临床试验，实现了国际化过程中的重要一环。

四 启示及对策

新冠疫苗成功研发对于全球疫情防控和经济复苏具有重要意义，同时巨大的市场空间也为企业带来了经济效益，也为我国整个疫苗产业的发展提供了机遇。我国新冠疫苗研发取得阶段性胜利的同时也看到了我国疫苗产业还存在明显的短板。基于上述分析，对优化我国疫苗产业链体系和维护产业链安全提出以下几方面思路。

（一）加强基础研究和技术能力储备

我国部分疫苗研发技术路线与世界领先水平还存在显著差距，国内疫苗领域的学术研究并不输于国外，甚至超前，但疫苗工艺与国际水平有很大差距。德国BioNTech在疫情之前的商业目标是开发针对癌症的mRNA疫苗，在核酸疫苗开发上已经做了大量技术储备，包括核酸序列设计、大规模RNA分子生产以及RNA分子包装等，这些技术在开发新冠疫苗的第一时间得到了应用。Moderna公司也早在2017年就已经介入MERS核酸疫苗的开发。再如强生、阿斯利康和Gamaleya三家机构之所以选择腺病毒载体技术路线是因为在新冠肺炎疫情之前，它们已经利用该技术开发了埃博拉疫苗、流感疫苗、寨卡病毒疫苗等。疫情压力之下，各国、各研究机构和医药公司都在充分挖掘病毒科学、疫苗开发方面的能力积累。因此，我国有必要从国家战略需求出发，确定生物技术和生命健康等领域科技创新方向和重点。充分发挥新型举国体制优势，从国家层面落实和提高生物安全、基因治疗、疫苗研发等生命健康领域的科技创新能力。持续推进高水平研发平台建设，在生命科学与生物技术基础前沿及新兴交叉学科，依托科研院所、高等院校和科技企业加强布局新型研发机构建设，培养培育生物医学领域国家人才预备队。支持开展以自由探索为主的基础研究，加大前瞻性研究和颠覆性创新支持。

（二）以新冠疫苗研发为契机培育优秀头部企业

中国新冠疫苗是一个里程碑式的产品，其间积累的研发、临床和商业化经验将帮助一批优秀中国本土企业迅速成长起来。在新冠疫苗研发中，以国药中生、科兴中维、康希诺、智飞生物、康泰生物、沃森生物/艾博生物为代表的一批中国疫苗企业飞速成长。疫情之前的中国疫苗以传统路线为主，在新冠肺炎疫情下，除了有国产灭活疫苗、腺病毒载体疫苗和重组蛋白疫苗的大规模投入使用，不久将来还会有国产核酸疫苗的诞生。在新技术领域，中国疫苗企业与欧美药企差距缩小的同时，国产疫苗较国际主流仍有较大提升空间。相比海外 mRNA 研发企业中的 BioNTech 和 Moderna 主要布局原始创新疫苗，中国疫苗仍有巨大升级替换空间。BioNTech 和 Moderna 在新冠肺炎疫情之前都是小公司，2019 年两家公司估值分别只有 50 亿美元和 68 亿美元，2021 年估值已达到 460 亿美元和 630 亿美元，拥有核心技术的疫苗企业在疫情大流行时期迎来了前所未有的发展契机。《中华人民共和国国民经济和社会发展第十四个五年规划和 2035 年远景目标纲要》提出的面向人民生命健康，要求瞄准生命健康前沿领域，实施一批具有前瞻性、战略性的国家重大科技项目，强调强化企业创新主体地位，鼓励企业加大研发投入，发挥龙头企业引领支撑作用。因此，应鼓励企业加大疫苗的研发投入，通过科技重大专项的实施，组织攻克原创新疫苗产业关键技术难点，促进开发针对各类变异病毒的疫苗，推动我国疫苗技术更新升级。未来中国是否能够诞生世界级的疫苗企业，新冠疫苗为中国疫苗行业提供了前所未有的发展契机。

（三）增强疫苗产业链的稳定性和竞争力

疫苗产业链相较于其他医药产业链，纵向一体化更加明显，研发生产过程往往集中在一地，容易进行管理控制，和其他生物制药市场一样，生产外包到其他地方情况较为少见。但此次新冠疫苗由于需求量巨大，各国积极进行海外产线布局。目前我国疫苗产业链上的高端研发及产业化所需关键仪器、设备、原材料等，仍然依赖西方尤其是美国。一旦国际形势发生重大变化，国产核心设备很可能无法完全替代。要求企业做到前瞻性布局，大力推动短板技术突破和首台套设备发展，打造一批掌握疫苗研发前沿技术的原材料生产企业和设备、仪器制造商，建立好疫苗产业生态系统。鼓励疫苗研发生产企业的国产替代，并从国家层面予以政策上的支持。重点推动疫苗制品培养基、新型佐剂等高附加值物料的国产化。此外，疫苗行业一直是被欧美等国医药行业巨头所垄断，国际市场主要受到监管标准的制约，我国疫苗要想走出国门，需要符合国际标准，需要做好监管流程和生产流程之间的切实有效衔接。

（四）加快评审审批，提高企业创新积极性

审批对疫苗创新十分关键，我国新医药管理法采取了一系列提升医药创新的举措，此次新冠疫苗研发表明，政府是能够迅速采取行动，提高部分监管审批效率的。新冠肺炎疫情压力下，各国药监部门不得不转变态度，给疫苗开发点亮许多绿灯。俄罗斯批准的一支腺病毒载体疫苗在 2020 年 8 月得到俄罗斯监管机构上市批准的时候仅仅完成了几十个人的小规模 Ⅰ/Ⅱ 期临床试验，还没有开始人体Ⅲ期临床试验。欧美在两款核酸疫苗的开发中，美国药监局破例允许两家公司在尚未完成动物试验时就开始人体临床试验。印度 Bharat 的灭活疫苗情况也类似。疫苗研发期间，各国政府使用更多的信息化工具加快特定的审批流程。特别是当风险较高时，可以更多依靠政策制定者。可以借鉴此次国内外新冠疫苗研发审批经验，持续进行制度创新，优化流程，不断提升评审审批效果，充分调动企业创新的积极性。

（五）加强疫苗研发生物安全领域国际合作

生命安全和生物安全是全人类面临的共同挑战，需要加强疫苗研发与生物安全国际合作。应该以全球公共产品视角看待新冠疫苗的研发、生产、配送、使用、有效性等问题。国际科技合作是此次加速新冠疫苗研发成功的有效途径。2020 年 1 月，新冠肺炎疫情发生初期，我国国家科技资源服务系统便向全球发布了我国第一株病毒基因序列权威信息，为新冠病毒研究和加速各国候选疫苗临床试验提供重要支撑。通过加强全球科技合作，建立诊断、治疗、数据研究及疫苗研发经验分享的开放平台，为构建人类命运共同体贡献集体智慧和力量。此外，在疫苗供应过程中需要建立合理的国际采购、支付、分配机制以及相应的法律保障。最后，在疫苗分配问题上，需要以公平、公正、平等原则为基础分享疫苗作为全球公共产品的最大化效益。需要强有力的国际合作保证疫苗供应和可能实现的最广泛覆盖。

参考文献

张新民：《从新冠病毒疫苗研发看我国战略科技力量建设》，《中国科学院院刊》2021 年第 36 期。

石博涵、郭朝先：《医药产业竞争力》，载《中国产业竞争力报告（2020）》，社会科学文献出版社，2020。

王秀芹：《谁在参与新冠疫苗研发“竞赛”——从参与主体特征到研发模式》，《中国科技论坛》2021 年第 2 期。

胡颖廉：《协同应对未知：国家疫苗产能储备制度构建探析》，《中国行政管理》2020 年第 5 期。

梅雷迪丝·瓦德曼：《疫苗竞赛：人类对抗疾病的代价》，罗爽译，译林出版社，2020。

王雪松、刘金源：《全球公共产品视角下新冠肺炎疫苗供给困境、中国路径与挑战对策》，《当代世界与社会主义》2021 年第 1 期。

区 域 篇

Regional Reports

B.12 京津冀产业链创新链竞争力

周 麟*

摘 要： 新发展阶段，提升产业链创新链竞争力已经成为推动京津冀协同发展更上一个台阶的重要环节。本报告旨在对当前京津冀三地产业链创新链发展存在的长板弱项、既有规划路径的重点以及人才、招商引资、行政管理与金融等支持政策的着力点进行精细化梳理，并以此为基础，围绕创新链产业链政策链关系梳理、区域产业分工优化、创新资源共建共享、重大需求对接、产业集聚集约水平提升以及一体化要素市场共筑等维度提出针对性政策建议。

关键词： 产业链 创新链 京津冀

* 周麟，中国社会科学院工业经济研究所助理研究员，主要研究方向为产业经济与城乡土地利用、城市与区域空间结构等。

一　培育产业链创新链竞争新优势规划情况

（一）北京产业链创新链规划情况

1. 发展长板与弱项

“十三五”期间，北京坚持以创新驱动发展为战略导向，着力构建高精尖经济结构，在产业链创新链发展及构建方面取得了显著成绩（见表1）。2020年，北京地区生产总值突破3.6万亿元，其中高精尖产业实现增加值9885.8亿元，占地区生产总值的比重达到27.4%，并已形成新一代信息技术、科技服务业两个万亿级产业集群以及智能装备、医药健康、节能环保、人工智能四个千亿级产业集群，产业链创新链体系也相对完备。同时，规模庞大且技术创新能力引领全国的各类科研院所，具有多年科研环境沉淀以及成熟的人才培养—产出体系，为北京在高精尖产业实现产业链创新链高质量发展奠定了坚实的基础，而良好的创新创业氛围、不可计数的龙头企业带动示范作用以及高层次人才的汇聚也为其提供了重要支撑与持续动力。

然而，作为大国首都，也是中国角逐全球产业制高点竞争的关键节点，北京在以高精尖产业为核心的产业链创新链塑造过程中也存在一些短板弱项（见表1）。这突出地体现在如下几个方面。一是在部分重点产业领域（如人工智能、集成电路、节能环保等），高精尖技术成果不能转化为行业应用的局面仍普遍存在。二是“卡脖子”问题仍较为严重，在高精尖上的一些关键环节仍受制于人。三是创新创业生态仍有待提升，部分企业，特别是一些初创企业缺乏与之匹配的产业生态环境与充足的发展空间。四是高精尖产业产业链创新链的区域引领与带动作用仍有待提升，特别是对于京津冀协同发展而言。

2. 产业链规划

“十三五”以来，北京有序疏解非首都功能，推动制造业产业转移，构建高精尖产业结构。2017年12月出台的《加快科技创新发展新一代信息技

表1　北京产业链创新链发展长板与弱项

优势产业	新一代信息技术、智能装备、科技服务、医药健康、节能环保、人工智能
行业领军企业	百度、北斗、联想、同仁堂、博奥生物、中芯国际、京东方科技、北汽、北京奔驰、福田汽车、小米科技、亿华通
发展优势	高精尖产业结构初步构建，并形成两个万亿级产业集群及四个千亿级产业集群，产业链创新链完备 拥有规模庞大且创新能力强的各类科研院所 良好的创新创业氛围、大量的龙头企业以及高层次人才的汇聚
发展短板	部分重点产业领域高精尖技术成果不能转化为行业应用的局面仍普遍存在 “卡脖子”问题仍较为严重，在高精尖上的一些关键环节仍受制于人 创新创业生态仍有待提升 高精尖产业产业链创新链的区域引领与带动作用仍有待提升

术等十个高精尖产业的指导意见》明确应聚焦“绿色、集约、智能”产业发展方式和“减重、减负、减量”的发展要求，选取新一代信息技术、集成电路、医药健康、新能源汽车、人工智能等十个产业作为重点发展的高精尖产业。2021年8月出台的《北京市“十四五”时期高精尖产业发展规划》则进一步提出应做大新一代信息技术和医药健康两个国际引领支柱产业，做强集成电路、智能网联汽车、智能制造与装备、绿色能源与节能环保四个特色优势“北京智造”产业，做优区块链与先进计算等四个创新链接的“北京服务”产业，加快布局一批未来产业，构建“2441”高精尖产业体系，打造高精尖产业2.0升级版。针对国际引领支柱产业和“北京智造”产业的产业链建设提出如下要求。

新一代信息技术产业链：重点强调人工智能、先进通信网络、超高清视频和新型显示、产业互联网、网络安全和信创、北斗、虚拟现实等领域产业链的完善和建设。支持“卡脖子”技术攻关，全面突破智能芯片、开源框架等核心技术，构建自主可控的产业链体系，发展人工智能与实体经济深度融合新业态；推进先进通信网络产品及关键部件研制与示范应用，加快5G技术的研发及产业化，前瞻布局6G（第六代移动通信技术）相关产业；以提升产业能级、联动发展为重点，推进关键原材料等上游产业的串联，形成高端驱动芯片等中游产业集群，并向智能终端和汽车互联网等下游产业贯通；以发展基于行业知识和自主技术的行业细分平台为重点，打造新平台型企业群体，构建多层次工业互联网平台体系；加快突破高性能操作系统、智能设计与仿真工具、工业大数据处理等工业软件及核心技术，发展自主安全芯片，突破国产 CPU 技术短板，开展工业控制芯片、汽车芯片等关键领域技术攻关；建设高水平、国际化、智能化的北斗产业创新基地，鼓励北斗与5G、物联网、地理信息、车路协同、无人系统等技术融合创新应用；做优做强“虚拟现实 +”产业，发展面向 5G 的云化终端与轻薄化光学终端器件、内容生产工具，强化虚拟现实与 5G、人工智能、超高清视频等新一代信息技术的深度融合。

医药健康产业链：发力创新药、新器械、新健康服务三大方向，在新型疫苗、下一代抗体药物、细胞和基因治疗、国产高端医疗设备方面构筑领先优势，推动医药制造与健康服务并行发展。针对创新药，推进多联多价疫苗和新型疫苗研发及产业化，布局应对突发性传染病的疫苗研发生产体系，建设抗体药物产业化平台，支持抗体药物新靶点和新适应证的产品开发，布局新兴抗体药物研制；就新器械而言，聚焦高值耗材、高端医疗影像设备、体外诊断、生命科学检测仪等领域培育一批国产标杆产品。

集成电路产业链：以领军企业为主体、以科研院所为支撑，建立国家级集成电路创新平台，支持新型存储器、CPU、高端图像传感器等重大战略领域基础前沿技术的研发和验证，形成完整知识产权体系；聚力突破量大面广的国产高性能 CPU、DSP 等通用芯片及 EDA 工具的研发和产业化，全面提升集成电路设计能力；坚持主体集中、区域集聚，围绕国家战略产品需求，支持北京经济技术开发区、顺义区建设先进特色工艺、微机电工艺和化合物半导体制造工艺等领域集成电路制造生产线；建设国内领先的装备、材料验证基地，打造世界领先的工艺装备平台企业和技术先进的光刻机核心部件及装备零部件产业集群，加快完善装备产业链条，提升成熟工艺产线成套化装备供给能力以及关键装备和零部件保障能力。

智能网联汽车产业链：培育完备的“网状生态”体系，持续扩大高端整车及配套零部件制造集群规模，支持上游汽车技术研发机构开展前端研发、设计，鼓励汽车性能测试、道路测试等安全运行测试及相关机构建设，建设世界级的智能网联汽车科技创新策源地和产业孵化基地；以北京经济技术开发区、顺义创新产业集群示范区、房山高端制造业基地等区域为重点，聚焦纯电动、氢燃料电池、智能网联等新兴技术领域，支持多品种、多技术路线并行发展；深入推动车路协同技术路线在京落地实践，探索车路功能最佳耦合，搭建并开放应用场景，完善智能网联汽车配套体系，加快核心零部件本地化配套，做强零部件供应链体系；丰富智能网联汽车应用场景，支持智能网联汽车研发验证，鼓励经过充分验证的智能网联汽车在政策先行区率先开展试运行及商业运营服务，通过示范加快新技术、新模式推广应用。

智能制造与装备产业链：以“优品智造”为主攻方向，全面增强装备的自主可控、软硬一体、智能制造、基础配套和服务增值能力，以装备的智能化、高端化带动北京制造业整体转型升级。智能机器人领域聚焦构建医疗健康机器人、特种机器人、协作机器人、自主移动机器人四大整机加关键零部件的“4+1”发展格局；自动化成套装备领域促进高端数控机床、传感与控制系统、检测与装配设备等自主研发与产业化；培育一批专业性强、行业特色鲜明、世界一流的系统解决方案供应商，打造覆盖产品全生命周期的智能制造集成服务体系；鼓励VR/AR智能头显、可穿戴设备、物联网产品等新型智能终端的原创设计与开发，促进产业链协作，支持企业从单一产品向多样化产品生态圈拓展；聚焦商业航天卫星网络、航空核心关键部件、无人机等领域，发挥央企主力军作用，激发民企创新活力；以列车通信和控制系统等核心部件领域为突破口，向高端整车及关键零配件制造、工程技术服务、运维管理等上下游产业链延伸。

绿色能源与节能环保产业链：以推动绿色低碳发展、加速实现碳中和为目标，以智慧能源为方向，以氢能全链条创新为突破，推进新能源技术装备产业化，打造绿色智慧能源产业集群。开展绿色氢能全场景示范应用，发展氢燃料电池发动机、电堆、高压加注成套设备等新材料和装备，统筹推进京津冀区域氢能供应、整车制造和应用示范，实现氢能制、储、运、加、用全产业链布局；发展智能化风电、光伏等新能源并网关键装备，推动大容量超级电容储能装备研制和产业化，建设能源互联网云平台、智慧能源数字孪生平台，实现能源智慧化管理；培育绿色制造系统解决方案，开展产品绿色设计与制造一体化、绿色关键工艺系统、先进适用环保装备系统、水资源优化系统等领域集成应用；鼓励节能环保服务由单一领域向工业源、移动源、生活源等多面源系统转变，鼓励服务商应用数字技术促进能效提升、清洁生产、节水治污、循环利用等智慧化，形成“监、治、控”全过程一体化智能管控。

3. 创新链规划

北京在创新链建设上成效显著，创新研发投入强度全国领先，全球高端人才汇聚优势突出，创业浪潮此起彼伏，科技金融业蓬勃发展，已初步形成示范引领创新的战略优势，并在近年来积极推动创新平台建立与创新政策出台。

北京“十四五”规划明确指出，加快推动科技服务业与创新链联动发展。推进科技创新投入机制市场化改革，培育一批科技成果转化服务机构、国际化技术转移机构，布局中关村朝阳园等国际创投机构集聚区，提升科技服务支撑能力。鼓励以企业为主体构建科技服务创新联盟，延展科技创新服务链，大力发展线上线下相融合的知识产权、法律咨询、技术评估等业态。实施高价值专利转化行动，建立大数据等产业知识产权联盟，发展全国技术交易市场和知识产权交易市场。加速国际高端科技服务要素集聚，鼓励跨国公司地区总部企业在京设立研发设计中心等高端功能性机构，支持国际知名孵化器等在京落地。支持高校、科研机构、企业设立离岸科技孵化基地、国际科技合作平台，推动全球开放共享孵化模式。

《北京市“十四五”时期高精尖产业发展规划》（以下简称《规划》）则强调坚持创新引领不动摇，着力发展引领技术创新、带动能力强劲的行业，加快培育掌握核心竞争力和重要知识产权的全球顶尖企业，主动布局国家重大战略项目和前沿技术，积极培育新业态新模式，努力在新一轮竞争中抢占先机。《规划》还指出建立创新攻关“揭榜挂帅”机制。鼓励揭榜企业开展技术攻关“赛马”，加快新技术新产品研制突破进程，支持在京创新主体主动承担揭榜攻关任务，对揭榜攻关成功的技术和产品，同等条件下优先支持和推广。强化产业链创新协作，紧抓重点产品的制造工艺关键技术与产品设计，促进终端设备和核心技术的协同创新，加强系统集成建设，建立上中下游分工的全链条协作模式。

《北京城市副中心（通州区）国民经济和社会发展第十四个五年规划和二〇三五年远景目标纲要》明确要求坚持创新驱动，积极争取和吸引一批国家级科技创新平台、产业创新中心、城市科技前沿技术创新中心等落地布局。同时，该纲要也对人才保障政策做了要求。例如，通过完善产业和人才融合机制以及拓宽人才引进渠道进而创新人才引进机制，通过搭建干事创业平台以及创新人才培养机制进而加强人才培养扶持，通过建立健全人才奖励机制、提升人才服务品质以及打造“类海外”环境进而优化人才激励保障。

（二）天津产业链创新链规划发展情况

1. 发展长板与弱项

作为中国的工业经济重镇，也是北方的先进制造业中心，天津坚持制造业立市，积极推动产业链供应链现代化水平提升，全力推进全国先进制造研发基地建设、工业高质量发展态势加快形成。2020 年天津工业战略性新兴产业增加值占规模以上工业总产值比重达到 26.1%，智能科技、人工智能、新能源等产业已经成为产业转型升级的引领者，并在部分产业链创新链建设上实现“并跑”“领跑”，例如，信息技术创新应用产业已经形成了涵盖芯片、系统、数据库、服务器的完整产业链，并成功突破高端 CPU 芯片、自主可控操作系统等关键核心技术，而国家级车联网先导区成功获批，信息安全、动力电池两个集群入选全国先进制造业集群。整体来看，天津的产业创新资源布局较为完善，国家自主创新示范区、新一代人工智能创新发展试验区建设加快推进，成规模成体系的工程技术研究中心、重点实验室、工程实验室、企业技术研究中心、产业技术创新联盟等市级以上研发机构运转良好。同时，天津产业链创新链服务软环境建设也取得一

定成效，例如，各类科技服务机构数量超过 2000 家，能够为科技型企业提供综合性、便捷化和定制化服务。“海河英才”计划从 2018 年 5 月开始实施至 2020 年底，累计引进人才超过 30 万人，战略性新兴产业人才占比超过 25%。

然而，一些显著存在的问题制约着天津产业链创新链发展水平的提升（见表 2）。一是产业发展的核心竞争力有待提升，“天津制造”“天津创造”在国际上的声音仍然较弱。二是水平高、影响大的研发机构不多，每条产业链上平均建有国家级工程技术研究中心、国家及部委级重点实验室等科研平台较少。三是在区域尺度上，产业链创新链的协同力度较弱，产业要素和创新要素缺乏区域间的高效流动，并且高水平的创新资源也很难实现区域集聚。四是产业园区的集约集聚水平仍然较低，2020 年，天津市国家级开发区平均综合容积率为 0.85，与全国国家级开发区平均水平（0.98）相比差距明显。同时，行政区划和“功能区”往往对工业的发展和空间布局有非常显著的影响，各区县和园区的产业发展门类通常会呈现结构趋同，并往往难以实现空间集聚。

表 2　天津产业链创新链发展长板与弱项

优势产业	信息技术应用创新、人工智能、新能源、航空航天、装备制造
行业领军企业	麒麟软件、神舟通用、飞腾、海光、天津一汽、康希诺、力神、津能、金发新材料、渤化集团、空客天津
发展优势	信息技术应用创新等部分战略性新兴产业在产业链创新链建设上实现“并跑”“领跑” 产业创新资源布局较为完善 产业链创新链服务软环境建设取得一定成效
发展短板	部分重点产业领域高精尖技术成果不能转化为行业应用的局面仍普遍存在 产业发展的核心竞争力有待提升，“天津制造”“天津创造”在国际上的声音仍然较弱 水平高、影响大的研发机构不多 产业链创新链的区域协同力度不足 产业园区集约集聚水平较低。各区县和园区的产业发展门类呈现结构趋同的趋势

2. 产业链规划

近年来，天津围绕产业链创新链发展进行了多项规划。例如，2020 年 5 月多部门联合制定产业链、供应链、资金链“接链”专项行动计划，2021 年 5 月接连印发《天津市制造强市建设三年行动计划（2021～2023 年）》和《天津市产业链高质量发展三年行动方案（2021～2023 年）》，明确天津将集中攻坚 10 条重点产业链。《天津市国民经济和社会发展第十四个五年规划和二〇三五年远景目标纲要》也对重点产业领域提出促进产业的空间布局优化、实现产业链上下游的协同发展以及构建现代化的工业产业体系等多个重要发展目标。整体来看，天津正在聚焦重点产业和关键领域，以产业链为抓手，夯实壮大信息技术应用创新、集成电路、车联网、生物医药、新能源、新材料、高端装备、汽车和新能源汽车、绿色石化、航空航天 10 条产业链，串联关键环节，补齐薄弱环节，强化优势环节，着力做大产业规模、做优产业布局、做高产业能级、做强产业竞争力。当前，10 条产业链的规划建设路径如下。

信息技术应用创新产业链：结合在操作系统和超算设备领域的明显优势，积极创建信创海河实验室，加强以操作系统、工业软件、数据库为代表的一系列“卡脖子”技术环节的创新突破，鼓励并培育一批具备掌握核心关键技术和较高工程化能力的龙头企业，积极引进一批处于产业链薄弱环节的重点企业，并打造具有天津特色的信息技术应用创新产业“天津品牌”。此外，天津还计划增强产品供给能力，提升产品覆盖率，在基础软件设计及研发、网络安全、终端智能设备、智能家居设备等子产业链深入打造细分产业集群。

集成电路产业链：发挥集成电路（IC）设计领域优势，夯实集成电路制造、计算机零部件及外围设备制造等领域基础，重点推动新一代 CPU、大规模集成电路晶圆生产线、先进封测生产线、第三代半导体材料等项目建设，引进和研制图形处理器、存储器、5G 技术芯片、刻蚀机等高端项目和产品。培育形成 5～7 家具有行业领先地位的龙头企业，引育若干关键核心企业，在国产 CPU、移动信息通信、工业控制、网络信息安全等若干细分

领域形成特色鲜明、具有一定技术含量并且相对优势突出的产业集群。

车联网产业链：依托天津（西青）国家级车联网先导区和天津（滨海新区）人工智能创新应用先导区，夯实摄像头、激光雷达、计算平台等领域基础，推动智慧交通、车路协同应用发展，推进车联网场景应用。促进车联网产业跨行业融合取得阶段性突破，提升设施建设、技术创新、测试验证、标准制定、应用示范等方面的能力，形成2～3个产业集聚区，培育一批实力较强的龙头企业。搭建以天津车联网创新中心为核心的产业创新平台，在自动驾驶测试场景、信息安全、仿真测试评价体系、车联网通信等关键领域，制定20项以上标准规范。

生物医药产业链：发挥在原料药、仿制药、家用医疗器械等领域优势，夯实重组蛋白质药物、疫苗、高端制剂、诊断试剂等领域基础，聚焦新药研发及产业化，加快生物药品、疫苗产品研发步伐，打造中药现代化产业基地。加强龙头企业的建设，培育年销售额超过100亿元企业2家，全面提升核心技术、市场份额和服务能力，聚集和培育生物医药规模以上企业150家。在基因、免疫、疫苗、血液学检测等细分领域形成一批“专精特新”企业，建设国家级企业技术中心9家。

新能源产业链：发挥锂离子动力电池制造、风电机组及关键零部件生产制造、光伏高效叠瓦组件、工业副产氢等领域优势，重点发展动力电池、风电、太阳能、氢能等产业，围绕产业链聚集化、高端化、融合化、智能化的发展方向，实现新能源产业高质量发展。促进新体系动力电池技术取得突破性进展，大功率风电机组加速突破，太阳能龙头企业逐步向高端化、智能化转变，氢能产业链加速布局。

新材料产业链：发挥在高端金属材料、无机非金属材料、化工新材料等领域的优势，面向新一代信息技术、新能源汽车、高端装备以及节能环保等战略性新兴产业全产业链对新材料的需求，重点发展半导体材料、光电功能材料、封装材料、专用化学品、动力电池材料、车用轻量化材料、膜材料、节能材料以及生物可降解材料等，扩大产业规模，提升发展能级。打造国内一流新材料产业基地，规模以上新材料企业突破280家，国家级企业技术中心达到15家。

高端装备产业链：发挥在海洋工程装备、轨道交通配件领域优势，夯实机器人生产、机床制造领域基础，着力引进智能化高端数控系统、数控装备智能系统等高端项目和先进技术，重点推动机器人系统集成、机床制造等重大科技成果产业化和自主品牌建立，打造更为广泛的机器人应用场景。培育形成一批具有自主知识产权的标志性产品，突破一批行业发展关键核心零部件与基础制造技术，形成一批技术标准，转化一批重大科技成果，健全高端装备产学研用协同机制。

汽车和新能源汽车产业链：发挥整车制造、锂离子动力电池、检验检测等领域优势，夯实电驱动总成系统、关键零部件等领域基础，重点推动高效内燃机、传动系统、电子电器、动力电池等核心产品研发，突破新能源整车和动力总成、氢燃料电堆等一批新技术新产品，加快导入优势车型、电动化车型，推进关键零部件配套企业落地和本地配套企业壮大。不断壮大整车及关键零部件龙头企业，提高整车本地配套率，在新一代动力电池、电驱动系统等核心技术上取得阶段性突破，智能网联汽车应用场景和产业配套能力达到国内领先。

绿色石化产业链：坚持发展高端、提升中端、淘汰低端，突出南港工业区世界一流绿色化工新材料基地定位，加快推进石油化工产业向下游延伸。夯实烯烃及其聚合物产品、丙烯酸酯、合成橡胶衍生品等领域基础，重点提升轻烃生产水平，推进苯酚、乙烯、丙烯腈综合利用等项目，引进和研制催化裂解、高性能聚乙烯等高端产品，进一步提升上下游一体化水平。初步形成以烯烃为龙头和主导的产业集群，引育若干关键核心龙头企业，建成国家级和省级研发创新平台15个以上。

航空航天产业链：发挥大飞机总装、交付和运载火箭制造领域优势，重点推动扩大空客飞机产品品种、规模和关键配套协同，开展新型无人机、大载重无人直升机等新型号研发，提升运载火箭和超大型航天器研发制造能力。逐步建成空客飞机、直升机、无人机等航空产业创新发展高地，以及国家级大型航天器总装试验基地、国家探月和探火等重大工程项目生产研发基地、新一代运载火箭产业化基地和商业小卫星制造基地，形成火箭及超大型航天器、卫星装备及应用全产业链。

3. 创新链规划

坚持“双链融合”，围绕产业链部署创新链，同样是天津近期工作的重点。2020 年 11 月，天津市政府颁布《天津市科技创新三年行动计划（2020 ~ 2022 年）》，针对天津产业发展和创新链建设明确提出七项重点任务，包括：①着力增强原始创新策源能力，打造战略科技力量，加快建设具有前沿技术的原始创新平台，推进布局前沿创新领域科技资源；②着力提升自主创新能力，加强对“卡脖子”核心技术的公关和研发，推动重点产业的发展，优化技术创新平台布局，支持推动科技创新标志区、集聚区建设，推动科技赋能传统制造业和民生建设；③着力推动科技成果市场化转移转化，全面构建高水平技术转移体系，推动技术要素市场化流动，积极承接北京科技成果转化；④着力推动大学科技园建设，形成科技、教育、经济融通发展新局面，全面加强大学科技园顶层设计，建立健全大学科技园建设体制机制；⑤着力提升科技型企业创新能级，更好发挥企业技术创新主体作用，大力培育国家高新技术企业，加强营造创新创业的浓厚氛围；⑥着力引育高水平科技创新人才和团队，更好发挥人才“第一资源”作用，加快科技创新人才聚集，加强科技创新人才培养，优化科技人才发展生态；⑦着力深化科技体制改革，持续优化科技创新生态，完善科技宏观管理统筹协调机制，改革科技项目形成机制，优化创新环境培育创新文化。

与此同时，《天津市制造业高质量发展“十四五”规划》（简称《天津制造业“十四五”规划》）则明确指出进一步提升产业创新能力，全面发挥创新的引领作用，不断强化企业创新的主体地位，提高关键核心技术源头供给能力，打造自主创新和原始创新产业高地。《天津制造业“十四五”规划》要求，①推进产业创新。加快构建以信创产业为主攻方向，以高端装备制造业和生物医药产业为重点的“一主两翼”产业创新格局。在信创产业做大做强基础软件、CPU 设计和集成电路、网络安全、应用软件、外设终端等五条产业链，加快建设中国信创谷，全力打造基础夯实、技术先进、创新引领、生态兼容、市场导向的信创产业发展战略高地。生物产业以生物技术赋能医药、绿色制造、种业等为重点，加强技术研发，布局建设合成生物学国家重大科技基础设施和国家合成生物技术创新中心等创新平台。高端装备制造业着力攻关智能机器人、高性能智能传感器、增材制造、轨道交通等高端装备制造技术，增强对产业链关键环节的控制力。②加快技术创新。依托海河实验室等重大创新平台，着眼突破“卡脖子”技术，深入开展关键核心技术和共性技术攻关。大力发展精准医疗、下一代基因组学等前沿技术，力争在合成生物技术、智能决策控制、新型人机交互等领域实现突破，在工业仿真、数字孪生、细胞治疗等领域形成一批代表国家水平的研发成果，抢占科技制高点。③促进转化创新。抓住孵化、转化、产业化三个环节，系统布局制造业创新中心、技术创新中心、产业创新中心等国家级创新平台，打通产学研用一体化的断点、堵点、卡点，实现重要领域技术领先、自主可控、安全可靠。④激发人才活力，积极涵养产业基础人才和高技能人才。着力引进高端产业需求的领军人才，探索“项目 + 团队”培育模式，构筑梯次引育、开放创新的人才生态。

（三）河北产业链创新链规划情况

1. 发展长板与弱项

相比而言，河北在钢铁、能源化工、食品等基础产业方面优势明显，拥有良好的产业积淀和相对完善的产业链。截至 2020 年底，拥有超百亿元的省级重点县域产业集群 48 个，并在近年来持续开展转型升级，持续推动其向“微笑曲线”两端延伸、向价值链高端跃升、向精深加工领域拓展。在战略性新兴产业方面，河北基于在生物医药、新能源、汽车制造等领域的既有发展基础，紧紧抓住京津冀协同发展和雄安新区规划建设的机遇推进产业提速增量，国家高新技术产业规模在 2020 年底已近万家，总量跻身全国前十，并培育了石药、长城汽车等具备完整产业链创新链的龙头企业。同时，雄安新区作为京津冀乃至中国北方产业链创新链的新增长极，明确提出创建以新一代信息技术产业为核心，以生命科学和生物技术产业、新材料产业为两翼的全球创新高地，一系列“国”字号企业、重大重点项目、科技创新

机构的落位与嵌入已在有序进行。

然而，客观来讲，河北在产业发展、产业链创新链建设以及产业生态环境上与京津两地仍有一定差距（见表3）。一是新兴产业体量仍然偏小，自主创新能力依然不强，科技资源存在碎片化问题，并且当前存量调优和增量调强显著地受到历史发展阶段、市场环境等多重因素制约。二是虽然在钢铁、能源化工等基础产业规模体量上在全国乃至世界占据较大比重，但河北在产业链创新链的诸多环节缺少核心技术和拳头产品，关键环节存在“卡脖子”风险，并且在关键核心技术、产品设计、基础软件等方面还存在诸多短板。三是与京津相比，河北的产业体系不优、产业层次不高、发展质量和效益偏低等问题依然突出，链条式经济、块状经济以及抱团式经济发展不足。四是河北的创新能级仍然较低，以研发投入强度为例，2018 年河北 R&D 占 GDP 比重仅为 1.39%，低于全国平均水平近 1 个百分点，北京、天津则分别达到 6.17%、2.62%。近年来，以中关村为代表的京津顶级创新机构虽在河北建设多个分支机构与园区，但整体发展情况一般，真正创新能力强的企业过不来，政策对接不完备，部分企业因水土不服回流京津等现象普遍。五是创新生态、公共服务、发展前景、薪酬等多方面差距使河北籍或河北培养的优秀人才持续、大量流向京津，特别是北京。河北虽在近年来出台多项人才引进政策，但支持方式较为单一，侧重科研经费补贴和资金资助，缺少落户、子女教育、医疗、住房、配偶安置等社会民生方面的支持，雄安新区同样尚未形成有所突破性的人才政策体系。

表 3　河北产业链创新链发展长板与弱项

优势产业	钢铁、能源化工、食品饮料、生物医药、新能源、汽车制造
行业领军企业	河北钢铁、沧州化工、长城葡萄酒、今麦郎面品、长城汽车、巨力集团、新奥能源、英利集团、石药集团、康泰医学
发展优势	在钢铁、能源化工、食品等基础产业方面优势明显 在战略性新兴产业方面紧抓京津冀协同发展和雄安新区规划建设的机遇推进产业提速增量 雄安新区进入大规模建设阶段，产业链创新链开始有序导入

续表

发展短板	新兴产业体量偏小，自主创新能力不强，科技资源碎片化问题突出 传统产业产业链创新链的诸多环节缺少核心技术和拳头产品 产业体系不优、产业层次不高、发展质量和效益偏低等问题突出 创新能级仍然较低 人才流失现象严重，人才政策体系效用有待提升

2. 产业链规划

河北作为制造大省，在2013年便已提出利用省级技改专项资金重点支持优特钢、汽车等十大产业链升级工程。2018年出台的《河北省人民政府关于加快推进工业转型升级建设现代化工业体系的指导意见》明确提出构建现代工业产业链体系。2021年《河北省国民经济和社会发展第十四个五年规划和二〇三五年远景目标纲要》明确提出在“十四五”时期应充分聚焦钢铁、石化、电子信息、氢能等18个重点产业链，全面推动实现产业基础高级化以及产业链现代化。其中，重点优化提升石化、汽车、轨道交通装备等传统产业链，完善新能源汽车与智能网联汽车、新能源、新材料、氢能等战略性新兴产业链，全面实施稳链强链工程，实现产业链供应链的创新力、安全自主性以及产业附加值的提升。同时，该规划还强调大力发展战略性新兴产业和高新技术产业，并壮大包括信息智能、高端装备制造、新材料、石化、食品、文体旅游、都市农业等在内的12大主导产业。此外，河北还提出延链、强链和补链的产业链发展策略，即通过优化整合研发、制造、服务资源以及市场，延长产业链，同时梳理重点产业链及其核心配套企业，推动上下游产品贯通，做大、做强、做优、做好龙头企业，此外，抢抓新基建机遇，加快布局新兴产业，依托张承廊大数据走廊等平台，推进河北工业的数字化、网络化、智能化转型。

整体来看，近年来，河北积极瞄准高端装备制造、电子信息、生物医药、新材料、先进节能环保、新能源和未来产业等七个战略性新兴产业链，围绕钢铁产业、石化产业、食品工业以及纺织服装工业四个优势传统产业链，同时着眼工业设计、信息技术服务业、电子商务、现代物流、工业旅游

五个现代生产性服务业产业链，全面构建现代化的工业产业链体系。比如，以当前河北省的优势产业之一钢铁产业为例，“十四五”期间，河北省将继续坚持减量绿色发展方向，推动装备工艺技术的升级、产品质量的提升和节能减排水平的提高。其中，河北省将以企业兼并重组为契机，进一步推动主城区钢厂的转型升级；同时，引导钢铁产能向高铁沿线及沿海地区进行适度集聚，并重点发展建设包括唐山、邯郸钢铁厂在内的钢铁产业基地及其集群，全面加强国际合作，努力建成一定规模、设备先进、产能布局合理、钢铁产品多元化以及环保高标准的现代化钢铁产业集群，并进一步打造成为在钢铁产业链具有全球话语权的产业集群。

3. 创新链规划

在创新链的建设上，河北省近些年以来一直围绕产业链积极部署创新链，围绕创新链优化布局产业链，河北省“十四五”规划明确提出“瞄准传统优势产业迈向中高端的关键短板，打造链条相对完整、产业带动明显、创新能力较强的创新链。瞄准京津冀具有协作优势的战略性新兴产业领域，对接京津创新资源，创新合作机制，打造若干京津冀科技协同创新链。瞄准区块链、人工智能、机器人、合成生物等前沿产业领域，超前部署产业化研究，加快建设应用场景，形成自主可控、协同高效、具有较强竞争力的创新链”。

与此同时，河北也在持续、扎实推进协同创新的过程中注重创新链的培育与发展。具体包括以下策略：首先，充分发挥雄安新区、渤海新区等新区的政策红利，积极推动创新在产业链搭建和区域发展中的引领作用，充分利用产业技术研究院、高校科研技术院所以及科技成果展示交易中心等创新平台；其次，积极承接京津两地创新资源要素，加快科技成果转化并推动产业化进程，全面提升创新链强度与韧性；再次，全力开展“卡脖子”的关键核心技术的研究与攻关，深入整合科技创新资源，不断深化科技体制改革，强化政策引导，建成产业技术创新战略联盟；最后，积极培育创新链各环节的不同级别和不同类别的创新载体，大力发展科技领军企业，积极培育科技型中小企业，从而全面提升科技创新能力和水平。

二　产业链创新链发展支持政策

（一）人才政策

产业链和创新链的实质是“知识链”与“能力链”，两链的延伸转化与升级离不开人才的配套支撑与协同。2017 年京、津、冀三地联合发布《京津冀人才一体化发展规划（2017～2030 年）》，提出 2030 年基本建成“世界高端人才聚集区”，这是我国首个跨区域的人才规划，也是首个服务国家重大战略的人才规划。2021 年北京发改委出台《北京市推进京津冀协同发展 2021 工作要点》则进一步强调应加快构建京津冀协同创新共同体，促进人才跨地区自由流动，建设“北京辐射 + 政产学研”协同创新体系，有效增强北京对津、冀两地的科技辐射带动力，并通过梳理重点产业上下游链条及关键环节，绘制人才图谱，提高创新链、产业链“两链”的融合发展，重点构建以产业链发展需求为导向的京津冀人才引进与培养机制。

针对产业链创新链建设，京津冀三地均出台了具有针对性的人才政策。例如，北京提出了多项高端人才引进计划（如“高创计划”、中关村“高聚工程”等），引进人才专项计划涵盖了电子信息技术、生物与新医药技术、航空航天技术、新材料技术、高技术服务业等产业领域。天津于 2018 年推出“海河英才”行动计划，明确提出“对人工智能、新一代信息技术、高端装备制造、新能源新材料、生物医药、数字创意、航空航天、节能环保等战略性新兴产业领域领军企业的急需型人才，由企业家自主确定落户条件政府照单全收”。《河北省中长期人才发展规划纲要（2010～2020 年）》则提出以传统优势产业的改造升级为契机，围绕重点产业，积极开展各种形式、不同层级、不同领域的人才和智力的引进。

（二）招商引资政策

2019 年，北京市投资促进服务中心、天津市人民政府合作交流办公室

和河北省商务厅三方在北京举办的京津冀投资推介会上共同签署了招商引资战略合作框架协议，确立了京津冀三地区间的产业链引资合作项目，并形成以三方协同、项目会商、合作招商和沟通协调为核心的“四项工作机制”。通过常态化、标准化的制度机制保障战略合作的常态运行，围绕产业链协同的投资机制建设自此揭开序幕。该引资合作面向北京、天津、河北三地的52家投资促进机构及政府部门，是京津冀产业链引资合作模式的一种探索和尝试，也标志着京津冀产业链引资工作进一步形成合力。

总的来看，京津冀在产业链的引资合作机制上突出引资的战略性和区域性，在明确三地产业互补现状、功能及产业定位差异化的基础上，力图实现长期有规划、中期有目标、近期有计划的产业链引资工作完整框架，并积极推动产业规划、重大项目、地方产业政策等信息资源实现共享，强化项目活动、引资通道等平台资源共享，促进产业链各环节的高端项目资源共享，从而有效实现引资项目在京津冀三地的合理布局。

（三）行政管理政策

实行“链长制”是当下中国不同地区从行政管理视角推动产业链创新链竞争力提升的重要路径，京津冀地区也不例外。概括来说，链长制由“链主”和“链长”两个部分组成——“链主”是指在产业链形成及发展过程中由市场自发孕育形成的一系列活动，往往起到协调产业链上各个节点的作用；而“链长”则往往由地方政府的执政者或行业协会负责人担任，往往扮演着产业链的倡导者、支持者和维护者的角色。

2020年，北京在北京经济技术开发区率先推行“链长制”，梳理出36个重点产业链，且36条产业链由四大主导产业的发展特点细化而来，并由区领导担任“链长”。天津则实行“四个一”模式的“链长制”（见表4），即“一条产业链、一位市领导、一个工作专班、一套工作方案”，由市领导同志担任10条产业链的链长，市级部门和产业链重点区（功能区）分管负责同志担任副链长，共同负责推进产业链各项工作。同年10月，河北出台《关于促进高新技术产业开发区高质量发展的实施意见》，提出全省建立产业链“链长制”，新布局一批省级高新区，建立国家级高新区与省级有关部分“直通车”制度。2021 年 5 月，天津印发《天津市产业链“链长制”工作方案》，提出按照“一条产业链、一位市领导、一个工作专班、一套工作方案”模式，由市领导同志担任产业链链长，市级部门和产业链重点区（功能区）分管负责同志担任副链长，成立工作专班，建立“七个一”工作推进机制，市区两级分工协同推进产业链高质量发展。

表 4　《天津市产业链“链长制”工作方案》部分重点内容

	重　点　内　容
工作机制	①建立市领导挂帅的产业链链长制度 由市领导分别担任十条产业链链长，高位协调产业链发展相关工作，定期召开工作推进会，协调解决产业链发展中的重大事项 ②建立产业链工作专班制度 按照“一条产业链、一位市领导、一个工作专班、一套工作方案”模式，成立产业链工作专班，由市级牵头部门和产业链重点区（功能区）分管同志担任副链长，会同专班成员单位和重点区（功能区），按照职能分工协同推进产业链各项工作
工作内容	①梳理产业链发展现状 制定十条产业链工作方案，明确产业链重点环节、重大项目、龙头企业、招引目标、重点园区等。研究制定“两图两库”，即产业链招商图谱、产业图谱、重点企业库、重点项目库，实施“挂图作战” ②着力推进产业链“卡脖子”技术攻关 梳理产业链关键环节“卡脖子”技术短板，形成关键技术（产品）攻关清单，引导产业链核心企业参与“揭榜挂帅”，搭建产业创新平台，开展产学研协同攻关，协调解决产业链发展的瓶颈问题，实现产业链“卡脖子”技术产业化突破化 ③扶优做强产业链重点企业 着力培育产业链领航企业、细分领域单项冠军和专精特新“小巨人”企业。围绕合作伙伴、工作目标、在建项目等方面协助企业梳理建立工作目标清单，形成一企一策台账，服务企业高质量发展 ④深入实施撮合对接活动 嫁接各类资源要素，稳定重点产业链、供应链、资金链，提升协作配套水平，推动产业链上下游联动、产供销一体，畅通产业链循环 ⑤强化产业链要素支撑 加强产业园区建设，强化园区土地供给与服务设施配套，加快产业向园区聚集，以园聚链、以链集群。加大人才引育力度，充分发挥十大产业人才创新创业联盟作用，打造创新型、技术型、应用型人才队伍，引导人才充分对接产业链建设，服务产业链发展

续表

	重 点 内 容
工作要求	①建立议事协调例会制度 在市委、市政府的领导下,担任链长的市领导牵头研究协调产业链提升相关工作,定期召开工作推进会,分析研判面临的困难和问题,协调解决产业链发展中的重大事项 ②构建产业链支撑服务体系 牵头部门会同相关单位组建"一条产业链、一位市领导、一套工作方案"运行模式,整合专家服务团、支撑机构、智库单位、园区基地等资源和力量,建立日常支撑服务机制,协助担任链长的市领导抓好推进落实工作 ③研究落实产业链支持政策 制定产业链专属政策组合包,实施"一链一策",针对产业链发展中的重大困难问题,协调相关部门集中资源突破一批发展中的重要瓶颈,精准推动产业链高质量发展

（四）金融政策

产业的发展需要金融政策的支持和保障。近年来，京津冀三地通过推动金融市场和基础设施一体化，加强内外资源整合和业务协同，促进“产业链”“创新链”“金融链”的三链融合，进而以高质量的金融服务保障并支撑稳链、补链、强链工作任务，从而全面实现制造业的高质量发展。举例来说，如下。

在北京，科创基金是金融政策的代表，例如，北京经济技术开发区通过科技创新基金来满足创新企业在初创阶段的资金需求。在企业创新过程中，开发区通过多项市场化手段予以支持，鼓励企业发展，并将投资重点置于光电科技、新一代信息技术、战略性新材料、新能源、生物医药、脑认知与类脑智能、量子计算与量子通信、大数据、智能制造、人工智能等前沿领域。同时，北京还通过股权投资、担保融资等多种形式为产业链创新链竞争力提升提供支持，自 2016 年以来，已有超过 600 家津冀企业受益于来自北京的投融资服务。

在天津，天津高新区创新性推出“创新创业通票”（简称“创通票”）制度，以破解创新创业资金筹集难、政策兑现难等“痛点”。在“创通票”制度的支持下，政府可以为企业提供在创新创业所有阶段所需的一系列服务包，包括初创服务包、高企服务包、知识产权服务包和新三板挂牌服务包等。在“创通票”制度的鼓励下，300多家来自全国各地（如北京、河北、江苏、山东等地）的专业服务机构加入天津高新区，并且值得注意的是其中超过六成的服务机构来自北京中关村。在刚刚过去的2021年8月，为更好地发挥金融支持“稳链、补链、强链”作用，助力全市重点产业链高质量发展，天津多部门联合出台《关于金融支持天津市重点产业链高质量发展的若干措施》，明确提出围绕天津重点产业链构建供应链金融体系，提升金融服务的线上化和数字化水平，增强中长期信贷支持，将资金有效注入重点产业链上下游企业。

在河北，提供高效服务、提高产业链中小企业的融资便利性是各级政府重点考虑的内容，例如，基于区块链开展与供应链创新链相关的金融服务项目，积极探索支持供应链体系中的中小微企业的融资新途径（比如，资金存管账户体系等）；充分发挥“河北省金融服务平台”等相关金融网络服务平台的积极作用，进一步推动相关企业数据汇集，加大对产业链供应链上下游众多中小微企业支持力度等。

三　政策建议

1. 推动创新链产业链政策链有机衔接、融合互动

一是持续完善区域产业链与创新链互融的基础设施，加强京津冀三地在工业互联网、物联网等方面新型基础设施的建设及其互联互通；以北京为中枢，辐射带动京津冀三地的技术创新能力和服务能力，将北京在相关产业的优势技术成果积极赋能于津、冀两地的钢铁、化工等传统制造加工产业，推动两地的转型升级；以北京高精尖产业为依托，结合津、冀两地的优势产业，构建并推动京津冀三地产业链和创新链在区域层面的融合和优化布局。二是不断完善产业链与创新链“两链”融合发展的模式与管理机制，例如，积极探索在京津冀地区施行统一谋划、统一建设、统一管理、统一监督的“双向飞地”系统发展模式，让产业链创新链更好地基于三地梯度势差联

动。三是建立完善的区域间合作利益分享制度以及政策安排，并积极探索利益分配机制和责任分担制度，同时进一步推动建立跨三地的企业资质标准互认制度和规范等，从而破除区域协作的政策壁垒，进而实现区域内生产要素的有序和高效流动[①]。

2. 调整优化区域产业分工，加强京津冀三地产业链创新链的对接衔接

一是继续深入推进差异化“研发 + 转化 + 制造”区域分工模式。遵循以京津冀三地产业优势互补发展为原则，以新一代信息技术、新能源、新能源汽车、生物医药、高端装备制造、机器人等战略性新兴产业为重点发展对象，加速推进产业链与创新链的融合及协同发展，促进三地产业链上下游协同和产业布局优化，构建“北京研发为主、河北转化制造为主、天津兼顾”的错位协同区域分工模式，三地与京、津两地联手打造世界级产业集群，并充分利用京、津两地知识资本和河北制造能力优势，健全京津冀三地科技成果转移转化机制[②]。二是加强创新协作。在钢铁、能源石化、纺织服装等传统产业链领域，推进三地产业协同和合作技术攻关，最大限度地释放北京的技术溢出，进而提升整个京津冀区域传统产业产业链创新链能级；在新一代信息技术、生物医药、新能源汽车、高端装备制造、机器人等战略性新兴产业链和区块链、智能传感器、量子通信等未来产业领域，针对当前产业链存在的断点堵点以及短板弱项现状，协同推动强链、补链、延链等产业链发展。

3. 推进区域创新资源共建共享，创新区域协同体制机制

一是加强京津冀在科教资源及平台方面的合作发展和协同发展。例如，推进高等院校、科研院所等机构之间的科研资源共享，建立协同共享机制和制度，同时加强高端创新团队和机构实现跨区域培育和组建，积极推动一批国家实验室、工程研究中心以及产业技术研究院等创新平台在三地间的共建。二是积极探索京津冀三地产业创新合作模式及途径，比如，一区多园、

---

① 叶堂林：《有效推动京津冀创新链和产业链双向融合发展》，《北京观察》2020 年第 9 期。

② 崔俊辉、赵红芳、徐全洪等：《京津冀产业链协同创新发展研究》，《科技智囊》2021 年第 6 期。

整体托管、总部孵化基地等途径。三是全面加强京津冀三地在人才上的相互交流和联合培养，建立健全多层次、多梯度、多方向的人才培育、交流及引进网络体系，推动实现三地在人才政策上的衔接以及人才在区域间的合理流动和优化配置，同时鼓励京、津两地创新实力突出的高校科研院所、科技产业园区、科技孵化器等与河北的相关主体实现紧密合作和联系，共同合力开展重点产业技术研发及技术转化。四是继续加快推进京津冀三地在产业和科技园区共建、战略性新兴产业合作、科技成果转化落地等领域出台区域化、协调化以及法律化的政策举措，并积极针对税收、企业协作、人才培育及专业技术研发等方面不断创新和完善协同发展体制机制。

4. 精准对接重大需求，聚焦重点领域，打造新产业生态

一是以市场需求为导向，集中有限资源，并实现其在区域间的高效配置。遵循京津冀协同发展的战略要求，京津冀产业链创新链的建设应立足京津冀，辐射全国乃至全球。京津冀产业链的建设和发展需聚焦重点领域，集中着眼于具有一定规模和国际发展前景并且区域协作基础较好的高新技术及新兴产业，集中区域资源和政策优势着力打造 3 ~ 5 个能够代表“中国制造”水平的战略性新兴产业全产业链创新链，进而带动区域的整体发展并为区域产业转型升级提供强有力的基础支撑。二是积极推进规划并建设具有区域性和国际发展潜力的产业链集群，在深入梳理京津冀三地产业链创新链的基础上，制定详细的产业图谱和发展计划，明晰产业链环节中适合集群式布局的细分产业，并在全国范围内率先实现打造垂直整合的产业链集群，同时构建具有上下游紧密协同且供应链高效集约特征的新产业生态①。

5. 以重点承接平台和“五区五带”为载体，提升产业集聚集约水平

一是遵循集中疏解与分散疏解有机结合的基本原则，基于重点产业承接平台，加快推进北京的非首都功能及重点产业向津、冀两地集中、有序地转移，在此过程中同时将“减量发展”与“异地扩张”相互结合，实现北京

① 杨先花、张杰：《创新链视角下区域产业一体化对策研究——以京津冀地区为例》，《商业经济研究》2017 年第 15 期。

的高端、高新及新兴产业高效、高质量地向津、冀有条件的地区进行异地迁移和拓展，从而实现北京高精尖产业产业链创新链向京津延伸。二是继续完善重点产业承接平台的配套设施以及公共服务体系的完善和建设，从而确保津、冀两地能够对北京疏解出来的产业实现有效承接，即不仅“接得住”还能“发展好”。三是根据主体功能区定位，加强优势产业及其对应的产业要素及资源向有条件的地区进行集中转移，从而促进京津冀三地协同创新的产业链集群的形成；进一步地，围绕北京中关村、天津滨海新区、唐山曹妃甸新区、沧州沿海地区和张承地区五大战略功能区，沿京津走廊、沿海线、沿京广线、沿京九线和沿张承线五条协同发展产业带，推动实现京津冀城市群大尺度的跨区域协同产业集群的培育和形成，进而全面提升京津冀地区产业链发展的现代化水平①。

6. 共筑一体化要素市场，夯实京津冀全产业链协同发展的核心支撑

一是以更高质量构建一体化要素市场，充分发挥市场在要素市场化过程中的决定性作用，以培育和服务市场主体为重点，推动企业全面参与要素市场化进程②。二是针对当前京津冀三地要素市场彼此割裂的现状，积极尝试共建商品物流共同市场、土地储备交易共同市场、人力资源共同市场、信用征用共同市场、金融共同市场、信息技术共同市场等具有区域性特征的共同市场，通过促进区域统一市场的形成和建设，进一步推进不同要素资源实现对区域地理限制的突破，从而谋求要素资源在更大区域范围内实现自由流动、高效集聚和优化配置。

① 曹洋、柳天恩、母爱英：《京津冀构建区域产业价值链驱动产业升级研究》，《中共石家庄市委党校学报》2021 年第 6 期。

② 冯奎：《深化京津冀要素市场化配置改革》，《前线》2020 年第 12 期。

B.13
长江经济带产业链创新链竞争力

叶振宇　梁泳梅　秦　宇*

摘　要：　在新发展阶段，推动产业链现代化，加快产业链创新链高效互动是长江经济带高质量发展的内在要求。在新发展格局的背景下，长江经济带沿江省市"十四五"规划都对产业链发展做了中长期战略部署，积极围绕产业链布局创新链，建设产业链承接载体，大力打造高质量发展的新引擎。然而，各地区存在产业链同质化、碎片化发展的倾向，值得高度重视。今后，中央有关部门应加强沿江省市的产业链创新链规划和政策统筹，促进各地区产业链错位发展、协作发展和创新发展。

关键词：　长江经济带　产业链　创新链

长江经济带包括上海、江苏、浙江、安徽、江西、湖南、湖北、重庆、四川、贵州、云南等11个省市，由长江上游、中游和下游地区共同组成，具有明显的发展梯度特征。目前，中央坚持生态优先、绿色发展和"共抓大保护、不搞大开发"推动长江经济带发展，同时也实施了长三角区域一体化发展战略，启动编制长江中游城市群发展规划，加快推进成渝地区双城经济圈建设，进而形成长江上游、中游、下游"分块"突破的发展之势。

* 叶振宇，经济学博士，中国社会科学院工业经济研究所研究员、区域经济研究室主任，主要研究方向为区域发展战略、制造业高质量发展；梁泳梅，经济学博士，《中国经济学人》编辑部副主任，主要研究方向为工业经济；秦宇，经济学博士，中国社会科学院工业经济研究所助理研究员，《中国经济学人》编辑部编辑，主要研究方向为产业经济学。

长江经济带横跨东中西三大地带，具有黄金水道条件、产业体系完整、科教资源相当丰富、综合实力突出等优势，是国家重大战略支撑带。可见，长江经济带产业链创新链竞争力提升既关系到长江经济带高质量发展，又关系到我国产业国际竞争力提升。下文将分别就长江下游地区、长江中游地区和长江上游地区产业链创新链发展情况进行总结分析。

一 长江经济带培育产业链创新链竞争新优势发展规划

（一）长江下游地区

为了跟国家区域重大战略保持空间范围一致，本报告将长江下游地区等同于长三角区域。根据中共中央、国务院印发的《长江三角洲区域一体化发展规划纲要》，长三角区域包括上海市、江苏省、浙江省和安徽省（以下简称“三省一市”）。长期以来，长三角地区科教资源优势突出，城镇体系相对完善，形成了较强的交通、产业、贸易、文化等联系。近年来，三省一市抢抓长三角区域一体化发展的区域重大战略，编制了关于产业链发展的有关规划。具体而言，这些发展规划具有以下特点。

1. 以特色基地建设为抓手推动产业链创新链发展

上海市着眼于未来发展的战略布局，利用特色产业基地的载体作用，强化集成电路、生物医药和人工智能三大新兴产业引领作用。例如，依托张江实验室、集成电路设计产业园、东方芯港等承接载体发展高端芯片设计、关键元器件和材料制造、EDA 设计工具开发等产业链环节。又如，依托张江创新药产业基地、北上海生物医药产业园、上海湾区生物医药港等“1 + 5 + X”重点载体推动生物医药产业链与创新链融合发展。又如，依托张江人工智能岛、金桥 5G 产业园区等载体培育壮大人工智能产业。另外，上海市充分发挥产业集聚内在的溢出效应优势，进一步加快六大产业集群高质量发展。例如，依托闵行智能制造基地、机器人产业园、G60 电子信息国际创新产业园区、智能传感器产业园等载体发展以高清显示和智能传感器为特色的电子信息产业集群。又如，以临港新片区大飞机产业园为依托打造大飞机产业链。可见，引领产业和重点产业集群都是上海市“十四五”产业链战略布局的重点领域，但这些产业链既有长板，又有短板，而短板预示着产业链未来要突破的方向（见表1）。

表1　上海市重点产业链的基本情况

产业类型	产业名称	长　板	短　板	代表性企业
引领产业	集成电路	①产业链上中下游衔接配套能力强；②创新平台体系和产学研协同体系完整；③人才资源有一定积累；④产业集聚优势明显；⑤国家政策重点支持	①薄弱环节“卡脖子”现象突出；②基础研究与产业发展需求差距较大；③高层次技术人才较少；④外部环境制约明显	中芯国际、展讯通讯、华宏等企业
	生物医药	①研发体系完善，具有较强国际研发网络和一定的基础研究；②生物医药产业链齐整，平台型新药研发企业实力较强；③专业性风险投资较多；④产业集群发育比较成熟；⑤产业配套较强和政策环境好	①新药创制的核心环节主要分布在国外；②新药创制的临床研究、专利转化等环节受制于当前政策环境，瓶颈突出	药明康德、上海莱士、复兴医药等，以及赛诺菲、阿斯利康、葛兰素史克等全球医药巨头设立的分公司
	人工智能	①产业链体系初步形成；②基础研究与场景应用协同发展；③产业链不同环节的龙头企业集聚；④风险投资比较活跃	①基础研究较国际领先水平仍有差距；②产业发展的配套政策和法律环境与企业需求仍有差距	依图、深兰、云从、平头哥、地平线等本土企业以及微软、亚马逊、阿里、腾讯、百度等知名互联网巨头设立的分公司
重点产业集群	电子信息	①产业链比较发达；②产学研创新体系完整；③优势特色产业方向突出；④高端芯片、5G、智能硬件等产业成为新增长点	①“卡脖子”技术明显；②细分行业产业链薄弱环节比较突出；③制造环节受用地、劳动力成本等影响较大	中芯国际、上海微电子、和辉光电、中电科32所等企业
	生命健康	①产业链不同板块整体实力较强；②前沿技术转化应用较快；③创新体系比较完整；④本地市场需求较大	①面临国内其他城市的同质化竞争；②新技术应用的政策和法律环境仍相对欠缺；③产业用地空间比较紧张	葛兰素史克等全球50强医药企业和一大批国内顶尖医疗机构

续表

产业类型	产业名称	长　板	短　板	代表性企业
重点产业集群	汽车	①产业链比较成熟,整体实力较强;②新能源汽车和智能网联汽车起步较早;③产学研体系完整;④人才优势突出;⑤具有品牌、规模、市场渠道等优势	①产业用地空间紧张;②新技术应用场景与企业实际需求缺口较大	上汽、特斯拉中国公司等
	高端装备	①产业链比较成熟;②创新体系和创新能力积累较强;③优势领域突出;④人才优势明显;⑤国家战略重点布局	①产业用地紧张;②基础研究相对薄弱;③中央企业开放协同创新不够	中国商飞、振华重工、江南造船厂等
	新材料	①产业链有基础;②产学研协同创新体系形成;③新材料下游应用发展较快;④科研院所实力较强;⑤政策支持力度较大	①基础研究相对薄弱;②新成果"研试产用"不足;③企业规模优势不突出	中国科学院在沪科研机构孵化的企业,中石化、巴斯夫等国内外石油化工企业在沪设立的公司,以及宝钢等企业
	现代消费品	①产业基础较好;②品牌优势突出;③新产品研发能力较强;④国际消费中心的消费环境	①要素成本压力较大;②生产制造环节流失;③创新压力较大	国际知名时尚消费品企业在沪设立的企业、上海本地知名创意企业和老字号企业

资料来源：以上内容是根据《上海市国民经济和社会发展第十四个五年规划和 2035 年远景目标纲要》和有关文件资料梳理分析形成的。

2. 以万亿级先进制造业集群为抓手提升制造业核心竞争力

2018 年江苏省开始布局发展新型电力（能源）装备、工程装备等 13 个先进制造业集群，并确定了构建企业主导创新体系、实施企业技术改造升级、重点培育骨干龙头企业等五大重点任务，力争制造业到 2025 年突破 10 万亿元。“十四五”时期江苏省立足本省产业资源和集聚优势，围绕空间集聚、创新引领、智能升级、网络协同、开放升级的发展导向，重点打造物联网、高端装备、节能环保、新型电力（能源）装备、生物医药和新型医疗器械等14个先进制造业集群（见表2），通过实施培育“链主”企业、提升协同创新能力、提高产业基础能力、促进开放合作等四大行动进而达到完善产业链薄弱环节、优化产业链布局、引导高端要素集聚等目的。这些先进制造业集群就是江苏省“十四五”及未来一段时间拟重点发展的产业链，以此带动全省制造业体系整体升级，使制造业成为全省高质量发展的重要动力源。

表2　江苏省先进制造业集群的基本情况

产业名称	长板	短板	代表性企业
集成电路	①产业链处于补链强链阶段;②集聚优势突出;③产业配套环境较好;④政策支持力度很大	①基础研究相对薄弱;②研发设计环节薄弱;③本土龙头企业少	台积电、长电科技、通富微电等企业
生物医药和新型医疗器械	①产业链比较完整和发达;②集聚优势突出;③产业配套环境较好;④创新平台较多,创新体系基本形成;⑤政策环境完善	①新药研发创制能力较弱;②环境治理压力较大;③创新要素供给不足	扬子江、恒瑞医药、豪森药业、正大天晴、康缘药业等企业
高端装备	①产业链比较发达;②集聚优势突出;③产业配套环境较好;④创新平台较多;⑤政策环境有利	①复杂装备制造技术积累不足;②产业链创新链协同水平不高;③高端创新要素供给不足	川崎机器人、德国西马克等企业
新型电力(能源)装备	①产业链发展起步较早;②集聚优势突出;③产业配套完善;④创新主体活力较高;⑤政策支持力度大	①基础研究不足;②创新链不健全,产学研协作不够紧密;③要素成本上涨压力较大	振江等企业
工程机械	①产业链比较成熟;②集聚优势突出;③产业配套环境较好;④创新平台较多	①行业“卡脖子”技术明显;②要素成本上涨压力较大;③同质产品竞争激烈	徐工、恒立液压、加藤、利星行等企业
物联网	①产业链发育稳健;②产业布局相对集中;③产业应用场景丰富;④龙头企业创新能力较强;⑤政策支持力度较大	①基础软件等核心技术缺失较大;②产学研用衔接不紧密;③新技术新产品示范推广还有一定障碍	感知技术、贝尔特物联等企业

续表

产业名称	长板	短板	代表性企业
高端纺织	①产业链比较成熟、完整；②产业集聚发展；③产业配套环境较好；④国际竞争优势明显	①高附加值产品技术瓶颈明显；②国际环境影响较大；③要素成本上涨压力较大	华芳、阳光、波司登、海澜、红豆等企业
前沿新材料	①产业链处于起步阶段；②布局比较分散；③产业下游应用需求较大；④创新平台功能显现；⑤政策支持力度大	①基础研究相对薄弱；②“卡脖子”核心技术较多；③龙头企业创新能力不足	中超石墨烯、富烯科技、斯迪克等企业
海工装备和高技术船舶	①产业链处于补链强链阶段；②特色产业分布集中；③产业配套环境较好；④政策支持力度很大	①产学研链条不紧密；②国际市场影响较大；③有国际竞争力的产品少	扬子江船业、象屿海装等企业
节能环保	①产业链快速发展；②产业特色发展；③产业配套环境较好；④政策支持力度很大	①基础研究相对薄弱；②创新体系不完善；③企业创新动力不足	华富储能、天加环境科技等企业
核心信息技术	①产业孵化扩散；②集聚优势突出；③产业配套环境较好；④扶持政策力度较大；⑤国家政策支持	①基础研究和基础软件薄弱；②高层次技术人才缺乏；③本土龙头企业少	南瑞、熊猫电子、江苏通信服务、国电南京自动化等企业
汽车及零部件	①产业链比较完善；②集聚优势突出；③产业配套环境较好；④新能源汽车和智能网联汽车支持政策力度很大	①汽车品牌知名度不够；②国内竞争激烈；③本省有竞争优势的汽车龙头企业少	东风悦达起亚、苏州金龙、徐工汽车等企业
新型显示	①产业链处于补链强链阶段；②集聚优势突出；③产业接近消费市场；④产业基金、用地等政策支持力度	①基础研究相对薄弱；②“重制造、轻研发”现象突出；③本省龙头企业少	京东、中电熊猫、LG、彬金光电等企业
绿色食品	①产业链比较完善；②集聚优势突出；③产业配套环境较好；④接近消费市场	①品牌群体优势不足；②行业创新能力不突出；③本省细分行业领域龙头企业偏少	雨润、维维、东海粮油等企业

资料来源：以上内容是根据《江苏省国民经济和社会发展第十四个五年规划和 2035 年远景目标纲要》和有关文件资料梳理分析形成的。

3. 以标志性产业链为抓手提升产业基础能力和产业体系韧性

"十四五"时期浙江省打破过去那种"块状经济"发展思维束缚，深挖产业发展基础和产业链优势，重点发展数字安防、集成电路、网络通信、智能计算、生物医药、炼化一体化与新材料、节能与新能源汽车、智能装备、智能家居、现代纺织等十大标志性产业链（见表3）。在具体产业链的发展思路上，浙江省围绕这十大标志性产业链，着力突破行业关键技术短板，提升研发设计、品牌营销、融资结算等产业链薄弱环节，培育既有资源整合优势又根植于本土发展的"链主"企业，通过补链强链固链、内外产业安全开放合作等途径形成全产业链稳定安全的整体竞争优势。

表3　浙江省十大标志性产业链的基本情况

产业名称	长板	短板	代表性企业
数字安防	①龙头企业实力较强；②技术推广应用基础较好；③创新体系日趋完善；④产品国际竞争优势较强；⑤政府政策支持力度较大	①关键零部件技术瓶颈突出；②芯片、智能算法等技术薄弱	海康威视、大华股份等企业
集成电路	①下游市场需求较大；②企业投资活跃；③政府支持力度较大	①龙头企业少；②关键核心技术瓶颈突出；③产业链不健全不完善	士兰微等企业
网络通信	①产业起步较早；②企业创业创新活跃；③市场竞争优势突出；④政府支持力度较大	①高端芯片、高端元器件等技术短板突出；②基础研究相对滞后；③产业发展受国际环境影响较大	东风通信、恒生电子等企业
智能计算	①产业链创新链良性互动；②企业创业投资活跃；③创新生态成形；④产业集聚发展；⑤政府支持力度较大	①操作系统等底层技术瓶颈突出；②基础研究相对滞后；③高端技术人才供给不足	传化智联、信雅达等企业
生物医药	①产业链相对完善；②生产制造优势突出；③产业集聚发展；④政府持续性政策支持	①关键核心技术缺失；②创新体系不健全；③环境治理压力较大	海正、华东医药、艾博等企业

续表

产业名称	长板	短板	代表性企业
炼化一体化与新材料	①产业链相对完整;②创新平台较多;③规模优势明显;④产业集聚发展;⑤政府持续性政策支持	①基础研究发展滞后;②创新链与产业链衔接不紧密;③产业链下游应用环节相对薄弱	镇海炼化、巨化、荣盛石化等企业
节能与新能源汽车	①产业链相对完整;②产业集聚发展;③社会资本投资活力较强;④政府支持力度较大	①"三电"关键技术瓶颈突出;②产品品牌知名度不够	吉利等企业
智能装备	①产业链比较完善;②多层次创新平台体系形成;③产业应用环境较好;④创新创业活跃;⑤政府持续性政策支持	①关键核心部件和系统亟待突破;②基础研究发展相对滞后	永创、新松机器人、亚太、德力西等企业
智能家居	①产业链完整发达;②创新平台较多;③规模优势明显;④产业集聚特色发展;⑤政府持续性政策支持	①研发设计能力较弱;②高端品牌较少;③行业发展受国际环境影响较大	比邻乡村、伯爵庄园、伯特利等企业
现代纺织	①产业链相对完整;②创新体系健全;③规模优势明显;④产业集聚发展	①高端产品偏少;②行业发展受国际环境影响较大	雅戈尔、森马、嘉欣丝绸、桐昆、泰坦、迎丰等企业

资料来源：以上内容是根据《浙江省国民经济和社会发展第十四个五年规划和 2035 年远景目标纲要》和有关文件资料梳理分析形成的。

4. 以大体量产业为抓手推动制造业高质量发展

"十四五"时期安徽省继续抓住优势产业长板优势，提升新一代信息技术、家电、汽车、钢铁、有色、化工、医药等大体量产业的规模和竞争优势，通过产业数字化、网络化、智能化、绿色化、服务化等转型进而补强拓展产业链，培育发展新的增长点。另外，安徽省抓住行业"关键少数"的"群主"企业或"链主"企业，坚持以点带面、以点带链，通过承接产业转移、传统产业孵化新业态、新兴技术成果转化等途径培育壮大新一代信息技术、人工智能、新材料、节能环保、新能源汽车和智能网联汽车、高端装备制造、智能家电、生命健康等新兴产业集群。而有些新兴产业集群是以大体量产业为基础，对全省未来主导产业发展进行了战略部署（见表4）。

表 4　安徽省重点产业集群的基本情况

产业名称	长板	短板	代表性企业
新一代信息技术	①产业链初具规模；②产业集聚发展；③行业龙头企业优势突出；④创新环境较好；⑤政府支持力度较大	①产业链创新链各环节发展不协调；②产业链根植性较弱	京东方、科大讯飞、长鑫存储、联发科技等企业
智能家电	①产业链完整发达；②行业龙头企业集聚发展；③产业规模优势突出；④创新环境较好；⑤政府支持力度较大	①创新链对产业链的支撑作用不足；②下一代智能家居的研发力度不足	美的、格力、TCL 等企业
新能源汽车和智能网联汽车	①产业链相对完整；②产业配套环境较好；③行业龙头企业优势突出；④政府支持力度较大	①“三电”和智能网联关键核心技术瓶颈突出；②高端产品偏少	江淮、奇瑞、安凯等企业
新材料	①金属材料和化工材料的优势突出；②行业龙头企业优势突出；③接近下游应用市场；④政府支持力度较大	①创新体系不健全；②高技术产品偏少；③高端创新要素不足；④产学研用衔接不紧密	铜陵有色、马鞍山钢铁等
生命健康	①生产制造有一定基础；②产业集聚发展；③产业发展要素保障较强；④政府支持力度较大	①创新能力不高；②产业链与创新链发展不健全；③本省龙头企业较少	安科生物、欧普康视、中科美菱等

资料来源：以上内容是根据《安徽省国民经济和社会发展第十四个五年规划和 2035 年远景目标纲要》和有关文件资料梳理分析形成的。

综上可见，长三角三省一市“十四五”规划关于产业链创新链的表述虽然不尽相同，但都发挥了产业集群或特色产业基地的集聚优势进而促进产业链创新链互动融合。而随着创新在制造业高质量发展作用日趋凸显，产业链创新链更有效相互嵌入成为强大的产业组织形态是长三角地区打造世界级先进制造业集群的重点方向。然而，各地区产业链发展重点领域存在雷同现象，缺乏跨行政区统筹考虑，这种现象将影响到长三角地区产业链优化配置。

（二）长江中游地区

通过对湖南、湖北和江西的产业链相关政策进行梳理，明确了各省根据自身工业发展现状制定的产业链发展规划及相应的政策支持。目前，湖南省共计20个产业链，湖北省共计16个产业链，江西省共计14个产业链。其中，湖南和湖北的产业链发展情况要优于江西省。与其他两个省份相比，江西省的产业链多为传统工业领域的，新兴高科技产业链规划有限。其次，与其他两个省份相似的产业链相比，江西省产业链的发展优势不明显。下文将对湖南、湖北和江西三个省产业链的发展情况进行概述。

湖南省产业链发展以先进制造业为主攻方向，围绕工程机械、轨道交通装备、航空航天三大产业来建设产业集群。其中先进材料、智能和新能源汽车、生物医药等是重点发展的产业（见表5）。提升产业链供应链自主可控能力，锻造产业链长板，弥补产业链短板，推进零部件配套发展，促进供应链多元化，加强质量品牌建设。

表5　湖南省产业链发展的基本情况

产业类型	产业名称	长板	短板	代表性企业
主攻发展产业	工程机械	①全国最大的工程机械产业基地；②工程机械产业集群具有创新能力强、主导企业强、产业链条较完整的优势；③科研实力强	①全球市场占有率有待进一步提高；②核心零部件短板有待突破；③产品同质化竞争问题有待化解	三一重工、中联重科、铁建重工和山河智能等
	轨道交通装备	①株洲的产业链较完整，包含了整机制造和核心部件研制；②湖南是全国最大的轨道交通装备研发制造基地；③国际竞争力较强	①国际化技术、人才、资本仍有欠缺；②轨道交通产业存在一定发展瓶颈	中联重科股份有限公司、中国铁建重工集团有限公司、三一集团等企业
	航空航天	①航空产业基础雄厚；②人才基础雄厚，有近百所高等院校设有可支撑航空产业发展的相关专业；③湖南省航空产业核心能力不断增强	①通用机场建设速度有待加快；②高品质通航小镇建设打造推进工作有待加强	中航起落架、中南传动等骨干企业

续表

产业类型	产业名称	长板	短板	代表性企业
重点发展产业	先进材料	①产业链条较完整;②重点产品有优势;③产品聚集程度高;④研发创新能力强	①技术创新平台、公共服务平台、交流展示平台较少;②优势企业有待继续加强	杉杉新能源、星城石墨、邦普循环等企业
	智能和新能源汽车	①长沙是我国智能网联汽车产业发展的高地;②湖南在智能网联、新能源汽车等智慧交通产业领域已经取得了一系列的成就,形成了较为完整的产业链基础	①高性能动力电池、车载操作系统等技术攻关和产业化应用有待加强;②传统燃油产能电动化、智能化转型有待继续推动	大陆集团、启迪云控、桑德新能源车等
	生物医药	①生物医药产品种类日趋丰富;②拥有各类近50家重点实验室、工程中心、工程技术中心、企业技术中心等创新平台;③企业发展稳中向好;④拥有大批优秀的生物技术人才以及湘雅医院等实力雄厚的医疗资源	①高端产品研发能力亟待加强,供给能力不足;②互联网医疗发展滞后,平台功能有待提升;③产业集聚效应不足,缺少大型企业和产品	宏灏基因、圣湘生物、人和未来等
	5G应用产业	①信息网扩容升级,5G等新一代信息基础设施加快布局,电子政务外网实现省市县乡四级全覆盖;②拥有国内唯一面向5G、聚焦高新视频领域的国家级重点实验室——5G高新视频多场景应用国家广播电视总局重点实验室;③建设了5G融合应用技术创新和成果转化基地(中心)	①5G网络基础设施建设有待加快;②5G基站及配套设施建设有待加快	山河智能股份有限公司、中国铁建重工集团股份有限公司、博世汽车部件(长沙)有限公司、蓝思科技(长沙)等企业
	智能装备	①人工智能与传感器产业链快速发展;②大数据产业园和数据中心发展态势向好;③拥有众多人工智能和大数据重点项目;④拥有关键技术产品的研发能力;⑤行业融合深度趋势强劲	①对重点企业加快发展步伐的支持有待提高;②人工智能核心企业、应用企业与高校在技术研发、人才培养、成果转化方面开展的深度合作有待加强	微算互联C端红手指云、长泰智能、普斯赛特光电科技等企业

资料来源：以上内容是根据《湖南省国民经济和社会发展第十四个五年规划和2035年远景目标纲要》和有关文件资料梳理分析形成的。

湖北省正在加快形成战略性新兴产业引领、先进制造业主导、现代服务业驱动的现代产业体系，以此推进产业链优化升级。湖北省重点转型升级行业有汽车、装备、化工等，同时发展壮大战略性新兴产业，构建“光芯屏端网”纵向链合、横向协同的发展机制，并形成一批重点产业链（见表6）。提升产业链供应链现代化水平，以重点行业转型升级、重点领域创新发展需要为导向，聚焦市场需求量大、质量性能差距大、对外依赖程度高的核心基础零部件、核心电子元器件、工业基础软件、关键基础材料、先进基础工艺等，组织协同攻关和应用示范。以信息网络、汽车及零部件、生物医药等产业链为重点，引导优势企业兼并重组，提升产业链控制力和主导能力。聚焦集成电路、新型显示、智能终端等产业链，加快补齐缺失环节，打造新兴产业链。建立产业链外迁风险预警和应对机制，提升产业链安全保障能力，留住核心企业和关键环节。实施技改提能工程，推动产业链迈向中高端。

表6　湖北省产业链创新链发展基本情况

产业类型	产业名称	长板	短板	代表性企业
主攻发展产业	软件和信息服务	①产业各项经济指标保持较快增长；②企业竞争实力不断增强；③应用领域不断拓展；④信息技术服务能力不断提升	①财税、金融、“天使”基金等方面的支持力度有待提高；②嵌入式软件、工业行业软件等工业应用软件发展有待加强；③新业态、新模式有待探索	长电大数据、微特电子、宜康大数据、三峡云计算、纵横贝尔、鸿宇连邦和协同信安等企业
	汽车产业	①湖北省是全国重要的汽车及零部件产业基地；②外商和港澳台汽车制造业在湖北省的竞争优势明显；③产能利用率高于全国平均水平	①汽车产业数字化转型有待加快；②关键技术研发、共性平台、共性解决方案应用有待加强	东风汽车集团等企业
	生物医药产业	①生物医药产业已成为湖北省发展速度最快的产业集群；②建立了“一区九园”的产业发展格局；③湖北省拥有多个创新平台	①纳米制剂、缓控释制剂等新型化学药制剂有待发展；②片剂、胶囊、超微粉等特色创新中药、中成药新剂型有待发展	人福医药、马应龙、广济药业等企业

续表

产业类型	产业名称	长板	短板	代表性企业
重点发展产业	集成电路	①武汉在我国集成电路产业的发展水平位居前列;②已经形成了涵盖设计、制造、封装测试、终端应用等较为完整的集成电路产业链;③武汉是国家重点支持的集成电路四大产业集聚区之一	①资金支持力度有待提高;②高端专业人才较少;③产业创新有待强化	长江存储、武汉新芯、中国信科、高德红外、鼎龙控股、精测电子、力源信息、武汉梦芯等企业
	智能制造装备	①国家创新战略多重叠加;②科技创新资源优势显著;③新兴产业集群蓬勃发展;④创新创业生态富有活力;⑤协同发展模式深入探索	①前沿理论与核心算法突破速度有待提升;②智能产业国际竞争力有待提高;③新型数字基础设施有待完善	小米科技、科大讯飞等企业
	光通信产业	①信息技术产业是湖北省的传统优势产业;②湖北省形成武汉、宜昌、襄阳等特色鲜明和差异化发展的产业集聚区,一批重大项目已相继开工建设	①光通信、激光优势领域领跑地位有待强化;②打造“光芯屏端网”万亿级光电子信息产业力度有待提升	烽火通信、长飞光纤等企业
	现代化工产业	①化工产业成为宜昌市发展最快的支柱产业;②有14个化工园区,化工产业的集中度高,如猇亭园区、姚家港化工园的循环化改造取得较好成效;③技术创新能力强,部分大型化工企业有技术中心和博士后科研工作站及实验室	①工业布局有待优化;②园区建设有待规范;③产业结构有待调整优化;④资源整合能力有待提高,环境保护力度有待继续加大	多邦化工等
	新材料产业	湖北新材料产业建成了以武汉市、襄阳市、荆门市、宜昌市、荆州市、鄂州市、黄石市七大城市为主的七大新材料产业基地	自主知识产权、自有核心技术和自主战略品牌的培养有待加快	武汉钢铁(集团)有限公司等
	食品产业	①湖北食品资源和产业基础坚实;②湖北食品产业转型升级空间较大	农副产品深加工转化率、食品制造精细化率和产地初加工水平有待提高	劲酒集团、湖北神丹健康食品有限公司等

资料来源：以上内容是根据《湖北省国民经济和社会发展第十四个五年规划和2035年远景目标纲要》和有关文件资料梳理分析形成的。

江西省正在加快构建以数字经济为引领、以先进制造业为重点、先进制造业与现代服务业融合发展的现代产业体系。加快推动有色、石化、钢铁、建材、纺织服装等传统产业改造升级，同时立足优势发展航空、电子信息、医药等优势新兴产业（见表7）。

表7　江西省产业链发展的基本情况

产业类型	产业名称	长板	短板	代表性企业
主攻发展产业	有色金属	①有色资源优势；②传统企业优势；③有色金属产业是江西工业第一大产业	①质量品牌有待提升；②智能化改造力度不够；③创新能力、环境治理能力有待提高，现场安全条件有待巩固；④资源优势逐渐弱化，原料依赖度加大	江铜集团、江西钨业控股集团有限公司、中国南方稀土集团有限公司等
	绿色食品	①江西省绿色食品行业发展良好的自然条件；②江西与周边重镇、港口之间运输和交往十分便利，使其区位优势更加明显；③江西省工业污染治理较好，鄱阳湖水质好，江西省内许多地区都符合绿色食品的环境质量要求	①产业布局有待优化，加工水平有待继续提升；②现代种业、精深加工、冷链物流和市场销售等绿色食品产业链短板弱项的快速发展有待推动	江西德宇集团等
	航空产业	①作为国内唯一同时拥有大型固定翼和旋翼整机制造企业的省份，航空制造业实力雄厚；②航空运动蓬勃开展，各类航空运动赛事及活动氛围逐渐浓厚；③产业发展基础条件好，山水资源丰富、空域条件好，通用机场和航空飞行营地建设有一定基础	①航空制造力度有待继续加大；②航空运营、航空服务的发展有待继续加快；③临空经济的全面发展有待加快	洪都、昌飞等
	电子信息	①电子信息产业新一轮调整发展的机遇；②现有企业基础较好	①核心支柱产业有待巩固壮大；②新经济产业的重点培养有待加强	欧菲光、兴飞科技、联创电子、正星光电等

续表

产业类型	产业名称	长板	短板	代表性企业
重点发展产业	钢铁产业	①钢铁产业是江西省的传统产业，发展成熟；②钢铁企业近年来结构的优化	①具有较强竞争力的特大型钢铁联合企业集团较少；②供应链有待加固稳定；③关键技术有待攻克，核心竞争力有待提升	新余钢铁集团、方大钢铁集团、吉安钢铁集团、江西台鑫钢铁公司、龙南福鑫钢铁公司等
	纺织服装	①纺织服装是江西重点发展的传统优势产业；②苎麻布产量居全国第一，粘胶短纤产量居全国同行业第四；③共青城市、青山湖区、奉新县、分宜县和于都县先后晋级“国家级纺织特色产业基地”	①技术创新能力有待加强；②产业配套有待完善；③智能改造和绿色发展有待加速推动；④国内外市场开拓力度有待加大	旭腾新材料、昌硕纺织、万年芯等
	家居产业	①区位优势明显，交通便利；②企业实力较强	①产业发展的瓶颈有待突破；②招商引资、项目建设、人才引进和技术创新等重大事项的全面推进速度有待提高	江西仟亿家具实业有限公司等
	医药产业	①市场主体持续增多，产业结构逐渐优化；②产业集聚优势显现，规模效应有效提高；③民营企业贡献突出，龙头发展趋势良好	①大中药产业链有待进一步完善；②医疗器械产业转型升级还需推动；③智能制造应用有待推广	江中集团、汇仁、益康集团

资料来源：以上内容是根据《江西省国民经济和社会发展第十四个五年规划和2035年远景目标纲要》和有关文件资料梳理分析形成的。

综上分析发现，航空航天产业链、生物医药产业链是湖南、湖北、江西这三个省都规划重点发展的产业链，绿色食品产业链是湖南和江西都规划要发展的产业链，汽车产业链、纺织产业链是湖北和江西都规划发展的产业链。湖南省独有的产业链有自主可控计算机及信息安全（含IGBT）产业链、碳基材料产业链、先进陶瓷材料产业链、化工新材料产业链、人工智能

及传感器产业链、新能源及智能网联汽车产业链等共计 17 条。湖北省独有的产业链有智能制造装备产业链、集成电路产业链、现代化工产业链、节能环保产业链等共计 12 条。江西省独有的产业链有有色金属产业链、现代家具产业链、文化和旅游产业链、虚拟现实产业链等共计 9 条。

在产业链布局规划方面，长江中游地区这三省实施创新驱动发展战略，深入开展铸链、强链、引链、补链工程。三省都是在本省原有产业、优势产业的基础上合理规划，因地制宜完善发展，依托链主产业、龙头产业、重点产业优势，根据各个产业自身特点，发展产业集群及产业集聚区，促进协同发展，增强重点项目服务及保障，提升自身竞争力并取得新突破。在规划和目标上，三省分别依据自身优势以及对市场的判断，以当前各自产业链现状为基础，针对不同产业分别提出了具体化、精细化规划及目标。在现有产业链所涉及的新兴产业中，湖南省相较最多，湖北省紧排其后，江西省再次之，江西传统产业占比多。湖南省为了推进全省 20 个工业新兴优势产业链，一方面对已有的产业链进行合并，另一方面加入新的产业链。湖北省为加快形成战略性新兴产业引领、先进制造业主导、现代服务业驱动的现代产业体系，一方面提升产业链现代化水平，另一方面推进产业链优化升级。江西省提出要推动新兴产业倍增发展、传统产业优化升级。

（三）长江上游地区

长江上游地区包括重庆市、四川省、贵州省和云南省。受地形地貌等因素影响，长江上游三省一市产业发展各具优势，又自成体系。“十四五”时期，重庆、四川、贵州、云南等省市都着手谋划发展一批具有比较优势的产业链（见表 8），积极开辟内陆开放发展的产业高地。

1. 重点产业发展规划

重庆市将围绕三大产业集群开展重点产业链创新链布局。一是重点建设电子信息、汽车、装备制造三大世界级先进制造业集群；二是积极推动材料、特色消费品等具有国际竞争力的先进制造业集群建设；三是着眼新一轮科技革命和产业变革方向，在新一代信息技术、新能源及智能网联汽车、高

表 8　长江经济带上游地区产业链发展的基本情况

	产业类型	产业名称	长板	短板	代表性企业
重庆市	世界级先进制造业	电子信息	①全市第一支柱产业，产业体系完善，规模大、质量好；②创新平台体系和研发体系完善，技术和产品升级优势明显；③数字经济创新发展试验区和新一代人工智能创新发展试验区的建设为电子信息产业高质量发展提供保障；④“芯、屏、器、核”生态链完善	①产业基础能力相对薄弱；②产业链供应链现代化水平不高，存在全球供应链安全隐患；③本土企业嵌入度低；④金融市场发展无法满足电子信息产业的产业链和创新链快速发展；⑤上游原材料产业的生态集群化意识相对薄弱	京东方、SK 海力士、华润微电子、莱宝高科、奥特斯等企业
		汽车	①产品结构较全，涵盖轻、重、客、微、轿、专全谱系，产品和企业资质齐全；②绿色制造及数字制造基础良好，发展迅速；②已经形成龙头企业牵引、主流品牌入驻、零部件配套厂商供应体系完善的全产业链地区集聚；③川渝两省市汽车产业深度融合，优势互补，推动地区汽车产业高质量发展；④人才资源、科研技术、品牌、市场等基础良好	①高性能发动机、自动变速器等产品短板依然存在，“卡脖子”技术仍需突破；②自主车企品牌知名度有待提升；③高档数控机床、在线检测、自动化物流等先进高端制造装备的应用不足，产品质量需提升；④产业链人才分布不均，高端人才与技术团队人才不足	长安汽车、力帆科技、长城汽车、上汽依维柯、长安福特等企业
		装备制造	①成渝装备制造产业生态圈初步建立；②逐步形成内燃机、环保成套设备、仪器仪表、常规兵器等四大装备制造业基地；③装备制造业加工配套能力和技术开发能力不断增强；④发挥龙头企业带动优势，塑造自身在装备制造产业中的特色及竞争优势；⑤形成了特色较为鲜明的加工配套体系；⑥装备制造产业人才储备相对丰富，区域内集中了一批具有较强研发能力和较高设计水平的产业开放机构	①企业竞争力有待进一步提高，被列入国家重点工程和重点技术项目的产品和企业偏少；②装备制造业的增加值率和劳动生产率与国际先进水平差距依然明显；③企业自主开发和技术创新的能力相对薄弱，通过市场机制完成的创新活动不足；④缺乏具有总体设计、成套能力和系统服务功能的总承包企业，系统集成化发展水平低；⑤出口产品的技术含量有待提升，高技术、高附加值的产品的国际竞争力相对不足；⑥企业可持续发展能力不足，参与市场竞争的活力与动力有待提升	中国四联集团、重庆船舶公司、重庆钢铁集团、中信重工等企业

续表

	产业类型	产业名称	长板	短板	代表性企业
重庆市	具有国际竞争力的制造业	材料	①产业初具规模，在金属材料、无机非金属材料、有机高分子材料、复合材料等领域具有较强竞争力；②基本实现芳烃、烯烃等基础化工原料本地供给，解决化工新材料产业发展瓶颈；③紧跟新能源汽车、智能终端、高端装备制造业及节能环保产业需求，加强专用工艺和技术研发，开展精深加工和高附加值品种，形成产业化发展、规模化应用	①产业结构不尽合理，需加快产业结构高级化进程；②新型建筑墙体材料仍然无法满足建筑节能与绿色建筑发展需要	巴斯夫聚氨酯（重庆）有限公司、重庆华峰化工有限公司、重庆市蓬威石化有限责任公司、中国石化集团四川维尼纶厂、化医集团等企业
		绿色消费品	①产业基础好，上游产品供应特色与质量兼备；②制造业基础实力雄厚，具备农业制造业深度融合与农产品深加工的技术储备；③龙头企业多，企业产品研发实力强，产品开发与生产已形成规模；④上下游企业配套完善，区域内全产业链集聚明显	①区位决定供应链运输成本较高，需要尽快解决上下游企业物流成本；②产品的品牌知名度仍需进一步提升，开拓更广泛市场；原材料绿色供应与研发能力不足，尤其上游种业行业的研发与原材料优选优培技术不足	重庆粮食集团、红蜻蜓、江小白酒业、飞泉花椒油等企业
四川省	全球竞争优势产业	电子信息	①国家软件基地、数字娱乐基地、集成电路设计产业化基地、信息安全成果产业化基地，电子信息产业集聚优势突出；②集成电路、新型显示等重大产业建设加快，产业链合作不断加强；③金融服务到位，集成电路和信息安全产业投资基金为产业发展提供保障；④地区相关政策与财政资金支持完善	①产业规模效应不强，全省电子信息产业还处于价值链中低端，整个行业受价格波动影响比较大；②“卡脖子”问题长期没有解决，核心部件与关键技术限制了产业链供应链自主可控；③行业紧缺人才供应不足，技术人员、研发人员缺口较大	华为、京东方、微软、IBM、得州仪器等企业
		高端装备	①具备制造业全产业体系，拥有高新制造业产业升级所需的工业基础；②环成都经济圈建设初具规模，各地区形成优势互补的制造业产业体系；③成渝城市群双城联动，世界级城市群建设为高端制造业提供了重要的人才、资金、信息、技术保障；科研机构与企业深度合作，地区高端装备制造业研发能力强	①产业大多集中在价值链中低端，向中高端发展的任务艰巨，产业升级面临挑战；②企业资金实力弱，研发与人才梯队建设面临挑战；③支持产业升级的体制机制建立不完善；④高端先进装备关键共性技术、先进工艺、核心装备、基础原材料及零部件受制于人	东方电气、成发科技、成都国星等企业

续表

	产业类型	产业名称	长板	短板	代表性企业
四川省	全球竞争优势产业	食品饮料	①已形成以食品制造、中药材加工、调味品加工等为支柱的农产品加工体系;②围绕产业园区推动川酒“十朵小金花”及白酒产业全产业链、全要素、全方位发展;③已经形成一批具有国际国内竞争优势的市场主体,品牌知名度较高;④地区科研实力强,支持产业持续发展	①农业现代化水平不足,上游企业生产效率及产品供应需提升;②产业链上下游衔接还不够紧密,多数企业生产规模仍然有限;③产业与信息化、数字化技术的融合较低,智能生产水平较低,互联网技术应用程度不足	新希望、美宁、高金、五粮液、泸州老窖、希望食品等企业
	全国重要产业集群	先进材料	①四川省五大支柱产业之一,发展势头强劲、带动有力、成效显著;②矿产资源丰富,上游产业支撑作用突出;③规上企业多,集聚效应与总部企业带动效应明显;④各地区优势明显,形成梯度发展格局,协调发展;⑤地方政策协调,推动新材料企业与下游用户企业实现双向对接,协同设计、研发、制造,延展产业链	①仍未能形成集群式发展,存在产业链割裂问题;②没有形成先进材料创新型平台,无法吸引顶尖人才及团队进入;③与信息技术、数字技术结合不够,未能形成高效率运作的先进材料智造体系;④科研成果转化率较低,研发机构、生产企业及下游企业的对接需要提升	四川玻纤、永祥新能源等企业
		绿色化工	①化工产业体系门类比较齐全,产业基地化发展,是全国重要的天然气化工生产和研发基地,化肥、三聚氰胺、钛白粉等产品的产能具有全国优势;②拥有石油炼化一体化、聚烯烃聚酯类深加工、天然气精深加工、盐磷化工、硫磷钛化工、高端精细化学品和专用化工新材料等产业链;③具有成都平原、川南经济区、川东北经济区、攀西经济区、川西北生态示范区五大绿色化工产业基地格局	①产业绩效与产业规模不成正比,创新能力相对不足,产业结构有待优化;②与国内外先进水平相比,绿色化工起步较晚,工艺不够成熟,产能综合利用率不高,能耗相对较高,与绿色生产的要求尚存较大差距;③产业转型发展刚刚起步,上下游配套产业的转型与跟进面临较大挑战	四川省能源投资集团、陶氏化学、四川金象赛瑞化工等企业

续表

	产业类型	产业名称	长板	短板	代表性企业
贵州省	重点产业	生态绿色食品	①地区环境优势明显，绿色、有机、生态的特色品质优势突出；②逐步形成了从科技、工艺到人才，从种植、加工到流通，从品牌、渠道到消费的全产业运行模式和特色化体系	①产业规模小，未能形成规模经济，各地区企业分布较为分散；②龙头企业少，具有规模能力的企业数量有限；③产业链短，上下游产业链和相关配套产业发展不足；④深加工技术相对落后，主要产品仍然处于价值链低端	黔恒农业、芦丁食品、贵州贵茶等
		基础能源和清洁高效电力	①全省经济发展最重要的基础性先行产业；②煤炭资源优势突出，水电储备规模大，具有水火相济的能源优势，能源产业发展潜力巨大；③政府支撑力度大，能源供销体系完善；④已初步建立健全电力市场化交易机制，深化电力体制改革，激发市场活力	①传统产业升级面临较大挑战，设备更新成本大；②新型能源技术设备研发水平相对落后，技术受制于人；③相关科研团队与工程技术人员短缺；④能源产业受价格波动影响较大，未能形成抗风险能力	龙凤煤矿、威赫电厂、贵州磷化集团、国电贵州电力等企业
		现代化工、基础材料和新型建材	①磷、煤、重晶石、锰矿、汞等矿产资源储量丰富，上游产品供应充足；②已经形成以磷化工、煤化工、钡盐、汞回收、橡胶加工等为主体的产业基础；③拥有以磷矿采选、磷酸、磷肥、合成氨、乙二醇、醇醚、钡盐及其下游加工系列产品为主的产品结构体系；④具备中低品位磷矿选矿技术、湿法磷酸净化技术、磷矿资源中伴生氟、硅、碘资源回收利用等国际领先技术	①产业集聚程度较低，集团式发展模式仍未有效建立；②省内缺乏有效的科研与技术支撑，阻碍了产业向价值链中高端升级与技术革新；③现代化工产业科技创新人才队伍建设有待提升	贵州磷化集团、贵州轮胎、天能焦化、川恒化工、金正大、贵州芭田、西洋实业、桐梓化工、红星发展、宏泰钡业、安达科技、威顿晶磷等企业
		先进装备制造和大数据电子信息	①依托国防科技工业基础，逐步形成了涵盖航空、航天、汽车、电力装备及器材、工程机械及能矿装备、数控机床及智能装备、农业机械等门类的产业体系；②已基本形成以航空航天、汽车等为主导的装备制造聚集区；③生态环境与自然条件为大数据产业发展提供了天然场所；④优势能源资源和能源成本为大数据电子信息产业发展提供保障	①缺少创新资源共享平台与机制，大型科研仪器设备开放共享程度不高；②与下游企业对接不够，产销衔接不足，产品市场占有率需进一步提升；③制造业与信息化融合程度不够，经营成本相对较高，生产效率相对较低；④与大数据电子信息产业相配套的研发、制造产业建设相对滞后，上下游产业存在脱节风险；⑤缺少大数据领域的研发与技术人员	贵州轮胎、詹阳动力重工、成智动力重工、贵州航天电器等企业

续表

	产业类型	产业名称	长板	短板	代表性企业
贵州省	重点产业	健康医药	①药材资源丰富，上游种植业历史悠久，为中下游医药加工及应用产业提供了保障；②自然条件优越，具备开展康养产业的区位条件；③政府政策大力倾斜，积极推动药材种植—加工—销售—应用—医养的全产业链发展；④与旅游业深度结合，依托优势旅游资源，开展医养旅游产业	①医疗人力资本相对不足，高水平医生缺口严重；②医药产业研发滞后，与国际领先企业差距明显；③产业主要呈分散化生产，产业链上下游企业衔接较为松散	益佰、神奇、百灵、信邦等企业
云南省	重点产业	先进装备制造	①云南先进装备制造业形成一批特色优势企业和产品；②在交通运输设备制造业、通用设备制造业、专用设备制造业等领域产业优势较为明显，企业规模与市场竞争力较强，规上企业与上市企业相对集中；③高档数控机床、大型铁路养护机械金融电子设备等产品在全国领先；④辐射南亚东南亚地区市场，形成了以昆明为核心，沿边开放带中心城市多点布局的机电产品出口格局	①与全国领先地区相比，产业规模仍然相对较小；②产业技术水平发展相对滞后、组织架构不够科学、产业形态有待优化，与高质量发展目标存在较大差距；③产业结构配置不够合理，缺少以成套性强、工序环节多、资金投入大为代表的通用设备、专用设备、电气机械和器材龙头企业；④自主研发弱，关键核心技术对外依存度高	力帆骏马、云内动力、北汽瑞丽、中恒集团等企业
		旅游文化	①独特的地质地貌、生态环境和立体气候条件，具备发展旅游文化产业的高品位自然风光；②少数民族众多，民族风情旅游资源丰富；③拥有大量的古生物古人类化石、历史文物古迹和近现代革命遗址，历史文化资源丰富；④与东南亚、南亚国家山水相连，形成沿边对外开放的区位优势条件；⑤多种文化资源与自然风景资源相结合，具有较强吸引力	①文化内涵挖掘不够，产品特色不够鲜明，市场吸引力不强；②配套服务不完善；③产业转型升级缓慢，有效供给不足，高品质产品和服务短缺；④缺乏专业的管理人才与产品设计开发人才，发展质量和综合效益不高	云南康旅集团、云南文化产业投资控股集团、云南报业传媒集团、大理旅游集团等企业

续表

	产业类型	产业名称	长板	短板	代表性企业
云南省	重点产业	高原特色现代农业	①云南茶叶、花卉、蔬菜、水果、坚果、咖啡、中药材、肉牛 8 个“绿色食品牌”重点产业发展基础良好；②产业链两端的种业及电商产业集聚；③推动绿色有机农业发展，绿色有机基地建设和产品认证奖补制度初见成效；④世界一流“绿色食品牌”打造成效显著，“云系”“滇牌”农产品受到市场青睐	①农业生产机械化水平有待提升，生产效率较低；②农产品有机化水平不高；③农业生产数字化技术融合不足，生产管理智能化水平低；③农业生产经营和管理服务水平需要提升；④农村基础设施建设相对滞后，阻碍产业高质量发展	东辉农牧、龙腾生物、芸岭鲜生、民迪食品等企业
		现代物流	①产业规模快速扩展，吸引就业人数持续增长；②路网、航空网、能源保障网、水网、互联网等五大基础设施网络建设，为现代物流产业发展奠定坚实基础；③昆明等城市作为国际性物流节点城市功能进一步提升，成为重要的国际物流节点；物流企业发展快速、规模不断壮大；④物流信息技术在物流企业中逐渐推广应用；⑤重点产业发展为现代物流产业发展奠定了坚实基础	①与把云南建设成为我国面向南亚东南亚辐射中心目标和云南省现代物流产业发展定位仍然存在差距；②物流节点有待优化，产业集约、高效发展水平有待提升；③产业管理水平有待提升，物流体系尚不健全；④龙头企业规模与产业带动能力有限	云南营家优鲜供应链有限公司、云天化等企业
		生物医药	①云南是全国植物种类最多的省份，有“药物宝库”“香料之乡”之称，全省中药材资源种类达 6559 种，占全国种类总数的 51.4%；②中药材产业规模大，种植面积达 794 万亩，产量 104 万吨，种植面积和产量均居全国第一；③产业认可度高，产品疗效好，质量优，民族药资源有 2000 多种，民间验方有 10000 多个；④以彝药、苗药、傣药等为代表的云南民族药疗效独特，具有很强的市场前景和潜力	①产业结构不尽合理，产品以中药为主，生物药研发、生产滞后；②健康产业发展滞后，难以有效衔接生物医药产业，影响了产业链拓展	云南白药集团、昆药集团、沃森生物、拜耳滇虹、积大制药、龙津药业等企业

资料来源：以上内容是根据上述各省市的“十四五”规划纲要和有关文件资料梳理分析形成的。

端装备、新材料、生物技术、绿色环保等重点领域加快建设一批具有全国影响力的战略性新兴产业集群，构筑产业体系新支柱。

四川着眼于产业分工协作和产业链重构，重点建设三大产业集群。一是建设具有全球竞争优势产业集群，包括电子信息产业、高端装备产业和食品饮料产业；二是巩固全国重要产业集群，包括先进材料产业和绿色化工产业，同时建设全国重要应急物资生产及储备基地；三是布局未来产业集群，包括人工智能、生物工程、精准医疗、前沿新材料、卫星互联网、氢燃料电池、智能网联汽车、高端农业装备等。

贵州省将重点围绕五大产业培育和完善产业链创新链。一是持续做强优质烟酒产业，大力发展生态特色食品加工，打造世界级酱香型白酒产业基地核心区和全国绿色食品工业基地。二是围绕基础能源产业智能绿色转型和电力产业清洁化转型大力发展基础能源和清洁高效电力产业。三是实现现代化工、基础材料和新型建材质量升级，加快发展现代化工、基础材料和新型建材产业。四是以航空航天装备制造业、汽车制造产业、智能制造装备业、特色装备制造业、节能环保产业和大数据电子信息产业为突破口，加快发展先进装备制造和大数据电子信息产业。五是持续提升健康医药产业、民族特色轻工业水平，发展健康医药等特色产业。

云南省将不断深化和提升八大重点产业。包括重点培育以先进装备制造业、旅游文化业、高原特色现代农业、现代物流业、生物医药和大健康产业等为重点的万亿级支柱产业；以及围绕信息产业、新材料产业和食品与消费品制造业打造千亿级优势产业。

2. 重点产业发展优势

在电子信息技术领域，重庆提出“智造重镇”和“智慧名城”建设，在功率半导体器件、柔性超高清显示、新型智能终端、先进传感器及智能仪器仪表以及网络安全等产业中具有较强国际竞争力。在汽车制造领域，重庆不仅在燃油汽车生产能力、零部件配套体系和集成电路生态等方面具有综合优势，而且能够发挥地区在动力电池、氢燃料电池及信息产业发展的集体优势，推动新能源汽车与信息通信、能源、交通深度融合，打造新能源与智能网联汽车产业基地。在高端装备制造领域，重庆市在推动传感器、通信模组等组件在整机中植入和有色合金、合成材料等新材料应用领域具有突出优势。在新材料领域，重庆市在聚酰胺材料和聚氨酯材料产业中具有较强国际竞争力，且具有全国领先的有色合金材料、玻璃纤维及复合材料产业基础。在生物技术方面，重庆市正逐步推进医疗器械、化学药原料药及制剂、现代中药等全国一流产业基地的建设。在绿色制造领域，重庆市可以依托自身较强的装备制造基础，研发与制造节能环保和新能源领域技术装备，持续壮大再生资源、再制造等资源综合利用产业规模。

在世界级电子信息产业集群构建中，四川省在半导体、新一代网络技术、智能终端软件等领域具有创新优势和国际竞争力。在打造世界级装备制造产业集群中，四川在航空航天、能源装备、燃气轮机、数控机床、工业机器人等重点领域具有突出的质量优势。在培育世界级消费品产业集群中，四川省在优质白酒和精制川茶、饮用水、健康食品、精品服饰、特色轻工等领域具有特色品牌和创新能力。与此同时，四川省是全国重要的钒钛、稀土、光伏、特种电子材料、石墨烯材料产业基地，拥有以精细化工、生物化工、高分子化工等为重点的绿色化工产业集群，在先进材料产业、绿色化工产业和智能制造产业中均具有全国领先地位。

在优质烟酒和生态特色食品产业中，贵州省既有“茅台”这样的龙头企业，也有一大批国内知名白酒品牌，同时区域内白酒、啤酒、葡萄酒产业发展良好，具有较高市场认可度；且在以辣椒为主的特色调味品产业、粮油、豆制品、食用菌加工业拥有较大市场潜能。在基础能源和清洁高效电力产业中，贵州省依托自身资源优势，在煤矿瓦斯、煤矸石、矿井水、煤层气、页岩气等高效利用和开采中具有较强技术优势，区域内水电资源丰富，风光水火储一体化发展技术相对领先。在现代化工、基础材料和新型建材产业，贵州省在新型煤化工、湿法净化磷酸精深加工、铝精深加工、锰精深加工、高品质海绵钛产品、玄武岩纤维生产、黄金深加工等新材料开发与加工领域具有较强竞争力。在先进装备制造产业中，贵州省在航空航天装备制造、汽车及新能源汽车整车制造及动力电池、驱动电机、电控系统等核心部件具有较强研发能力；同时在能矿装备制造、电力装备及器材制造、抢险救援及路桥施工装备、山地农机装备等领域具有鲜明地方特色。在大数据信息产业中，贵州省以云服务为重点的新一代软件和信息技术服务具有较强优势。在健康医药产业中，贵州省依托苗药资源和地区丰富的中药材优势，重点发展医药产业，且围绕医药产业发展医疗设备和康养产业。

在先进装备制造业中，云南既拥有新能源汽车、电子信息、石化等优势产业，也利用绿色能源优势引领绿色铝绿色硅等先进制造业和高新技术产业发展，同时依托国家科技专项、企业技术中心、制造业创新中心、工程（重点）实验室等，持续提升自主创新和自主制造能力。云南省旅游资源丰富，能够满足多元化、个性化、定制化的旅游需求，具备实施全域旅游发展的优势条件。云南省自然禀赋独具“绿色”“环保”“原生态”的现代农业基因，在消费升级的背景下，云南省因地制宜打造特色产业，拥有茶叶、花卉、蔬菜、水果、坚果、咖啡、中药材、肉牛等特色优势产业。云南省是连接我国内陆、面向南亚东南亚和环印度洋周边经济圈的国际物流大通道、“一带一路”重要战略支点和物流枢纽，具备发展物流的区位优势。在发展生物医药和大健康产业上，云南省具备生态资源、中药资源、区位条件三大优势。借助我国面向南亚东南亚数字经济示范区建设，云南将建设一批公共信息数据库和国家级数据中心，“数字云南”将成为面向南亚东南亚辐射中心的重要支撑。云南可以依托自身稀贵金属资源优势，配合先进装备制造业发展，推动新材料产业的全产业链发展，云南卷烟品牌具有国际市场规模、一类烟规模、优质烟叶规模的市场地位和品牌价值，是其发展食品与消费品制造业的基础。

二　长江经济带产业链创新链发展支持政策

（一）长江下游地区

近年来，上海、江苏、浙江、安徽等省市积极服务企业需求，从产业链创新链发展中的“痛点”、“堵点”和“难点”出发，采取有效政策组合工具，精准施策，多点发力，着力解决一批企业的成长“烦恼”问题。具体支持政策主要包括以下方面。

1. 财政补贴奖励与产业基金双向发力

江苏省政府要求发改委、经信等部门每年安排10%的支持产业发展财政资金用于扶持产业集群发展。上海市设立产业转型升级发展基金，由市级财政预算安排用于产业升级发展、产业技术创新、高端智能装备首台套示范应用、生产性服务业、品牌建设等领域的重大项目。此外，为了推进财政补贴奖励政策落实，地方政府也建立了部门间协同推进机制。例如，上海市建立产业结构调整协调推进联席会议，确定任务分工的部门职责。

2. 强化要素支撑保障

随着城市发展空间日益紧张，上海、浙江等地加强土地用途管控，挖掘工业用地存量“潜力”，通过回购等途径释放出一批低效用地空间。上海市实施工业用地保护，提出“十四五”期间要保留不少于500平方公里的工业用地，以便于为新兴产业发展留足发展空间。浙江省引入“亩均论英雄”、标准地等探索，并建立了与工业用地产出效益挂钩的奖惩机制。江苏省鼓励各地市引入长期租赁、租让结合、先租后让和弹性出让等方式保障先进制造业集群发展。另外，为了适应产业链创新链现代化水平提升，大力引进高端人才成为长三角地区发展世界级先进制造业集群的重要举措。例如，江苏省为了鼓励产业集群引进科研院所，通过实行人才在高校等事业单位和产业集群“双落户”来解决科研院所人才身份认同和干事业的问题，进而为产业链导入创新链创造有利的条件。

3. 培育产业链“链主”企业

“链主”企业在产业链生态体系中的主导作用越来越受到地方政府的重视，江苏、安徽等省份采取措施支持“链主”企业成长及其以大带小的带动作用。例如，江苏省根据产业链树状图确定500家左右重点企业，不仅鼓励企业通过兼并重组等途径推动产业链垂直整合，还支持“小巨人”企业和隐形冠军企业通过直接融资等途径发展壮大成为“链主”企业。又如，浙江省积极引导创新资源向优势企业集聚，培育一批具有“链主”作用的世界级领军企业，依托这些企业打造产业链上下游创新共同体，进一步提升这些产业链创新链国际竞争优势。

4. 构建产业协同创新体系

为了有力推动产业链与创新链更有效地融合发展，浙江、江苏、安徽等省围绕产业链补强创新链。例如，浙江省围绕十大标志性产业链发展需求动态发布关键核心技术攻关清单，精心部署产业链供应链和协同创新项目建设，建设标杆型产业创新服务综合体。又如，江苏省从产业链共性关键核心技术需求入手，依托“链主”企业成立新型研发机构，推动一大批国家级和省级技术创新中心、制造业创新中心和产业创新中心形成多层次技术创新体系。

5. 优化产业链创新链营商环境

除了中央改善营商环境的要求之外，浙江、上海等省市都把政府服务企业能力作为优化制造业发展环境的关键突破口。例如，浙江省通过“企业码”向制造业企业精准推送惠企政策并实现了线上办理，同时重视企业家能力提升发展，实施政治上给待遇、经济上给激励、社会上给荣誉等配套政策鼓励企业家成长。又如，上海市建立优化服务企业联席会议机制，更好地发挥各部门行政职能“合力”，统筹协调解决重大事项研究、共性诉求协调、优化政策供给等问题，并通过“上海企业服务云”向企业提供推送政策、收集企业诉求、强化企业赋能等服务。

6. 强化政策实施保障

为了让产业链规划和政策落地，地方政府也采取了领导挂帅的工作推进机制，以便于实现短期内见效。例如，江苏省南京市在八大产业链高质量发展的方案中明确提出了“一条产业链，一位市领导，一个工作专班，一位专班负责人”的工作推进机制，通过市领导的统筹领导和工作专班的集中优势力量办大事的作用强力推动产业链现代化，同时推动创新产品的市场化应用，补强创新链的“最后一公里”。又如，浙江省则探索建立总链长、链长与产业链服务团的政产学研用协同推进的工作实施体系，确定省长负责十大标志性产业链的“总链长”，分管副省长担任“副总链长”，省经信厅负责人根据工作分工分别承担每条产业链“链长”，同时每条产业链相应建立了省级部门、行业协会、专家共同参与的“产业链服务团”。

（二）长江中游地区

湖南省人民政府发布的《湖南省国民经济和社会发展第十四个五年规划和二〇三五年远景目标纲要》提出，通过提高产业链供应链自主可控能力、锻造产业链长板、弥补产业链短板、推进零部件配套发展和加强质量品牌建设这五个方面来提升产业链供应链的自主可控能力。在推进全省产业链创新链建设方面，湖南省政府在2020年发布了推进全省20个工业新兴优势产业链的纲领性文件，实行“一条产业链、一名省级领导、一套工作机制”，这20条产业链是对之前产业链的进一步整合，一方面对已有的产业链进行合并，另一方面加入新的产业链。湖南省相继推出重点领域发展产业链行动计划，在保障措施方面实施省委、省政府领导同志联系产业链制度，统筹确定产业链发展规划、扶持政策等重大问题，建立重点项目定期调度机制，及时掌握项目进展情况，加强协调服务，确保项目顺利实施。湖南省在自主可控计算机及信息安全（含IGBT）产业、碳基材料产业等产业链发展中还制定军民融合发展政策。

湖北省人民政府发布的《湖北省国民经济和社会发展第十四个五年规划和二〇三五年远景目标纲要》坚持把发展经济着力点放在实体经济上，规划提升该省16条重点产业链现代化水平，增强重点产业链供应链自主可控能力，促进全产业链素质整体跃升，制造业产业链在组织领导上实行产业链链长制。湖北省以“链长制”为抓手，建立省领导领衔推进机制、决策咨询机制、重大项目推进机制、问题办理机制、调度督导机制，强化组织领导和政策支持，按照“一条产业链、一位省领导、一个牵头部门、一个专家团队、一个工作方案、一个支持政策、一个工作专班”工作模式，坚持政府引导和市场主导、应用牵引和问题导向、产业招商和技术突破、突出重点和全面提升相结合。

江西省人民政府发布的《江西省国民经济和社会发展第十四个五年规

划和二〇三五年远景目标纲要》坚持把发展经济着力点放在实体经济上。江西省以“链长制”为中心建立链长制工作推进体系、支撑服务体系、决策咨询体系、议事协调体系，强化组织领导、政策支持、调度督导，提出实施供应链协同推进行动、项目强攻行动、创新提升行动等多项重点任务。

综合湖南、湖北、江西三省已出台的政策文件，本报告对财政税收、人才、金融、组织等领域政策进行梳理总结（见表9）。这些政策内容虽然不尽相同，但反映了地方政府因地制宜扶持产业链创新链发展的着力点和支持力度差异。

表9　长江中游地区三省产业链创新链支持政策

领域	湖南省	湖北省	江西省
财政税收	①加大财政扶持力度，统筹安排制造强省专项资金等，加快延链强链补链，推动企业研发经费奖补政策。省发改、科技、工信等相关专项资金对符合条件的项目予以重点支持。②在税收方面，以鼓励制造业研发创新为支撑点，提升产业链水平。推进企业技术改造税收增量奖补政策和税前加计扣除等税收优惠政策落地实施	①加大财政资金的支持力度，发挥政府出资产业基金引导作用，优化资金利用结构，加大对智能制造、绿色制造、自主创新等先进制造业的支持。②落实国家各项税收优惠政策，积极做好税务咨询和服务，引导省内企业充分享受国家税收扶持政策	①加大重点产品物流费用支持资助力度，对省鼓励发展的重点产品，其所发生的物流费用按照“一事一议”方式给予补贴。②大力减税降费
人才	①强化人才支撑。加快高端人才引进。②鼓励校企积极尝试多种新型办学模式。③建立完善优秀企业家人才库	①畅通国际人才引进工作通道，争取开展海外技术移民制度试点，试点外籍人才兼职创新创业政策。②推进人才跨区域流动机制改革，鼓励人才跨体制流动，支持高校院所科研人员离岗、兼职创办科技型企业，支持高校院所设立流动岗位吸引具有创新实践经验的企业家、科技人才兼职，在高校院所和企业双向实施“产业教授”项目	①强化人才支撑。大力保护企业产权和企业家合法权益，鼓励企业家大胆创新创业。②加快引进培养使用高端科技领军人才，实施省“双千计划”等人才工程。③充分发挥各类人才发展平台作用。④深化职业教育改革

续表

领域	湖南省	湖北省	江西省
金融	强化政府性产业基金的作用,引导资本支持技术创新。针对解决小微企业融资难问题,省工信厅联合人民银行长沙中心支行创新推出的产业链"一链一行"主办行和供应链金融核心企业名录,主办行要围绕产业链制定供应链金融专项授信政策,配置专项信贷资源,开辟绿色服务通道,切实加大融资支持	综合应用货币信贷政策工具,引导金融机构加大对制造业重点领域的支持力度。落实创新改革示范区相关政策,引导社会资本参与制造业和实体经济发展。支持符合条件的企业在境内外上市融资,发行各类债务融资工具。引导金融机构创新产品和服务	拓宽融资渠道,发挥江西国资创新发展基金作用,鼓励企业有效利用资本市场
组织	加强组织领导,强化多部门协同,建立三级联动工作机制	加强部门协调,建立多部门联席会机制。重大项目实行"一事一议"	加强组织实施,建立一体化办理的推进机制。建立"2+6+N"产业高质量跨越式发展行动计划调度机制。加强"2+6+N"产业高质量跨越式发展考核评价

通过分析各省产业链相关政策可知，这三个省在产业链发展中都实施了产业链链长制度，并且都明确提出将发展经济的着力点放在实体经济上，也确定产业链发展的重点支撑平台（见表10）。在产业链发展的各个环节都设有稳固支点，从领导机制、组织问题到调度问题都有明确政策支撑。从上级到下级、从计划到实施，虽然三省在不同的产业链发展中各有不同的侧重点和目标，但在政策及实施方案制定上都做到了周密详细、切实可行。这三省依据各自不同现状和发展前景，在详细的政策中有其针对性。另外，这三省在财政税收、人才引进、金融融资等方面都分别有明确政策支持。

表10　长江中游三省产业链创新链支撑平台

省份	支撑平台
湖南省	长沙高新区、湘潭高新区、株洲高新区、长沙航空工业园、岳阳绿色化工园区、衡阳松木经济开发区、洪江高新区、望城经开区循环经济工业园、常德德山经开区、郴州氟化工产业园、长株潭城市群和岳麓山国家大学科技城、马栏山视频文创产业园、澧县高新区、荷塘工业集中区、临武工业园、蜻州工业集中区等

续表

省份	支撑平台
湖北省	武汉东湖高新区、临空经济区、黄石经开区、咸宁高新区、武汉国家光电子信息产业基地、葛店经开区、黄冈科技园、猇亭园区、姚家港化工园、宜都化工园、光谷南大健康产业园、鄂州开发区、黄石大冶湖高新区、荆州经济技术开发区、湖北海山科技产业园、襄阳市汽车零部件(铸锻件)产业园、湖北襄阳国家高新技术产业开发区、荆州开发区公安工业园、湖北荆门高新技术产业开发区、湖北蕲春李时珍医药工业园、赤壁高新技术产业园区等
江西省	赣州高新区、鹰潭移动、上饶经开区、南昌市青山湖区、赣州经开区、宜春经开区、信丰县、新余高新区、萍乡市湘东区、青山湖区、奉新县、分宜县、于都县、环鄱阳湖生态旅游圈、赣南等原中央苏区红色旅游集聚区、景德镇世界陶瓷文化旅游中心、新余良山钢铁工业基地等

各省产业链的发展完善离不开新型工业化产业示范基地、高新技术产业开发区等集群、园区作为支撑平台。湖南拥有一批国家、省市级创新平台，一流科研院所，双一流大学，国家级创新平台有国家重点实验室 1 个、国家地方联合实验室（工程中心）4 个、国家级博士后科研工作站 4 个、国家企业技术中心 3 个、国家工程技术研究中心 2 个、国家级工程研究中心 3 个、企业院士工作站 3 个。

湖北省形成武汉、宜昌、襄阳等特色鲜明和差异化发展的产业集聚区，宜昌市 7 个县市区已形成 14 个化工园区、化工生产企业集中区，宜昌磷化工产业集群已进入湖北省重点成长型产业集群，猇亭园区、姚家港化工园入选国家园区循环化改造示范试点园区，大型化工企业建立了企业技术中心、博士后科研工作站及实验室。新材料产业建成了以武汉、襄阳、荆门、宜昌、荆州、鄂州、黄石七大城市为主的七大新材料产业基地。生物医药产业集群建立了“一区九园”① 的产业发展格局，并且拥有多个创新平台。工业互联网产业链拥有国家信息光电子创新中心、国家数字化设计与制造创新中

① “一区”：武汉国家生物产业基地（光谷生物城）。“九园”：十堰生物产业园、宜昌生物产业园、荆门生物产业园、天门生物产业园、仙桃生物产业园、黄石生物产业园、黄冈生物产业园、鄂州生物产业园、恩施生物产业园。

心、武汉光电国家研究中心等一批国家级创新平台，汇聚了信息与通信领域的56个国家、省部级科研院所，42所高等院校，60余位院士。

江西省在纺织服装方面，共青城市、青山湖区、奉新县、分宜县和于都县先后晋级“国家级纺织特色产业基地”，中成药产业方面拥有福城医药产业园、袁州医药产业园、小蓝经开区医药产业园等中药企业聚集园区。江西省目前正在加快赣州、南昌、九江商贸型国家物流枢纽建设，加快建设现代物流园、智慧物流园、赣州信息安全产业园，重点建设南昌航空产业国家高技术产业基地。

（三）长江上游地区

1. 重庆市实施八项保障措施旨在提升产业链创新链竞争力

一是提升重点产业创新能力，尤其是突破核心技术与关键部件的“卡脖子”问题，构建完善的技术创新体系，促进创新成果更加紧密与现有产业链供应链衔接配合。二是加快产业链供应链现代化步伐，重点提升基础制造能力，围绕优势产业链补链强链，推动产业链供应链全球配置，加强产业链供应链安全、自主可控能力。三是加快数字化转型，促进工业互联网创新发展及传统产业与数字信息技术加速融合，大力发展服务型制造。四是贯彻实施绿色发展理念，落实碳达峰、碳中和要求，推动制造业绿色转型发展，严格产业准入和落后产能退出机制。五是围绕重点产业和重点产业链，大力培育领军企业和“链主”企业。六是促进制造业积极参与国内国际双循环，既充分利用国内巨大市场的潜在规模，又要积极融入全球生产网络，填平与发达国家产业链、价值链、供应链和创新链的“鸿沟”。七是创新财政支持方式，聚焦重点产业、重点企业、重点环节。八是培育和吸引高素质人才，为地区产业链创新链发展提供人力资本支撑。

2. 四川省实施了产业链填缺补短工程，推进产业链改造升级，提升全产业链设计、制造、工艺、管理水平

开展产业链联动协作行动，构建大中小企业抱团发展、上下游协作、产业链共生的产业生态格局。提高产业链供应链稳定性和竞争力，实施产

业基础再造工程，编制重点产业链基础零部件（元器件）、关键基础材料、先进基础工艺、产业技术基础清单，加快制造业供应链安全体系建设，推动产业链核心环节本土化；积极培育头部企业，推动大中小企业融通发展，深化川渝制造业协同发展布局，在创新平台搭建、关键核心技术攻关、创新成果转化和品牌质量提升方面加强创新支撑作用；加快传统产业数字化转型，培育数字经济产业中心，发展服务型制造产业；高水平承接产业转移，积极融入国内经济大循环，提高全球供应链适配能力；从财税、土地供应、人才培育与吸引、用地保障、能源保障、物流成本削减等领域做好政府支撑工作。

3. 贵州省给予产业链创新链发展大力的政策、资金、人才、技术支持

一是加强政府创新服务转型，推动加强区域间资源整合和协同共享，牵头组建专家库，为产业发展提供服务保障。二是构建多元化的融资渠道，保障产业链创新链发展资金稳定。三是加强财政资金支持，对重点产业、重点企业的技术研发、人才引进、设备革新等提供配套资金支持。四是强化人才支撑，引进高技术人才，建立和完善人才激励机制。五是鼓励对外合作，与全球创新要素深度融合，融入全球知识生产链。六是支持以链主企业为牵引，加强关键技术、核心部件等“卡脖子”技术的突破，保障产业链供应链安全、自主可控。

4. 云南省提出七大保障措施，推动产业链创新链发展

第一，破除阻碍要素自由流动的体制机制障碍，实现配置公平高效的市场流通机制。第二，持续优化营商环境，吸引外部投资。第三，构建快速、高效、智能、安全、绿色的现代基础设施网络。第四，鼓励创新，实施创新驱动战略，培育一批具有自主技术优势的创新型市场主体。第五，实行人才引领发展战略，培育和吸引高素质人才。第六，满足双循环发展要求，持续提升产品质量，建设和维护具有国际影响力、国内竞争力的知名品牌。第七，建设全产业链的保障机制，保障产业链供应链安全，做到关键核心技术的自主可控。

三 政策建议

1. 建立产业链创新链支持政策的区域协调统筹机制

鉴于当前长三角三省一市各自为政发展产业链创新链的做法，中央有关部门应及时纠正这类做法，按照开放协作的思路引导有关地方共同培育一批相同、相似或相近的产业链创新链，探索共同规划、共同投资、共同培育、共享收益、共担风险的协同机制。同时，为了整合资源，避免分散化低效投入，长三角三省一市应利用现有区域协作机制推动资金、人才等要素集中投入，积极引入社会资本共同成立新兴产业投资资金，因地制宜地对产业链创新链不同环节进行精准投资。

2. 加强产业链创新链风险防控

鉴于长江经济带沿江省市关于产业链政策具有“重发展、轻风险”的问题，中央有关部门应积极引导长江经济带有关地方建立协同应对风险机制，加强产业链创新链关键环节的风险监测和分级管控，稳住产业链创新链关键环节的核心企业。地方政府应加强对产业链创新链的关键核心技术的梳理，设立行业“卡脖子”攻关项目，鼓励企业与高校、科研机构组建科技攻关共同体，加快实现新兴技术突破。

3. 创新财政资金支持方式

充分发挥各级政府财政性产业基金的牵引作用，通过股权战略投资、跟投社会资本、天使投资等途径支持重点产业链的标志性重大项目落地，同时按照产业引导、适时退出的原则实现滚动投资、接续扶持新的产业项目。另外，构建产业链现代化建设的财政专项资金支持方式，针对产业链薄弱环节和风险隐患实施精准支持，尤其是鼓励对产业链重大技术突破、核心关键零部件制造等“卡脖子”技术的研发与创新。此外，采取以奖代补的方式鼓励产业链上下游企业实施智能化、绿色化、数字化、服务化、融合化的转型升级。

4. 降低企业综合成本

降低企业生产要素成本是提升地区产业链创新链竞争力的重要途径。一是严格落实国家减税降费政策，确保符合税收优惠条件的制造业企业“应享尽享”，尤其对创新型企业实现让利，按月退还一定比例增值税增量留抵税额。鼓励其将更多资金用于技术研发与再生产。二是鼓励金融机构贷款向实体企业倾斜，培育和建设多元化的融资渠道，支持金融机构与实体企业构建各种形式社会网络，降低企业融资成本，提升企业融资可获得率。三是从陆路交通、港口建设和民航发展基金等环节减轻实体企业，尤其是创新型制造企业的税费负担，降低其运输成本。四是合理安排水电使用量，支持企业参与电力市场化交易，对能效高、绿色化生产企业给予一定的政策倾斜或用能成本补贴。

5. 加强长江经济带产业链发展的顶层设计

目前，长江经济带沿江省市产业发展规划关于产业链的部署都存在不同程度的同质化现象，例如，长江中游地区的湖北、湖南和江西都将电子信息相关产业作为主导产业，这在未来可能会带来无序竞争或资源浪费的问题。为此，中央有关部门应从推动长江经济带高质量发展的战略高度出发，按照“一盘棋”考虑，做好顶层规划和设计，使各个地区根据自身的资源禀赋、技术能力和产业基础，在相同产业链的不同环节着力，形成差异化的重点发展环节，从而使相同产业能够在不同地区间形成良好的产业合作与转移态势，提升长江经济带产业链发展合力和国际竞争优势。

B.14

黄河流域产业链创新链竞争力

李　蕾*

摘　要： 本报告首先基于黄河流域九省区关于产业链创新链的相关规划情况，总结提炼出各省区确定的重点产业链或重点产业，并围绕细分领域、重点企业、主要短板和突破方向等方面对河南、山东、陕西、山西、内蒙古等省区的战略性新兴产业链或战略性新兴产业的发展现状进行分析。然后从产业基础再造、推动链长制、培育链主企业、加大财税金融支持、强化创新和人才支撑、优化营商环境等方面梳理总结出各省区支持产业链创新链发展的政策措施。最后提出打造产业链创新链平台和载体、培育壮大链主企业、构建绿色产业链创新链、加快产业链创新链数字化和智能化转型、支持产业链创新链金融发展等五方面建议，以提升黄河流域各省区产业链创新链的竞争力。

关键词： 黄河流域　产业链　创新链　竞争力

作为构建新发展格局的主体，国内大循环的主要矛盾是供需不匹配和不协调，而且关键在供给侧，主要表现为供给质量不高，难以有效满足居民对优质商品和服务型消费的需求。习近平总书记在2020年5月14日召开的中央政治局常委会会议中指出："要深化供给侧结构性改革，充分发挥我国超

---

* 李蕾，经济学博士，河南财经政法大学讲师，主要研究方向为产业升级与产业竞争力。

大规模市场优势和内需潜力，构建国内国际双循环相互促进的新发展格局”以及“要实施产业基础再造和产业链提升工程……抓紧布局战略性新兴产业、未来产业，提升产业基础高级化、产业链现代化水平”。可见，从供给侧改革的视角畅通国内大循环，关键是畅通产业链和创新链，提升产业基础能力和产业链水平。作为我国重要的生态屏障和经济地带，黄河流域横跨东中西三大区域，经济体量大，产业基础雄厚，尤其是黄河中下游地区，是我国内陆重要的经济腹地，在新发展格局的构建中占据重要地位。因此，分析黄河流域产业链创新链竞争力，对国内大循环的有效畅通至关重要，也是实现国内国际双循环的基础和重要动力。

一　黄河流域产业链创新链发展情况

黄河流域各省区根据产业基础，结合新一代信息技术背景下的产业发展趋势，在各自的《国民经济和社会发展第十四个五年规划和二〇三五年远景目标纲要》（以下简称《规划和纲要》）和相关的产业发展规划中明确了自身的产业链重点领域或重点产业（见附表1）。河南省提出推动装备制造等六大战略支柱产业固链强链，构建新型显示和智能终端等十大战略性新兴产业链。山东省聚焦于新一代信息技术、高端装备、新能源新材料、现代海洋、医养健康等五大新兴产业以及高端化工、现代高效农业、文化创意、精品旅游、现代金融等五大传统产业，提出实施强链、建链、补链、保链措施。同时，在新一代信息技术等五大新兴产业的基础上，将新能源汽车、航空航天、绿色环保、新兴服务等作为新兴产业的拓展领域和空间。陕西省强调发展壮大新一代信息技术、高端装备制造等战略性新兴产业，并围绕六大支柱14个重点产业领域，筛选出数控机床、光子、航空、重卡、生物医药等23条重点产业链，提出编制产业链全图景规划，补齐产业链供应链短板，锻造产业链供应链长板，提升产业链整体竞争优势。山西省聚焦于信息技术应用创新产业、半导体产业等14个战略性新兴产业，提出实施建链、补链、延链、强链工程。进一步地，通过制订相关专项规划，明确了山西省新产

品、新装备、新材料、新业态以及未来产业的发展重点。四川省提出围绕集成电路与新型显示、新一代网络技术等16个重点产业和数字经济的“16+1”产业体系编制产业链全景图，实施稳链、强链、补链、延链工程，提升产业链供应链稳定性和竞争力。内蒙古重点聚焦于现代装备制造业、新材料等战略性新兴产业的发展，同时根据资源优势提出玉米深加工产业链、马铃薯产业链等10条优势特色产业链，强调推动产业链供应链融通创新和产业链创新链深度融合。甘肃从大的方面给出了新兴产业、生态产业和传统产业的发展方向。其中，新兴产业强调大力发展半导体材料、碳纤维、无人机、大健康、石墨烯化工材料、量子通信等。生态产业则强调围绕节能环保、清洁生产、清洁能源、循环农业等重点领域实施提质增效行动。传统产业围绕有色冶炼、装备制造、电子信息等重点领域延链补链。进一步地，突出“强龙头、补链条、聚集群”，从强链、补链、延链、增链四个方面为新能源产业链的发展指明了方向。青海提出推动传统产业焕发新活力、打造生态产业发展新优势、培育战略性新兴产业新支撑。在传统产业发展方面，强调加快发展盐湖钾、钠、镁等有色金属产业链，提升冶金建材全产业链竞争力，推动特色轻工业提品质创品牌。在生态产业发展方面，提出发展光伏、风电、光热、地热等新能源，建设高端风电装备制造和服务产业链，发展生态旅游和特色农牧业。在战略性新兴产业发展方面，聚焦于研发高强高韧先进材料，深度开发利用中藏药特色资源，推动装备制造向系统集成制造升级。宁夏对冶金行业、化工行业、纺织行业、生物医药行业等传统行业提出实施结构、绿色、技术、智能等四大改造，推进延链补链强链。在优势主导产业发展方面，一是围绕发展高性能新材料，探索新模式新业态，推动形成材料、部件、装备等完整产业链；二是聚焦光伏制造、风电制造、储能和新能源汽车等新能源产业，以及粮油类、枸杞类等绿色食品，全链条布局清洁能源产业；三是加快技术开发，延伸高性能工程塑料和新型化工材料等高端煤化工产业链；四是通过巩固装备制造领域先进技术、突破关键核心技术，以及开发仪器仪表高端智能控制阀等提升装备制造产业价值链。表1至表5为黄河流域部分省区具体新兴产业链或新兴产业的发展现状。

表 1　河南省十大战略性新兴产业链发展现状

重点产业链	细分领域	重点企业	主要短板	突破方向
新型显示和智能终端	新型智能手机、智能穿戴设备、智能家居、数字影音设备等	富士康等	核心配套环节缺失,产品结构单一,发展后劲不足,竞争力弱	围绕延链补链强链引进国内相关龙头企业,提高自主创新能力
生物医药	新药、高端仿制药、现代中药等	太龙药业、拓洋生物、宛西制药、普康药业、福森药业、华兰生物、辅仁堂药业等	集群效应弱,高端产品与服务供给不足	强化集聚发展,加快创新药和仿制药等关键技术研发,实施数字化和智能化转型
节能环保	节能环保技术装备、资源循环利用技术装备、节能环保服务等	宇通客车、郑州日产、洛阳隆华、郑州生茂光电科技等	产业发展层次不高,规模偏小,创新能力薄弱,产业配套不足等	引进培育龙头企业,谋划重点项目,提升技术水平
新能源及网联汽车	车体电子控制系统、车载电子电器产业、车联网及智能驾驶产业等	海马汽车、宇通客车、上汽郑州基地、东风日产郑州基地、奇瑞等	龙头企业引领作用弱,中高端新车型产量不足	引进新能源整车企业、新兴汽车企业、中高端新车型,深化与国内外优势汽车企业合作
新一代人工智能	新一代智能制造、智能交通物流、新型智慧城市、公共服务智慧化等	宇通客车、汉威科技、河南讯飞、博兰奇集团、寒武纪、中原动力等	龙头企业缺乏,创新能力不足	培育领军企业,集聚高端人才,建设创新示范平台
网络安全	网络纵深防御、基础设施安全、基础安全技术、安全管理平台等	360、奇安信等	创新能力不足,集聚化程度不高	建设一批公共支撑平台和新型研发机构,加快关键技术产品研发生产,推动产业集聚发展
尼龙新材料	尼龙 6 产业、尼龙 66 产业、尼龙印染、改性注塑等	中国平煤神马集团、平顶山神马工程塑料公司、平顶山三梭尼龙发展公司、鹤壁中维化纤公司等	产业链上游配套不足,产品过于单一,研发投入低	引进关键原材料等上游企业,加大研发投入,向智能化、绿色化、高端化发展

续表

重点产业链	细分领域	重点企业	主要短板	突破方向
智能装备	机器人、数控机床、智能物流仓储装备、新兴智能装备、智能制造成套装备等	格力(洛阳)电器、新松机器人(新乡)等	龙头企业和关键技术缺乏,产业链条和配套体系不完善	集聚集群,企业引进培育,示范应用,技术创新,开放合作
智能传感器	材料及设备、传感器件、软件算法、系统及应用等	汉威电子、新天科技、光力科技、新开普、天迈科技等	产业规模偏小,持续创新能力不足,产业生态不完善	建设核心共性技术协同创新平台,补齐技术短板
5G	5G 基础网络、5G 研发创新、5G 设备生产制造、5G 应用示范、5G 信息安全等	中国移动、中国联通、中国铁塔、河南垂天等	创新能力不足	实施重大项目,引进龙头企业,加强人才队伍建设和科技创新

资料来源:《关于加快培育发展新兴产业集群的实施意见》、《河南省新型显示和智能终端产业发展行动方案》等8个行动方案、《2021年河南省数字经济发展工作方案》、《河南省推动制造业高质量发展实施方案》、《2020年度河南省生物医药产业发展工作方案》、《河南省"十三五"节能环保产业发展实施方案》、《河南省新能源及网联汽车发展三年行动计划(2018~2020年)》、《关于印发河南省智能装备产业发展行动方案的通知》等相关文件及网络相关资料。

表2 山东省"5+N"战略性新兴产业发展现状

重点产业链	细分领域	重点企业	主要短板	突破方向
新一代信息技术	5G、人工智能、新型显示、大数据、区块链、量子信息等	海尔、海信、浪潮、中创软件等	产业影响力不强,创新能力不足,产业竞争力较弱	加强人才引进和培养,提高创新水平,布局前沿基础研究
高端装备	新一代信息技术装备、海洋工程装备及高技术船舶、先进轨道交通装备等	中集来福士、雷沃重工、威高集团、歌尔、海尔、潍柴动力、盛瑞传动等	高端品种少,产业层次低;创新体系不健全,高端人才短缺;布局分散,同质化趋势严重	建设高水平技术创新平台,培育市场竞争力强的创新型企业和品牌,打造特色产业集群
新能源新材料	风能、太阳能、核能、氢能、智慧能源、前沿新材料等	济南晶正电子科技、山东国瓷功能材料、烟台台海集团、顿汉布什公司、山东中晶新能源、威海拓展纤维等	高端人才缺乏,研发创新能力弱,产业链不完善	提高创新能力,延伸产业链

续表

重点产业链	细分领域	重点企业	主要短板	突破方向
现代海洋	海工装备、海洋生物医药、海水淡化及综合利用、智慧海洋、深海开发、海洋高端服务、现代渔业等	东营威飞海洋装备、山东海洋集团、青岛蓝谷药业、潍坊华辰生物、青岛百发、华电莱州、青岛英豪海洋科技等	海洋资源和空间开发存在"卡脖子"技术难题	加强科技创新，科学、绿色、立体开发海洋资源和空间，构建完善的现代海洋产业体系
医养健康	生物医药、化学药、现代中药、医疗器械与装备、康养服务等	齐鲁制药、东营新发、甘李药业、睿鹰制药、正济药业、山东鲁抗、山东步长、格恩医药、林宝药业、威高、华熙生物等	供给侧能力相对不足，优质资源缺乏，医养结合覆盖面窄，专业人员不足	实施创新工程，集聚高端人才，促进多业态融合发展
新能源汽车	整车制造、关键零部件、无人驾驶、配套设施等	吉利智慧新能源、山东豪驰、一汽解放、北汽（淄博）、一汽吉林、潍坊旭星、上汽通用、华东（东营）、中机寰宇等	整车制造关键技术制约，新能源汽车系统集成技术创新与应用不足，无人驾驶产业链不完善	加强科技创新，向高端化、智能化、绿色化发展，培育形成"原材料+零部件+整机整车+市场"的完整产业体系
航空航天	飞机整机、飞机关键零部件、航天技术、地理信息等	中国商飞、日照雏鸽、中寰（山东）重工、潍坊高诚、华翼蓝天、赛捷航空、东方航天等	产业链关键核心技术待突破，产业链能级较低	完善提升航空航天产业链条，积极发展空间探测技术
绿色环保	高效节能、先进环保、资源循环利用等	青岛海纳光电、格林堡、国合未来、金锣水务、欧仁（日照）、杰瑞环保、金正环保等	产业规模偏小，基础配套设施不完善	加强绿色环保技术研发和产业化，壮大产业规模，完善资源循环利用基础设施
新兴服务	新兴生产性服务业、创意创新服务等	青岛海尔、青岛斯坦德等	新业态新模式发展弱，高端服务供给不足	丰富发展适应消费升级和技术进步的新业态、新模式，推动服务业向融合、创新和价值链高端迈进

资料来源：山东省《规划和纲要》、《山东省"十四五"战略性新兴产业发展规划》、《山东省新一代信息技术产业专项规划（2018~2022年）》、《山东省新一代信息技术创新能力提升行动计划（2019~2021年）》、《山东省高端装备制造业发展规划（2018~2025年）》、《山东省医养健康产业发展规划（2018~2022年）》等相关文件及网络相关资料。

表 3　陕西省战略性新兴产业发展现状

重点产业链	细分领域	重点企业	主要短板	突破方向
新一代信息技术	集成电路、新型显示、智能终端等	三星、华为、中国电子、中兴等	技术水平和产业发展能级低，产业链不完善	培育壮大本土高新技术企业，加快构建完整产业链，提升产业发展能级
高端装备制造	航空器装备、航天产业、卫星及应用、增材制造、数控机床等	中航、陕西航天科技、中科院西安光机所、航天五院等	大型运输机生产及重大机型配套较弱，某些关键核心技术待突破	加强科技创新，强化自主研发
新材料	金属纤维、超导材料、高温合金等金属材料，碳材料、高性能弹性体等非金属材料和生物医药、新能源领域前沿新材料等	西北有色金属研究院、陕西有色金属集团等	核心技术、工艺等待突破，产业链上下游协同性差	加快核心技术、关键工艺、生产设备突破升级，推动形成上下游企业互动对接、区域间协作配套的产业集群
新能源	光伏、氢能、风能等	隆基绿能科技、隆基乐叶光伏、西安中车永电捷力风能等	产业配套不完善，协同创新能力弱	引进关键配套产业，构建产学研协同创新体系
绿色环保	系统节能、水气土环境污染治理、尾矿资源化及工业废渣利用等	陕鼓动力、陕西环保集团、航天六院等	关键技术装备产品研发不足，产业化程度弱	加强技术攻关
新能源汽车	整车制造、关键零部件、配套设施等	陕汽、比亚迪、法士特、陕西全通实业等	整车产业规模偏小，产业配套不完善，技术创新弱	加强技术创新，以龙头企业为引领，吸引配套企业集聚发展
人工智能	人工智能技术、智能制造、智能终端、智能软硬件等	西安交叉信息核心技术研究院等平台机构，秦川机床集团、渭河工模具公司等	关键技术待突破，人工智能技术应用不足	加强科技创新，拓展人工智能在智能制造、智能汽车、智能终端、智慧文旅等领域的应用场景
生命健康	生物医药、中药、新型医疗器械、生物检测、生物农业等	西安杨森、力邦制药、千禾药业、佰美基因、宏基药业等	前沿技术研发不足	加强技术创新

资料来源：陕西省《规划和纲要》等相关文件，以及陕西省统计局网站和网络相关资料。

表 4　山西省战略性新兴产业发展现状

重点产业链	细分领域	重点企业	主要短板	突破方向
信息技术应用创新产业	核心芯片、数据存储、计算机整机、外设等硬件体系，操作系统、数据库、应用软件、安全软件等软件体系等	华为、百度、中国电科、中国电子等	关键环节重点企业发展不足，技术研发能力和产业化能力弱	大力引进、培育关键环节重点企业，提升本土龙头企业技术研发和产业化能力
半导体产业	砷化镓、碳化硅等第二、三代半导体材料，封装材料、靶材、高纯试剂、电磁屏蔽材料等半导体新材料等	烁科晶体、中电科二所、中科潞安、中科晶电等	关键核心技术待突破，产业链不完善	加快关键核心技术攻关，实施产业链招商
大数据融合创新产业	数据资源建设、大数据软硬件产品开发、销售和租赁活动以及相关信息技术服务等	山西百信、龙芯中科（太原）、中标软件（山西）、国科晋云、中国长城等	数字基础设施不完善，大数据技术应用不足	支持龙头企业加强技术创新，加快信息基础设施建设，促进大数据下游的应用开发
光电产业	基础材料、光源应用、光电显示、设备制造等	中科潞安、华微紫外、深紫外智能、山西净土、山西高科华烨、山西绿色光电等	技术创新水平低，竞争力弱，产业链不完善	构建产学研创新攻关平台，支持龙头企业提高创新能力，构建光电产业一体化产业链
光伏产业	新一代光伏技术，新型高效电池等光伏制造产品，专用设备、光伏玻璃、金刚线、银浆等配套体系，市场应用等	晋能科技、潞安太阳能、山西日盛达、山煤国际能源等	技术水平较低，核心技术待攻关，产业配套不完善，土地资源短缺	加强龙头企业培育和重大项目引进，加快产业链薄弱环节培育和招引，完善产业链配套体系，提升集聚水平
新材料	碳基和生物基新材料、先进金属材料、纤维新材料、新型无机非金属材料、前沿新材料等	太钢集团、山西钢科碳材料、潞安化工集团、金晖兆隆、华阳新材料、山西烁科晶体、华翔集团、凯赛生物、锦波生物等	产业技术水平亟待升级，高端供给能力亟须增强，产业链条配套尚需完善，创新能力有待提高，人才培养和引进力度还需加大	攻关尖端技术和产品，突破关键工艺和专用装备，实施重大工程和项目，坚持企业研发活动全覆盖

续表

重点产业链	细分领域	重点企业	主要短板	突破方向
先进轨道交通装备产业	研发设计、核心基础零部件、关键基础材料、整车设计制造、车辆设备检测、检修以及运营维保等	中车、太重轨道、智奇、太钢集团等	企业影响力弱，核心关键零部件依靠进口，全产业链不完善	加强技术创新，提升整车研发能力，加大配套企业招引力度，促进企业兼并重组
煤机智能制造装备产业	综采装备、综掘装备、主辅运输装备、煤矿机器人和智能装备、信息驱动及管理系统等	晋能控股装备制造集团、山西天地煤机装备公司、太重煤机有限公司等	煤机产品低端化、同质化，关键核心技术缺乏	加大关键技术研发，实施关键技术联合攻关，组建大型煤机装备集团
智能网联新能源汽车产业	整车、感知系统（高精地图、雷达、摄像头、高精定位等）、集成与运营（场景库、车联网等）、基础技术（操作系统、驾驶员监测系统、处理器等）等	吉利、江铃、大运、成功等	生产能力和市场竞争力弱，企业引领带动作用不强，关键技术待突破，产业化程度低	加强技术创新，引进培育一批行业内龙头企业和配套企业，完善产业链
节能环保产业	节能环保技术装备、资源循环利用技术装备、节能环保服务等	山西蓝天环保、山西聚力环保、山西天元绿环科技、山西长林环保机械设备、山西国科节能等	装备、产品、服务水平低，产业竞争力弱	创建国家级企业技术中心，提升节能环保产品层次，培育龙头企业和专业化企业
现代医药和大健康产业	化学原料药及制剂、现代中药、生物制药、医疗器械等	山西太原药业、山西锦波生物医药、国药集团威奇达药业、山西普德药业、山西仟源制药、同药集团、山西华元医药生物技术等	高端产品、新产品供给不足，品牌建设滞后	提高企业技术创新能力，打造产业集群，实施增品种、提品质、创品牌“三品”专项行动，增强产品市场供给能力和质量

续表

重点产业链	细分领域	重点企业	主要短板	突破方向
通用航空产业	通用航空装备、轻量化飞机结构件材料、关键机载设备与地面保障设备、航空医疗等下游应用等	山西通用航空、山西天康贝尔、中部通用航空、山西厚德、山西明旭、太原航空仪表等	基础设施薄弱，产业链各环节发展不均衡，企业规模较小，市场开发不足	加快通航基础设施建设，培育龙头企业，发展航空原材料和零配件产业

注：将碳基新材料产业、特种金属材料产业、生物基新材料产业合并为新材料产业，同时还根据《山西省“十四五”新材料规划》将纤维新材料、新型无机非金属材料等纳入分析范围。

资料来源：《山西省“十四五”14 个战略性新兴产业规划》《山西省“十四五”新产品规划》《山西省“十四五”未来产业发展规划》《山西省光伏制造业发展三年行动计划（2020～2022 年）》《山西省“十四五”新材料规划》《山西省“十四五”新装备规划》等相关文件及网络相关资料。

表 5　内蒙古自治区战略性新兴产业发展现状

重点产业链	细分领域	重点企业	主要短板	突破方向
现代装备制造业	新能源汽车及配套装备、运输设备和工程机械、新能源设备、高端设备等	北奔、北重、明阳智慧能源、一机集团、陕汽乌海、赤峰国电联合动力等	产业配套能力弱，某些产业链能级低、不完善	加快推动装备制造技术改造，提升装备制造配套能力
新材料产业	稀土新材料、石墨（烯）新材料、硅材料和蓝宝石、先进高分子材料和复合材料、高端金属新材料等	神华包头、中环光伏、兴洋新材料、光威碳纤、江馨微电机等	产业规模偏小，关键技术待攻关，前沿新材料档次低	积极进行重要材料关键技术攻关，提升产品层次，补齐产业链短板，做大产业规模
生物医药产业	生物药、蒙药中药、化学药等	普因药业、康普药业、永邦药业、博恩药业、华天制药、金宇保灵生物等	自主创新能力较弱，创新药供给不足，高品质产品缺乏	加强新药自主创新，推动原料药、医药中间体向高品质的成品药和制剂转变，打造中医药产业链
节能环保产业	资源综合利用、节能环保技术推广、节能环保服务等	内蒙古久科康瑞、中节能风力发电、包钢集团节能环保科技、内蒙森鼎环保节能等	节能环保技术推广应用不足，服务效能低	推进重点领域环保节能技术改造，推广应用第三方污染治理等环保服务，提升服务效能

续表

重点产业链	细分领域	重点企业	主要短板	突破方向
通用航空产业	航空运输、通用机场运营管理、通用航空维修、通用航空制造等	国航内蒙古公司、内蒙古通航、内蒙古航旅集团、天骄航空、华夏航空、天鹰、通辽神鹰等	产业链不完善,高质量服务供给和航空特色产业发展不足	加快通用机场及保障设施建设,做优航空旅游、航空教育培训等特色产业,引进整机及配套制造企业,构建完整产业链

资料来源:《内蒙古自治区新兴产业高质量发展实施方案（2018~2020年)》、内蒙古《规划和纲要》、《内蒙古自治区通用航空产业高质量发展行动方案》等相关文件及网络相关资料。

二　黄河流域产业链创新链支持政策

（一）实施产业基础再造工程

在产业链构建和发展过程中，产业基础具有重要支撑作用。因此，产业基础能力提升和产业基础高级化成为黄河流域各省区在产业链创新链发展中关注的焦点问题（见表6）。最为明显和一致的是，河南、山东、陕西、四川等省均提出围绕基础零部件、关键基础材料、先进基础工艺、产业技术基础等“工业四基”，积极开展相关科技攻关计划和试点示范，实施产业基础再造工程。山东省在“工业四基”的基础上还将以工业软件、操作系统、人工智能等为核心内容的新型工业基础发展战略纳入产业基础再造和产业基础能力提升的规划中。另外，山西省聚焦于关键核心技术和产业基础技术的突破、创新项目的实施、技术的推广示范、“工业四基”的首批次或跨领域应用、集群发展和创新的高品质空间打造等方面，专门围绕战略性新兴产业提出实施产业基础再造工程。

表 6　黄河流域各省区产业基础再造工程重点内容

省区	规　划	重点内容
河南	《规划和纲要》	滚动发布"工业四基"突破清单，推进实施增强制造业核心竞争力和技术改造专项
山东	《规划和纲要》	围绕"工业四基"和以智能控制和感知软件等为核心内容的新型工业基础，实施产业基础再造工程
	《山东省"十四五"战略性新兴产业发展规划》	通过强化战略性新兴产业关键环节、关键领域、关键产品保障能力，聚焦"工业四基"和新型工业基础，加强技术攻关，提升自主化发展水平
陕西	《关于进一步提升产业链发展水平的实施意见》	针对每条产业链在核心电子元器件、工业基础软件以及"工业四基"等方面的薄弱环节开展攻关突破，实施一批产业基础再造工程项目
	《规划和纲要》	强化应用牵引、整机带动，围绕"工业四基"产品树立省级"一条龙"示范应用典型，提升产业基础能力
山西	《规划和纲要》	围绕战略性新兴产业，建立产业基础技术清单；加快工业强基重点项目建设，实施百项关键技术研发、百项创新项目实施、百项技术推广示范"三个百项"，突破一批具有自主知识产权的技术和产品，支持"工业四基"的首批次或跨领域应用
四川	《规划和纲要》	围绕主导产业和重点产业建立"工业四基"和基础软件、操作系统等基础项目库，构建高标准的产业基础体系。培育发展基础工艺中心、工业设计中心，打造高水平产业技术基础公共服务平台

资料来源：根据相关规划整理。

（二）积极推行链长制，培育链主企业

为能及时发现解决不同产业链的堵点、痛点，推进产业链高效发展，黄河流域各省区纷纷进行制度创新，一方面，围绕产业链重点领域推行链长制。如河南省提出按照"一个产业链、一个方案、四个清单、一套班子、一抓到底"的原则，成立由省级领导同志为链长，省发展改革委、工业和信息化厅负责统筹推进的工作专班，在此基础上实行产业链清单管理并进行定期通报。陕西省则提出数控机床、航空、太阳能光伏等 11 条标志性重点

产业链由省级领导担任“链长”，民用无人机、氢能、智能终端、传感器等12条重点产业链由相关省级部门领导担任链长，链长负责产业链发展各方面的统筹协调。同时每个产业链建立一个工作专班、制定一个提升方案和全景图谱、组建一个专家团队。四川省提出围绕“16+1”重点产业稳链、强链、补链、延链，编制产业链全景图，建立链长制。

另一方面，链主企业对产业链发展具有重要的引领支撑作用，因此各省区也纷纷将培育链主企业作为产业链发展的重要工作（见表7）。如河南省围绕“556”产业领域以及10个新兴产业链，提出择优培育产业基础高级化、产业链现代化的头雁企业，通过提升创新引领力、市场主导力、群链带动力、成长支撑力等增强头雁企业对产业链的支撑引领作用。陕西省计划对23条重点产业链，每条梳理1~3家链主企业，鼓励其投资开发成片土地，支持围绕自身技术和市场需求，引进和培育配套企业，并支持配套中小企业开展智能化、绿色化、数字化改造提升。山西和内蒙古则提出培育产业链领航企业，以发挥优质企业在增强产业链供应链自主可控能力中的中坚作用。

表7　黄河流域各省区链长制和链主企业情况

省区	规　划	重点内容
河南	《关于建立新兴产业链工作推进机制的通知》	实行链长牵头、部门负责工作机制 成立由省级领导同志为链长，省发展改革委、工业和信息化厅负责统筹推进的工作专班
	《河南省制造业头雁企业培育行动方案（2021~2025年）》	①培育目标 围绕五大优势产业、五大传统产业、六大新兴产业和10个新兴产业链领域，择优培育产业基础高级化、产业链现代化的头雁企业 ②重点任务 提升企业创新引领力，提升企业市场主导力，提升企业群链带动力，提升企业成长支撑力
	《规划和纲要》	培育链主企业，以链长制为抓手 围绕六大战略支柱产业链固链强链，培育一批具有生态主导力的链主企业。以链长制为抓手，强化建链引链育链，构建十大战略性新兴产业链

续表

省区	规　划	重点内容
山东	《山东省"十四五"战略性新兴产业发展规划》	推广链长制 着眼于强链、建链、补链、保链，积极推广产业链链长制
陕西	《关于进一步提升产业链发展水平的实施意见》	①推动实施链长制 数控机床、光子、航空等 11 条标志性重点产业链由省级领导担任链长，其他 12 条重点产业链由相关省级部门领导担任"链长"。分行业做好产业链发展战略设计，锻长补短，提升产业链竞争能级 ②支持链主企业做强做大 每条产业链梳理 1～3 家链主企业做强做大
山西	《关于加快培育发展制造业优质企业的指导意见》	培育产业链领航企业 充分发挥优质企业在增强产业链供应链自主可控能力中的中坚作用，组织领航企业开展产业链供应链梳理，培育一批制造业现代供应链示范企业
	《山西省"十四五"14 个战略性新兴产业规划》	加速龙头企业创新引领 强化龙头企业示范引领带动作用，重点培育一批发展态势好、核心竞争力强、辐射带动作用突出的骨干企业。把大型企业培育成高科技领军企业的排头兵。加快培育一批世界 500 强、中国 500 强的本地企业集团
四川	《规划和纲要》	建立链长制 围绕"16＋1"重点产业稳链、强链、补链、延链，编制产业链全景图，建立链长制。鼓励和指导龙头企业依链协调上下游骨干企业
内蒙古	《规划和纲要》	培育产业链领航企业 遴选培育产业链领航企业、龙头骨干企业，大力培育"专精特新"企业

资料来源：根据相关规划整理。

（三）加大财税金融支持

财政奖补、税收优惠、金融支持等对产业链创新链发展具有重要促进作用。在财政支持和税收优惠方面，河南省为促进制造业高质量发展，提出调整设立专项资金，加大对重点领域、项目等的支持力度。同时，围绕新型显

示和智能终端等新兴产业，设立新兴产业投资引导基金和创业投资引导基金，充分发挥政府性资金的引导和杠杆作用，带动更多社会资本投向新兴产业及优势特色产业领域，支持创新创业，推动新兴产业补链延链强链、提质增效、发展壮大。在头雁企业培育上，对重点技术改造项目以及一定规模的战略性新兴产业或传统优势产业的头雁企业给予一定补助或奖励。山东省设立专项基金，对淘汰落后产能、改造提升传统产能以及发展新动能给予奖励或补助性支持。陕西省为促进民营经济高质量发展，提出对企业技术改造项目、新认定的高新区或创新创业基地给予一定奖补支持。内蒙古以区域特色产业链培育为重点，提出通过直接投资、以奖代补等方式，重点支持特色产业链和产业基地建设项目，提升战略性新兴产业整体竞争力。青海省设立工业转型升级专项资金，采用补助、后补助、贴息等方式支持工业企业开展技术改造。宁夏积极支持数字化研发设计工具使用率等指标满足一定条件的企业与核心技术产业化的项目，坚决防止收“过头税”和巧立名目乱收费。同时，对高新技术企业所得、研发费用以及新设立和引进的高新技术企业给予一定的税收优惠或资金奖励。在金融支持方面，四川省围绕电子信息、装备制造等五大万亿级支柱产业和数字经济构成的“5＋1”产业，提出整合金融资源、完善金融服务、优化融资结构、组织财政资源、营造金融环境，提升金融服务新兴产业发展的能力。甘肃省聚焦于增强信贷服务有效性、大力发展普惠金融、加大构建现代产业体系金融支持、加快发展产业链供应链金融、大力发展绿色金融等具体措施。宁夏围绕风险补偿金、“金融＋”联席会议制度等方面提出建议，支持开发区设立服务科技型企业的专营商业银行，加大“宁科贷”等对高新技术企业的支持力度等，推动制造业和高新技术企业高质量发展（见表8）。

（四）强化创新和人才支撑

创新是破解产业链创新链“卡脖子”技术的关键，而人才是产业链创新链构建和发展中最具活力的要素，因此，创新和人才成为产业链创新链发

表8　黄河流域各省区财税金融支持

省区	规　划	重点内容
河南	《河南省推动制造业高质量发展实施方案》	财政支持。调整设立制造业高质量发展专项资金,加大对重点领域、集群、企业、项目、平台的支持力度
	《新兴产业投资引导基金实施方案》《创业投资引导基金实施方案》	新兴产业投资引导基金重点投向。新型显示和智能终端、生物医药、节能环保、新能源及网联汽车、新一代人工智能、网络安全、尼龙新材料、智能装备、智能传感器、5G 和煤化工新材料等新兴产业及优势特色产业链条上的成长期、成熟期创新型企业 创业投资引导基金重点投向。新兴产业投资引导基金所处产业领域链条上的种子期、初创期、早中期创新型企业或创新类、天使类项目
	《河南省制造业头雁企业培育行动方案(2021～2025 年)》	财政支持。对重点技改项目和"机器换人"示范项目进行补助,支持企业技术改造;对一定规模的战略性新兴产业头雁企业给予奖励;对一定规模的传统优势产业头雁企业给予奖励
山东	《关于支持八大发展战略的财政政策》	支持淘汰落后产能。设立专项奖励资金,对钢铁等行业淘汰落后过剩产能给予奖励 支持改造提升传统动能。设立专项基金,支持开展能耗等指标收储交易。实施技改奖励,支持智能化技改项目 支持发展新动能。整合新一代信息技术产业类资金,对核心技术攻关项目给予股权投资支持,对首次购买新技术设备涉及的保费等给予补贴。增值税增量留抵税额退还
陕西	《民营经济高质量发展三年行动计划(2021～2023 年)》	财政支持。对中小企业技改项目购置的关键设备给予上限奖励,给予新认定的省级高新区奖补支持,对新认定的省级小型微型企业创业创新基地给予资金奖励
四川	《关于推进"5+1"产业金融体系建设的意见》	金融支持。围绕电子信息、装备制造、食品饮料、先进材料、能源化工五大万亿级支柱产业以及大数据、5G、人工智能等数字经济的"5+1"产业,整合金融资源、完善金融服务、优化融资结构、组织财政资源、营造金融环境
内蒙古	《内蒙古自治区重点产业发展资金支持战略性新兴产业发展项目和资金管理办法》	财政支持。通过直接投资、投资补助、贷款贴息、以奖代补、参股创投基金等方式,重点支持提升战略性新兴产业整体竞争力的特色产业链和产业基地建设项目,以及"互联网+"、大数据产业应用、云计算应用服务、物联网、智慧城市、数字创意等新技术、新产业、新模式、新业态项目

续表

省区	规　划	重点内容
甘肃	《关于金融助力实体经济高质量发展的若干措施》	金融支持。增强信贷服务有效性,大力发展普惠金融,加大构建现代产业体系金融支持,加快发展产业链供应链金融,大力发展绿色金融,扩大直接融资规模,拓宽多元化融资渠道,优化提升消费领域金融服务
青海	《关于进一步加强企业技术改造指导意见》	财税支持。工业转型升级专项资金采用补助、后补助、贴息等方式支持企业开展技术改造。规模以上工业企业技术改造项目,在符合条件的情况下给予政策和资金支持。增值税一般纳税人购进机器设备税额享受抵扣,高新技术企业减按15%税率征收企业所得税,技术转让所得减免企业所得税
宁夏	《关于推动制造业高质量发展的实施方案》	财政支持。支持数字化研发设计工具使用率等指标满足一定条件的企业与核心技术产业化的项目 减税降费。坚决防止收"过头税"和巧立名目乱收费。推行"先证后核""告知承诺"等制度,降低交易成本 融资支持。完善"金融 +"联席会议制度。用好风险补偿金等,推广科技贷等金融产品。引导企业采取融资租赁、售后回租等形式。支持民营企业发行债券
	《关于加快发展高新技术企业的若干措施》	财税优惠。降低所得税税率,加计扣除研发费用。对首次认定或引进的高新技术企业给予奖补支持 融资支持。支持开发区设立服务科技型企业的专营商业银行,支持面向高新技术企业开展融资服务。加大"宁科贷"支持力度,首次申请放宽续贷额度

资料来源:根据相关规划整理。

展的核心问题。为促进创新发展,河南省实施十项创新引领专项、百项创新示范专项、千项创新应用专项的"十百千"创新专项工程,推动创新链与产业链等多链条有机融合。山东省提出整合设立科技创新发展资金,支持关键技术攻关,围绕重点领域分批次设立省技术创新中心,并通过财税、人才、用地、金融等支持政策促进新型研发机构发展,打造"政产学研金服用"创新创业共同体,促进产学研融合创新,提高创新链整体效能。同时,从强化企业研发投入主体地位,稳定高等院校、科研院所研发投入等方面提出具体措施,以进一步提高研发投入。山西省提出支持新型研发机构围绕实施“111”创新工程和打造“14+N”战略性新兴产业集群等开展关键技术研发和科技成果转化等活动。四川省从财政、土地、人才等方面多措并举，支持重大基础研究创新平台和产业技术创新平台等建设。在高层次人才支持方面，河南省提出实施“智鼎中原”工程，重点引进和培育优秀企业家（团队）和技术工人，推行新型学徒和现代学徒制等。山东省提出实施“人才兴鲁”行动，完善人才奖补政策，培育引进大国工匠等技能型人才。宁夏提出培养引进一批先进制造业、高新技术产业急需人才和高层次专业技术人才，在高新技术企业中开展“政府出钱、企业育才”试点等。为提高创新主体积极性、激发创新活力，陕西省对科技研发、科技人才队伍建设等领域省以下财政事权和支出责任划分进行了明确规定。山西省提出扩大高校和科研院所等在科研方面更大的自主权、加快构建创新生态等措施。甘肃省提出持续推进科技领域“放管服”改革、赋予科研人员更大的人财物自主支配权等方案。在创新人才资金支持方面，内蒙古对提出的“草原英才”工程实施专项资金支持，为入选“草原英才”工程的引领性人才项目和创新创业团队基地以及个人等支持对象给予一定补助。四川等省区设立科学技术奖或专利实施与产业化奖，设不同等级并给予不同的金额奖励，以激发科技人员积极为省科学技术进步以及专利实施与产业化做出贡献。山西省增设科技创新特殊贡献奖以奖励为省经济建设和社会发展做出特殊贡献的优秀企业家等。

表9　黄河流域各省区人才和创新支撑

省区	规　划	重点内容
河南	《河南省“十百千”转型升级创新专项实施方案》	实施十项创新引领专项、百项创新示范专项、千项创新应用专项，促进创新链与产业链、资金链、人才链有机融合，实现延链、补链、强链
	《河南省推动制造业高质量发展实施方案》	实施“智鼎中原”工程，重点引进和培育优秀企业家（团队）和技术工人，实施“新工科”建设计划和全民技能振兴工程，推行新型和现代学徒制，等等

续表

省区	规　划	重点内容
山东	《关于支持八大发展战略的财政政策》	整合设立科技创新发展资金，支持重大关键技术攻关和创新平台建设，培育引进大国工匠等技能型人才
	《关于批准建设26个省技术创新中心的通知》《关于批准建设2021年首批22家省技术创新中心的通知》	围绕重点领域设立省级研发中心，加强产业关键核心技术研发，推动科研成果转移转化与产业化，提升技术创新能力和水平
	《关于支持新型研发机构建设发展的若干措施》	从财税、人才、用地、金融等方面提供优惠政策，支持新型研发机构建设，完善科技创新体制机制，激发创新活力，提高创新链整体效能
	《关于进一步提高全社会研发投入的若干措施》	强化企业研发投入主体地位，稳定高等院校、科研院所研发投入，发挥财政资金引导作用，提升激励服务水平
陕西	《科技领域省以下财政事权和支出责任划分改革实施方案》	对科技研发、科技创新平台基地建设发展、科技人才队伍建设、科技成果转移转化、区域创新体系建设、科学技术普及、科研机构改革和发展建设以及科技领域的其他未列事项等方面省级以下财政事权和支出责任划分进行了明确规定
山西	《关于扩大高校和科研院所科研相关自主权的若干意见》	通过赋予科研项目负责人更大自主权等深化科研领域“放管服”改革，通过扩大单位用人自主权等改革相关人事管理方式，通过加大绩效工资分配向科研人员倾斜力度等完善绩效工资分配方式
	《关于加快构建山西省创新生态的指导意见》	做优做强实验室、加强中试基地建设、突出抓好规上企业创新全覆盖、率先打造若干重点产业创新生态系统、完善以智创城为载体的双创体系、加大力度补上人才短板、推动科技与金融深度融合、深化科技体制改革等
	《山西省科学技术奖励办法补充规定》	增设山西省科技创新特殊贡献奖，奖励为省经济建设和社会发展做出特殊贡献的优秀企业家。每年评审一次，每次奖励入选总数不超过5人，每人奖金数额为50万元
	《关于促进新型研发机构发展的实施办法（试行）（征求意见稿）》	重点围绕实施“111”创新工程和打造“14＋N”战略性新兴产业集群，开展基础研究、应用研究、产业共性关键技术研发、科技成果转化、科技企业孵化培育、高端人才集聚等活动

续表

省区	规　划	重点内容
四川	《关于进一步支持科技创新的若干政策》	通过财税、土地、人才政策支持重大基础研究创新平台和产业技术创新平台等建设，加大对基础研究和关键核心技术攻关的支持等，营造一流创新生态，激励科技人员创新创造
	《四川省科学技术奖励办法》	设立科学技术杰出贡献奖等奖项，奖励在省科学技术进步活动中做出突出贡献的个人和组织
	《四川省专利实施与产业化激励办法》	设立四川省专利实施与产业化奖，设特等奖、一等奖、二等奖、三等奖和创新创业奖，每年评选一次，激励职务发明人和为专利实施与产业化做出突出贡献的人员
内蒙古	《内蒙古自治区"草原英才"工程专项资金管理办法》	为入选"草原英才"工程的引领性人才项目和创新创业团队基地以及个人等给予补助支持，为实施重大人才活动、推进人才专项工作、开展人才培养培训等工作给予经费支持
甘肃	《甘肃省科学技术奖励办法》	设立省级科学技术奖，给予在科学技术进步活动中做出突出贡献的个人、组织资金奖励
	《关于优化科研管理提升科研绩效若干措施的通知》	持续推进科技领域"放管服"改革，优化省级科技计划项目和经费管理，营造更加有利于可持续创新的良好环境
宁夏	《关于推动制造业高质量发展的实施方案》	加强企业家培育，支持高等学校等机构开展培训；通过挂（任）职、科研合作、技术入股与投资兴业相结合的方式，培养引进一批先进制造业、高新技术产业急需人才和高层次专业技术人才；大力发展职业技术教育；积极推进现代学徒制和企业新型学徒制，培养实用型技术技能人才
	《关于加快发展高新技术企业的若干措施》	开展"政府出钱、企业育才"试点，健全完善政府支持高新技术企业引才引智政策；举办企业管理人才素质提升培训、省际人才访学研修等活动

资料来源：根据相关规划整理。

（五）优化营商环境

营商环境关系着"延链、补链、建链、强链"等产业链构建过程中的招商引资，对产业链能级提升和产业链现代化建设至关重要。黄河流域各省区纷纷出台相关政策文件，围绕打造公平竞争的市场环境、富有活力的投资环境、高效便捷的政务环境、精准有效的政策环境、监管有力的法制环境等方面给出了优化营商环境的具体方案。河南省提出持续提升投资建设便利度、进一步简化企业生产经营审批和条件、进一步降低就业创业门槛、提升涉企服务质量和效率等重点工作。陕西省对进一步减少市场准入限制、缓解融资难融资贵问题等方面做出了具体规定；同时，还出台相关专项文件规范中介服务和涉企收费、加快诚信体系建设、促进政策落地落实以及深化税收征管改革等。四川省从促进行政审批提质增效、切实降低实体经济成本等多方面提出具体措施。内蒙古以开办企业、办理建筑许可、获得电力、获得信贷、政务服务等20个方面工作为重点，提出最大限度地减少政府对市场资源的直接配置和市场活动的直接干预、着力提升政务服务能力和水平等行动重点。特别地，以打造“蒙速办”政务服务品牌为抓手，全面推行“蒙速办·一网办”“蒙速办·掌上办”“蒙速办·一次办”“蒙速办·帮您办”等工作。甘肃提出坚决清理各种不合理限制、持续提升审批服务质量、不断提升执法司法水平等任务，推行“一窗办”“一网办”“简化办”“马上办”等“四办”改革。宁夏提出持续深化商事制度改革、提升项目建设审批便利度、推进纳税服务便利化、不断提升政务服务质量和水平等十余项措施。另外，山东、四川、内蒙古、甘肃、青海等省区针对企业经营管理、税收等领域进行“证照分离”改革，将法律、行政法规、国务院决定设定且由各省区相关部门实施的涉企经营许可事项和地方性法规设定的涉企经营许可事项全部纳入“证照分离”改革全覆盖事项清单并分批进行便利化改革（见表10）。

表10　黄河流域各省区优化营商环境情况

省区	规　划	重点内容
河南	《进一步优化营商环境更好服务市场主体实施方案》	持续提升投资建设便利度，进一步简化企业生产经营审批和条件，优化外贸外资企业经营环境，进一步降低就业创业门槛，提升涉企服务质量和效率，完善优化营商环境长效机制
	《河南省推动制造业高质量发展实施方案》	深化“放管服”改革，开展“一联三帮”保企稳业专项行动，推广“店小二”服务模式。做好清理拖欠民营企业中小企业账款工作，建立环保监管正面清单制度，大力弘扬企业家精神、“大国工匠”精神和新时代豫商精神

续表

省区	规　划	重点内容
山东	《山东省优化营商环境条例》	市场环境。依法保护各类所有制市场主体财产权和其他合法权益,加大反垄断和反不正当竞争执法力度 政务环境。加强服务型政府建设,建立权责清单制度,编制全省统一的政务服务事项目录,保障市场主体依法享受减税、免税、出口退税等有关税收优惠等 法治环境。及时修订规章文件,履行政策承诺以及依法订立的各类合同,最大限度地减少不必要的行政执法事项等
	《关于全面深化"证照分离"改革工作实施方案》	全面实施涉企经营许可分类管理,加强登记注册环节"双告知",强化电子证照信息归集应用
陕西	《关于聚焦企业关切进一步推动优化营商环境政策落实实施方案》	进一步减少市场准入限制,缓解中小微企业融资难融资贵问题,清理地方保护和行政垄断行为,加强诚信政府建设,切实保障外商投资企业公平待遇,深化商事制度改革等
	《陕西省规范中介服务专项行动方案》《陕西省规范涉企收费专项行动方案》《陕西省诚信体系建设专项行动方案》《陕西省促进政策落地落实专项行动方案》	规范中介服务专项行动方案。全面规范中介服务清单,坚决破除中介服务垄断,加快建设网上中介服务超市,全面加强中介服务监管 规范涉企收费专项行动方案。清理规范涉企行政事业性收费,清理整顿中介涉企收费,规范行业协会商会收费 诚信体系建设专项行动方案。建立健全政务诚信公开承诺机制和政务诚信监督管理机制,组织开展政府机构失信问题专项治理,加快构建以信用为核心的新型市场监管机制,建立健全补偿救治机制,以信用为支撑推进解决民营企业融资难问题 促进政策落地落实专项行动方案。形成政策核心条款清单、政策落地服务流程图、政策宣传宣讲体系、政策"网格化服务"格局、政策督导检查问责闭环
四川	《四川省进一步优化营商环境工作方案》	促进行政审批提质增效,切实降低实体经济成本,着力提升便利化水平,创新市场监管方式,做好组织实施
	《四川省推行"证照分离"改革全覆盖进一步激发市场主体发展活力实施方案》	对清单内的涉企经营许可事项进行直接取消审批、审批改为备案、实行告知承诺、优化审批服务等四项改革,同时配套深化商事登记制度改革、推进电子证照归集运用、加强事中事后监管等措施

续表

省区	规 划	重点内容
内蒙古	《内蒙古自治区优化营商环境行动方案》	围绕开办企业、办理建筑许可、获得电力、获得信贷、政务服务等方面，减少政府对市场的直接干预，加强和规范事中事后监管，着力提升政务服务能力和水平
	《内蒙古自治区深化“证照分离”改革进一步激发市场主体发展活力实施方案》	对中央层面523项及自治区范围内设定的18项涉企经营许可事项，按照直接取消审批等四种方式分类实施改革，大力推动照后减证
	《内蒙古自治区全面推行“蒙速办·一网办”工作实施方案》《内蒙古自治区全面推行“蒙速办·掌上办”工作实施方案》《内蒙古自治区全面推行“蒙速办·一次办”工作实施方案》《内蒙古自治区全面推行“蒙速办·帮您办”工作实施方案》	蒙速办·一网办。以全面提升全区网上政务服务效能为目标，推进线上线下政务服务流程再造、数据共享，形成一网受理、协同办理、综合管理为一体的“蒙速办·一网办”服务体系 蒙速办·掌上办。按照“一平台、多渠道、广覆盖”的思路，构建以移动政务服务平台为主渠道，移动端小程序、公众号等多渠道并存的统一规范的“蒙速办·掌上办”服务体系 蒙速办·一次办。将需多部门办理或多件相关的“事”变成统一办理的“一件事”，实行“一次告知、一套表单、一次受理、一次联办、一次办成、一窗发证”闭环办理，全力打造“蒙速办·一次办”品牌 蒙速办·帮您办。以企业群众需求为出发点，全面推行投资项目代办帮办，打造“蒙速办·帮您办”政务服务品牌
甘肃	《关于贯彻落实〈优化营商环境条例〉的若干措施》	市场环境，坚决清理各种不合理限制；政务环境，持续提升审批服务质量；政策环境，不断聚焦企业发展需求；法治环境，不断提升执法司法水平
	《关于深化“放管服”改革推进政府职能转变的意见》	深化简政放权，推行“一窗办”“一网办”“简化办”“马上办”改革，通过完善权力清单制度、推进政务服务标准化等规范权力运行，创新监管方式
	《关于深化“证照分离”改革进一步激发市场主体发展活力的实施方案》	实施涉企经营许可事项全覆盖清单管理，分类推进直接取消审批等制度改革，着力创新和加强事中事后监管，通过深化商事登记制度改革等强化改革的协同配套
	《关于聚焦企业关切进一步推动优化营商环境政策落实的通知》	破除各种不合理门槛和限制，通过深化商事制度改革等持续提升审批服务质量，进一步减轻企业税费负担，大力保护产权，加强和规范事中事后监管等

续表

省区	规 划	重点内容
青海	《进一步优化营商环境更好服务市场主体工作方案》	全面打造公平宽松、开放包容的市场发展环境,全面打造稳定高效、富有活力的投资兴业环境,全面打造公开透明、规范便捷的政务服务环境,全面打造公正严格、监管有力的法治保障环境
	《青海省开展"证照分离"改革全覆盖实施方案》	涉企经营许可事项"证照分离"改革全覆盖,分类推进直接取消审批等四项改革,完善行业准入规则,创新和加强事中事后监管
宁夏	《宁夏回族自治区深化"放管服"改革优化营商环境若干措施》	持续深化商事制度改革,提升项目建设审批便利度,优化市政设施接入服务,优化不动产登记办理,推进纳税服务便利化,提升跨境贸易便利化水平,便利企业融资,强化市场主体法治保障,加强就业服务与劳动力市场监察,深化公共资源交易体制改革,不断提升政务服务质量和水平,强化知识产权创造保护和运用,建立公正规范的市场监管体系,营造包容普惠创新环境,强化政策措施推进机制
	《关于聚焦企业关切进一步推动优化营商环境政策的通知》	坚决破除不合理门槛和限制,推动外商投资和服务便利化,持续提升审批服务质量,进一步减轻企业税费负担,降低生产经营成本等

资料来源：根据相关规划整理。

三 促进黄河流域产业链创新链竞争力提升的政策建议

（一）打造产业链创新链平台和载体

产业链创新链的发展离不开平台和载体的支撑。黄河流域各省区一方面可依托现有的国家级产业园区，如河南的郑州高新技术产业开发区和郑州经济技术开发区等，山东的济南、青岛等高新技术产业开发区，青岛、烟台等经济技术开发区，陕西的西安高新技术产业开发区、西安经济技术开发区和陕西航空经济技术开发区，山西的太原国家高新技术产业开发区和太原经济技术开发区等，四川的成都高新技术产业开发区和成都经济技术开发区等，坚持高端发展、创新引领，着力优化园区软硬件环境，提升产业园区发展能级，打造产业链现代化的引领平台。另一方面，可依托成都、西安、郑洛新、山东半岛、兰州白银等国家自主创新示范区以及成渝国家科创中心，积极谋划争取更多国家科创中心落户黄河流域，集聚更多创新要素，打造创新链发展的重要载体。

（二）培育壮大产业链创新链链主企业

链主企业是产业链创新链的龙头与核心，对带动链条上下游中小企业融通发展和实现共同固链、强链、延链、补链具有重要引领作用。黄河流域的河南、陕西、山西、内蒙古等省区均提出培育链主企业或领航企业。在此基础上，流域内各省区，尤其是目前还没有明确提出培育链主企业的甘肃、青海、宁夏等省区，一方面，要围绕重点产业链，通过财政支持、税收优惠、营商环境优化等具体措施，引进培育一批链主企业，积极发挥“头雁效应”，向产业链创新链上下游企业辐射推广，形成龙头企业带动产业链集聚发展的新格局；另一方面，要加强对“专精特新”企业的扶持，培育一批主业突出、竞争力强、成长性高、专注于细分市场的产业链创新链“配套专家”。另外，对于产业链条中投资规模大、技术含量高、带动作用强以及代表未来方向的领域，积极引进并培育掌握关键环节核心技术的隐形冠军企业，以更好地发挥链主企业对产业链创新链的支撑引领作用。

（三）构建绿色产业链创新链

作为构建绿色低碳循环经济体系的重要内容，绿色产业发展对生态环境脆弱的黄河流域尤其重要。而绿色产业链创新链是构建绿色产业体系的关键，因此黄河流域各省区要积极构建绿色产业链创新链。具体来看，一方面要积极构建绿色科技创新体系。争取在河南、山东等省区布局更多的国家实验室等国家级研发平台，依托郑州、西安等国家中心城市培育黄河创新走廊，集聚创新资源，构建以市场为导向的绿色技术创新体系，加快绿色低碳技术研发等绿色科技创新；另一方面，大力推进绿色科技创新的推广和成果转化，建设绿色科技应用示范基地，提高绿色发展集聚度，培育绿色产业龙头企业，提高绿色产业发展水平，构建绿色产业链。

（四）加快产业链创新链数字化和智能化转型

以互联网、大数据、人工智能等为特征的新一代信息技术的发展使世界各国纷纷进入数字经济时代，数字化和智能化成为经济发展的新形态。作为提升产业核心竞争力的重要战略，产业链创新链现代化的题中应有之义则是加快与数字经济的融合，实现数字化和智能化转型。特别是对于大多省区地理位置比较偏远的黄河流域来说，数字化和智能化会带来更大的经济效应。一方面，数字化和智能化发展可以将产业链创新链中不同环节、不同企业的生产经营、科技创新等相关信息以数据的形式储存在网络上，不仅可以实现链条上不同企业的共享和学习，还能实现链条上下游之间供需的精准对接；另一方面，利用大数据能够打破产业链创新链各环节的信息孤岛，实现更快速有效的信息传播和沟通交流，降低信息传输成本，提升产业链创新链的运行效率和能级。

（五）支持产业链创新链金融发展

产业链创新链的发展离不开资金的投入和支持，尤其是对发展水平较低的黄河流域中西部省区来说，资金支持显得更为重要。因此，各省区要大力发展产业链创新链金融。以核心企业为依托，针对产业链创新链上的各个环节，设计个性化、标准化的金融服务产品，为整个产业链创新链上的所有企业提供综合投融资服务。各省区可围绕重点产业链创新链推行专门银行对接制度，实行“一链一策”，加大金融支持，提高产业链创新链融资效率，降低融资成本。特别地，在保障对产业链创新链链主企业或核心企业融资的同时，要充分运用大数据等金融科技，将金融服务嵌入产业链创新链的各个环节，优化对上下游中小微企业的融资服务，解决产业链创新链中各类企业的融资难问题。加快产业链创新链金融产品创新，引导金融机构积极为产业链创新链各环节企业提供贴现、质押融资服务，鼓励发展仓单、订单、存货、预付款、应收款等票据以及专利、商标等知识产权质押融资服务。推动产业链创新链金融服务平台建设，积极举办产业链创新链金融相关培训，促进产业链创新链金融产品的普及和应用，切实发挥新型金融对产业链创新链的支撑作用。

参考文献

黄群慧：《畅通国内大循环　构建新发展格局》，《光明日报》2020 年 7 月 28 日。

高智、梁世雷：《加快推进产业链现代化》，《河北日报》2019 年 9 月 18 日。

刘嶒：《高明：部署制造业数字化智能化转型，增强现代化“三新”城市发展动力》，《深圳特区报》2021 年 8 月 16 日。

张其仔等：《中国产业竞争力报告（2020）——“十四五”产业竞争力提升的方向和路径》，社会科学文献出版社，2020。

张其仔：《谋供应链优化升级》，《中国新闻出版广电报》2021 年 3 月 31 日。

包祖明：《深化产业链供应链金融服务　助力构建“双循环”新发展格局》，《中国银行业》2021 年第 3 期。

附表 1　黄河流域各省区重点产业链或重点产业

省区	规　划	重点产业链或产业领域
河南	《规划和纲要》	①六大战略支柱产业链 装备制造、绿色食品、电子制造、先进金属材料、新型建材、现代轻纺等产业链。 ②十大战略新兴产业链 新型显示和智能终端、生物医药、节能环保、新能源及网联汽车、新一代人工智能、网络安全、尼龙新材料、智能装备、智能传感器、5G等产业链
山东	《规划和纲要》	“5 + 5 + N”产业体系 新一代信息技术、高端装备、新能源新材料、现代海洋、医养健康等五大新兴产业，高端化工、现代高效农业、文化创意、精品旅游、现代金融等五大传统产业，氢能与储能、量子信息、类脑智能、基因技术、深海极地、空天信息、极端环境新材料、未来网络等未来产业
	《山东省“十四五”战略性新兴产业发展规划》	“5 + N”产业体系 以新一代信息技术、高端装备、新能源新材料、现代海洋、医养健康等“五强”新兴产业为主体，以新能源汽车、航空航天、绿色环保、新兴服务等新兴产业为拓展领域和空间的“5 + N”新格局
陕西	《规划和纲要》	战略性新兴产业 新一代信息技术、高端装备制造、新材料、新能源、绿色环保、新能源汽车、人工智能、生命健康等
	《关于进一步提升产业链发展水平的实施意见》	23 条重点产业链 数控机床、光子、航空、重卡、生物医药、钛及钛合金、新型显示、集成电路、太阳能光伏、输变电装备、乳制品、民用无人机、氢能、增材制造、钢铁深加工、乘用车(新能源)、物联网、富硒食品、煤制烯烃(芳烃)深加工、铝镁深加工、陶瓷基复合材料、智能终端、传感器等
山西	《山西省“十四五”14 个战略性新兴产业规划》	14 个战略性新兴产业 信息技术应用创新产业、半导体产业、大数据融合创新产业、光电产业、光伏产业、碳基新材料产业、特种金属材料产业、生物基新材料产业、先进轨道交通装备产业、煤机智能制造装备产业、智能网联新能源汽车产业、节能环保产业、现代医药和大健康产业、通用航空产业等

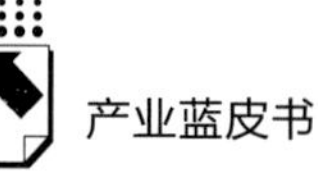

续表

省区	规　划	重点产业链或产业领域
山西	《山西省"十四五"新产品规划》《山西省"十四五"新装备规划》《山西省"十四五"未来产业发展规划》《山西省"十四五"新材料规划》《山西省"十四五"新业态规划》	①新产品发展重点 信息技术应用创新产品、半导体产品、大数据产品、人工智能产品、生物基新材料产品、碳基新材料产品、现代生物医药和大健康产品、未来产业产品、光电产品、智能网联新能源汽车产品、高端装备产品、现代煤化工及焦化产品、特种金属材料产品、农产品精深加工产品、特色轻工产品、数字创意产品、绿色建材产品 ②新装备发展重点 智能升级,赋能传统优势新装备;培育新兴,做大做强潜力新装备;布局未来,引进战略需求新装备 ③未来产业发展重点 信息技术应用创新产业等九大主导性未来产业加速直道冲刺,云计算与工业互联网产业等七大先导性未来产业推进弯道超车,量子产业等四大颠覆性未来产业助力换道领跑,人工智能产业等五大前瞻性未来产业着力赛道竞赛 ④新材料发展重点 先进金属材料、碳基新材料、生物基新材料、半导体材料、纤维新材料、新型无机非金属材料、前沿新材料等 ⑤新业态发展重点 智慧制造、智慧能源、智慧物流、科技服务、智慧环保、智慧农业等新技术应用,智慧文旅、智慧医疗、智慧教育、智慧体育、新型商贸等新消费,数字政府、智慧交通、智能安防、智慧建筑、智慧社区、智慧城管等智慧城市应用等
四川	《规划和纲要》	16+1重点产业 集成电路与新型显示、新一代网络技术、大数据、软件与信息服务、航空与燃机、智能装备、轨道交通、新能源与智能汽车、农产品精深加工、优质白酒、精制川茶、医药健康、新材料、清洁能源、绿色化工、节能环保等16个重点产业和数字经济
内蒙古	《内蒙古自治区新兴产业高质量发展实施方案(2018~2020年)》	①现代装备制造业 新能源汽车及配套装备、运输设备和工程机械、新能源设备、高端设备等 ②新材料产业 稀土新材料、石墨(烯)新材料、硅材料和蓝宝石、先进高分子材料和复合材料、高端金属新材料等 ③生物医药产业 生物药、蒙药中药、化学药等 ④电子信息产业 电子制造、大数据应用、信息基础设施建设等 ⑤节能环保产业 资源综合利用、节能环保技术推广、节能环保服务等 ⑥军民融合产业 核燃料、特种纤维和屏蔽材料、空间信息应用、军民融合产业园建设等

续表

省区	规　划	重点产业链或产业领域
内蒙古	《规划和纲要》	①战略性新兴产业 现代装备制造业、新材料产业、医药产业、节能环保产业、通用航空产业等 ②优势特色产业链 玉米深加工产业链、马铃薯产业链、大豆深加工产业链、稀土产业链、现代煤化工产业链、氯碱化工产业链、硅材料产业链、钢铁产业链、铝产业链、铜产业链等
甘肃	《规划和纲要》	①新兴产业 半导体材料、氢能、电池、储能和分布式能源、电子、信息、碳纤维产业、航空航天配套及飞机拆解产业、区域应急产业、无人机产业，以及大健康产业、靶向药物开发、真空镀膜技术延伸利用、凹凸棒产业、石墨烯化工材料、晶质石墨、高分卫星、北斗导航技术延伸应用开发、量子通信等 ②生态产业 节能环保、清洁生产、清洁能源、循环农业、中医中药产业、文化旅游产业、通道物流产业、数据信息产业、先进制造业产业、相关融合产业等 ③传统产业 有色冶炼、装备制造、电子信息、石化延伸产品、精细化工产品、镍铜钴新材料、特种不锈钢、高端铝制品等
	《甘肃省人民政府办公厅关于培育壮大新能源产业链的意见》	新能源产业链 传统领域新能源强链计划，新兴产业新业态补链计划，重点领域上下游产业延链计划，新能源电力外送增链计划
青海	《规划和纲要》	①传统产业 钾、钠、镁等有色金属产业链，冶金建材产业链，特色轻工业产业链等 ②生态型产业 光伏、风电、光热、地热等新能源，储能产业，高端风电装备制造和服务产业链；生态旅游，“旅游＋”融合发展；牦牛、藏羊、青稞、油菜、马铃薯、枸杞、沙棘、藜麦、冷水鱼、蜂产品、食用菌等特色优势产业，农业育种、青稞、小油菜、马铃薯等现代种业，循环农牧业、观光农牧业、定制农牧业等新业态 ③战略性新兴产业 电解铝、金属镁、新型合金材料、有机硅等新材料产业，生物医药产业，高端数控机床、节能环保设备等系统集成制造，医疗卫生、消防、工程抢险等应急产业等

续表

省区	规　划	重点产业链或产业领域
宁夏	《规划和纲要》	①传统产业 冶金行业、化工行业、纺织行业、生物医药行业等 ②优势主导产业 新材料产业。高性能新材料,钽铌铍钛稀有金属、铝镁合金、特殊合金等精深加工,高分子材料、碳基材料、高性能纤维、工业蓝宝石、石墨烯等前沿新材料等 清洁能源产业。光伏制造、风电制造和清洁能源生产,储能及新能源汽车产业,粮油类、畜禽肉类、乳品类、葡萄酒类、枸杞类、果蔬类绿色食品,方便食品、休闲食品、保健食品等新产品 现代煤化工产业。高碳醇、费托蜡、润滑油等下游产品,煤制乙二醇、氨纶芳纶等项目,多牌号煤基烯烃,高性能工程塑料及树脂、特种橡胶、特种合成纤维和新型化工材料等 装备制造业。煤矿机械、大型铸件、仪器仪表、数控机床、液压泵、操作阀、控制器、水轮机叶片铸钢件、高铁零部件、新能源装备、高性能轮胎、仪器仪表高端智能控制阀、工业机器人、3D 打印等

资料来源：根据相关规划整理。

B.15

粤港澳大湾区产业链创新链竞争力

陈 刚*

摘 要： 本报告首先从产业总体布局、基础优势、空间布局以及重点产业链基本情况等方面分析了粤港澳大湾区整体以及11个城市的产业链创新链基本发展情况；其次，梳理了粤港澳大湾区11个城市在推动产业链创新链发展出台的政策体系，对比分析了各城市在推动产业链创新链发展过程中实施的“链长制”政策，并从财政、土地、金融以及人才等方面介绍了各地区的具体政策内容；最后，提出了粤港澳大湾区推动产业链创新链的几点政策建议。

关键词： 粤港澳大湾区 产业链 创新链 链长制

一 产业链创新链发展情况

（一）总体发展情况

2020 年粤港澳大湾区经济增速保持大致稳定，整体实现地区生产总值 11.59 万亿元，高于全国第一经济大省广东 11.08 万亿元的规模。从工业基础看，粤港澳大湾区域内工业门类相对齐全，为产业链创新链发展奠定了良

---

* 陈刚，经济学博士，广州市社会科学院现代产业研究所，副研究员，主要研究方向为产业经济、区域经济增长。

好的基础优势。此外，《粤港澳大湾区发展规划纲要》从顶层设计维度对未来一段时期粤港澳大湾区城市群的产业发展问题提出了更加明确的方向，即通过进一步深化供给侧结构性改革，大力培育大湾区城市群新产业、新业态、新模式等经济发展新动能，推动新技术加强对传统产业升级改造，加速发展以先进制造业以及现代服务业为主的高附加值产业，瞄准国际先进标准，不断提高大湾区城市群产业发展水平，促进粤港澳大湾区内各城市产业实现优势互补、紧密协作、联动发展，培育若干具有国际竞争力的世界级产业集群，为粤港大湾区城市群乃至全国的产业链创新链发展提供重要的政策依据。

从各城市产业结构看，11 个城市的产业结构呈现明显的比较优势互补和错位协调发展特征，珠三角地区的制造业在国民经济中的比重相对较高，而香港和澳门地区则服务业发展优势相对较强，如表 1 所示，珠三角 9 市具备雄厚的产业基础，产业链创新链相对完善，但其产业链创新链发展过程中也面临产业层次相对不高、关键核心技术不足等问题。此外，珠三角地区各城市的现代服务业发展起步相对较晚，与国外主要城市群相比，整体发展水平相对不高，现代服务业与先进制造业以及传统制造业转型升级协同发展程度相对较弱，难以形成联动效应。虽然香港的制造业在地方经济总产值中的比重仅 7% 左右，但其仓储物流、金融类、专业类服务等现代生产性服务业领域的发展水平在国际市场中具有较强的比较优势，且能够通过与粤港澳大湾区其他地区的制造业协同发展，推动粤港澳大湾区产业链创新链整体水平的提升。同时，借助澳门与葡语系国家的密切贸易联系优势，充分发挥澳门成为香港和珠三角 9 市在葡语系国家和“一带一路”层面上的连接平台作用，将进一步扩大粤港澳大湾区产业链创新链比较优势。

表 1　粤港澳大湾区 11 个城市具有基础优势的产业

城市	产业标签	具体产业
香港	金融业、服务业	仓储物流、金融、专业服务、零售、旅游等
澳门	服务业	博彩、金融以及公共服务业等

续表

城市	产业标签	具体产业
深圳	先进制造业、信息技术服务业以及金融业	先进制造业、金融业、信息软件服务企业、交通运输业等
广州	制造业、医疗健康	电子信息技术、生物医疗健康,汽车、金融业
东莞	制造业	电子信息技术、华东、纺织服饰、造纸、食品饮料、玩具、家具、电气机械等
珠海	信息技术服务业、制造业、医疗健康	电子信息技术、医药、新能源、海洋工程等
中山	制造和信息技术服务业	装备制造、机器人制造等
惠州	制造和能源产业	电子信息制造和石化产业等
佛山	制造业	纺织服装业、食品饮料业、家具制造业、建筑材料、家用电力器具等
江门	制造业	造纸、交通运输业、重卡和商用车产业、新材料、新能源及装备产业等
肇庆	制造业	装备制造、新型电子产业等

（二）产业空间布局

从各城市最新产业规划内容看，“十四五”期间大湾区11个城市的重点产业呈现趋同性和协同性并存的发展特征，如表2所示。近年来，粤港澳大湾区11个城市持续深化供给侧结构性改革，在各自优势产业基础上，大力实施创新驱动发展战略，在推动地方产业结构转型升级的过程中，将各自产业发展放在粤港澳大湾区整体层面考虑，重视区域产业协同发展，逐步形成了以新一代信息技术、高端装备、生物医药、新能源汽车等科技创新为主的高新技术制造产业集群，为“十四五”时期各城市产业发展奠定了坚实的基础。

表2　粤港澳大湾区11个城市“十四五”期间重点发展产业

城市	重点发展产业
香港	金融、商贸、物流、专业服务等
澳门	博彩、商贸、旅游等
广州	互联网与云计算、大数据、人工智能、新一代信息技术、金融业、软件等

续表

城市	重点发展产业
深圳	新一代信息技术、绿色低碳、高端装备制造、数字经济、生物医药、海洋经济、金融业、新材料、现代物流、会展经济等
珠海	新一代信息技术、高端装备制造、生物医药、新能源及新能源汽车、节能环保、数字创意、新材料以及现代服务业等
佛山	装备制造、家居制造、汽车及新能源、军民融合及电子信息、智能制造装备及机器人、新材料、食品饮料、生物医药及大健康等
东莞	新一代信息技术、高端装备制造、新材料、新能源、生物科技、智能制造产业
惠州	绿色石化能源、新材料、智能终端、平板显示、汽车电子、LED、新能源电池、生命健康产业等
中山	新一代信息技术、健康医药、金融、旅游、高端装备制造、会展等
江门	新一代信息技术、高端装备制造、大健康、新能源汽车及零部件、新材料五大新兴产业，以及工业互联网、5G、全域旅游、体育会展产业等
肇庆	新能源汽车、先进装备制造、生物医药、高端电子信息、精细化工、智慧物流、五金制造、玉器加工、文旅康养新业态等

资料来源：广东省商务厅、中商产业研究院。

粤港澳大湾区制造业主要集中在珠三角9市，针对珠三角地区产业发展规划情况，广东省政府出台了《广东省制造业高质量发展“十四五”规划》，对“十四五”期间珠三角地区9个城市的产业布局以及产业要素资源布局做出了更加细化的空间布局安排（见表3）。从整体产业布局来看，“十四五”时期广东省战略性支柱产业和战略性新兴产业布局主要集中在珠三角地区，其中以广州和深圳两市为核心，以珠海、佛山、惠州、东莞、中山、江门、肇庆等城市为重要节点。

表3 “十四五”时期大湾区城市战略性支柱产业布局

战略性支柱产业	核心城市	重点城市	一般城市
新一代电子信息	广州、深圳、东莞、惠州	珠海、佛山	中山、江门、肇庆、
绿色石化	广州、惠州	深圳、珠海、佛山、东莞	中山、江门、肇庆
智能家电	珠海、佛山	广州、深圳、惠州、中山	
汽车产业	广州、深圳、佛山	珠海、东莞、惠州、江门、肇庆	中山

续表

战略性支柱产业	核心城市	重点城市	一般城市
先进材料	广州、佛山	深圳、珠海、东莞、惠州、肇庆	中山
现代轻工纺织	佛山、东莞、中山、江门	广州	深圳、珠海、惠州、肇庆
软件与信息服务	广州、深圳、珠海、东莞	佛山、惠州、中山	—
超高清视频显示	广州、深圳、惠州	佛山、东莞、中山	江门
生物医药与健康	广州、深圳、珠海、中山	佛山、东莞、惠州、江门、肇庆	—
现代农业与食品	广州、佛山、惠州、中山、江门、肇庆	深圳、珠海、东莞	—
半导体及集成电路	广州、深圳、珠海	佛山、东莞	惠州、中山、肇庆
高端装备制造	广州、深圳、珠海	佛山、东莞、中山、江门	惠州、肇庆
智能机器人	广州、深圳、佛山	珠海、东莞、中山	惠州、江门、肇庆
区块链与量子信息	广州、深圳	珠海、佛山、东莞	中山、肇庆
前沿新材料	广州、深圳、东莞	珠海、佛山、惠州、江门、肇庆	—
新能源	广州、深圳、佛山、东莞	珠海、惠州、中山、江门	—
激光与增材制造	广州、深圳	珠海、佛山、东莞、中山、江门	惠州
数字创意	广州、深圳	珠海、佛山、东莞	中山
安全应急与环保	广州、深圳、佛山	珠海、东莞	惠州、中山、江门、肇庆
精密仪器设备	广州、深圳、佛山	珠海、东莞、惠州、中山、江门、肇庆	—

资料来源：《广东省制造业高质量发展“十四五”规划》。

（三）产业链创新链发展基本状况

当前，粤港澳大湾区重点产业链主要集中在电子信息、先进装备制造和智能家电与材料三大领域，主要涉及新一代电子信息、软件与信息服务、超高清视频显示等行业，表4归纳总结了当前阶段粤港澳大湾区在这些行业产业链发展的基本情况，重点归纳了对应产业链的优势、短板以及代表性企业等情况。

表 4　粤港澳大湾区产业链基本情况

产业类型	产业名称	长板	短板	代表性企业
电子信息产业	新一代电子信息	①龙头企业增速较快，产业带动性强 ②产业集聚性强，基础优势明显 ③专业人才资源优势明显 ④创新平台和创新体系完善	①“缺芯少核”问题，在高性能通用芯片、关键核心技术等方面受制于国外 ②产品附加值偏低 ③部分基础性行业发展滞后于产业整体发展水平	华为、中兴、腾讯、网易等企业
	软件与信息服务	①产业集聚特征明显，主要集中在香港、广州和深圳 ②产业结构相对完整 ③科研智力支持力度大	①基础软件、工业软件等缺乏自主可控的核心技术 ②企业发展规模不够大。缺乏具有国际影响力的品牌产品 ③人才结构性矛盾突出，高技能人才缺口较大	华为、腾讯、科大讯飞、天音通信、云中飞、广电运通等
	超高清视屏显示	①具有一定产业规模优势 ②产业链生态初步建成 ③产业集聚特征明显，已初步建成广州、深圳、惠州 3 个超高清视频产业基地 ④国家政策加持，首个国家级“超高清视频产业发展试验区”	①前端设备产业化能力较弱，4K 前端摄录等关键设备主要依赖进口 ②4K 节目内容匮乏、市场化应用模式尚未完善 ③超高清内容制作成本高，内容版权保护体系不健全	TCL、创维、康佳、广东长虹等
	半导体及集成电路	①拥有国内最大的半导体及集成电路应用市场 ②半导体及集成电路产业有发明专利申请的企业数量优势明显 ③产业空间布局完善，初步形成“芯片设计、晶圆制造、封装测试、装备材料、终端应用”全产业链条 ④产业平台优势明显，拥有广州和深圳两个国家级集成电路设计产业化基地	①集成电路产业处于建链补链阶段，设计环节企业普遍规模偏小，高水平设计能力不足，制造环节短板明显，封装环节基本以中低端封装为主 ②创新能力不强，创新要素投入相对不足，关键核心技术研发能力相对薄弱 ③专业领域人才培养严重短缺，人才市场供求矛盾较为突出 ④对外依存度高，产业链供应链安全可控性弱	粤芯、全志科技、明微电子、佳禾智能、英唐智控等

续表

产业类型	产业名称	长板	短板	代表性企业
电子信息产业	区块链与量子信息	①已初步形成了覆盖区块链全产业链条的产业技术图谱 ②量子信息产业在量子通信、量子材料、关键元器件、重大仪器设备等方面已初步建立具有一定研发和生产规模的产业体系 ③行业龙头企业已初步完成技术与产业布局	①技术集成支撑不足,技术成熟度不高,底层平台较分散,互联互通能力不强 ②行业对区块链应用集成纵深不够,应用布局相对单一 ③技术、人才、平台等关键产业要素生态集成体系不全,产业标准体系、测试评估体系、监管机制不完善 ④国内外尚处于技术形成和产业培育阶段 ⑤量子信息创新主体之间尚未建立长效联动机制	智乾区块链、智链通、国腾量子等
先进装备制造业	高端装备制造	①初步形成产业集聚态势 ②国内市场产值规模优势明显 ③高端装备制造研发、设计和制造能力持续增强	①高端装备制造龙头企业和重大项目不多,产业配套体系不够完善 ②企业研发和创新能力不足,关键部件依赖进口,“卡脖子”问题突出 ③高端装备研制单位、用户单位协同创新力度不够	大族激光、大疆、亿航、广智集团、立讯精密等
	航空航天制造	①已初步形成包括通用飞机、航空维修、机载设备、无人机以及小型卫星、航空电子设备制造、航空材料等诸多相关行业在内的航空航天制造体系 ②已形成具有一定产业发展优势的平台基础 ③在广州、深圳和珠海等地已初步形成产业集聚效应	①产业布局相对薄弱,缺乏大型航空制造企业特别是龙头企业,产业链配套相对不完善 ②航空航天领域相关高等院校和科研院所相对较少,高水平航空航天技术人才资源积累不足 ③实验测试基础设施配套相对不足,对航空航天产业的质量认证技术支撑能力不强	珠海中航工业通飞、大疆创新、极飞科技等
	汽车产业	①已形成日系、欧美系和自主品牌多元化汽车产业格局 ②产业规模优势明显,汽车产量连续三年居全国第1位 ③产业集聚效应明显,形成了广州、深圳、佛山三个整车制造产业集群	①过于依赖合资企业的局面没有得到根本改善,仍未培育出世界一流的自主汽车品牌,总体上仍处于全球汽车产业链、价值链中低端水平 ②汽车零部件产业规模与整车生产规模不相适应,发动机、变速箱等关键零部件自给率不高,对汽车产业集群支撑保障能力有待提升 ③新能源、智能网联汽车核心关键零部件受制于人,车规级 MCU、IGBT 芯片等高端核心组件高度依赖进口	广汽丰田、广汽本田、广汽乘用车、东风日产、比亚迪、一汽大众(珠海)以及长安标致等

续表

产业类型	产业名称	长板	短板	代表性企业
先进装备制造业	智能机器人	①产业增速较快 ②部分产品在全国占据重要市场份额 ③形成以广州、深圳为核心，联动珠三角地区的产业布局	①智能机器人产业总体上仍处于全球智能机器人产业链、价值链中低端 ②智能机器人核心零部件未能完全“国产化”，产业配套能力较弱 ③产业结构发展不均衡 ④具有国际竞争力的行业龙头企业数量偏少，品牌竞争力较弱 ⑤专业人才不足，智能机器人产业领军人才偏少，创新型人才队伍规模偏小	广州数控、井源机电、广州启帆、中智科创、优必选、佳士科技、银星智能、华数机器、大族激光、格力智能装备等
	轨道交通装备制造	①产值规模优势明显 ②产业平台基础能力强 ③增长速度快	①产能过剩，大湾区地区现有基地产能大于市场容量 ②重复竞争，产业体系尚待完善	中车广东公司、大湾区轨交产投集团、广州地铁等
智能家电与材料	智能家电	①规模优势明显，规模占全国总额比重超40%，其中电视机、空调、冰箱、厨房电器、照明灯饰等产品规模全国第一 ②品牌龙头企业带动性强 ③产业集聚性强，已形成深圳、佛山、东莞等市为聚集地的家电产业集群，是全球最大的家电制造业中心	①创新要素集聚度不高，技术创新能力不足 ②产业结构发展不均衡，主要集中在家用电力器具领域 ③部分关键零部件、关键原材料、核心技术等与发达国家相比存在较大差距 ④国际标准引领不明显，国际话语权不强，互联互通标准不统一	美的、创维、康佳、TCL、格兰仕和格力等
	先进材料	①产量规模优势明显 ②产业集群能力不断增强，已经初步形成以广州、深圳、珠海、佛山、东莞、中山等地为主的先进材料产业基地	①原有产业格局和产业链受环保影响大，新的产业布局和产业链还不够完善 ②部分关键原材料、核心工艺技术、装备、关键零部件等受制于人，传统产品占比较大，高端产品较少 ③绿色制造体系不健全，“三废”综合处置管理体系不完善	宝武中南钢铁、宝钢湛江钢铁、金晟兰等

续表

产业类型	产业名称	长板	短板	代表性企业
智能家电与材料	前沿新材料	①在石墨烯、超材料、新能源材料、生物医用材料、先进半导体、材料基因工程等领域形成了较强优势 ②关键技术取得重大突破 ③产业集聚态势初步形成，空间布局日趋合理，形成了梯次发展的良好格局 ④新能源材料、生物医用材料、新型显示、先进陶瓷材料等领域产业具有较为完整的产业链和完备的产业配套体系	①材料创新系统能力不足。核心技术和专用装备设施发展相对滞后 ②创新能力相对薄弱。前瞻性、颠覆性成果较少，创新引领发展效果不强 ③协同发展态势尚未形成 ④支撑配套体系建设尚不完善	珠海蓉胜、金发科技、广晟有色、风华高科、江粉磁材等
	绿色石化	①龙头企业集聚度高，主要集中在广州、惠州、珠海等地区 ②产值规模具有比较优势 ③产业基础优势强	①产业链头大尾小，长而不强 ②化学纤维制造业产业结构性矛盾较为突出，化学纤维制造业规模偏小 ③受土地、技术等资源要素约束，产业规模扩大受阻 ④部分石化企业未能有效构建自主创新或者协同创新的技术支撑体系	海油、埃克森美孚、中海壳牌、巴斯夫、三菱化学等

二　产业链创新链支持政策

（一）政策体系

在国家宏观环境背景下，近年来，粤港澳大湾区各地开始重视产业链创新链发展问题，陆续出台了一系列针对性强的政策体系。从政策出台情况看，粤港澳大湾区关于推动产业链创新链发展的政策主要集中在珠三角9市，香港和澳门由于制造业占比较低，并没有出台相关的政策。而针对“链长制”方面，仅广州、深圳、佛山、中山和江门五大城市出台了具体的政策文件，如表5所示。

表5 粤港澳大湾区部分城市"链长制"政策

城市	时间	主要政策文件	产业链
广州	2021年5月	《广州市构建"链长制"推进产业高质量发展的意见》	10位市领导任市级链长,由"总链长+副总链长+市级链长+市级副链长+区级链长"组成,建立21*个产业的"链长+链主"工作推进体系
深圳	2020年7月	《深圳市重点产业链"链长制"工作方案》	主要市领导挂帅,市领导每人都担任了一个产业链链长,构建8条重点产业链**
佛山	2021年3月	《佛山市人民政府关于进一步促进重大产业项目招商引资工作的若干意见》	由佛山市委市政府、佛山高新区党工委与管委会相关负责人担任产业链"链长",实施"四个一"***培育方案,推动优势产业"强链"发展、薄弱产业"补链"提升、跨界产业"延链"融合
中山	2020年6月	《关于推动中山市特色产业集群产业链协同创新实施方案》	"一位市领导、一个牵头部门",各负责部门按照"一条产业链、一位部门负责同志、一位科室负责同志、一个工作方案"模式
江门	2021年5月	《江门市培育发展"5+N"产业集群行动方案》	市长担任"5+N"产业集群"总链长",市主要领导班子有关领导分别担任相关产业链的"链长",有针对性地打造14条产业链

注：* 智能网联与新能源汽车、绿色石化和新材料、现代高端装备、超高清视频和新型显示、软件和信创、人工智能、半导体和集成电路、生物医药及高端医疗器械、新能源、节能环保和生态、轨道交通、批发零售和住宿餐饮、现代会展业、现代金融业、文化创意、时尚产业、医疗与健康、都市现代农业、体育与健身、建筑业和规划设计、检验检测服务业共21个产业。

** 集成电路、5G、8K、人工智能、生物医药、智能网联汽车等。

*** 一链一中心、一链一图、一链一制、一链一策。

从各城市相关政策出台情况看，广州和深圳两市围绕产业链供应链出台的政策体系较为全面。深圳市于2020年7月出台了《深圳市重点产业链"链长制"工作方案》，主要瞄准世界科技前沿和产业发展趋势，精准实施"链长制"涉及的强链、补链、连链、延链工作。成立了由市主要领导担任组长的制造业重大项目引进工作组，对八个重点产业链实施"链长制"工作机制。广州市于2021年7月出台了《广州市构建"链长制"推进产业高质量发展的意见》，正式启动实施"链长制"政策。主要聚焦先进制造业、战略性新兴产业、现代服务业、现代农业等领域共21条重点产业链，全面实施以市领导为"链长"和以龙头企业为"链主"的双链式"链长制"。

此外，广州分别针对21条重点产业链制定了专门的三年行动计划，其中关于建筑产业和人工智能产业领域产业链高质量发展行动计划已经出台。

佛山、东莞、中山、江门等市也围绕制造业高质量发展、实体经济等方面出台了推动产业链创新链发展的相关政策文件，如表6所示。通过梳理各城市相关政策，可以发现，各地在推动地方产业链创新链发展的具体措施方面，大多集中在财政、土地、金融和人才等领域。

表6　部分城市产业链创新链发展政策相关配套文件

城市	相关政策文件
广州	《广州市构建"链长制"推动建筑产业高质量发展三年行动计划(2021～2023年)》《广州市人工智能产业链高质量发展三年行动计划(2021～2023年)》《广州市推动构建制造业高质量发展综合评价指标体系实施方案》《关于积极应对新冠肺炎疫情影响着力为企业纾困减负若干措施》等
深圳	《关于推动制造业高质量发展坚定不移打造制造强市的若干措施》《关于围绕构建新发展格局招大商、招优商、招好商行动方案(2021～2025年)》《关于营造更好发展环境支持民营企业改革发展的行动方案(2021～2023年)》《深圳市数字经济产业创新发展实施方案(2021～2023年)》《深圳市时尚产业高质量发展行动计划(2020～2024年)》等
佛山	《佛山市人民政府关于进一步促进重大产业项目招商引资工作的若干意见》《佛山市支持制造业创新中心建设扶持方案》《佛山市深化"互联网+先进制造"发展工业互联网的若干政策措施》等
东莞	《关于培育发展战略性产业集群的实施意见》《东莞市推进战略性新兴产业基地高质量发展若干措施》《关于促进数据中心高质量发展的实施意见》《东莞市专精特新中小企业培育工作实施方案》等
珠海	《珠海市进一步支持实体经济高质量发展若干政策措施》《珠海市推动生物医药产业高质量发展行动方案(2020～2025年)》《珠海市促进新一代信息技术产业发展的若干政策》《珠海市大力支持集成电路产业发展的意见》《关于促进珠海市集成电路产业发展的若干政策措施》等
中山	《关于推动制造业高质量发展的实施方案》《中山市产业体系重构工程实施方案》《中山市新一代信息技术产业发展行动计划(2018～2022年)》《中山市加快新一代人工智能发展行动计划(2019～2021年)》《中山市加快5G产业发展行动计划(2019～2022年)》等
惠州	《惠州市促进制造业高质量发展若干措施》《惠州市促进数字经济产业发展若干措施》《惠州市贯彻落实〈广东省发展新一代电子信息战略性支柱产业集群行动计划(2021～2025年)〉工作措施》《惠州市推动大企业带动中小企业协同发展工作措施》《惠州市推动工业园区项目快速落地实施方案》《关于应对疫情影响加大对中小企业支持力度的若干政策措施》等

续表

城市	相关政策文件
江门	《关于发挥"链主"企业带动作用促进"5+N"产业集群加快发展的政策措施》《江门市支持"链主"企业发展扶持资金管理实施细则》《江门市支持先进制造业企业技术改造实施办法》《江门市2021年度推动落后产能退出工作计划》《江门市促进软件和信息技术服务业、互联网和相关服务业发展扶持资金管理实施细则》等
肇庆	《肇庆市降低制造业企业成本支持实体经济发展若干政策措施(修订版)》《肇庆市支持新能源汽车及汽车零部件产业发展的若干措施》《关于应对疫情影响加大对中小企业支持力度的若干政策措施》《肇庆市中小微企业贷款风险补偿基金实施办法(2020年修订)》等

（二）财政政策

多年的实践经验表明，财政政策是我国实施产业政策的重要手段，规范、科学的财政政策在推动我国区域经济协调发展过程中发挥着重要的作用，在产业链创新链发展过程中，财政政策扮演着不可或缺的角色。粤港澳大湾区各城市为加快产业链创新链制定的财政政策情况如下：广州在现有政策文件中并没有明确具体财政政策，只规定了可以享受财政政策的范围，如对本地"链主"企业发起组建行业协会等社会组织给予一次性奖励，对各产业链企业和行业协会牵头举办的各类产业活动给予补助等。深圳的财政政策相对较为具体，从实施"登峰计划"、技术改造项目、相关平台建设、"四基"能力提升、设备更新、绿色制造等多个细分领域，针对项目规模情况给予不同程度奖励，基本上涉及了深圳市产业链创新链发展的各个环节。以"登峰计划"为例，深圳提出对年产值达到一定规模的工业企业最高可给予2000万元的一次性奖励。佛山规定市级财政每年预算安排专项资金，用于支持奖励符合条件的招商引资重大产业项目，并制定出台了佛山市招商引资重大产业项目专项资金管理办法，按照不超过项目实际投入注册资金或固定资产投资的一定比例实施事后奖补，同时还规定下属各区制定区级财政专项资金奖补政策措施。东莞重点发展七大战略性新兴产业，实施产业技术攻关"揭榜挂帅"制度，对重点项目的资助额度最高可达1000万元。还从创新平台建设、创新产品使用、创新企业发展等方面制定了相应的财政扶持政策。珠海对企业技术改造项目和总部经济项目给予一定的财政扶持。在推动企业技术改造升级方面，珠海规定最高可按项目新设备购置额的20%进行财政补贴，对实施了智能化技术改造的企业最高可补贴至项目新设备购置额的25%。对总部设在珠海市，并且首次入围美国《财富》杂志公布的“世界500强”名单的企业，最高可给予一次性3000万元的财政奖励。惠州侧重于鼓励企业发展方面，对增加值率高、技术改造投资力度大以及新技术应用带动强的企业均出台了相应的财政扶持标准。例如，对工业总产值达到一定规模的企业最高可奖励300万元。江门针对“链主”企业最高可给予1000万元奖励，连续3年、每年安排2000万元用于支持企业利用工业互联网等技术实施数字化转型。肇庆对新能源乘用车整车生产企业、汽车零部件企业最高可给予1亿元奖励，对新能源纯电动商用车、专用车整车生产企业最高可给予1000万元奖励。

（三）土地政策

在土地政策方面，广州出台了提高工业用地利用效率、工业产业区块管理、新型产业用地（M0）准入退出等政策措施。支持将“链主”企业产业项目纳入广州市新型产业用地试点范畴。“链主”企业可联合参与产业用地“招拍挂”（招标、拍卖、挂牌）。深圳不断完善工业用地保障制度，整备改造了100平方公里产业空间，将改造实现产业转型升级的空间纳入土地整备范围。保留提升100平方公里工业区，对划定范围进行长期锁定并开展环境提升，稳定产业发展预期。佛山按照“要素跟着项目走”原则，以保障重大产业项目用地指标需求为最终目标，每年新增一定数量的建设用地指标，专项用于纳入招商引资市级统筹的重大工业制造业项目，依具体项目带指标落地。并规定下属各区相应安排一定数量的新增建设用地指标，专项用于区级统筹的招商引资重大产业项目。东莞围绕战略性新兴产业科学布局，以推动战略性新兴产业集聚发展为目标，积极探索推行弹性供地模式，支持各基地通过多种方式推动用地资源集中，形成连片的可开发建设用地，提升土地资源规模效应。支持基地范围内镇村工业园改造，开通“工改 M1”审批绿色通道，“工改 M1”高标准厂房和工业大厦项目可按幢、层等为基本单元进行分割转让。惠州将工业项目用地指标占比提升至70%以上，推动土地资源向“3+7”重点园区和重大项目集聚。对重大制造业项目落地，给予用地、用海、用林等政策倾斜。江门规定“十四五”期间，江门全市每年供地计划安排不少于5000亩的建设用地用于制造业发展。至2035年，可安排不少于15万亩新增建设规模用于工业发展。肇庆采用多种方式降低企业用地成本，对建设有高标准厂房的企业项目给予一定财政奖励，提高产业用地利用效率，并规定新增工业用地可实行弹性年期出让，对弹性出让期届满的，可申请采用协议出让方式续期。

（四）金融政策

在金融政策方面，广州制定了各产业链关键招商项目清单，对清单项目开展靶向招商并给予配套扶持。对新引进重点产业链特别重大项目，实施“一事一议”。深圳搭建了涵盖金融产品和增值服务一体化的“互联网+综合金融”服务平台。政府性融资担保机构可以为服务平台上评分良好的企业提供80%～90%的信用贷款担保，向企业收取担保费平均费率不高于1%。佛山多渠道扩大基金发行规模，依托产业发展投资基金，引导扶持招商引资市级统筹的重大产业项目。积极承接国家和省产业投资类基金，推动国家、省、市产业类基金联动投资。鼓励各区设立政策性投资基金，积极推动市级区级基金联动投资。东莞通过不断优化产业并购母基金投资机制，吸引社会资本大力支持当地战略性产业实现集群式发展，并对产业集群内基础性、引领性以及高成长性的产业项目给予重点支持。构建规模500亿元战略性新兴产业基金体系，重点支持优质新兴产业项目落户基地集聚发展。珠海将信贷风险补偿资金池规模逐步提高到10亿元，对中小微企业发放的信用贷款、支小再贷款、首笔贷款、工业企业技术改造贷款和担保贷款等形成的不良贷款给予风险补偿。对在当地注册并为该市中小微企业贷款提供担保的融资性担保机构，单户最高补助500万元。中山引入粤财普惠金融（中山）融资担保股份有限公司为企业提供金融服务，解决企业智能化转型项目融资需求。惠州建立了重点制造业项目投融资对接机制，鼓励大型骨干企业以及上市企业设立财务公司，不断降低产业链上下游企业融资成本。肇庆重点扶持发展包括财务公司在内的金融法人企业，对实缴注册资本达到一定规模的财务公司最高给予500万元奖励。企业可叠加享受省、市关于支持企业利用资本市场的奖励政策。

（五）人才政策

人才政策方面，深圳实行了开放便利的境外人才引进和出入境管理制度，争取外国人永久居留审批权限下放。加大现代制造业技术技能人才培养力度，推动产教深度融合发展。支持建设公共实训基地、高技能人才培训基地等培养载体建设。佛山完善了“优粤佛山卡”人才服务体系，为招引重大产业项目提供优质人才支撑。东莞实施了更加积极有效的人才制度，涵盖人才培养、人才引进、工作机制、人才规划、服务保障以及激励机制等多方面政策，对经认定的高层次创新科研团队和领军人才，给予最高2000万元创业资助。惠州加大了对制造业领域的研发人才、产业发展人才以及科技创新人才的引进培育力度，对全职引进的国家人才工程入选者最高给予100万元生活补贴。支持金融机构推行“产业＋住房租赁”的创新模式，解决企业人才住房困难。每年提供一定名额的公办学位专项用于保障人才子女入学。江门推出了人才奖励、服务、保障等措施，支持高管、骨干人才推动新投资引进重大项目，引领重点企业加快发展，并支持高端产业人才团队建设、高端人才带项目落地等。肇庆重点支持新能源汽车领域专业人才建设，对企业科研经费支出后补贴金额最高可达1000万元；对增设的新能源汽车专业的相关院校机构最高可给予200万元补贴。对新能源汽车整车及汽车零部件企业申报入选国家级、省级重大人才工程项目的人才和团队，最高可给予扶持资金的100%以配套扶持，并对引进的特殊紧缺人才可实行“一事一议、一人一策”灵活待遇政策。

三　政策建议

（一）强化基础应用研究

加大对基础研究、关键技术攻关、引进高端团队和人才等支持力度。优化科研资金管理机制，对科研资金进行合理分类、精准安排，充分发挥高校、科研院所在基础研究的灵活性和主动性，推行首席科学家责任制、基础研究经费使用“包干制”。加大与国家自然科学基金委合作力度，推动国家、省、市（区）三级财政资金重点投向科学中心基础研究领域，资助在新一代信息技术、人工智能、新材料、新能源、生物医药、高端芯片等科学领域开展基础科学研究，鼓励粤港澳三地科研人员合作实施基础和应用研究重大专项。推动试点科技成果权属改革，大力推动科研院所人员横向项目成果的权属问题，探索财政新增职务成果的科技人员所有权。

（二）加强关键核心技术“链式创新”

聚焦电子信息、生物医药、装备制造领域，梳理产业链上下游关键核心技术的短板、薄弱环节、有望突破的细分领域，形成补短板路线图和锻长板清单。电子信息领域集中资源重点突破集成电路、5G、第三代半导体、基础软件、人工智能算法等环节；生物医药领域重点突破高端医疗器械和装备、基因技术、干细胞技术、生物试剂和菌种等环节；装备制造领域重点突破汽车和新能源汽车关键零部件、智能机器人、高端工业母机、风电装备、轨道交通装备等环节，切实解决制约自主可控的深层次问题。加快从全球靶向引进高端领军人才、创新团队和管理团队，推动省内高校稳步扩大本科生和研究生培养规模，积极增设集成电路科学与工程一级学科博士、硕士学位授权点，提升高端人才供给水平。

（三）完善科技基础设施建设

加快建设重大科技基础设施。围绕大湾区综合性国家科学中心建设需求，聚焦信息、生命、材料、海洋、能源等学科领域，积极谋划建设一批高水平重大科技基础设施，夯实基础研究源头支撑。加快高水平创新平台建设，系统梳理各类创新平台，整合一批领域相近、功能互补的实验室、工程研究中心、创新中心等创新平台，统筹各类创新要素，在重点领域打造一批高水平创新平台。加大粤港澳创新合作，打造珠三角高端制造业核心区。加快广深港澳科技创新走廊建设，全面推进粤港澳三地制造业创新合作，构建粤港澳创新要素自由流通机制。大力推动珠三角地区高精尖制造业发展，强化“双区驱动”和“双城联动”发展，大力发展珠江东岸电子信息产业带，建设粤港澳大湾区高端产业集聚发展区，推动珠三角地区与香港、澳门在新一代电子信息、生物医药与健康、人工智能、先进材料和前沿新材料等领域的合作，打造世界领先的先进制造业发展基地。

（四）加大金融支持力度

创新科技金融发展模式。在大湾区层面设立运营知识产权质押融资风险补偿基金，鼓励金融机构为中小企业提供专利权、商标权、著作权等资产混合质押融资贷款。探索科技金融服务体系改革，提升资金赋能产业链、激活创新链价值。开展科技金融工作站、科技金融特派员试点工作。推动产业金融合作，探索建立区域性产业投资基金，联合投资机构、产业链龙头企业及商业银行开展投贷联动服务。重点加强产业链、供应链布局中专攻某个细分领域的隐形冠军的引入和扶持。完善创业投资项目的投资服务体系，建立早、中期创投和重大产业项目让利机制及建立和完善创业投资对接平台。在区域性股权市场开展股权投资和创业投资份额转让试点，探索设立私募股权二级市场基金。

（五）扩展国际产业合作

聚焦产业链薄弱环节，围绕产业强链补链延链的现实需求，建立全球相关产业链的上中下游主要企业、龙头企业、技术平台中心、知名院所、知名专家库，建立健全产业链需求导向的精准招商机制。探索建立“一带一路”

创新型产业集群国际合作交流机制，鼓励集群领军企业按大湾区各城市产业链空间布局实际需要，在境外设立代表处、办事处等服务机构。鼓励大湾区内具备条件的企业，采取投资入股和收购兼并等方式与境外优秀机构快速融合，在全球范围内整合资源、开展技术创新、补齐发展短板。

B.16
东北地区产业链创新链竞争力

高 琦 刘帷韬*

摘 要： 东北地区是我国重要的区域板块之一，在全国经济发展中具有独特地位。本文通过梳理东北地区三省一自治区，共39个市/行政公署的产业链创新链政策、相应的支持措施及部分产业链长短板，厘清各地区产业链创新链政策实施情况及未来发展方向和目标。总体来看，东北地区各地明晰了产业发展优先顺序，并且部分地区制定了单一产业规划，相应的产业链创新链支持措施也较为全面和具体。针对未来地区产业链创新链发展，本文提供了相应政策建议。

关键词： 东北地区 产业链 创新链 竞争力

东北地区包括黑龙江、吉林、辽宁三省及内蒙古自治区东五盟，属于第二阶梯的经济大区，土地面积占国土面积的13%，人口占全国的6.98%①，是我国重要的工业和农业基地。作为我国工业发展重镇，东北地区凭借较好的工业基础为国民经济恢复与建设做出过突出贡献。“十三五”时期，东北地区积极培育新兴产业，形成了多点支撑、多业并举、多元发展的产业发展格局，但整体而言，其经济发展未呈现较大进展，产业发展的突出矛盾仍然

---

* 高琦，中级经济师，博士研究生，广东外语外贸大学经济贸易学院，研究方向为产业经济；刘帷韬，副研究员，博士（后），广州市社会科学院国际商贸研究所，研究方向为国际贸易、产业经济。

① 依据第七次全国人口普查数据计算。

存在。基于上述考量，本文将从省和城市两个层面对我国东北地区涵盖的黑龙江、吉林、辽宁三省及内蒙古自治区东五盟，及39个地级市/行政公署的产业链创新链政策进行梳理，并对未来东北地区产业链创新链的发展给出相应的政策建议。

一 东北地区培育产业链创新链竞争新优势发展规划

（一）黑龙江省有关产业链创新链政策实施情况

1. 黑龙江省产业链创新链整体规划情况

黑龙江省是我国重要的老工业基地，其生产的工业产品达300余小类，涉及能源、医药、装备、冶金等领域。2019年6月黑龙江省人民政府出台《黑龙江省工业强省建设规划（2019～2025年）》，明确优先发展绿色食品①、高端装备②、新材料③、生物医药④等四大战略性产业，重点培育新一代信息技术⑤、新能源⑥、节能环保⑦等三大先导性产业，优化提升化工⑧、汽车⑨、传统能源⑩等三大基础性产业。2020年8月黑龙江省政府专题会议研究实施产业链链长制推动全省产业高质量发展工作，在具备相对发展基础的产业中先期确定石油化工、玉米加工、生物医药、石墨、汽车、航空航天、新型智能装备制造等7条重点产业链，由省政府主要领导担任总链长，

① 绿色食品产业包括乳制品、肉制品、酒水饮料、农副产品精深加工。

② 高端装备产业包括机器人及智能装备、航空航天装备、轨道交通装备、海洋工程装备、卫星应用设备及服务、农机装备、石油石化装备。

③ 新材料产业包括石墨及精深加工材料、钢铁新材料、有色金属新材料、新型复合材料。

④ 生物医药产业包括现代中药、化学药品制剂、生物制药。

⑤ 新一代信息技术产业包括人工智能、工业互联网及信息服务、云计算与大数据服务、半导体材料及生产设备、传感器、工业软件。

⑥ 新能源产业包括核能、风能、太阳能、地热能、生物质能、氢能、智能电网。

⑦ 节能环保产业包括节能装备、环保装备、农林废弃物资源化利用、节能环保服务。

⑧ 化工产业包括石油化工、煤化工。

⑨ 汽车产业包括整车、配套。

⑩ 传统能源产业包括火电、水电、煤炭开发及发电、石油、天然气。

副省长担任链长，各市（地）确定主导产业链，经济功能区确定核心产业链，省、市、功能区一体化推进。2020 年 9 月，黑龙江省人民政府出台《关于印发〈实施产业链链长制推动全省产业高质量发展工作方案〉的通知》，明确正式实施产业链“链长制”。2021 年 3 月 2 日黑龙江省人民政府公布《黑龙江省国民经济和社会发展第十四个五年规划和二〇三五年远景目标纲要》，明确在“十四五”期间，黑龙江省将构建“433”工业新体系，基本形成新的均衡发展的产业结构。

除此之外，黑龙江省人民政府出台部分产业具体发展规划，涉及新能源汽车、数字经济、冰雪旅游产业、钢铁产业、石墨产业和通用航空产业。如 2017 年 12 月黑龙江省人民政府出台的《黑龙江省人民政府关于推动新能源汽车产业创新发展的意见》；2019 年 6 月，黑龙江省人民政府出台的《“数字龙江”发展规划（2019～2025 年）》；2020 年 8 月，黑龙江省人民政府出台的《黑龙江省冰雪旅游产业发展规划（2020～2030 年）》；2021 年 6 月，黑龙江省发展和改革委员会出台的《黑龙江省钢铁产业高质量发展规划》；2021 年 6 月黑龙江省发展和改革委员会出台《黑龙江省石墨产业发展规划》；2021 年 8 月黑龙江省人民政府出台的《黑龙江省通用航空产业“十四五”发展规划》。

2. 黑龙江省各地市产业链创新链整体规划情况

黑龙江省共辖 1 个副省级城市及 11 个地级市、1 个地区行署，本文对其中 12 个城市①产业链供应链规划情况进行简要梳理。其中，哈尔滨市、齐齐哈尔市、双鸭山市、大庆市、佳木斯市、牡丹江市、黑河市、绥化市确立了产业链链长制实施方案，部分地城市政府还出台了针对单一产业的培育方案，譬如鹤岗市人民政府出台的《鹤岗市石墨产业培育方案》、伊春市人民政府出台的《伊春市促进中医药产业发展扶持政策》、七台河市出台的《七台河市石墨（石墨烯）新材料产业培育方案》。具体各地产业链创新链规划情况见表 1。

① 包括哈尔滨市、齐齐哈尔市、鸡西市、鹤岗市、双鸭山市、大庆市、伊春市、佳木斯市、七台河市、牡丹江市、黑河市、绥化市。

表 1　黑龙江省各地市产业链创新链规划情况

城　市	文件名称	印发时间	主要内容
哈尔滨市	《哈尔滨市落实省千亿级产业培育行动计划工作推进方案》	2020 年 7 月	显著提升石墨及深加工、机器人及智能装备、生物医药、石油及石油化工、水稻加工、玉米加工、乳制品、屠宰及肉类加工、汽车及零部件、新一代信息技术、电力装备、钢铁、交通运输装备、有色金属等 14 个产业规模;培育发展先进装备制造、生物医药、绿色农产品深加工等 3 个千亿级产业
	《哈尔滨市国民经济和社会发展第十四个五年规划和二〇三五年远景目标纲要》	2021 年 4 月	巩固提升先进装备制造、绿色农产品精深加工、现代生物医药、特色文化和旅游等主导产业,培育壮大信息、新材料、金融、现代物流等优势产业,前瞻布局太空、深海－极地、生物经济等未来产业,建立市级、区县(市)两级产业链链长制,强化"技术－产品－企业－产业链－产业集群"全链条培育,打造机器人及智能制造、航空航天、现代生物医药、新能源汽车、清洁能源设备、现代粮油及饮品加工、乳制品及畜牧产品加工、信息、新材料、特色文化和旅游等一批重点产业链
	《关于加快推动哈尔滨市制造业高质量发展实现工业强市的若干政策措施》	2021 年 8 月	培育壮大绿色农产品深加工、航空航天、机器人和智能制造、清洁能源装备、生物医药、新材料等领域产业集群
齐齐哈尔市	《齐齐哈尔市国民经济和社会发展第十四个五年规划和二〇三五年远景目标纲要》	2021 年 3 月	装备制造整机、精密超精密制造、新材料、绿色食品加工、现代畜牧、生物医药、现代服务、生态旅游、生态康养、冰雪体育(运动)、数字经济、新能源环保等 12 个重点产业
鸡西市	《鸡西市国民经济和社会发展第十四个五年规划和二〇三五年远景目标纲要》	2021 年 3 月	着力打造石墨新材料基地、新能源化工基地、绿色食品生产加工基地、生物医药制造基地,大力发展矿产经济,培育发展装备制造产业
鹤岗市	《鹤岗市石墨产业链链长制工作方案》《鹤岗市石墨产业培育方案》	2020 年 11 月	建立以市政府主要领导为链长的石墨产业链长制度,确定新能源、石墨烯、密封散热、超硬和冶金耐火材料等五大产业链

续表

城　市	文件名称	印发时间	主要内容
鹤岗市	《鹤岗市国民经济和社会发展第十四个五年规划和二〇三五年远景目标纲要》	2021 年 3 月	发展壮大煤及化工、石墨新材料、农副产品深加工、文化旅游、健康养老、新能源、医药科技、外贸物流等 8 个重点产业，重点打造煤及化工、石墨新材料、农副产品深加工、新能源等 4 个百亿级产业集群
双鸭山市	《双鸭山市产业链链长制实施方案》	2021 年 1 月	承接玉米加工、石墨 2 条省级产业链，结合自身产业发展实际确定钢铁、煤化工 2 条市级主导产业链
	《双鸭山市国民经济和社会发展第十四个五年规划和二〇三五年远景目标纲要》	2021 年 3 月	依托煤炭、磁铁矿、粮食、石墨、玄武岩等优势资源，围绕构建产业体系，实行“链长制”，重点发展现代煤电化产业链、石墨及新材料产业链、粮食和绿色食品深加工产业链、钢铁冶金及装备制造产业链、生物化工及生物制药产业链、现代服务业产业链
大庆市	《大庆市实施产业链链长制推动产业高质量发展实施方案》	2020 年 12 月	围绕油头化尾、食品加工、装备制造、新型材料、新能源等 5 条市级重点产业链建立链长制
	《大庆市国民经济和社会发展第十四个五年规划和二〇三五年远景目标纲要》	2021 年 9 月	构建以油气采掘传统优势产业为根基，以“油头化尾”、汽车及装备制造两个成熟连续板块为支柱，以食品加工、新材料、新能源三个成长型集聚链条为主导，以生物、5G、大数据等若干个战略性新兴产业为储备的“1 +2 +3 + N”现代化工业体系
伊春市	《伊春市国民经济和社会发展第十四个五年规划和二〇三五年远景目标纲要》	2021 年 3 月	森林食品、森林生态旅游、木材精深加工、矿产资源开发和冶金建材、北药精深加工等产业
佳木斯市	《佳木斯市实施产业链链长制推动全市产业高质量发展工作方案》	2020 年 11 月	造纸及纸制品加工、现代装备、玉米精深加工、精细化工 4 个百亿级产业链

续表

城　市	文件名称	印发时间	主要内容
七台河市	《七台河市石墨(石墨烯)新材料产业培育方案》	2021 年 3 月	推进“锂电负极材料、高端石墨精深加工、石墨烯下游应用产品”三个重点产品链为主攻方向,优化石墨产业结构,培育石墨(石墨烯)新材料产业集群
	《七台河市国民经济和社会发展第十四个五年规划和二〇三五年远景目标纲要》	2021 年 3 月	巩固延伸煤及煤化工产业、承接集聚生物医药产业、培育壮大石墨新材料产业、提质升级再制造产业、统筹谋划新能源产业
牡丹江市	《牡丹江市国民经济和社会发展第十四个五年规划和二〇三五年远景目标纲要》	2021 年 4 月	做强做优现代绿色食品、林木林纸、特色生物医药、特色高端装备四大支柱产业链群,培育壮大新材料、新能源和可再生能源两大新兴产业
	《牡丹江市产业链链长制实施方案》	2021 年 6 月	到 2025 年打造百亿级汉(亚)麻加工和烟草产业链,50 亿级石墨加工、医药、绿色食品加工产业链;到 2030 年,打造汉(亚)麻加工、烟草、石墨加工、医药、绿色食品加工 5 条百亿级产业链,培育形成特色优势支柱产业。同时,积极培育石油钻采装备和木家居两条产业链
黑河市	《黑河市实施产业链链长制推动全市产业高质量发展工作方案》	2021 年 3 月	重点发展跨境进出口产品加工、能源、矿泉水、农副产品加工、矿产品开发、文旅、寒区试车 7 条产业链
	《黑河市国民经济和社会发展第十四个五年规划和二〇三五年远景目标纲要》	2021 年 4 月	重点打造农林产品加工(大豆、玉米、汉麻、乳制品、肉制品)、矿产品开发(有色金属、黑色金属)、跨境进出口产品加工(进口农产品加工、跨境木材综合加工、进口中药材研发加工、机电制造及出口贸易、跨境能源及新材料综合)、能源(煤炭、新能源)、矿泉水、寒地试车等影响力强、产出效率高、发展后劲足、辐射带动力大的产业链
绥化市	《绥化市人民政府关于全市产业链政府工作链长分工的通知》	2021 年 5 月	重点发展玉米生物发酵、精细化工、汽车电子仪表、医药、肉类、秸秆、物流、旅游康养等 8 个标志性产业链,北菜、乳业、大豆种子等 3 个潜力产业链,汉麻、数字经济等 2 个先机产业链
	《绥化市国民经济和社会发展第十四个五年规划和二〇三五年远景目标纲要》	2021 年 7 月	加大“链长制”工作推进力度,分行业做好产业链供应链战略设计和精准施策,推动工业化和信息化深度融合,实现全产业链优化升级

资料来源：相关政府网站。

3. 未来黑龙江省产业链创新链发展方向及目标

“十四五”期间，黑龙江省将依托“链长制”，实施万亿级产业集群培育工程，培育 16 个千亿级产业[①]。预计到 2024 年农业和农产品精深加工产业集群实现万亿级。同时，推动一批企业进入中国 500 强，形成 6 个千亿级产业园区和 50 个以上百亿级产业园区。力争到 2025 年，战略性新兴产业总产值占比 15% 以上，不断提升生产性服务业数字化水平。

（二）吉林省有关产业链创新链政策实施情况

1. 吉林省产业链创新链整体规划情况

吉林省与俄罗斯、朝鲜接壤，地处东北亚地理中心位置，汽车、化工、医药、农产品加工等行业产值位列全国前列，是我国重要的工业基地和商品粮生产基地。2021 年 3 月，吉林省人民政府公布《吉林省国民经济和社会发展第十四个五年规划和 2035 年远景目标纲要》，提出重点发展汽车产业、提升优势产业[②]、培育新兴产业[③]。2021 年 6 月，吉林省人民政府办公厅出台《关于成立吉林省产业链链长制工作领导小组的通知》，明确成立吉林省产业链链长制工作小组，并按三次产业设办公室，其中：一产产业链链长制办公室设在省农业农村厅、省畜牧局；二产产业链链长制办公室设在省工业和信息化厅；三产产业链链长制办公室设在省发展改革委、省商务厅、省统计局（负责新经济、新业态的统计工作）。2021 年 8 月，吉林省人民政府办公厅出台《吉林省工业发展“十四五”规划》，提出重点发展汽车、食品、石化、装备、医药、冶金建材、光电信息、轻工纺织和能源产业。2021 年 9 月，吉林省政府常务会议审议通过《全省工业稳增长政策措施》，聚焦“两确保一率先”目标，进一步强化增量支撑，切实强化重点企业服务，着力支持中小企业转型

---

① 16 个千亿级产业包括水稻加工、玉米加工、乳制品、畜禽屠宰及肉类深加工、林下产品加工、石油及石油化工、钢铁及制品、煤及煤电化、石墨及深加工、有色金属、机器人及智能装备、汽车及零部件、新一代信息技术、电力装备、交通运输装备、生物医药。

② 优势产业包括医药健康、化工、装备制造、电子信息、冶金建材、轻工纺织。

③ 新兴产业包括新材料、新能源、商用卫星、通用航空、未来产业。

发展，实施“专精特新”中小企业培育，培育更多市场主体。

除此之外，吉林省人民政府出台部分产业具体发展规划或指导意见，涉及工业互联网、汽车零部件、通用航空、智能网联及新能源汽车、林草、渔业、牛肉、石化、冶金建材、电子信息、医药健康等产业。如2018年5月，吉林省人民政府出台的《吉林省人民政府关于深化工业互联网发展的实施意见》；2018年7月，吉林省人民政府办公厅出台的《关于加快建设汽车零部件产业体系的政策措施》；2019年1月，吉林省发展和改革委员会出台的《吉林省通用航空产业发展规划》；2019年10月，吉林省人民政府办公厅出台的《关于支持吉林省智能网联及新能源汽车供应链产业园发展若干措施的通知》；2021年3月，吉林省人民政府出台的《关于引导社会资本进入林草行业助推绿色经济发展的意见》；2021年3月，吉林省人民政府办公厅公布的《吉林省人民政府办公厅关于推进渔业高质量发展的意见》；2021年3月，吉林省人民政府办公厅公布的《关于印发吉林省做大做强肉牛产业十条政策措施的通知》；2021年9月，吉林省工业和信息化厅公布的《吉林省石化产业发展“十四五”规划》；2021年9月，吉林省工业和信息化厅公布的《吉林省冶金建材产业发展“十四五”规划》；2021年9月，吉林省工业和信息化厅公布的《吉林省电子信息产业发展“十四五”规划》；2021年9月，吉林省人民政府公布的《吉林省“十四五”医药健康产业发展规划》。

2. 吉林省各地市产业链创新链整体规划情况

吉林省共辖1个副省级城市、7个地级市和1个自治州，本文对其中8个城市产业链供应链规划情况进行简要梳理①。其中，长春市、吉林市、四平市、白山市、白城市确立了链长制实施方案或相应的招商规划，部分城市政府还出台了针对单一产业的培育方案，譬如长春市人民政府出台的《关于支持肉牛产业发展的若干措施》、吉林市人民政府出台的《关于推进吉林市肉牛产业高质量发展的实施意见》、通化市人民政府出台的《通化市生物医药产业集群发展规划（2020～2025年）》、松原市人民政府出台的《支持通用航空产业发展若干政策》。具体各地产业链创新链规划情况见表2。

① 包括长春市、吉林市、四平市、辽源市、通化市、白山市、松原市和白城市。

表 2 吉林省各地市产业链创新链规划情况

城　市	文件名称	印发时间	主要内容
长春市	《关于支持肉牛产业发展的若干措施》	2021 年 1 月	夯实肉牛产业全产业链发展基础
	《长春市产业链链长制工作制度(征求意见稿)》	2021 年 2 月	按照“一位市政府领导、一个市直部门牵头、一位局级负责同志、一套工作专班”工作模式,各位副市长分别担任产业链链长,重点打造汽车及新能源汽车、装备制造、数字、医药健康、影视文旅、农产品加工及食品、新材料、通用航空等 8 个产业
	《长春市国民经济和社会发展第十四个五年规划和 2035 年远景目标纲要》	2021 年 4 月	重点推动光电信息、生物与医药、航空航天、新材料等战略性新兴产业发展,超前培育布局新一代人工智能、虚拟现实、区块链等一批未来产业
吉林市	《吉林市产业链链长制工作方案》《全市产业链招商引资攻坚专项行动方案》	2021 年 3 月	组建 13 个市本级产业链招商组,开展与各县(市)区、开发区点面结合的产业链招商引资攻坚专项行动
	《吉林市国民经济和社会发展第十四个五年规划纲要》	2021 年 5 月	全力打造旅游文化、精细化工、先进材料、装备制造、农畜产品精深加工、生物六大产业集群
四平市	《四平市重点项目谋划工作方案》《四平市“链长制”招商工作方案》	2020 年 3 月	细化产业链分析,深挖产业链各个层级和环节,精准锁定重点区域,绘制完成产业链招商地图
	《四平市国民经济和社会发展第十四个五年规划和 2035 年远景目标纲要》	2021 年 7 月	做强装备制造业、做深食品加工业、做优精细化工产业、做大医药健康产业,巩固钢铁、水泥、玻璃、能源等传统优势产业,培育壮大新一代信息技术、生物技术、高端装备、绿色环保等产业
辽源市	《辽源市国民经济和社会发展第十四个五年规划和 2035 年远景目标纲要》	2021 年 4 月	形成钢铁绿色智造、时尚纺织袜业、蛋品全加工、玉米精深加工、新能源电池包、汽车模具、汽车和轨道列车轻量化、梅花鹿食品健康、现代医药创新、先进装备智能制造等 10 个标志性产业链

续表

城　市	文件名称	印发时间	主要内容
通化市	《通化市生物医药产业集群发展规划(2020～2025年)》	2020年4月	生物制药、化学制药、现代中药、特色保健品、医疗器械、医药配套核心服务业“六大领域”
	《通化市国民经济和社会发展第十四个五年规划和2035年远景目标纲要》	2021年4月	着力打造医药健康、旅游两个千亿级产业集群,培育生物医药、食品、冶金、化工、新材料、装备制造、现代商贸、现代金融、现代物流九个百亿级产业板块
白山市	《白山市产业链招商规划》	2019年	重点在矿泉水、旅游、医药健康、矿产新材料等领域谋划包装一批建链、补链、强链型项目
	《白山市产业链链长制工作方案》	2021年	—
	《白山市国民经济和社会发展第十四个五年规划和2035年远景目标纲要》	2021年6月	打造绿色食品产业、医药健康产业、旅游产业、矿产新材料产业和现代服务业,同时推动煤、林、铁等传统优势产业绿色改造提升
松原市	《松原市国民经济和社会发展第十四个五年规划和2035年远景目标纲要》	2021年4月	打造油气开采及化工、农产品和食品加工、生物化工、新能源、生态旅游等5个百亿级主导产业,化肥制造、装备制造、现代物流、建筑材料、通用航空等5个百亿级优势产业,培育绿色康养、数字经济、医药制造、循环经济、冰雪经济、现代金融等N个十亿级新兴产业
白城市	《白城市国民经济和社会发展第十四个五年规划纲要》	2021年1月	农产品加工、新能源、氢能、生态旅游、装备制造、物流、冶金建材、大数据
	《白城市产业链链长制工作制度》	2021年4月	依托“产业树”规划项目,制定本地区产业链链长制工作制度
	《推动制造业竞争优势重构　打造“产业名城”工作方案》	2021年6月	构建以绿色农业、清洁能源、生态旅游为引领,做大做强农产品加工和清洁能源两个支柱产业,巩固提升装备制造、医药健康、现代物流、冶金建材四大优势产业,培育壮大氢能、生态旅游、大数据三个新兴产业的“二四三”九大特色产业体系
	《大力推进全市渔业高质量发展的实施意见》	2021年6月	进一步发挥渔业资源优势,加快生态渔业发展,保障水产品安全有效供给
	《重点产业跃升计划》	2021年8月	配套制定农产品加工、能源化工、装备制造产业链指南

资料来源：相关政府网站。

3. 未来吉林省产业链创新链发展方向及目标

“十四五”期间，吉林省十二大重点发展产业分别设置了目标，到2025年，汽车产业预计产业规模突破万亿级，实现零部件本地配套率达到70%；医药产业预计产业规模达到2000亿元；化工产业预计产业规模达到1500亿元；装备制造产业预计产业规模达到1000亿元；电子信息产业预计产业规模达到1000亿元；冶金建材产业预计产业规模达到1300亿元；轻工纺织产业预计产业规模达到500亿元；新材料产业将打造非金属矿物功能材料产业示范基地，培育光电材料、生物基材料、碳纤维、石墨电极等新材料产业基地；新能源产业将打造国家新能源生产基地和绿色能源示范区；商用卫星产业将布局卫星及航天信息全产业链，拓展上下游配套应用服务；通用航空产业将培育发展无人机生产、服务和应用市场。

（三）辽宁省有关产业链创新链政策实施情况

1. 辽宁省产业链创新链整体规划情况

进入“十四五”时期以来，辽宁省以建设“数字辽宁、智造强省”为目标，整体经济运行稳中提质、稳中向好。2020年4月，《辽宁省制造业设计能力提升专项行动计划（2020～2022年）》发布，提出在机器人、汽车、石化装备、电力装备、重型机械、电子和高端消费品等行业形成一批拥有自主知识产权的产品，提升工业设计发展水平和服务能力。2021年3月辽宁省人民政府公布《辽宁省国民经济和社会发展第十四个五年规划和二〇三五年远景目标纲要》，提出将从五个方面构建现代产业体系，一是改造升级“老字号”，重点发展汽车产业链、数控机床产业链、输变电装备产业链、燃气轮机产业链、压缩机产业链和船舶与海洋工程装备产业链；二是深度开放“原字号”，重点发展烯烃产业链、芳烃产业链、精细化工产业链、高品质钢铁材料产业链、先进有色金属材料产业链和菱镁产业链；三是培育壮大“新字号”，重点发展机器人产业链、航空装备产业链、集成电路产业链、生物医药产业链、先进医疗装备产业链和氢能产业链；四是做精做优消费品工业，重点发展智能家电、家装包装、纺织、特色轻工日用品、工艺美术等产业；五是提升现代产业体系竞争力，主要是深入推进供给侧结构性改革、优化产业发展制度环境、优化产业发展支撑体系。2021 年 5 月，辽宁省工业和信息化厅、农业农村厅联合起草《关于工业与农业融合发展的实施意见》，明确提出了推进农业“机械化、数字化、智能化、精深化、规范化、集聚化、品牌化”的发展路径，通过提升农机装备供给能力、实施加工业数字化升级改造等 18 项措施，全面提升工业与农业融合发展水平。

除此之外，辽宁对数字产业发展较为关注，例如，2019 年 8 月，辽宁省人民政府办公厅发布《辽宁省 5G 产业发展方案（2019 ~ 2020 年）》；2020 年 12 月，辽宁省人民政府办公厅发布《数字辽宁发展规划（1.0 版）》。

2. 辽宁省各地市产业链创新链整体规划情况

辽宁省共辖 2 个副省级城市和 12 个地级市，本文对这 14 个城市产业链供应链规划情况进行简要梳理①。其中沈阳市、大连市、阜新市确立了链长制实施方案或相应的招商规划，部分城市政府还出台了针对单一产业的培育方案，譬如沈阳市人民政府出台的《沈阳市农业龙头企业提质增效三年行动方案（2021 ~ 2023）》《沈阳市加快新能源汽车产业发展及推广应用实施方案》，葫芦岛市人民政府出台的《关于支持泳装特色产业稳定发展健康发展的若干政策意见》。具体各地产业链创新链规划情况见表 3。

3. 未来辽宁省产业链创新链发展方向及目标

“十四五”期间，辽宁省“老字号”产业着重改造升级、“原字号”产业着重深度开发、“新字号”产业着重培育壮大。在“老字号”产业中，汽车产业链重点发展新能源汽车和智能网联汽车，形成智能网联汽车产业集群；输变电装备产业链目标实现关键装备自主化研制和产业化；燃气轮机产业链目标实现燃气轮机产品及核心配套件安全可靠、自主可控；压缩机产业链重点突破大型离心压缩机用轴承、联轴器、防喘振阀等关键核心零部件研发生产，攻克高效降噪、稳定性、大型结构优化等技术难题；船舶与海洋工

① 包括沈阳市、大连市、鞍山市、抚顺市、本溪市、丹东市、锦州市、营口市、阜新市、辽阳市、盘锦市、铁岭市、朝阳市、葫芦岛市。

表 3　辽宁省各地市产业链创新链规划情况

城　市	文件名称	印发时间	主要内容
沈阳市	《沈阳市国民经济和社会发展第十四个五年规划和二〇三五年远景目标纲要》	2021 年 4 月	转型升级汽车及零部件、改造升级通用石化重矿装备、加快提升电力装备、重塑机床制造等“老字号”产业，培育壮大机器人、航空、IC 装备、生物医药、医疗装备、新材料等“新字号”产业，深度开发化工、冶金、建材、农产品加工等“原字号”产业，聚焦交通装备、智能装备、机械装备、电力装备、集成电路装备和医疗装备 6 个重点制造领域
	《沈阳市加快新能源汽车产业发展及推广应用实施方案》	2021 年 6 月	以整车为龙头，带动动力电池、驱动电机、汽车电子等关键零部件快速发展的产业体系
	《沈阳市农业龙头企业提质增效三年行动方案(2021～2023)》	2021 年 6 月	重点发展稻米、蔬菜、花卉、畜牧、渔业等五大产业链
大连市	《关于全面开创招商引资工作新局面的实施意见》	2020 年 11 月	重点发展石油化工、装备制造、智能科技与数字经济、现代农业与消费品工业、文化旅游等几大主导产业链和氢能、生命安全、冷链等若干特色产业链
	《大连市国民经济和社会发展第十四个五年规划和二〇三五年远景目标纲要》	2021 年 6 月	重点打造绿色石化、高端装备制造、新一代信息技术产业、新一代汽车、中高端消费品工业五大主导产业。同时开展烯烃、芳烃、智能装备制造、高端轴承、高技术船舶、先进轨道交通装备、汽车、集成电路、人工智能、工业互联网、云计算/大数据、纺织服装、生命安全、洁净能源、农副产品加工等重点产业链优化升级工程
鞍山市	《鞍山市产业发展规划和招商指引》	2020 年 5 月	做大做强钢铁原材料及深加工、菱镁新材料(镁质耐火材料、镁质化工材料、镁质建筑新材料、金属镁及镁质合金材料、滑石)、精细化工(煤焦油深加工、染颜料及化学助剂、沥青深加工、化学原料药、石油化工)、装备制造(输变电设备、石油装备、专用车、矿山机械、冶金装备)、纺织服装等主导产业，培育引进节能环保设备、新能源及汽车零部件、燃气轮机、磁应用、激光、光电显示、锂电池、大数据、纳米光触媒催化材料、装配式钢结构/混凝土建筑等新兴产业，大力发展畜禽深加工、南国梨、食用菌、宠物、观赏鱼、现代食品加工等农业特色产业
	《鞍山市国民经济和社会发展第十四个五年规划和二〇三五年远景目标纲要》	2021 年 5 月	建设形成最完整的全国钢铁产业链供应链基地、世界级菱镁新材料产业基地、全国重要的高端装备制造业基地

续表

城　市	文件名称	印发时间	主要内容
抚顺市	《抚顺市国民经济和社会发展第十四个五年规划和2035年远景目标纲要》	2021年6月	做大做强高端精细化工、高端冶金新材料、新型清洁能源、新型煤化工及煤矸石综合利用、先进装备制造、特色农产品深加工等六大产业
本溪市	《本溪市国民经济和社会发展第十四个五年规划和二〇三五年远景目标纲要》	2021年4月	建设生物医药、钢铁冶金、装备制造、精密铸件等产业集群
丹东市	《丹东市国民经济和社会发展第十四个五年规划和二〇三五年远景目标纲要》	2021年7月	做大做强汽车及汽车零部件、纺织服装、仪器仪表和农产品加工四大主导产业，培育壮大新一代信息技术、新材料、新能源、高端装备制造、满族医药等新兴产业，形成汽车及汽车零部件、增压器、水产品加工、小浆果加工、临港产业等5个产值达到200亿元以上的产业集群；精密仪器仪表、防护纺织、运动户外、满族医药、新材料、肉鸡加工等6个产值达到100亿元以上的产业集群；培育软件和信息服务产业1个产值达到50亿元以上产业集群
锦州市	《锦州市国民经济和社会发展第十四个五年规划纲要》	2021年7月	推动汽车及零部件、装备制造等“老字号”产业产品改造升级，对石油化工、冶金、农产品加工等“原字号”产业进行深度开发，发展壮大精细化工、光伏及新能源、电子及半导体、生物医药、新材料及节能环保、大数据
营口市	《营口市国民经济和社会发展第十四个五年规划和二〇三五年远景目标纲要》	2021年4月	形成“543”工业发展格局，即钢铁、镁、铝、石油化工、粮油食品饮品五大支柱产业；汽车、乐器、海蜇深加工三大特色产业；高端装备制造、新材料、新能源、数字和信息技术4个新兴产业
阜新市	《阜新市提升产业链供应链稳定性和竞争力行动方案》	2020年12月	构建“2+4+4”全产业链体系，持续提升产业链供应链稳定性和竞争力
	《阜新市国民经济和社会发展第十四个五年规划和二〇三五年远景目标纲要》	2021年8月	继续强化新能源、绿色食品、高端装备、精细化工等优势产业集群建设

续表

城　市	文件名称	印发时间	主要内容
辽阳市	《辽阳市国民经济和社会发展第十四个五年规划和二〇三五年远景目标纲要》	2021 年 4 月	完善升级“3+3+X”产业体系，改造升级钢铁、建材水泥、采矿、菱镁等传统优势产业，做优做强芳烯烃及精细化工、铝合金精深加工、装备制造及汽车零部件等主导产业，培育壮大新材料、数字、电子信息制造和信息服务、文旅康养等新兴产业
盘锦市	《盘锦市国民经济和社会发展第十四个五年规划和二〇三五年远景目标纲要》	2021 年 6 月	全力打造“1+2+3”制造业产业集群、“3+1+X”现代服务业产业集群，建设世界级石化及精细化工产业基地，发展服务型制造，培育新医药、新材料、新能源“三新”产业
铁岭市	《铁岭市国民经济和社会发展第十四个五年规划和二〇三五年远景目标纲要》	2021 年 6 月	重点改造提升农产品加工、装备制造、能源、原材料四大产业，培育壮大可再生能源、数字经济、生命健康、节能环保四大新兴产业
朝阳市	《朝阳市国民经济和社会发展第十四个五年规划和 2035 年远景目标纲要》	2021 年 8 月	“原字号”发展 3 个产业集群（钢铁冶金、新材料、绿色农产品精深加工），规划建设 6 个主产业链（钢铁冶金、有色金属新材料、非金属新材料、畜牧产品精深加工、种植产品精深加工、林果产品精深加工）；“老字号”发展 2 个产业集群（汽车及零部件、特色装备制造），规划建设 6 个产业链（汽车整车、汽车零部件、环保装备制造、智能装备制造、机械装备制造、纺织服装）；“新字号”发展 3 个产业集群（电子信息、数字经济、新能源），规划建设 5 个产业链（半导体新材料、电子信息、数字经济、新能源、生物医药）
葫芦岛市	《葫芦岛市国民经济和社会发展第十四个五年规划和二〇三五年远景目标纲要》	2021 年 5 月	打造精细化工、装备制造、清洁能源、新型材料、泳装服饰等产业集群，打造以炼化一体化为龙头、以大宗基础化工材料为主体、以新型农化产品为特色的石油化工和精细化工产业基地，壮大氢能源、新材料、新一代信息技术等新兴产业

资料来源：相关政府网站。

程装备产业链重点发展VLGC、VLEC、LNG加注船及中小型气体运输船，本地配套率达到50%以上。“原字号”产业中，烯烃产业链预计到2025年实现大部分合成树脂、表面活性剂产品在省内精深加工；芳烃产业链继续延伸发展差别化聚酯纤维、聚酯类工程塑料、聚酯薄膜等产品，全面提升PTA产品在省内精深加工比重；精细化工产业链重点发展工程塑料、高性能合成纤维、碳素、特种橡胶、功能性膜材料等化工新材料及电子化学品、新型催化剂、环保型水处理剂、油品添加剂等高端专用化学品；高品质钢铁材料产业链重点发展海洋工程和船舶用钢、装备用钢、建筑用钢、汽车钢、电工钢、军工钢等先进钢铁新材料；先进有色金属材料产业链重点发展军工、航空航天、石油化工、海洋工程等领域先进有色金属材料；菱镁产业链重点发展含铬产品的替代制品、无碳低碳镁质耐火制品和军工、航空航天用耐材涂料。“新字号”产业中，机器人产业链重点发展工业机器人、移动机器人、洁净机器人、特种机器人、服务机器人等标志性产品，本地配套率达到45%；航空装备产业链重点发展民用飞机大部件国际转包，支持电动飞机、无人机和低空通航产业化发展，到2025年，通用飞机本地配套率达到70%以上；集成电路产业链大力发展集成电路关键材料特色产业，培育集成电路设计、封测等环节，推进集成电路全产业链发展；生物医药产业链着力发展壮大抗体、基因工程等生物药产业规模；先进医疗装备产业链研制完成3.0T超导磁共振等一批新产品，巩固提升医学检测、大型医疗设备、生物医药装备等方面核心竞争力；氢能产业链重点发展制氢装备、储运氢装备、氢燃料电池以及氢燃料电池汽车、船舶、机车、分布式电站整机成套装备等。

（四）内蒙古自治区有关产业链创新链政策实施情况

1. 内蒙古自治区产业链创新链整体规划情况

2018年11月，内蒙古自治区人民政府发布《内蒙古自治区新兴产业高质量发展实施方案（2018～2020年）》，提出重点发展现代装备制造业（新能源汽车及配套装备、运输设备和工程机械、新能源设备、高端设备）、新材料［稀土新材料、石墨（烯）新材料、硅材料和蓝宝石、先进高分子材料和复合材料、高端金属新材料]、生物医药（生物药、蒙药中药、化学药）、电子信息（电子制造、大数据应用、信息基础设施建设）、节能环保（资源综合利用、节能环保技术推广、节能环保服务）等新兴产业，发展军民融合产业（核燃料、特种纤维和屏蔽材料、空间信息应用、军民融合产业园建设）。2021 年 2 月，内蒙古自治区人民政府发布《内蒙古自治区国民经济和社会发展第十四个五年规划和2035 年远景目标纲要》，确定发展玉米深加工、马铃薯、大豆深加工、稀土、现代煤化工、氯碱化工、硅材料、钢铁、铝和铜等十大产业链。

除此之外，内蒙古自治区人民政府出台部分产业具体发展规划或指导意见，涉及通用航空、农业、奶业、种业等产业。如 2020 年 2 月，内蒙古自治区人民政府发布的《内蒙古自治区通用航空产业高质量发展行动方案》；2020 年 10 月，内蒙古自治区人民政府发布的《农业高质量发展三年行动方案（2020 ~ 2022 年）》；2020 年 12 月，内蒙古自治区人民政府发布的《奶业振兴三年行动方案（2020 ~ 2022 年）》；2020 年 12 月，内蒙古自治区人民政府发布的《种业发展三年行动方案（2020 ~ 2022 年）》。

2. 内蒙古自治区东五盟产业链创新链整体规划情况

内蒙古自治区共辖 9 个地级市和 3 个盟，本文对其中 3 个城市、2 个盟产业链供应链规划情况进行简要梳理①，部分城市政府出台了针对单一产业的培育方案，譬如呼伦贝尔市出台的《呼伦贝尔市农牧业现代化发展规划（2018 ~ 2022 年）》、赤峰市出台的《赤峰市人民政府关于加快现代物流业发展的指导意见》、通辽市出台的《通辽市通用航空产业高质量发展行动方案》。具体各地产业链创新链规划情况见表 4。

3. 未来内蒙古自治区产业链创新链发展方向及目标

“十四五”期间，内蒙古自治区将着力构建绿色特色优势现代产业体系，大力发展现代装备制造业、新材料产业，扶持发展医药产业，积极发展节能环保产业，培育发展通用航空产业，改造提升传统产业。大力培育

① 包括呼伦贝尔市、赤峰市、通辽市、兴安盟和锡林郭勒盟。

表 4　内蒙古自治区东五盟产业链创新链规划情况

城市/行政公署	文件名称	印发时间	主要内容
呼伦贝尔市	《呼伦贝尔市农牧业现代化发展规划(2018～2022 年)》	2018 年 1 月	大力发展优质粮油、现代畜牧、生态草牧业、精品特色、绿色蔬菜和健康渔业六大产业
	《呼伦贝尔市人民政府支持旗市区重点产业发展的扶持意见(试行)》	2020 年 5 月	重点扶持从事规模化乳制品加工、生物科技、文化旅游、装备制造、绿色农畜林产品加工、大数据、冰雪等重点产业的相关企业
	《呼伦贝尔市国民经济和社会发展第十四个五年规划和 2035 年远景目标纲要》	2021 年 7 月	巩固壮大生物科技产业、打造冰雪经济高质量发展试验区、提高通用航空产业发展水平、发展中医药(蒙医药)产业
赤峰市	《赤峰市人民政府关于加快现代物流业发展的指导意见》	2019 年 6 月	按照“以中心城区为核心、各旗县为支撑点,高效覆盖全市、有力辐射区域周边”发展布局,建成商贸服务型国家物流枢纽承载城市
通辽市	《通辽市通用航空产业高质量发展行动方案》	2020 年 4 月	以生态优先、绿色发展为导向的高质量发展新路子,将通用航空产业打造成新的经济增长极
	《通辽市国民经济和社会发展第十四个五年规划和 2035 年远景目标纲要》	2021 年 4 月	打造绿色农畜产品、绿色煤电铝等 2 个千亿级产业集群,现代能源示范、镍循环经济、中蒙医药等 3 个百亿级产业集群
兴安盟	《兴安盟国民经济和社会发展第十四个五年规划和 2035 年远景目标纲要》	2021 年 5 月	实施烟草、冶金、建材、化工等传统产业建链、延链、补链、强链工程,积极培育新材料、生物制药、装备制造等战略性新兴产业
锡林郭勒盟	《锡林郭勒盟国民经济和社会发展第十四个五年规划和 2035 年远景目标纲要》	2021 年 6 月	继续主攻现代畜牧业、清洁能源产业和文化旅游业,改造提升传统产业,培育壮大现代服务业和生物制品、蒙中医药等战略性新兴产业

资料来源：相关政府网站。

“专精特新”企业、细分市场领军企业、单项冠军和“小巨人”企业，形成大中小企业共存的“1+N”产业生态系统。

二　东北地区产业链创新链发展支持政策

（一）黑龙江省产业链创新链发展支持政策

黑龙江省出台人才、科技创新、对外开放、营商环境、财政税收等相关政策，通过吸引优秀科技人才、支持战略性新兴产业发展、进一步加大自由贸易试验区开放力度、提升开放平台创新水平、提高市场主体办事的便利度和可预期性、支持科技创新基地/新型研发机构建设及重大科技成果转化等助力产业链创新链发展。具体相关政策见表5。

（二）吉林省产业链创新链发展支持政策

吉林省针对产业空间布局、服务业发展、科技创新、营商环境、物流以及产业园区平台建设等出台了相关政策，通过采取“一主、六双”产业空间布局构建现代产业体系、建立产业链试点示范项目库搭建产业链转型升级载体、建设国家级开发区形成高质量发展平台、推动服务业向制造业领域延伸形成高附加值环节、不断降低制造业企业物流成本提高物流效率、构建高效商务营商环境激发企业活力、着力科技创新提升创新支撑作用等助力产业链创新链发展。具体相关政策见表6。

（三）辽宁省产业链创新链发展支持政策

辽宁省针对科技创新、物流、金融等出台了相关政策，通过优化整合科技创新基地、鼓励重大技术装备研制促进制造业企业转型升级，拓展快递业与制造业合作领域形成物流与制造业深度融合发展格局，进一步优化金融服务制造业环境，提升实体经济质量等助力产业链创新链发展。具体相关政策见表7。

表 5 黑龙江省产业链创新链发展支持政策

涉及领域	文件名称	发布时间	政策实施目的	主要内容
人才	《黑龙江省“头雁”行动方案》	2019 年 2 月 19 日	将科技第一生产力、创新第一驱动力、人才第一资源紧密结合，集聚更多优秀人才	①引进海外“头雁”人才 ②建立“人才特区”和“科技特区” ③设立“头雁”行动专项资金 ④支持“头雁”人才组建高水平创新团队
科技创新	《黑龙江省支持重大科技成果转化项目实施细则》	2018 年 6 月 1 日	最大限度地激发人才创新创业活力，加快重大科技成果向现实生产力转化	重点对战略性新兴产业领域项目给予支持，同时适当支持其他重点产业急需科技成果转化的项目。同等条件下优先支持条件成熟、企业牵头的产学研用合作联盟承担的项目
	《黑龙江省科技计划（专项、基金等）绩效评价实施细则》	2020 年 12 月 23 日	提高科技计划实施效果和财政支出绩效	省级财政资金支持的竞争类、平台类与普惠类等各类科技计划的前期设立、中期执行与实施效果的绩效评价
	《黑龙江省促进新型研发机构发展措施实施细则（试行）》	2021 年 5 月 10 日	规范新型研发机构发展措施管理，推动新型研发机构建设与发展	每三年对新型研发机构的研发投入、研发条件、人才团队、创新活动、创新效益、体制机制等指标，开展一次绩效评估
	《黑龙江省科技创新基地奖励实施细则》	2021 年 5 月 25 日	发挥科技创新基地优势，支持关键共性技术和产品研发、科技成果工程化，推动科技成果转化及产业化进程	①支持关键共性技术和产品研发 ②科技成果工程化 ③推动科技成果转化及产业化进程
	《黑龙江省新一轮科技型企业三年行动计划（2021～2023 年）》	2021 年 7 月 8 日	激发创新驱动内生动力，向高新技术成果产业化发展，进一步提高科技型企业的数量和质量	①大力培育科技型中小企业 ②加快培育高新技术企业 ③支持科技型企业上市 ④支持企业成为技术创新主体

续表

涉及领域	文件名称	发布时间	政策实施目的	主要内容
对外开放	《关于进一步深化对外开放做好利用外资工作若干措施》	2020年7月23日	进一步深化对外开放，利用外资	①加大中国(黑龙江)自由贸易试验区开放力度 ②加快金融业开放进程 ③推动各类开放平台创新提升 ④加强外商投资服务和促进工作
营商环境	《黑龙江省深化“证照分离”改革进一步激发市场主体发展活力实施方案》	2021年7月25日	进一步激发市场主体活力	①实施涉企经营许可事项全覆盖清单管理 ②进一步优化审批制度
财政税收	《黑龙江省优势特色产业集群建设奖补资金管理办法》	2020年8月12日	引领乡村产业高质量发展，加强和规范特色产业集群建设管理，打造一批结构合理、链条完整的优势特色产业集群	资金主要用于：①农产品生产基地建设；②优良品种选育和推广；③绿色技术模式推广；④农产品仓储保鲜、烘干、分级、包装等初加工；⑤农产品精深加工；⑥国家和省确定的支持优势特色产业集群建设的其他方面

资料来源：相关政府网站。

表 6　吉林省产业链创新链发展支持政策

涉及领域	文件名称	发布时间	政策实施目的	主要内容
产业布局	《“一主、六双”产业空间布局规划》	2019 年 1 月 31 日	率先构建现代化产业体系	①长春经济圈规划 ②环长春四辽吉松工业走廊发展规划 ③长辽梅通白敦医药健康产业走廊发展规划 ④沿中蒙俄开发开放经济带发展规划 ⑤长通白延吉长避暑冰雪生态旅游大环线发展规划 ⑥长松长白通长河湖草原湿地旅游大环线发展规划 ⑦长白通(丹)大通道发展规划 ⑧长吉珲大通道发展规划 ⑨长春国家级创新创业基地专项规划 ⑩白城国家级高载能高技术基地建设规划 ⑪长春吉林一体化协同发展规划 ⑫长春－公主岭同城化协同发展规划
	《关于建立省级工业产业链试点示范项目库的通知》	2021 年 4 月 16 日	形成产业链转型升级重点项目建设载体	①重大产业项目落地工程试点示范项目 ②工业升级改造示范工程试点示范项目 ③重点产业链“搭桥”工程试点示范项目 ④产业基础再造工程试点示范项目 ⑤新一代信息技术与制造业融合创新工程试点示范项目
园区建设	《关于加快推动全省国家级开发区高质量发展的实施意见》	2021 年 8 月 23 日	加快推动国家级开发区实现高质量发展	①鼓励国家级开发区出台政策推动动能转换腾笼换业 ②实现低效产能企业转型升级和更新迭代 ③支持国家级开发区创建国家生态工业示范园区 ④支持国家级开发区培育发展创新型产业集群，建设高新技术产业化基地 ⑤重点打造 1 ~2 个产业链，绘制产业链招商地图，制定并发布产业链招商指导目录 ⑥实施重点产业链“搭桥”工程，围绕产业链积极部署创新链

续表

涉及领域	文件名称	发布时间	政策实施目的	主要内容
服务业	《关于推动服务业转型升级高质量发展的意见》	2021 年 8 月 26 日	推动制造业企业向高附加值的服务环节延伸、服务业企业向制造业领域拓展	①支持制造业企业为产业链上下游企业提供社会化、专业化服务 ②培育一批综合性服务平台 ③鼓励服务业企业通过个性定制、委托制造、品牌授权等方式向制造环节拓展 ④开展先进制造业和现代服务业深度融合发展试点示范
物流	《推动吉林物流高质量发展融入国内国际物流市场的实施意见》	2019 年 12 月 26 日	降低企业物流成本	①构建高质量物流体系 ②健全物流业配套支撑体系 ③形成物流业高质量政策保障体系
	《关于进一步降低物流成本的若干措施》	2020 年 10 月 23 日	进一步降低物流成本、提升物流效率	降低物流制度成本、要素成本、税费成本、信息成本、联运成本、综合成本
营商环境	《关于进一步推动实体经济降本减负若干政策措施的通知》	2019 年 1 月 14 日	激发企业发展活力	进一步降低企业税费负担、融资成本、企业制度性交易成本、企业用能成本、企业用地成本、企业用工成本、企业物流成本、创新发展成本
	《吉林省商务厅营商环境建设实施方案(2021)》	2021 年 3 月 24 日	建设风清气正、公平正义、服务高效的商务营商环境	①加强基础建设 ②加强机关作风建设 ③持续落实口岸收费目录清单公示制度 ④充分发挥国际贸易“单一窗口”作用 ⑤大力开拓国际市场 ⑥多元化创新对外投资合作促进工作

续表

涉及领域	文件名称	发布时间	政策实施目的	主要内容
营商环境	《关于进一步支持民营经济（中小企业）发展若干政策措施的通知》	2021年7月23日	进一步支持民营经济（中小企业）发展，着力解决制约民营经济和中小企业发展的突出问题，努力增强市场主体活力和内生动力，尽快形成大企业顶天立地、小企业铺天盖地的发展局面	①着力培育创新发展新动能 ②着力破解融资难题 ③持续减轻企业负担 ④持续提升服务质量和效率
	《商品市场优化升级专项行动的实施方案（2021～2025年）》	2021年8月13日	构建高标准商品市场体系，提高流通效率，促进消费潜力释放，形成更加高效商贸流通体系	①加快优化市场环境 ②提升服务能力 ③促进创新融合
科技创新	《关于〈加强"从0到1"基础研究工作方案〉的落实意见》	2020年11月25日	提升吉林省基础研究和科技创新能力，着重提高基础研究原创性成果质量，突出发挥基础研究对科技创新的支撑引领作用	①优化原始创新环境 ②强化基础研究项目原创性导向 ③加强基础研究人才培养 ④发挥创新平台支撑作用 ⑤提升企业自主创新能力 ⑥加强基础研究管理工作
	《吉林省科研基础设施和大型科研仪器开放共享管理办法》	2020年12月30日	推动科研基础设施和大型科研仪器开放共享，充分释放潜能，提高使用效率	科研设施与仪器要为社会用户提供服务
	《吉林省科技创新平台管理办法（试行）》	2021年5月6日	促进科技创新平台高质量发展，提升创新平台服务科技、经济、社会发展能力	大力推动科技创新发展战略研究、基础研究、技术攻关、成果转化、国际科技合作协同创新

资料来源：相关政府网站。

表 7　辽宁省产业链创新链发展支持政策

涉及领域	文件名称	发布时间	政策实施目的	主要内容
科技创新	《辽宁省科技创新基地优化整合方案》	2019 年 7 月 11 日	深入推进辽宁科技创新基地建设，实现高质量发展	统筹布局科技创新基地建设，按照科学与工程研究、技术创新与成果转化、基础支撑和条件保障三类进行重新布局
	《辽宁省首台（套）重大技术装备认定暂行管理办法》	2020 年 8 月 12 日	鼓励和引导装备制造企业在重点产业领域开展首台（套）重大技术装备研制，推动首台（套）产品尽快进入市场，促进装备制造业产品结构调整和转型升级	确定重点产业领域首台（套）重大技术装备的认定条件及程序，实施有效管理与监督
物流	《关于促进辽宁省快递业与制造业深度融合发展的实施意见》	2020 年 8 月 31 日	构建与制造业高质量发展相适应的快递物流服务体系，形成快递业与制造业深度融合的发展格局	①拓展产业合作领域 ②优化产业规划布局 ③延伸寄递服务链条 ④创新丰富服务产品 ⑤打造现代智慧物流 ⑥强化绿色供给能力 ⑦拓展海外寄递市场 ⑧推动重点领域突破
财政金融	《关于进一步加强金融服务实体经济优化金融环境的若干措施》	2020 年 7 月 30 日	进一步提升金融服务实体经济的质量和效率	①加强信贷支持力度 ②降低企业综合融资成本 ③丰富融资增信方式 ④加强金融产品工具创新应用 ⑤延续疫情期间金融保障政策 ⑥优化政策服务

资料来源：相关政府网站。

（四）内蒙古自治区产业链创新链发展支持政策

内蒙古自治区人民政府于2021年7月发布《内蒙古自治区深化“证照分离”改革进一步激发市场主体发展活力实施方案》，积极推进“证照分离”改革，大力推动照后减证，着力构建简约高效、公正透明、宽进严管的行业准营规则，进一步优化营商环境、激发市场主体发展活力。

三　东北地区产业链创新链相关政策特点

（一）省/自治区层面产业链创新链相关政策特点

一是各省/自治区均明确了自身未来发展的重点产业链，且明晰了产业发展的优先顺序，例如黑龙江省确定了基础性产业、先导性产业和战略性产业，且分别采取了优化提升、重点培育、优先发展的区别性发展策略。二是各省/自治区依据自身优势进行了产业区分，并制定了部分单一产业规划，其中黑龙江省、吉林省、内蒙古自治区还针对基础较好、具有资源优势、有未来发展前景的部分产业制定了单一产业发展规划。三是各省/自治区均实施了“链长制”方案，并均由省级领导担任各链链长，统筹协调各产业链发展。四是各省/自治区对具体产业规划的时间设定较为合理，规划时间跨度基本处于2～5年，一些涉及基础设施建设，例如辽宁省的数字经济产业，时间跨度和目标设定均较为合理。

（二）市/署层面产业链创新链相关政策特点

一是各地市/行政公署均立足自身比较优势明确了自身产业发展方向，并布局了一定数量的未来产业。二是实施产业链“链长制”方案的一般为省会城市或工业基础较好的城市，其余城市虽有提及采取“链长制”，但未有相应方案出台。三是处于同一区域或省份范围内的地市/行政公署，在产业发展方向上较为雷同。四是产业链范围的界定较为模糊，部分地市/行政公署划定的产业发展方向不聚焦。

（三）单一产业层面相关政策特点

一是各省/自治区均制定了部分产业的单一发展规划，除辽宁省外，黑龙江省、吉林省、内蒙古自治区制定的单一产业规划均涉及一、二、三产业。二是单一产业规划的内容更加聚焦，目标更加明确，并且单一产业规划的落实单位更加具体，相关支持政策更具可操作性。三是部分地市/行政公署依据上级政策指引，制定了本地区的单一产业规划，例如鹤岗市、七台河市、长春市、通化市、通辽市等。

（四）产业链创新链相关支持政策特点

一是各省/自治区针对产业链创新链均出台了一系列支持政策，较为全面和具体，涉及人才、科技创新、财政税收、金融、营商环境、物流等领域。二是各省/自治区出台的产业链创新链相关支持政策中部分针对性较强，例如，科技创新着重在研发平台、创新基地、重大科技成果转化、重大设备购置等方面；部分政策涉及面较广，例如营商环境的优化，涉及地区各部分、生产各环节。三是各省/自治区出台的产业链创新链相关支持政策时效性较强，且政策执行力度强、惠及度广。

四　政策建议

（一）避免区域内部产业重复建设，加强区域外部联动合作

一是加强产业政策统筹的体制建设。根据国家区域发展战略要求，积极发挥政策引导作用，东北地区各省/自治区以及各市/行政公署应以自身产业相对比较优势和要素资源禀赋为考量，合理分工、优化发展，避免产业投资遍地开花。二是突出省一级产业总体布局观念。建立省级层面产业扶持白名单，调整优化东北地区市一级层面专项资金结构，让国家、省、市（区）三级财政资金跟着重点产业链、供应链和白名单走。三是完善

跨区域产业合作与协调发展机制。协调东北三省及内蒙古东五盟之间利益，推动政治、经济、社会、环境等全领域合作，分享产业发展经验，充分尊重区域协调发展规律，推动形成区域内产业集群、区域间协同发展的良好产业生态。

（二）针对性培育产业链环节企业，构建产业链发展生态

一是大力培育具有市场或技术控制能力的“链主”企业。依据现有产业规划，支持各产业链中具有核心竞争力的企业做优做强，支持以创新联合体形式承担科技攻关项目，促进各类创新要素向创新联合体集聚。二是加大专业领域“隐形冠军”培育力度。鼓励东北地区企业长期专注于产业链供应链的细分环节，增强关键环节、重要标准和核心技术控制力。三是培育“专精特新”中小企业。支持中小企业做专做精，加大对中小微企业、初创企业的政策支持，实施专精特新中小企业专项培育工程。四是促进各环节企业互融补强。推动产业链上下游、大中小企业互融补强，聚焦产业链薄弱环节，围绕产业“从弱到强”（强链）、“从缺到全”（补链）、“从单到多”（延链）需求，推动“链式创新”，构建产业链发展生态。

（三）加强公共服务平台建设，统筹各类资源要素

一是完善公共服务平台建设。系统梳理各类公共服务平台，整合一批领域相近、功能互补的平台载体，统筹各类资源要素，聚焦东北地区产业重点领域和关键环节，建设一批公共服务平台和创新平台。二是打造特色园区载体。鼓励有条件的市/行政公署制定针对某个特定产业或产业载体的专项支持政策，集中优势资源支持区域发展特色产业，在现有园区基础上打造一批产业识别度高、专业性强、产业优势突出的特色产业园区，串联产业链供应链上下游企业。三是积极融入全球创新网络，扩大制造业高水平开放合作，支持制造业龙头骨干企业通过项目合作、高水平技术和人才团队引进、联合研发、联合共建等形式，吸引全球优势创新资源。

（四）集中优势“补短板”，精耕细作“锻长板”

一是梳理东北地区各地产业链上下游关键核心技术短板和薄弱环节，形成“补短板”清单，集中优势资源在各细分领域。二是在产业优势领域精耕细作，集中提高核心关键零部件和重大装备的自给率，在“卡脖子”关键核心技术领域取得突破。三是围绕关键环节、缺失环节开展精准招商。综合运用靶向招商、产业链招商、以商招商等方式，围绕东北地区各产业领域、细分行业的关键环节、缺失环节，形成精准招商目标企业名单。四是重点引进一批资金雄厚、技术先进的优势企业和一些发展前景好、牵引带动能力强的大项目和好项目。

（五）完善现代服务业体系，促进制造业与服务业深度融合

一是培育一批服务型制造示范企业和平台，支持研发设计、文化创意、电子商务等服务企业以委托制造、品牌授权等形式向制造环节延伸。二是完善生产性服务业配套，推动服务业态规模化、专业化发展，向价值链高端延伸，促进制造业与服务业深度融合。

（六）创新财政资金支持方式，构建供应链金融产品体系

一是支持建立东北地区产业投资基金，联合投资机构、产业链龙头企业及商业银行开展投贷联动服务，大力引导金融机构参与到产业链服务中。二是加大省级创新创业基金、产业发展基金等各类基金对种子期、初创期、成长期科技型企业的直投力度，建立科创基金、产业基金协同机制。三是完善创业投资项目的投资服务体系，建立早、中期创投和重大产业项目让利机制及建立和完善创业投资对接平台。四是健全金融服务中心服务机制，引导各类银行加大对创新企业的信贷支持，探索不同种类无形资产的打包组合。

（七）实施产业环保发展政策，促进企业绿色化升级

一是通过税收减免、财政贴息等财税金融政策，补偿企业进行绿色化生产的额外成本。二是完善绿色生产各行业标准及产品标准，对符合绿色标准的产品给予准入优势，建立企业绿色生产评级机制，对环保管控进行精细化管理，根据不同级别，赋予不同权益。三是配套绿色生产资金，帮助企业进行技术升级，实现绿色、可持续生产。

参考文献

刘让群、牛靖、姚鹏：《东北地区产业发展的回顾与展望》，《区域经济评论》2021年第3期。

沈颂东、陈鑫强、韩明友：《东北振兴的产业重构与空间布局——基于振兴目标、资源优势和物流成本的综合分析》，《经济纵横》2020年第6期。

孙久文、苏玺鉴、闫昊生：《新时代东北振兴的产业政策研究》，《经济纵横》2019年第9期。

吴明东、祝滨滨：《东北地区传统优势产业与新兴产业协同发展研究》，《经济纵横》2019年第8期。

万宇佳：《东北地区产业结构演进回顾》，《绥化学院学报》2021年第2期。

尤文龙、王宫成：《东北地区传统产业与新兴产业融合发展效果研究》，《财经问题研究》2019年第8期。

张可云、朱春筱：《东北地区现代化经济体系建设——基于产业—空间—创新环境三维分析框架的探讨》，《吉林大学社会科学学报》2021年第5期。

赵儒煜、肖茜文：《东北地区现代产业体系建设与全面振兴》，《经济纵横》2019年第9期。

附表1　东北各省部分产业链长短板及典型企业情况

省份	产业链	长板	短板	部分典型企业
黑龙江省	石油化工	①石油资源丰富 ②产业结构合理，增长方式集约	①产能提速较慢 ②缺乏高层次人才	大庆油田、大庆石化、大庆炼化、哈尔滨石化、海国龙油、中蓝化工、鑫达集团、安瑞佳、大庆华科
	玉米加工	①产业链较完整 ②龙头企业竞争力强	①与下游产业链融合不足 ②产品附加值有待提高	浙江新和成、广东星湖科技、象屿集团、京粮集团、国投生物
	生物医药	①已形成全产业链系统 ②创新能力强	①产能有待提高 ②专业服务配套有待加强	利民生物医药、松北生物医学工程与医美创新产业功能区、平房精准医学产业功能区
	石墨	①矿产资源丰富 ②产业链较为完备	①产业链延伸度不足 ②产能预期膨胀低效扩张 ②供应服务链有待加强	奥宇石墨集团、黑龙江东方聚能石墨科技有限公司、黑龙江普莱德新材料科技有限公司
	航空航天	①资金支持力度强 ②产业园区建设完备	①上下游企业对接有待加强 ②创新投入有待加强	哈飞通用、滕迈航空、广联航空
吉林省	汽车	①产业规模大、生产基地全 ②产业集群初步显现	①产业链较低端 ②生态体系有待完备 ③融资难、融资贵依然存在	中国一汽集团、富奥汽车零部件公司、吉林通用机械集团
	医药健康	①药用资源丰富 ②工业基础雄厚 ③研发优势明显 ④集聚特色鲜明	①产业发展结构不均衡 ②中药材质量良莠不齐 ③企业创新后劲不足 ④产业融合程度不紧密 ⑤创新创业人才匮乏	吉林敖东集团、吉林长白山医药有限责任公司、吉林省中东医药有限公司
	化工	①产业集聚发展显著 ②产业基地初步形成 ③产业补链取得重要进展	①原材料短缺 ②产业间融合度较低 ③产业多元化发展缓慢 ④产业链条短、关联度低	吉林化工集团、吉林省新大石油化工有限公司

续表

省份	产业链	长板	短板	部分典型企业
吉林省	装备制造	①产业基础扎实 ②创新能力强 ③人才优势明显 ④政府支持力度大	①龙头企业少 ②产品竞争力低 ③融资存在一定难度	中车长春轨道客车股份有限公司
	电子信息	①产业基础强 ②产业结构合理 ③基本形成产业格局	①产品附加值不高 ②产业集群优势暂未形成 ③龙头企业缺乏 ④缺少协同创新研发平台	希达电子、中星电子、华微电子
	冶金建材	①产品结构持续优化 ②发展质量明显改善 ③信息化技术普及应用 ④新材料发展凸显	①自主创新投入不够 ②产品结构短板明显 ③资源综合利用水平不高 ④智能制造水平不足	吉林省冶金国有控股有限公司、吉林冶金建设公司、鑫帝冶金材料有限公司
	轻工纺织	①行业品牌战略不断强化 ②产品品质明显提升 ③中高端产品比重持续增加	①能源消耗较大 ②产品结构较为单一	吉研高科、吉林喜丰公司
	商用卫星	①金融政策较完善 ②政府支持力度大	①产业链上下游联系较弱 ②专业人才较为缺乏	长光卫星技术有限公司
	通用航空	①产业基础支撑力强 ②空域条件良好 ③市场需求大 ④人才条件优渥	①运营规模整体偏小 ②基础设施保障能力不足 ③产业带动作用较弱	通航集团、天吉通用航空
辽宁省	汽车	①产业链较为完整 ②整车厂支撑体系完备	①单企业规模偏小，产品雷同 ②整车研发力不强 ③零部件工业发展滞后 ④对外合资合作缓慢	华晨宝马、日产、奇瑞、比亚迪、一汽客车
	数控机床	①产业规模较大 ②市场势力较强	①关键技术稀缺 ②产业链低端锁定 ③上下游产业链松散	沈阳机床、大连机床、大连大森数控
	芳烃	①产能较强 ②原材料资源丰富	①产业链短，附加值低 ②本地深加工不足 ③产品结构单一	辽阳芳烃及精细化工产业园、盘锦精细化工产业园、营口仙人岛能源化工区

续表

省份	产业链	长板	短板	部分典型企业
辽宁省	精细化工	①产业基础较好 ②基础原料工业发展成熟	①自主创新有待增强 ②重点项目招商仍需完善	大连长兴岛石化产业基地、辽宁奥克化学、科隆精细化工
	高品质钢铁材料	①产业链条较完备 ②产品结构合理 ③物流优势明显	①铁矿资源开发方式有待转变 ②协同创新能力不强 ③基础研究不足	本钢集团、鞍钢集团、凌源钢铁、五矿营口、新抚钢、东北特钢
	菱镁	①矿产资源丰富 ②深加工产品应用广泛	①发展方式粗放 ②供给失衡 ③环境污染亟须降低 ④技术装备落后	胜达菱镁、营口菱镁化工
	机器人	①技术水平强 ②产业链条较完整 ③科研能力强	①核心部件自给率低 ②精密加工能力不足 ③产学研协同创新效应不明显	沈阳新松机器人、东大自动化、大连机床、大连四达
	航空装备	①产业链较为完备 ②产业基础雄厚 ③生产及配套能力强 ④科研力量充足	①民用航空工业占比过小 ②高附加值产品缺乏 ③整机开发研制不足	沈飞民机、兴华航空电器、沈飞国际、锐翔航空
内蒙古自治区	玉米深加工	①产业集聚明显 ②产业链条完整 ③具有多个生产基地	①深加工技术水平参差不齐 ②金融支持力度不够	内蒙古蒙佳生物科技有限公司、内蒙古溪流佳禾科技有限公司、内蒙古华曙生物科技有限公司
	马铃薯	①产业化格局基本形成 ②高产高效适用技术普及面广	①机械化水平有待加强 ②信息化应用不足 ③品牌影响力不够	神汇马铃薯、土豆集实业、华欧淀粉工业
	稀土	①矿产资源丰富 ②产业集群效应显现	①产业结构有待优化 ②产业链配套能力较弱 ③产业升级面临挑战	金蒙汇磁材料有限责任公司、恒宇磁源科技有限公司、英思特稀磁新材料股份有限公司

续表

省份	产业链	长板	短板	部分典型企业
内蒙古自治区	现代煤化工	①矿产资源丰富 ②产业结构完备 ③已形成产业集群	①投资成本过高 ②产品附加值低 ③与下游行业衔接度不足	神华集团、中煤蒙大、伊泰集团、中煤鄂能化、创蒙能源、远兴能源
	钢铁	①矿产资源丰富 ②上下游产业链衔接顺畅 ③产业规模较大	①政策支撑有待加强 ②产品需向精特化高中端转型 ③环境污染问题有待解决	包钢(集团)公司、内蒙古诚钢物资有限公司、内蒙古中厚钢板有限公司
	铝	①矿产资源丰富 ②产业基础雄厚 ③创新能力较强	①冶炼原料端成本过高 ②受电费提升影响较大 ③产能提升较慢	中铝包头铝业、东方希望包头稀土铝业、中拓铝业、大唐国际

资料来源：相关政府网站及网页资料。

专 题 篇

Special Reports

B.17
辽宁省工业产业链建设的做法与经验

“产业链研究”课题组

摘　要：　本文在充分掌握辽宁省工业发展状况的基础上，立足全省工业特点与产业优势，深入分析了辽宁省工业重点产业链建设中的系列做法，包括以项目化、清单化为立足点，做好顶层设计；以“三篇大文章”为切入点，分类分步推进；以创新驱动为关键点，加强产业协同；以制造业数字化转型为突破点，促进产业数字蝶变；以加快培育优质企业为着力点，激发产业链上下游市场主体活力；以强化政策服务保障为支撑点，释放产业发展潜能。最后，本文从机制创新、长短并行、企业培育、战略统筹和数字应用五方面，总结了辽宁省工业产业链发展的相关经验，为全省“十四五”时期推进产业基础高级化、产业链现代化、建设高质量发展的现代产业体系提供参考。

关键词：　辽宁　工业产业链　现代产业体系

作为新中国工业摇篮，辽宁工业门类齐全、体系完备，肩负着维护国家产业安全的政治使命。装备、石化、冶金等众多产业在全国占有重要地位；技术、科教“家底”丰厚，拥有中科院自动化所、金属所、大连理工大学等全国知名的高等院校、科研院所百余家。党的十八大以来，辽宁全面贯彻创新、协调、绿色、开放、共享新发展理念，深入贯彻落实习近平总书记关于东北、辽宁振兴的重要指示批示精神，积极推进产业结构调整和优化升级，走高质量发展之路。《中共辽宁省委关于制定辽宁省国民经济和社会发展第十四个五年规划和二〇三五年远景目标的建议》中指出，要着力建设数字辽宁、智造强省，构建支撑高质量发展的现代产业体系。坚持把发展经济着力点放在实体经济上，加快工业振兴，推动制造业高质量发展，全力做好结构调整“三篇大文章”，推进产业基础高级化、产业链现代化，培育壮大先进制造业集群，加快辽宁制造向辽宁智造转变，提高经济质量效益和核心竞争力。

一 辽宁工业基本情况

辽宁工业已经形成了以装备制造、石化、冶金等产业为主体，门类较为齐全的制造业体系。2020 年，全省规上工业增加值同比增长 1.8%，其中，装备制造业增加值比上年增长 1.3%，占规模以上工业增加值的比重为 29.5%。石化工业增加值比上年增长 3.9%，占规模以上工业增加值的比重为 24.1%。冶金工业增加值比上年增长 1.9%，占规模以上工业增加值的比重为 17.5%。

（一）装备制造业

装备制造业是辽宁工业的支柱产业，2020 年，全省装备制造业规上企业 2748 家，规上工业增加值同比增长 1.3%。实现营业收入 7811.5 亿元，同比增长 0.9%，占规上工业的 26.7%。高端装备制造业营业收入占全省装备的 20%。在汽车及零部件、重大成套装备、机器人及智能装备、航空装

备、轨道交通装备等领域在全国具有重要地位。拥有50余个中科院在辽国家级创新平台、23个国家级企业技术中心，创建了国家机器人创新中心。第六代深水半潜式钻井平台等一批大国重器在辽问世。存在产业结构不够合理、本地配套能力水平不足、产业基础能力弱、创新成果转化不足、智能化数字化水平低等发展短板。

（二）石油化工

辽宁是中国石化工业的发祥地，经过多年的发展，已经初步形成了一定规模的产业体系，成为辽宁的支柱产业。拥有辽河油田，临近大庆油田，拥有丰富的沿海港口优势，原油、成品油管道建设比较完备，是东线管道俄油的加工基地。形成了从采油、炼油到烯烃、芳烃，再到精细化工及化工新材料的全产业链体系，主要分布在大连、盘锦、抚顺、辽阳、锦州、葫芦岛等地区。2020年中国石油和化工企业500强排行榜中，辽宁省有7家企业入围70强。全省原油加工能力10276.3万吨，居全国第二位。产业发展存在的主要问题是精深加工程度低。

（三）冶金业

辽宁省冶金工业优势明显，铁矿石储量占全国25%以上，形成了从铁矿采选、炼铁、炼钢、轧钢，以及到钢材深加工完整的工业体系，在军工用钢、海洋工程用钢、轨道交通等领域市场占有率处于领先地位，工业铝材和钛产业优势明显，海绵钛产量位居全国第一。建材工业特色突出，镁质耐火材料具备撬动全球市场的影响力。2020年，冶金工业增加值比上年增长1.9%，占规模以上工业增加值的比重为17.5%。其中，黑色金属冶炼和压延加工业增加值增长2.6%。全省冶金行业实现营业收入5789.2亿元，占全省规上工业的比重为19.8%。生铁7235.2万吨，增长4.8%；钢材7578.4万吨，增长4.2%；粗钢7609.4万吨，增长3.4%。

二　主要做法

根据“离散型”和“流程型”工业特点，结合全省产业基础和优势，以及各市资源禀赋，坚持全省一盘棋，构建了“1 + N + M”工业重点产业链发展工作推进体系，形成省市（区）联动、部门协同的动态建设体系，打造“产业基础、产业链、产业集群”的互促发展格局。其中，“1”是指形成1个辽宁省推进工业重点产业链发展总体方案。“N”是指形成N个省重点产业链实施方案，“M”是指形成M个各市具有区域特色的产业链行动方案。主要做法如下。

1. 以项目化、清单化为立足点，做好顶层设计

聚焦24条工业重点产业链，开展深度剖析梳理，围绕产业链上下游现状与问题，制定目标与任务，提出措施与建议。精准绘制产业链图谱，分别形成产业链骨干企业清单、主要配套企业清单、关键产品技术攻关清单、重点项目清单等，项目化、清单化推动产业链各项工作取得实效。比如，集成电路产业链构成图，明确了上游芯片设计、关键材料、专用设备的细致分类，中游芯片制造、芯片封测的流程工序，以及下游计算机、5G通信、消费电子等领域市场应用情况。围绕产业链发展方向、企业现状、项目建设等情况，聚焦龙头企业，梳理确定企业的主导产品、关键核心技术和关键核心断点。同时，对确定的产业链进行动态监测评估和迭代升级，确保清单符合产业发展实际情况。

2. 以“三篇大文章”为切入点，分类分步推进

各产业链实施方案坚持分类施策，主要按照改造升级“老字号”、深度开发“原字号”、培育壮大“新字号”结构调整“三篇大文章”展开，根据不同字号产业特点，制定相应目标任务和政策措施。

改造升级“老字号”，注重用新一代信息技术为装备制造业赋能增效，提升自主研发、设计、制造及系统集成能力，推动数字化、网络化、智能化改造。推动产业基础再造，补齐装备制造业中基础零部件、核心功能部件、

关键核心技术、共性技术的短板。目前，沈阳宝马工厂、大连英特尔、辽阳石化等一批重点项目相继建成投产；沈阳海为电力装备实现5G＋工业互联网高质量网络、多层次全要素数据互通等典型应用场景建设；第六代深水半潜式钻井平台、全球首艘30.8万吨超大智能原油船等在辽宁问世，装备制造业加快向智能、绿色、高端、服务方向转型升级。

深度开发“原字号”，实施一批强链延链、建链补链重点项目，拉长产业链条，深挖增值空间。从原材料行业提升产业链供应链现代化水平入手，形成以本地龙头企业为主体、链条企业“众星拱月”的产业集群生态圈。优化产业布局，推动建设大连和盘锦世界级石化产业基地。同时由燃料型向燃料和化工型转型升级，引育一批产业链上的“专精特新”企业，形成联系紧密、协同发展的企业集群。加快推进减油增化，着力发展精细化工产业，推进冶金产业精深加工，菱镁产业结构调整和转型升级，改变“炼”有余而“化”不足、“粗化工”有余而“精细化工”不足、原材料有余而增值链不足的状况。大力推进“减油增化”和炼化一体化，延伸产业链，发展烯烃下游深加工产品。坚持绿色低碳发展，合成氨、水泥、钢铁等行业的11家企业获评省级能效领跑者。加大冶金行业兼并重组的力度，引导菱镁产业初加工原料项目向园区集聚。推进高品质钢铁和先进有色金属产业链建设，促进冶金产业迈向价值链供应链中高端，打造世界级冶金新材料产业基地。2021年8月20日，鞍本重组正式启动，将优化中国钢铁产业布局，形成宝武、鞍钢的产业发展新格局，推进钢铁产业结构调整和优化升级，促进中国钢铁工业实现高质量发展。

培育壮大“新字号”，注重加快构建一批战略性新兴产业增长引擎，提升新兴产业对经济发展的支撑作用。重点做大做强高端装备制造业，推动集成电路产业全产业链发展，推进生物医药健康产业发展，超前谋划布局未来产业。先后编制了三批《辽宁省工业高质量发展推荐产品目录》，包括国家高新技术企业、战略性新兴产业、制造业单项冠军等517家企业生产的933种优势产品，引导企业加快高质量发展。以工业互联网为核心，推进5G等数字经济基础设施建设，谋划建设国家顶级节点，培育一批跨区域、跨行业的工业互联网平台。营口、铁岭、葫芦岛等工业互联网标识解析二级节点上线运营。省级工业互联网安全监测与态势感知平台和国家平台实现对接，“星火·链网”超级节点落地沈阳。连续两年举办全球工业互联网大会，2020 年发布《全球工业互联网十大成长性技术展望》等多项成果。

3. 以创新驱动为关键点，加强产业协同

坚定不移实施创新驱动发展战略，培育新动能，提升新势能，强化科技创新支撑引领作用，坚定不移走创新路、吃“创新饭”，力求发挥辽宁在新材料、精细化工、高端装备制造、半导体芯片制造设备和工业基础软件等领域的产业优势和人才优势，为国家科技自立自强贡献辽宁智慧。

强化企业技术创新。以企业为主体、市场为导向，鼓励引导龙头骨干企业联合上下游企业、高校、科研院所成立一批创新联合体，认定一批省级企业技术中心，培育一批省级制造业创新中心，开展关键共性技术攻关和产学研合作，完善利益联结机制，让技术创新成果尽快转化为社会现实生产力。目前，全省共有省级企业技术中心 903 家，创建了燃气轮机、高端医学影像装备等 5 家省级制造业创新中心。一批填补国内乃至国际空白的重大产品相继研制成功，沈鼓集团国产最大 130 万吨/年乙烯裂解气压缩机组试车成功。辽阳石化公司 PETG 共聚酯原料试产成功，打破了国外技术垄断。东软医疗发布了 256 层螺旋 CT、全球首款悬吊七轴智能血管机两个新产品，打破高端垄断。

推动产业链创新链融合。围绕产业链部署创新链、围绕创新链布局产业链。由产学研联盟盟主或骨干龙头企业，提出“揭榜挂帅”技术需求，着力解决一批“卡脖子”技术、关键共性技术及前沿引领技术，力争实现关键核心技术自主可控。在第一批发布的“揭榜挂帅”科技攻关项目榜单中，围绕服务“三篇大文章”产业链技术突破需求，部署了“大规格超高精度高速桥式五轴加工中心整机集成”“菱镁固废化工材料高值利用技术”“高效光伏电池用关键工艺”等 98 个项目榜单。

推动产业协作。积极推进省域间产业优势互补，深度参与京津冀、长三角等区域融合发展战略，加强与兄弟省市的产业合作。开展产业链精准招商

活动，在上海举办了辽宁－长三角生物医药行业交流对接会。强化工业与农业协同发展，利用工业化成果，运用产业链思维，采用工业化模式，加速推动农业机械化、数字化、智慧化、精深化、工厂化、集聚化和品牌化。同时，开展一系列供需、产融、人才、技术等对接活动，组织了特变电工沈阳变压器集团与中国核电集团对接会、全省智能制造经验交流与产品对接会、央企采购洽谈会、辽宁－日本装备制造论坛暨企业对接洽谈会等活动。

4. 以制造业数字化转型为突破点，促进产业数字蝶变

充分发挥产业数字化的场景资源优势和数字产业化的数据资源优势，大力发展工业互联网、大数据、工业软件等，促进新一代信息技术与实体经济深度融合，为优势产业链尽快插上“数字翅膀”，推动辽宁制造向辽宁智造转变跃升，促进辽宁产业“数字蝶变”。

推动数字产业化。加快建成高速、移动、安全、泛在、协同的新一代信息基础设施，部署新型、智能、融合、集约、绿色的融合基础设施，筑牢数字化发展基础。发挥软件业和集成电路装备制造业基础优势，强化对核心电子器件、人工智能、大数据等领域的市场化和产业化引导，加快发展数字经济基础产业。目前，全省5G基站突破3万个，工业互联网标识解析二级节点6个上线运行、13个在建。

推动产业数字化。充分发挥工业互联网加快工业经济全要素、全产业链、全价值链的全面连接作用，推动制造业数字化、网络化、智能化转型。在工业重点产业链，开展企业内网升级改造，大力推进“机器人＋”，加快智能生产线、数字化车间建设。以数字化赋能制造业发展，大力发展智能制造，打造一批典型应用场景，布局一批智能工厂、智能车间，加快培育网络化协同、智能化制造等新模式新业态。召开数字化转型对接交流会，组织300家企业与供应商对接，解决企业数字化转型痛点难点。全省上云工业企业超过1万家。培育“5G＋工业互联网”150个应用场景，鞍钢全流程大数据解决方案等59个项目入选国家工业互联网试点示范。机器人及智能制造入选国家先进制造业集群培育行列。工业企业数字化研发设计工具普及率和关键工序数控化率分别达到72%和51.8%，基本达到全国平均水平。

5. 以加快培育优质企业为着力点，激发产业链上下游市场主体活力

充分发挥优质企业增强产业链供应链稳定和自主可控的作用，培育壮大一批“专精特新”中小企业、专精特新“小巨人”企业和单项冠军企业，整合产业链上下游企业和资源，推动建链补链强链延链，做强长板优势，补齐短板弱项，提升产业链供应链稳定性和竞争力。

引导企业“专精特新”发展。做大做强龙头企业，鼓励培养产业链龙头企业，加速关键资源整合，培育一批“单项冠军”企业。推动大中小企业融通发展。实施“专精特新产品 – 专精特新中小企业 – 专精特新‘小巨人’企业”梯度培育计划。择优建立省、市、县三级专精特新企业培育库，提升企业对专精特新的知晓度，引导各产业链优质企业进入专精特新行列。发挥中央财政资金引导作用，带动一批企业成长为专注细分市场、聚焦主业、创新能力强的“小巨人”企业，成为产业链强链、补链、延链的配套专家，引领其成长为制造业单项冠军，推动大中小企业加快形成融通创新产业生态。目前，全省已累计拥有国家级专精特新“小巨人”企业 211 家，总数居全国第十；累计认定省级“专精特新”产品（技术）共 4000 余项，其中有效期内 890 项。

完善公共服务体系建设。积极开展省级中小企业公共服务示范平台和创业创新示范基地认定工作，健全政府公共服务、市场化服务、公益性服务相结合的中小企业服务体系，推荐创业创新营销公共服务平台等 10 家示范平台成为工信部首批支持的服务“小巨人”企业的示范平台，为国家级专精特新“小巨人”企业和省级“专精特新”中小企业提供点对点政策、创新和技术支持、数字化赋能等服务，形成大中小企业融通创新发展的产业生态。推动各地支持中小企业公共服务示范平台和中小微企业创新创业示范基地建设，提升省、市、县三级服务能力和水平。同时，还在全省范围内开展省级技术中心认定工作，共有 117 家被认定为 2021 年省级企业技术中心。

建立服务产业链龙头企业机制。围绕产业链搭建服务链，在全省范围内，选取龙头企业作为重点联系服务对象，明确专人对接，通过帮助企业纾难解困、促进产业链上下游协同发展等工作为龙头企业开展服务。通过问策

于企、建立服务台账、精准帮扶、逐项协调，进一步促进辽宁省产业链优化升级，提升产业基础能力和产业链水平，防范重点企业金融风险。

6. 以强化政策服务保障为支撑点，释放产业发展潜能

强化政策配套体系建设。一是组织编制省工业重点产业链总体方案和实施方案，构建部省市联动、各部门协同的动态建设体系，推动一二产业协同发展，推动二三产业融合发展，组织对接活动，推动上下游企业供需协作。二是出台了《辽宁省工业互联网创新发展三年行动计划（2020～2022年）》，提出了加强技术创新、加快融合发展等6方面重点工作和18项具体措施。编制《新一代信息技术与制造业融合发展行动方案（2021～2023）》，以智能制造为主攻方向，以新一代信息技术为主要保障，提升制造业数字化、网络化、智能化发展水平。三是认真贯彻落实《关于深化新一代信息技术与制造业融合发展的意见》精神，以智能制造为主攻方向，以新一代信息技术为保障，以做好结构调整“三篇大文章”为重点，充分发挥本省产业数字化的应用场景优势和数字产业化的数据资源优势，提升制造业数字化、网络化、智能化发展水平。四是培育自主创新产品应用生态，发布《辽宁省首台（套）重大技术装备推广应用指导目录（2021年版）》，支持首台（套）重大技术装备推广应用。五是印发《关于推进菱镁产业持续健康发展的意见》，以总量控制、强度管理为原则，提高采矿企业集中度，压减低质低效产能。抓好突出环境问题整治，开展菱镁产业生态环境专项执法，大力提升科技创新能力，加快形成绿色生产方式，不断提高菱镁产业经济、社会和生态效益。六是制定应对疫情保障中小企业生产经营25条措施，帮助企业应对疫情，纾难解困。七是印发《关于营造更好发展环境支持民营企业改革发展的实施意见》，进一步激发企业活力。推动中小企业“专精特新”发展。八是落实《石化产业供给侧结构性改革方案》，推进燃料型炼厂“减油增化”向化工型企业转变，发展化工新材料和高端精细化学品。优化产业布局，推进大型炼化一体化项目建设，全面建设长兴岛—辽东湾世界级石化产业基地，打造大连、盘锦等精细化工产业集群。

加大专项资金支持力度。谋划设立数字辽宁、智造强省专项资金，印发

了《辽宁省数字辽宁智造强省专项资金管理办法（试行）》，用以支持促进数字技术创新、智造强省建设，组织开展数控机床、机器人、生物医药和医疗器械、精细化工产业发展项目申报。开展数字化改造、技术改造专项资金项目申报，重点支持数字化改造、绿色低碳改造、产业基础能力再造、提升产业链现代化水平、安全生产改造等方面。

搭建生产要素服务平台。建设“辽宁工业产业地图与生产要素服务平台”，推动各地区有序发展、错位竞争，实现区域产业链间优势互补，特色更特、强项更强。通过产业地图与生产要素服务平台一站式整合全省“政、产、学、研、金、服、用”等各类主体资源，加快区域产业链上下游的信息流通，促进供需对接。辽宁工业产业地图与生产要素服务平台面向全省工业领域企业构建工业大市场，按照“一企一码”方式组织全省各市、区（县）工业企业申领“企业码”，探索产业地图的市场化运作模式，利用好数据要素，支撑政府决策。

三 主要经验

1. 注重机制创新

产业链推进工作可不拘泥于一种模式，要根据当地实际情况，采取相应的工作机制，最终目的是确保工作切实取得实效。比如，有的地区采取的是“链长制”，有些地区采取的是类似“链长制”的“N 个一”工作机制，但均通过编制建设方案、搭建工作专班、绘制图谱清单、形成政策体系等内容，有效保障产业链各项工作落实落细落到位。同时，做好动态调整。动态把握“十四五”时期面临的机遇和挑战，作出相应调整。

2. 注重长短并行

产业链建设过程中要统筹推进补齐短板和锻造长板，一方面，坚持问题导向，通过对产业链的基本情况分析，梳理产业上下游的不足，针对产业薄弱环节，确定补链、延链等具体措施，尤其要实施好关键核心技术攻关工程，解决“卡脖子”问题，确保产业链供应链稳定和自主可控。此过程涉

及面广、难度大，应在政府政策的引导下，充分发挥主管部门、行业组织的协调作用和各市场主体的积极性。另一方面，要立足自身产业规模、供给、场景、应用、市场、先发等方面的优势，精耕细作，科学制定相关产业政策，主动适应新环境新条件下的任务要求，有效激发创新能力，为企业提供更好的政策环境和制度支撑，搞出更多独门绝技，巩固提升优势产业的国际领先地位，锻造一些“杀手锏”技术，尤其是引领未来发展趋势的新兴领域，例如5G互联、大数据、人工智能、新基建等。

3. 注重企业培育

企业是产业链建设的微观主体，产业链的工作需要由企业具体完成。推动产业基础高级化、产业链现代化，优质企业的作用至关重要，需要从增强企业的活力和实力入手，培育一批具有全球竞争力的世界一流企业。营造民营经济发展良好环境。建立企业梯度培育库，完善梯度培育体系，抓好“小升规、规升巨”，推动中小企业“专精特新”发展，加快培育发展以专精特新“小巨人”企业、制造业单项冠军企业、产业链领航企业为代表的优质企业，围绕“政策、服务、环境”三个领域，建立高效优质服务体系，打造政府公共服务、市场化服务、社会化公益服务相结合的中小企业服务体系。切实发挥大中小企业融通发展优势和潜力，激发供应链、创新链活力，共同促进产业生态圈协同、合作共赢。

4. 注重战略统筹

产业链工作推进过程中要与国家战略部署、区域战略布局、省市战略规划等紧密结合，统筹推进，才能发挥最大作用，收到最大效果。切不可将各项工作分裂开，分别独立推进，不仅耗时费力，还会产生资源的浪费、工作的重复，最终事倍功半。比如，东北地区在产业链推进过程中，要认真贯彻落实习近平总书记在深入推进东北振兴座谈会上的重要讲话精神，将产业链建设工作与《中华人民共和国国民经济和社会发展第十四个五年规划和2035年远景目标纲要》、碳达峰碳中和、构建新发展格局等战略部署相统筹，与做好结构调整“三篇大文章”工作部署紧密结合，加快产业结构优化升级和新旧动能转换。

5. 注重数字应用

当前，新一轮科技革命和产业变革深入推进，数字经济蓬勃兴起，数字产业化和产业数字化加速演进，数字技术广泛应用于生产各环节，推动数字经济与实体经济深度融合已经成为推动生产方式变革、实现高质量发展的重要路径。数字技术可以改进生产工艺流程，提高设备运转效率，提升生产过程管理的精准性，优化资源配置模式，实现各种资源要素在产业链上下游企业间融通和共享。因此，在产业链建设过程中，要推进新一代信息技术与制造业深度融合，推进智能制造和绿色制造，发展服务型制造，同时优化区域产业链布局，推动先进制造业集群化发展，培育一批新的经济增长极，增强产业链根植性和竞争力。特别是充分发挥5G、工业互联网、人工智能、大数据等新一代信息技术在“建链、延链、补链、强链”环节的作用，提升产业链网络化、智能化水平。同时，依托公共服务平台，促进要素集聚，强化产业上下游供需对接，推动大中小企业融通发展。

B.18
广东省提升产业链供应链现代化水平面临的问题与对策

尹 涛 蔡进兵 刘帷韬 陈 刚*

摘 要： 本文通过实地调研和文献资料分析，在充分掌握广东电子信息产业、高端装备制造业和智能家电与材料等重点产业链供应链基本情况的基础上，深入分析了广东提升产业链供应链现代化水平存在的主要问题，提出提升广东产业链供应链现代化水平的若干政策建议，为全省“十四五”时期提升产业链供应链现代化水平、发展现代产业体系、推动经济体系优化升级提供参考。

关键词： 广东省 产业链 供应链 现代化

引 言

提升产业链供应链现代化水平是应对世界百年未有之大变局、确保地区经济安全的重要举措。当前，“逆全球化”和新冠肺炎疫情使地区产业链供应链的不稳定性和不确定性增加，产业安全问题日益突出。现阶段，虽然广

* 尹涛，博士，研究员，广州市社会科学院副院长，研究方向为产业经济；蔡进兵，博士，研究员，广州市社会科学院财政金融研究所副所长，研究方向为现代金融；刘帷韬，博士（后），副研究员，广州市社会科学院国际商贸研究所，研究方向为国际贸易、产业经济；陈刚，博士（后），副研究员，广州市社会科学院现代产业研究所，研究方向为产业经济。

东省产业基础优势不断增强、战略性支柱产业持续壮大、产业空间布局持续优化、数字化网络化智能化发展规模及增速领先，但依然面临部分重点领域的核心环节和关键技术受制于人、产业链龙头企业带动乏力、绿色投入显效缓慢、科技成果转化困难、产业链上下游共生发展生态不完善、产品质量有待提升及数字化转型边际效益不显著等问题。

习近平总书记多次强调指出，“要以夯实产业基础能力为根本，要打好产业基础高级化、产业链现代化攻坚战”“要实施产业基础再造和产业链提升工程，提升产业基础高级化、产业链现代化水平”。党的十九届四中全会提出要“提升产业基础能力和产业链现代化水平”。党的十九届五中全会明确提出要“推进产业基础高级化、产业链现代化，提高经济质量效益和核心竞争力”。《广东省国民经济和社会发展第十四个五年规划和2035年远景目标纲要》明确要“做大做强战略性支柱产业，培育发展战略性新兴产业，加快发展现代服务业，推动产业基础高级化和产业链供应链现代化，提升产业现代化水平”。《广东省制造业高质量发展“十四五”规划》提出继续做强做优战略性支柱产业、高起点培育壮大战略性新兴产业、谋划发展未来产业三大重点方向。广东工业行业门类齐全，大类行业基本实现全覆盖，产品种类丰富，已成为全球重要制造业基地，具备打好产业基础高级化、产业链现代化攻坚战的基础和条件。

一　广东省产业链供应链发展现状

2020年广东省实现地区生产总值11.08万亿元，在一系列政策的支持下，新冠肺炎疫情对国内经济影响逐渐降低，全省内需增长动力逐渐恢复，外贸形势好于预期，金融市场稳步攀升，表现出较强经济韧性。从工业基础和贸易规模看，全省区域内工业门类齐全、贸易规模稳步增长。至2020年，广东省的一般贸易总额在进出口总值中的占比达到51.2%，已大幅超过其他加工类贸易总额。这也反映出作为粤港澳大湾区的腹地，广东省在产业链供应链的结构调整与优化组合方面取得了巨大成就。从整体和各自发展优势以及域内城市的差异化定位看，粤港澳大湾区也已具备依循“双循环”新发展格局的总体要求、打造联通国内国际双循环重要枢纽和展示窗口的发展基础和制度条件。《粤港澳大湾区发展规划纲要》对大湾区产业发展明确提出了更高的要求：深化供给侧结构性改革，着力培育发展新产业、新业态、新模式，支持传统产业改造升级，加快发展先进制造业和现代服务业，瞄准国际先进标准提高产业发展水平，促进产业优势互补、紧密协作、联动发展，培育若干世界级产业集群。

（一）整体情况

2020 年，广东省委省政府立足现有产业发展基础和未来发展规划，选定十大战略性支柱产业集群和十大战略性新兴产业集群进行重点培育，出台《广东省人民政府关于培育发展战略性支柱产业集群和战略性新兴产业集群的意见》和 20 个战略性新兴产业集群行动计划（以下简称“1 + 20”战略性产业集群政策文件），要求培育发展一批战略性产业集群，着力打造国际一流的制造业发展环境高地。当前，广东省产业链供应链产业集群由两部分构成，一部分是以专业镇为代表，以服装、鞋帽、灯饰、食品为主的传统产业集群，另一部分是以工业园区为载体，以新一代电子信息、智能家电和汽车产业等为代表的战略性产业集群。2019 年“双十”战略性产业集群营业收入合计达到 16.5 万亿元，“一核一带一区”区域发展格局渐次成形，数字化网络化智能化发展水平位于全国第一梯队。

1. 产业基础优势不断增强

广东工业行业门类齐全，在列入全国统计的 41 个大类工业行业中，拥有 40 个（无煤炭开采和洗选业），其中销售产值居全国前三的有 25 个，多种主要工业产品的产量居全国首位，完整的产业链配套已成为广东省对内发展和吸引外资的重要优势。在工业产品中，汽车、智能手机、无人机、机器人等技术密集型产品的比重较高。2020 年，全省规模以上制造业增加值为 3.01 万亿元，规模以上制造业企业数量超过 5 万家，均居全国第一。先进制造业、高技术制造业增加值占规模以上工业增加值的比重达到 56.1% 和

31.1%。国家级高新技术企业总量超过5万家，企业总数、总收入、净利润等均居全国第一，主营业务收入5亿元以上工业企业实现研发机构全覆盖。

重大项目聚集强化产业链供应链韧性。依托地理区位、产业链配套以及营商环境领先等方面的优势，粤港澳大湾区吸引了一批科技含量高、产业带动性强的国内外重大项目在广东落地。如美国埃克森美孚等一批投资百亿美元的外资制造业项目落户惠州；全球最大的液晶面板制造商乐金显示（LGdisplay）OLED、维信诺第6代柔性AMOLED全绕模组生产线均于2020年入驻广州；新能源汽车行业电池龙头宁德时代为满足小鹏汽车发展需要，将投资120亿元在肇庆建设锂电池生产基地。这些重大项目的入驻明显提升了相关产业链产业集群的吸引力和竞争力。

产业融入国际分工程度不断提高。电子信息、机械、汽车等国际分工程度最深的制造产业，正是粤港澳大湾区进出口的主要产业和主导产业。优质外资对大湾区产业升级作用明显，乐金显示OLED、埃克森美孚乙烯项目等一大批规模体量大、技术含量高、带动能力强的高端制造业项目相继落户大湾区。截至2021年5月，已推动埃克森美孚化工综合体等重点项目增资扩产，项目投资总额达100亿美元，旨在建设世界领先的化工综合体装置，广东迈向世界级绿色石化产业基地的步伐又多了一个强劲的引擎，也为打造世界级先进制造业集群提供了有力支撑。

产业链跨地域合作联动增强。与“一镇一品”的专业镇集群不同，战略性产业集群不仅科技含量高、产业内分工细、生产配件和零部件企业多，而且跨地域分布明显。在2021年工业和信息化部选出两批共25个先进制造业集群中，粤港澳大湾区有6个产业集群入选，其中3个是跨地市的产业集群（广佛惠超高清视频和智能家电集群、广深佛莞智能装备集群、深广高端医疗器械集群）。在肇庆高新区的36个新能源汽车及汽车零部件产业项目中，有18个来自广州；在57个电子信息产业项目中，有15个来自深圳。这些事实表明，战略性产业集群发展不仅深化了区域分工，也增强了地区之间的合作联动。

2. 战略性支柱产业持续壮大

目前，粤港澳大湾区产业集群化发展具备一定基础，以大湾区为主承载区的新一代电子信息、绿色石化、智能家电、汽车产业、先进材料、现代轻工纺织、软件与信息服务、超高清视频显示、生物医药与健康、现代农业与食品等十大战略性支柱产业集群，2019 年营业收入合计达 15 万亿元（见图 1、表 1）。其中新一代电子信息、绿色石化、智能家电、先进材料、现代轻工纺织、软件与信息服务等产值规模超万亿元，家电、电子信息等部分产品产量位居全国第一，汽车、智能手机、4K 电视、水泥、塑料制品等主要产品产量位居全国首位。十大战略性支柱产业集群具有坚实的发展基础和增长趋势，是大湾区及广东经济的重要基础和支撑。2021 年 3 月，广东省商务厅牵头举办“十四五”期间广东省与跨国企业合作发展座谈会暨战略合作框架协议签约活动，与跨国企业达成 37 个合作项目意向，协议投资金额超过 3000 亿元，行业涵盖智能家电、绿色石化、新能源汽车、新一代电子信息、现代农业与食品、生物医药与健康等战略性产业。埃克森美孚化工综合体、中海壳牌惠州三期乙烯等一批高质量大项目按计划有序推进，为外资产业链供应链稳定发展注入强大后劲。

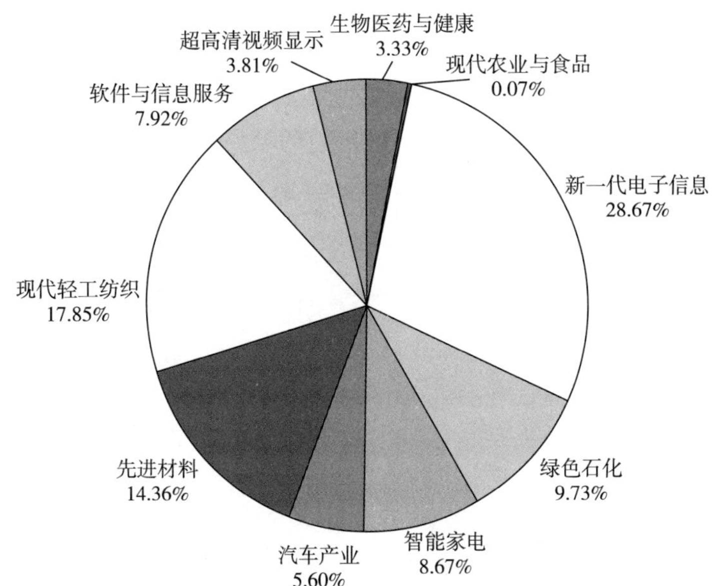

图 1　十大战略性支柱产业集群 2019 年营业收入分布

资料来源：广东省发展各战略性支柱产业集群行动计划（2021 ~ 2025 年）。

表 1　广东省十大战略性支柱产业发展现状及目标

分　类	主要产业环节/领域	产业规模	产业集群	目标
电子信息产业	计算机制造、通信设备制造、广播电视设备制造、雷达及配套设备制造、非专业视听设备制造、智能消费设备制造、电子器件制造、电子元件及电子专用材料制造、其他电子元件制造 9 个中类 36 个小类	2019 年营业收入 4.3 万亿元	以珠江东岸电子信息产业带为集聚区	到 2025 年，新一代电子信息产业营业收入 6.6 万亿元（其中超高清视频产业 1 万亿元，其他电子信息产业 5.6 万亿元），年均增长 6%，工业增加值约 1.4 万亿元。建设成为全球新一代通信设备、新型网络、手机及新型智能终端、半导体元器件、新一代信息技术创新应用产业集聚区
绿色石化	石油加工业、化学原料和化学制品制造业、化学纤维制造业、橡胶和塑料制品业等 4 个大类 60 个中类	2019 年主营业务收入 1.46 万亿元	广州、惠州大亚湾、湛江东海岛、茂名、揭阳大南海等五大炼化一体化基地，珠海高栏港精细化工基地和若干化工园区	到 2025 年，形成炼油 9000 万吨/年、乙烯 900 万吨/年、芳烃 500 万吨/年以上的生产能力，产业规模和工业增加值力争超过 2 万亿元和 4800 亿元。成为国内领先、世界一流的绿色石化产业集群
智能家电	电气机械和器材制造业、计算机、通信和其他电子设备制造业、通用设备制造业等 3 个大类 9 个中类中的 28 个小类	2019 年主营业务收入 1.3 万亿元	以深圳、佛山、东莞、珠海、中山、惠州、湛江为聚集地的家电产业集群	到 2025 年，营业收入突破 1.9 万亿元，工业增加值超过 3700 亿元；经济效益全面提升，利润总额比 2019 年增加 30%。形成创新要素高度集聚、区域根植性强、网络化协同紧密、开放包容、生态体系完整、全球最具竞争力的产业集群
汽车产业	汽车制造业中的汽车整车制造、汽车用发动机制造、改装汽车制造等 1 个大类 7 个中类 8 个小类	2019 年营业收入 8404.78 亿元	广州花都、番禺，南沙以及深圳坪山等高度集聚产业园区	到 2025 年，全省汽车制造业营业收入超过 11000 亿元，其中汽车零部件制造业营业收入突破 4500 亿元；汽车工业增加值超过 2000 亿元；汽车产量超过 430 万辆，占全国汽车总产量比重超过 16%，其中新能源汽车超过 60 万辆；新能源汽车公用充电桩超过 15 万个。世界级汽车产业集群培育取得实质性进展
先进材料	非金属矿物制品业，黑色金属冶炼和压延加工业，有色金属冶炼和压延加工业等 8 个大类 25 个中类中的 93 个小类	2019 年主营业务收入达 21540 亿元	广州、深圳、珠海、佛山、韶关、河源、梅州、惠州、东莞、中山、阳江、湛江、茂名、肇庆、清远、云浮等先进材料产业基地	到 2025 年，在全球价值链地位明显提升，全省形成 1 个年主营业务收入达 28000 亿元以上、工业增加值达 6475 亿元的先进材料产业集群。迈入世界级先进材料产业集群行列

续表

分　类	主要产业环节/领域	产业规模	产业集群	目标
现代轻工纺织	纺织业,纺织服装、服饰业,皮革、毛皮、羽毛及其制品和制鞋业,木材加工和木、竹、藤、棕、草制品业,家具制造业等 17 个大类 57 个中类中的 174 个小类	2019 年主营业务收入 26775.2 亿元	珠三角、东西两翼形成了一批特色产业集群	形成具有全球影响力和竞争力的现代轻工纺织产业集群。到 2025 年,现代轻工纺织产业工业增加值超过 7200 亿元,主营业务收入超过 3 万亿元
软件与信息服务	软件产品、信息技术服务、嵌入式系统软件、信息安全等	2019 年营业收入 11875 亿元	以广州、深圳两个中国软件名城为中心、珠三角地区为主体的产业发展格局	到 2025 年,软件业务收入达到 2 万亿元,保持全国领先地位,培育 4 个千亿级软件企业,过亿级软件企业占比 30% 以上。打造具有国际竞争力的软件与信息服务产业发展高地
超高清视频显示	设备制造、节目制作、传输服务、行业应用等	2020 年营业收入达 6000 亿元	广州、深圳、惠州等 3 个产值超千亿元的超高清视频产业集群	全球重要的超高清视频全产业链生产制造基地、超高清视频内容制作交易集散地
生物医药与健康	生物药、化学药、现代中药、医疗器械、医疗服务、健康养老等	2019 年营业收入超过 5000 亿元	广州国际生物岛、深圳坪山国家生物产业基地、珠海金湾生物医药产业园、中山国家健康科技产业基地等产业集聚区	到 2025 年,产业营业收入达到 1 万亿元,建成具有国际影响力的产业高地
现代农业与食品	农、林、牧、渔业及其专业性、辅助性活动,农副食品加工业,食品制造业,酒、饮料、精制茶制造业,烟草制造业等	2019 年总产值 7175.9 亿元,2018 年营业收入 103.18 亿元	"四区两带"农业发展格局(珠三角都市农业区、潮汕平原精细农业区、粤西热带农业区、北部山区生态农业区,沿海蓝色农业带、南亚热带农业带)	加快建立具有国际竞争力的产业体系,到 2025 年,集群规模(总产值)接近 2 万亿元,现代农业与食品产业产值均接近 1 万亿元

资料来源:《广东省制造业高质量发展"十四五"规划》及广东省发展各战略性新兴产业集群行动计划(2021～2025 年);《广东正式启动超高清视频产业发展试验区建设》,央广网,2019 年 5 月 19 日(http://www.cnr.cn/gd/gdkx/20190509/t20190509_524606843.shtml);《广东省第四次全国经济普查公报(第十一号)——农林牧渔专业及辅助性活动企业基本情况》。

3. 战略性新兴产业迅速崛起

十大战略性新兴产业集群突出“进”，通过选择产业辨识度高、切口小（产值在2000亿元以内）、有高成长性的产业集群作为十大战略性新兴产业集群，有利于大湾区以及广东进一步抢先布局战略性新兴产业、未来产业，不断开创新的经济增长点。2019年，以大湾区为主要承载地的半导体及集成电路、高端装备制造、智能机器人、区块链与量子信息、前沿新材料、新能源、激光与增材制造、数字创意、安全应急与环保、精密仪器设备十大战略性新兴产业集群营业收入合计达1.5万亿元，集聚效应初步显现，增长潜力巨大，对大湾区经济发展具有重大引领带动作用（见图2、表2）。《广东省制造业高质量发展“十四五”规划》提出，“十四五”时期，要保持十大战略性新兴产业营业收入年均增速10%以上，加快部分重点领域在全球范围内实现换道超车、并跑领跑发展，进一步提升广东省制造业整体竞争力。

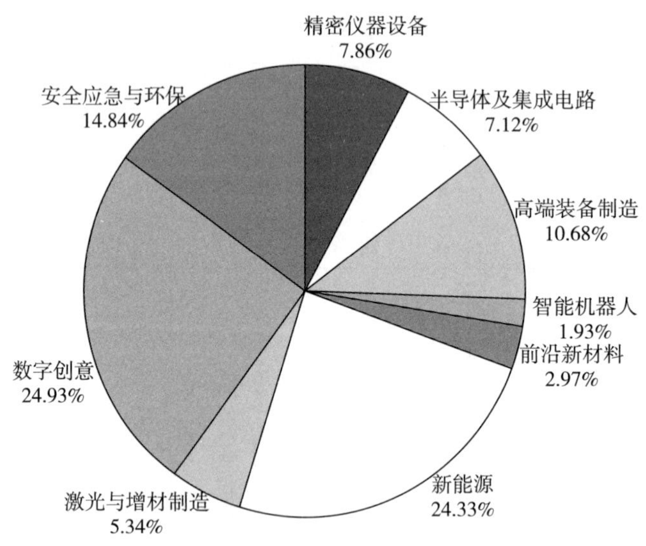

图2　广东省九大战略性新兴产业集群2019年营业收入分布

资料来源：广东省发展各战略性新兴产业集群行动计划（2021~2025年）。

表 2 广东省十大战略性新兴产业发展现状及目标

分类	主要产业环节/领域	产业规模	产业集群	目标
半导体及集成电路	半导体器件的设计、制造、封装测试，以及相关原材料、辅助材料、装备等	2019 年主营业务收入超过 1200 亿元，其中集成电路设计业营业收入超过 1000 亿元	拥有广州和深圳两个国家级集成电路设计产业化基地	到 2025 年，年主营业务收入突破 4000 亿元，年均增长超过 20%。其中，集成电路设计业超过 2000 亿元，集成电路制造业超过 1000 亿元。形成具有国际影响力的半导体及集成电路产业集聚区
高端装备制造	高端数控机床、海洋工程装备、航空装备、卫星及应用、轨道交通装备、集成电路装备等	2019 年营业收入近 1800 亿元	广州、深圳、东莞、珠海、佛山、中山、江门、阳江等地初步形成产业集聚态势	到 2025 年，高端装备制造产业营业收入达 3000 亿元以上，年均增长达到 10% 以上，其中海洋工程装备产业年均增长 18%、卫星及应用产业年均增长 20%。成为全国高端数控机床、海洋工程装备、航空装备、卫星及应用、轨道交通装备等高端装备制造业的重要基地
智能机器人	工业机器人、服务机器人、特种机器人和无人机（船）等	2019 年营业收入 325 亿元	广州、深圳、珠海、佛山、东莞等地在工业机器人、服务机器人、关键零部件等细分领域上已初步形成产业集聚态势	到 2025 年，智能机器人产业营业收入达到 800 亿元，其中服务机器人行业营业收入达到 200 亿元，无人机（船）行业营业收入达到 500 亿元，工业机器人年产量超过 10 万台，年均增长约 15%。成为国内领先、世界知名的机器人产业创新、研发和生产基地
区块链与量子信息	区块链产业包括硬件基础设施、底层技术平台、区块链通用应用等。量子信息产业包括未来信息材料与器件、量子模拟与计算等	—	区块链：主要分布在深圳南山区、广州黄浦区及珠海、佛山、东莞等	区块链技术和应用创新产业集群国际化示范高地；建成广东“量子谷”，打造世界一流的国际量子信息技术创新平台和我国量子信息产业南方基地
前沿新材料	智能、仿生与超材料，低维及纳米材料，高性能纤维，新型半导体材料等	2019 年营业收入接近 500 亿元	形成了以广州、深圳、佛山、东莞、珠海等地市为核心，清远、惠州、韶关、江门、汕尾等地市梯次发展的良好格局，区域化聚集初步呈现	到 2025 年，前沿新材料产业营业收入超过 1000 亿元，年均增长达到 15% 以上，实现营业收入翻一番。成为国内领先、世界知名的前沿新材料产业制造高地

续表

分　类	主要产业环节/领域	产业规模	产业集群	目标
新能源	核能、风能、天然气及其水合物、太阳能、氢能、生物质能、地热能、海洋能、智能电网、储能等	2019 年营业收入约4100 亿元	在核电、海上风电、太阳能、氢能产业方面产生了一批优势特色企业，形成了骨干企业带动、重大项目支撑、上下游企业集聚发展的态势	到 2025 年，新能源发电装机规模约 10250 万千瓦，天然气供应能力超过 700 亿立方米，制氢规模约 8 万吨，氢燃料电池约 500 万千瓦，储能规模约 200 万千瓦；全省新能源产业营业收入达到 7300 亿元，新能源产业增加值达到 1800 亿元，建成国内领先、世界一流的新能源产业集群
激光与增材制造	激光与增材制造材料、扫描振镜、激光器、整机装备、应用开发、公共服务平台	2019 年营业收入超过 900 亿元	以广州、深圳为主，珠海、佛山、惠州、东莞、中山、江门、阳江等产业集聚区	到 2025 年，产业规模保持全国领先，营业收入超过 1800 亿元，年均增长超过 15%。具有国际竞争力的激光与增材制造产业集群
数字创意	数字创意技术和设备、内容制作、设计服务、融合服务四大业态	2019 年营业收入约4200 亿元	广州、深圳、珠海、汕头、东莞、佛山、中山等产业集聚地	到 2025 年，数字创意产业营业收入突破 6000 亿元，其中游戏产业 2700 亿元，动漫产业 750 亿元。打造全球数字创意产业发展高地
安全应急与环保	安全应急、节能环保领域的专用产品、设备和服务	2019 年主营业务收入为 1323.99 亿元	产业集聚度不高，企业布局分散，专业产业园区和集聚地较少，且规模较小	到 2025 年，全省安全应急与环保产业总产值超过 3800 亿元，打造 5 家左右百亿级龙头骨干企业。形成龙头带动、产业集聚、协同创新的安全应急与环保产业体系
精密仪器设备	工业自动化测控仪器与系统、信息计测与电测仪器、科学测试分析仪器、人体诊疗仪器、元器件、材料	2019 年主营营业收入为 1323.99 亿元	形成了以广州、深圳、珠海、佛山、东莞、中山为主的产业布局	到 2025 年，精密仪器设备产业规模约 3000 亿元。基本建成产业结构布局合理、自主创新能力突出、具有核心国际竞争力的世界级现代化产业集群

资料来源：《广东省制造业高质量发展“十四五”规划》及广东省发展各战略性新兴产业集群行动计划（2021 ~2025 年）。

4. 产业空间布局持续优化

近年来，粤港澳大湾区持续深化供给侧结构性改革，大力实施创新驱动发展战略，形成了电子信息、电气机械、生物医药、高端装备等科技创新产业集群（见表3）。“软硬联通”不断完善，陆海内外互联、区内综合性交通网络加快形成，“一核”的竞争能力进一步增强。

表3 广东省各市重点发展产业

城市	重点发展产业
广州	互联网与云计算、大数据、人工智能、新一代信息技术、金融业、软件产业
深圳	新一代信息技术、高端装备制造、绿色低碳、生物医药、数字经济、新材料、海洋经济、金融业、现代物流、会展经济
珠海	新一代信息技术、高端装备制造、生物医药、新能源及新能源汽车、节能环保、数字创意、新材料、现代服务业
佛山	装备制造业、家居产业、汽车及新能源、军民融合及电子信息、智能制造装备及机器人、新材料、食品饮料、生物医药及大健康
东莞	新一代信息技术、高端装备制造、新材料、新能源、生物科技、智能制造产业
惠州	绿色石化能源、新材料、智能终端、平板显示、汽车电子、LED、新能源电池、生命健康产业
中山	健康医药、新一代信息技术、高端装备制造、金融、旅游、会展
江门	高端装备制造、新一代信息技术、新能源汽车及零部件、大健康、新材料等五大新兴产业，工业互联网和5G产业、全域旅游、体育会展产业
肇庆	新能源汽车、先进装备制造、生物医药、高端电子信息、精细化工、智慧物流、五金制造、玉器加工、文旅康养新业态

资料来源：广东省商务厅、中商产业研究院。

《广东省制造业高质量发展“十四五”规划》中，将20个产业集群与广东制造业“十四五”规划相衔接，对“十四五”期间各市的产业布局以及产业要素资源布局做出了更加细化的空间布局安排（见表4）。从整体产业布局来看，“十四五”时期广东省战略性支柱产业和战略性新兴产业布局中，以广州、深圳为核心，珠海、佛山、惠州、东莞、中山、江门、肇庆等为重要节点城市。相比战略性支柱产业，战略性新兴产业布局则更加聚焦于广州、深圳这两个国家中心城市。从战略性支柱产业来看，大湾区布局的支柱产业集群平均数（9.11个）>沿海经济带西翼（6个）>沿海经济带东翼（5.75个）>北部生态发展区（5.4个），其中作为核心城市布局的支柱产业集群数量前三位依次为广州（8个）、深圳（5个）、佛山（5个）。从战略性新兴产业来看，大湾区布局的支柱产业集群平均数（9个）>沿海经济带东翼（5.25个）>沿海经济带西翼（3.67个）>北部生态发展区（3.4个），其中作为核心城市布局的支柱产业集群数量前三位依次为广州（10个）、深圳（10个）、佛山（4个）。

表4　“十四五”时期广东省战略性支柱产业布局

战略性支柱产业	核心城市	重点城市	一般城市
新一代电子信息	广州、深圳、东莞、惠州	珠海、佛山、汕头、河源	中山、江门、肇庆、汕尾、潮州、梅州、云浮
绿色石化	广州、惠州、湛江、茂名	深圳、珠海、佛山、东莞、汕头、揭阳	中山、江门、肇庆、汕尾、清远
智能家电	珠海、佛山	广州、深圳、惠州、中山、湛江	
汽车产业	广州、深圳、佛山	珠海、东莞、惠州、江门、肇庆、湛江、云浮	中山、汕尾、茂名、韶关、梅州、河源、清远
先进材料	广州、佛山	深圳、珠海、东莞、惠州、肇庆、汕头、湛江、茂名、阳江、韶关、梅州、河源、清远、云浮	中山、汕尾
现代轻工纺织	佛山、东莞、中山、江门、汕头	广州、揭阳、潮州、阳江	深圳、珠海、惠州、肇庆、汕尾、湛江、茂名、梅州、河源、云浮
软件与信息服务	广州、深圳、珠海、东莞	佛山、惠州、中山、汕头	湛江
超高清视频显示	广州、深圳、惠州	佛山、东莞、中山	江门
生物医药与健康	广州、深圳、珠海、中山、汕头	佛山、东莞、惠州、江门、肇庆、揭阳、湛江、茂名、阳江、云浮	汕尾、潮州、韶关、梅州、河源、清远
现代农业与食品	广州、佛山、惠州、中山、江门、肇庆、湛江、茂名、阳江、韶关、梅州、河源、清远	深圳、珠海、东莞、汕头、汕尾、揭阳、潮州、云浮	
半导体及集成电路	广州、深圳、珠海	佛山、东莞	惠州、中山、肇庆、汕尾、河源

续表

战略性支柱产业	核心城市	重点城市	一般城市
高端装备制造	广州、深圳、珠海、汕头	佛山、东莞、中山、江门、阳江、韶关	惠州、肇庆、汕尾、揭阳、湛江
智能机器人	广州、深圳、佛山	珠海、东莞、中山	惠州、江门、肇庆、汕头、揭阳、潮州
区块链与量子信息	广州、深圳	珠海、佛山、东莞	中山、肇庆
前沿新材料	广州、深圳、东莞	珠海、佛山、惠州、江门、肇庆、汕头、湛江、阳江、韶关、清远	潮州、梅州、河源
新能源	广州、深圳、佛山、东莞、阳江	珠海、惠州、中山、江门、汕头、湛江	汕尾、揭阳、云浮
激光与增材制造	广州、深圳	珠海、佛山、东莞、中山、江门	惠州、汕头、揭阳、潮州、阳江、河源
数字创意	广州、深圳	珠海、佛山、东莞、汕头	中山
安全应急与环保	广州、深圳、佛山	珠海、东莞、韶关、清远	惠州、中山、江门、肇庆、汕头、汕尾、潮州、湛江、茂名、梅州、河源
精密仪器设备	广州、深圳、佛山	珠海、东莞、惠州、中山、江门、肇庆、汕头、韶关、河源	潮州、湛江、茂名、梅州、清远、云浮

资料来源：《广东省制造业高质量发展“十四五”规划》。

从产业要素资源布局上来看，“十四五”时期，广东省在战略性支柱产业和战略性新兴产业集群基础上，将建成270家国家级和461家省级创新资源集聚平台、72家国家级和162家省级重大平台载体以及1471家重点企业（包含重点企业和隐形冠军企业）（见表5）。不难看出，无论是战略性支柱产业，还是战略性新兴产业，大湾区产业要素资源布局均远高于“一带”“一区”，尤其是在战略性新兴产业方面表现更为明显，主要原因是广州、深圳两个一线城市具备高度的创新资源要素集聚能力。

表5 “十四五”时期广东省战略性产业要素资源布局

战略性支柱产业	创新资源集聚平台	重大平台载体	重点企业
新一代电子信息	24 家国家级、219 家省级	3 家国家级、6 家省级	33 家
绿色石化	4 家国家级、53 家省级	17 家国家级、26 家省级	33 家
智能家电	12 家国家级、99 家省级	3 家国家级、4 家省级	42 家
汽车产业	10 家国家级、110 家省级	6 家国家级、11 家省级	32 家
先进材料	35 家国家级、288 家省级	6 家国家级、5 家省级	62 家
现代轻工纺织	19 家国家级、222 家省级	5 家国家级、17 家省级	152 家
软件与信息服务	18 家国家级、222 家省级	5 家国家级、1 家省级	83 家
超高清视频显示	7 家国家级、23 家省级	1 家国家级	19 家
生物医药与健康	66 家国家级、361 家省级	9 家国家级、19 家省级	73 家
现代农业与食品	20 家国家级、237 家省级	4 家国家级、1 家省级	164 家
半导体及集成电路	5 家国家级、40 家省级	4 家国家级、12 家省级	120 家
高端装备制造	15 家国家级、232 家省级	7 家国家级、24 家省级	81 家
智能机器人	4 家国家级、74 家省级	2 家国家级、1 家省级	22 家
区块链与量子信息	1 家省级		54 家
前沿新材料	6 家国家级、140 家省级	5 家国家级、16 家省级	173 家
新能源	10 家国家级、95 家省级	4 家国家级、9 家省级	76 家
激光与增材制造	19 家省级		68 家
数字创意	1 家国家级、26 家省级	5 家国家级	79 家
安全应急与环保	14 家国家级、143 家省级	2 家国家级、4 家省级	70 家
精密仪器设备	31 家省级	1 家国家级、6 家省级	35 家

资料来源：《广东省制造业高质量发展“十四五”规划》。

5. 数字化建设成效显著

近年来，粤港澳大湾区在数字产业化、产业数字化、数字化治理领域取得较为突出的成绩：数字产业化和产业数字化发展位居全国前列，数字化治理尤其是“数字政府”建设成效突出并且多项指标位居全国第一。根据中国信息通信研究院《中国数字经济发展白皮书》数据，2020 年我国数字经济规模达到 39.2 万亿元，占 GDP 比重为 38.6%，是国民经济的核心增长极之一。其中广东地区数字经济规模已经超过 5 万亿元，规模第一。当前，广东已被工信部授予首批 2 个国家级工业互联网示范区之一，按照“先典型引路、后全面推广”的实施路径，将对不同行业、不同规模的企业分类施

策，推动制造业加速向数字化、网络化、智能化发展。

国家级工业互联网平台数量全国第一。首创“广东省工业互联网产业生态供给资源池”，制定严格的遴选程序和标准，重点引进培育优秀工业互联网平台企业及服务商。截至 2021 年 3 月，已有 370 多家优秀服务商入池，引进阿里云工业互联网总部、树根互联总部等省外优秀服务商落地广东。重点培育了华为、富士康、树根互联、腾讯 4 家企业成为国家级跨行业跨领域工业互联网平台，数量全国第一。例如，华为 Fusion Plant 工业互联网平台已服务企业用户 10 万多家，连接设备超过 240 万台（套），工业应用软件（工业 App）数量超过 2000 个，以电子信息制造为重点并涵盖化工、钢铁、汽车、装备等多个行业。树根互联根云工业互联网平台目前已服务企业 9 万多家，连接工业设备超过 72 万台（套），工业应用软件（工业 App）数量超过 5000 个，建立第三方开发者社区，月活跃第三方开发者超过千人，具备丰富的跨行业跨领域服务能力。

信息基础设施建设不断提速。2018 年在全国率先开通工业互联网标识解析国家顶级节点（广州），已建成 30 个行业/区域标识解析二级节点。2020 年，仅广东地区就累计建成 5G 基站 124266 座，约占全国的 17.5%，居全国第一。累计推动 1.5 万家工业企业运用工业互联网数字化转型。培育 25 个国家级、378 个省级智能制造试点示范项目；工业机器人产量达 7.04 万台（套），比 2015 年提升 838.67%，约占全国的 29%，成为国内重要工业机器人产业基地，人工智能核心产业及相关产业规模均居全国第一梯队。

工业企业互联网应用不断深化。累计推动超过 1.5 万家工业企业运用工业互联网技术实施数字化转型，带动 50 万家企业“上线用云”降本提质增效。目前，生产数据无线采集、云化无人控制车、机器视觉检测、虚拟现实人机协作等场景已实现了初步应用。

为全面推进制造业数字化转型，促进全省战略性支柱产业集群和战略性新兴产业集群高质量发展，2021 年 5 月，广东省人民政府印发了《广东省人民政府关于加快数字化发展的意见》（粤府〔2021〕31 号），7 月广东省人民政府正式印发《广东省制造业数字化转型实施方案（2021～2025 年）》

和《广东省制造业数字化转型若干政策措施》。《广东省制造业数字化转型实施方案（2021～2025年）》提出，到2025年，战略性支柱产业集群和战略性新兴产业集群数字化水平显著提升，广东省工业互联网国家示范区引领作用显著，推动超过5万家规模以上工业企业运用新一代信息技术实施数字化转型，带动100万家企业上云用云降本提质增效，以数字化引领制造业质量变革、效率变革、动力变革，形成大中小企业融通发展的产业生态。

分类施策推动制造业数字化转型。面向大型企业，支持制造业龙头企业应用5G、工业互联网、人工智能等新一代信息技术加快数字化转型，打造一批工业互联网应用标杆示范。面向中小企业，加快推动工业企业"上云上平台"，开展产业集群数字化转型试点，开发推广具有行业特色的数字化解决方案，发展工业软件，提升产业链协同水平。促进大中小企业融通发展，依托工业互联网平台推动产业链上下游企业实现系统和数据对接，构建跨界融合的新型产业供应链体系。

积极培育优秀工业互联网平台企业和数字化转型服务商。加大力度遴选、培育优秀制造业数字化转型服务商，开展产业集群数字化转型。支持工业互联网平台企业和数字化转型服务商牵头，联合行业骨干企业、第三方机构以及产业链企业等组建产业联合体，为产业集群数字化转型提供支撑服务。培育一批5G+工业互联网解决方案提供商，支撑工业企业开展5G行业应用。在轻工纺织、注塑、模具、五金等行业集中度较低的传统特色产业集群，培育行业/区域工业互联网平台，推动集群上下游企业实施标准统一的数字化改造。

（二）电子信息产业

云计算、大数据、物联网、移动互联网、人工智能等新一代电子信息技术不断发展，正在推动电子信息产业发生深刻的变革，使其内涵也更加丰富。从产业链的角度来看，电子信息产业可以定义如下，包括计算机、通信设备、电视、电子元器件、家用电器等设备的制造、服务及应用软件的开发。《电子信息产业统计工作管理办法》（2003）将电子信息产业定义为：

为实现制作、加工、处理、传播或接受信息等功能或目的，利用电子技术和信息技术所从事的与电子信息产品相关的设备生产、硬件制造、系统集成、软件开发以及应用服务等作业过程。

1. 新一代电子信息

新一代电子信息产业主要集中在珠三角地区，以珠江东岸电子信息产业带为集聚区。2020 年前三季度，珠三角地区新一代电子信息产业实现工业增加值 5965.20 亿元，增长 1.3%，占全省比重为 96.7%，基本与上年（96.8%）持平。分地市看，增加值总量与比重排名前列的城市依次为深圳（3706.31 亿元，60.1%）、东莞（1017.06 亿元，16.5%）、惠州（456.59 亿元，7.4%）和广州（304.58 亿元，4.9%）。

龙头企业增速较快，产业集中度进一步提升。2020 年前三季度，新一代电子信息产业集群百强企业合计完成工业增加值 4090.44 亿元，同比增长 5.3%，高于该产业平均增速 4.6 个百分点，拉动全省规模以上工业增长 0.9 个百分点；实现营业收入 20266.79 亿元，增长 8.7%；实现利润总额 1141.68 亿元，增长 1.9%。华为技术有限公司稳居“2020 年广东省电子信息制造业综合实力 100 强企业榜单”榜首，同时也在“2020 年度电子信息竞争力百强企业榜单”中占据第一。

电子信息产业在发展过程中，仍存在关键领域“卡脖子”、核心技术攻关持续性投入不足、部分领域处于产品价值链中低端、产业链协同联动发展不足等问题。一是“缺芯少核”问题，在高性能通用芯片、关键核心技术等方面受制于国外。从产业分布看，“卡脖子”主要集中在核心基础零部件（元器件）、先进基础工艺、关键基础材料、高端通用芯片、基础软件产品以及高端装备制造等方面。特别是新冠肺炎疫情发生以来，美国频繁制裁中国企业，严重影响国内企业正常生产经营，产业链安全面临较大冲击。二是产品附加值偏低，新一代信息技术产业平均增加值率为 21.08%，比全省平均水平低 1.33 个百分点。另外，在欧美等发达国家和地区主流市场上，广东甚至中国生产的电子产品品牌市场占有率不高，或仅为贴牌生产，缺乏具有国际竞争力和影响力的品牌，品牌数量、知名度、美誉度等仍有待提升。

三是部分基础性行业发展滞后于产业整体发展水平，如集成电路制造行业整体现状呈现“小”“散”等特点，2019 年规上工业企业平均产值 3.75 亿元，超过 10 亿元的企业仅 17 家，与其作为电子信息产业的基石与核心应当的发展水平不符。

2. 软件与信息服务

2019 年，广东省软件业务收入 11875 亿元，同比增长 11.1%，其中软件产品收入 2459 亿元，信息技术服务收入 7397 亿元，嵌入式系统软件收入 1966 亿元，信息安全收入 53 亿元。有 18 家企业入选中国软件业务收入前百家企业名单，16 家企业入选中国互联网百强企业名单，软件著作权登记量、PCT（专利合作条约）申请量多年排名全国第一。到 2025 年，软件业务收入将达到 2 万亿元，保持全国领先地位，培育 4 个千亿级软件企业，过亿级软件企业占比 30% 以上。

形成了以广深为中心的发展格局，龙头企业带动作用强。广东省软件与信息服务产业综合实力和发展规模连续多年位居全国前列，已形成以广州、深圳两个中国软件名城为中心、珠三角地区为主体的产业发展格局。产业结构不断优化，云计算、大数据、人工智能、工业互联网等新技术新业态快速发展和融合创新，一批细分领域领军企业和国家级试点不断涌现，产业加快向网络化、平台化、服务化、智能化、生态化演进。

龙头企业主要集聚在珠三角地区。2020 年 1 月公布的“2019 年中国软件业务收入前百家企业名单”中，华为连续 18 年蝉联软件百家企业之首，同时也位居专利授权量全国第一，中兴通讯位列第二。大疆创新在新兴领域积累独特核心技术，连续两年排名大幅提升。同年 10 月“2020 年中国互联网百强名单”中，广东省共有 13 家企业入选，其中深圳市腾讯计算机系统有限公司以及网易集团分别位列第二和第六，但总体上仍与京津冀（39 家）和长三角（30 家）存在较大差距。

当前，大湾区软件与信息服务产业发展存在的问题主要有如下几个。一是关键核心技术受制于人，基础软件、工业软件缺乏自主可控的核心技术，操作系统、数据库、中间件等自主基础软件市场占有率较低，自主软件生态

产品少且更新迭代慢。二是企业发展规模不够大。软件业务收入不足亿元的中小企业占比约 80%，细分领域龙头企业不够多，缺乏具有国际影响力的品牌产品。三是人才结构性矛盾突出。前沿理论、关键共性技术等方面的领军型人才，既懂软件技术又熟悉业务流程的复合型人才和云计算、大数据、人工智能、区块链等高技能人才缺口较大。

3. 超高清视频显示

2020 年，广东超高清视频显示产业营业收入达到 6000 亿元①，彩色电视机产量 1.12 亿台，占全国的 57.2%。其中，骨干企业（TCL、创维、康佳、广东长虹）4K 电视机产量 3383.2 万台，占其电视机产量的 53.4%。全省 4K 用户累计 2347 万户，占比达 70%，持续领跑全国。广东省成功举办中国超高清视频（4K）产业发展大会、世界超高清视频（4K/8K）产业发展大会，成功开播全国首个省级 4K 频道，获得工业和信息化部、国家广播电视总局联合授予的全国首个“超高清视频产业发展试验区”，4K 电视机产量、机顶盒产量、电视面板产能均位居全国前列。到 2025 年，超高清视频显示产业上下游产业营业收入将超过 1 万亿元，建成 3 个以上超高清视频产业集群。4K/8K 电视机年产量达 5000 万台，4K/8K 电视终端占比超过 80%，超高清节目内容储备超过 3 万小时。

产业链生态初步建成。近年来，广东培育引进了 TCL 华星 t7、t9、乐金 OLED 等一批重大项目，初步形成从核心零部件、面板、模组到终端整机的全产业链生态。2020 年 11 月，广州市牵头组建超高清视频产业投资基金，首期规模 50 亿～60 亿元，远期规模 200 亿元，聚焦超高清视频产业短板和生态体系缺失环节。人工智能和数字经济有力促进了超高清视频产业发展升级，内容则是信息呈现、传播和利用的重要载体，市场上出现了日渐丰富的超高清视频终端产品。目前，广东拥有广州、深圳两个国家人工智能创新应用先导区，广东省 4K 节目累计时长接近 3 万小时。

以珠三角地区为核心的产业布局逐步展开。2019 年，广东省获批建设

① 资料来源于 2021 年世界超高清视频（4K/8K）产业发展大会。

全国首个超高清视频产业发展试验区。2021 年，广佛惠超高清视频和智能家电产业集群成功入选工业和信息化部公示的第一批国家先进制造业集群决赛优胜者名单。目前，广东已初步建成广州、深圳、惠州 3 个超高清视频产业基地。

广东地区超高清视频产业发展呈现增速快，但制约因素显著、产业链不够完整的特征，其存在的主要问题如下：一是前端设备产业化能力较弱，国产 4K/8K 摄像机、摄影机、采编播系统只是初步形成突破，4K 前端摄录等关键设备主要依赖进口；二是 4K 节目内容匮乏、市场化应用模式尚未完善等不足，制约了广东省超高清视频显示产业发展；三是超高清内容制作成本高，用户还没有对高品质内容付费养成习惯，内容版权保护体系还不健全。

4. 半导体与集成电路

2019 年，广东省半导体与集成电路主营业务收入超过 1200 亿元，其中集成电路设计业营业收入超过 1000 亿元，广东在消费电子、通信、人工智能、汽车电子等领域拥有国内最大的半导体及集成电路应用市场，集成电路进口金额占全国的 40% 左右。广东省半导体与集成电路产业有发明专利申请的企业 7763 家，全国排名第一。到 2025 年，年主营业务收入将突破 4000 亿元，年均增长超过 20% 。其中，集成电路设计业超过 2000 亿元，集成电路制造业超过 1000 亿元。

产业空间布局完善，初步形成“芯片设计、晶圆制造、封装测试、装备材料、终端应用”全产业链条。当前，广东省拥有广州和深圳两个国家级集成电路设计产业化基地，已形成以深圳、广州为核心，东莞、佛山、珠海、中山、惠州等多地协同发展的产业格局，珠三角在设计和应用领域比较有优势，与京津冀、长三角地区各有侧重，其中京津冀在设计和制造领域比较有特点，长三角重在制造和封装测试。值得一提的是，超过五成有发明专利的企业集中在深圳市，共 3948 家。各环节的龙头企业有华为、中兴通讯、汇顶科技、鸿富锦精密工业、TCL 华星光电等。

当前，广东省半导体与集成电路产业存在以下问题。一是集成电路产业处于建链补链阶段，设计环节企业普遍规模偏小，高水平设计能力不足，制

造环节短板明显，实现规模化量产的12英寸晶圆线仅1条，封装环节基本以中低端封装为主。二是创新能力不强，创新要素投入不足，关键核心技术研发能力薄弱。三是高校人才培养严重短缺，微电子专业在校生不足2000人，人才引进难度越来越大，人才供求矛盾突出。四是对外依存度高，产业链供应链安全可控性亟待提升。在当前国际技术封锁及国内区域竞争加剧的背景下，迫切需要加快补齐产业链短板，提升产业链供应链稳定性安全性，为推动制造业高质量发展提供有力支撑。

5. 区块链与量子信息

目前，国内外在区块链与量子信息领域的产业规模都不大，均处于起步阶段。截至2020年10月底，区块链信息服务备案企业220家，约占全国备案量的21.67%[①]。就产业布局来看，广东省已初步形成了覆盖区块链全产业链条的产业技术图谱。量子信息产业在量子通信、量子材料、关键元器件、重大仪器设备等方面已初步建立具有一定研发和生产规模的产业体系，行业龙头企业已初步完成技术与产业布局。

区块链产业存在的问题主要包括如下几个。一是技术集成支撑不足，技术成熟度不高，底层平台较分散，互联互通能力不强，可兼容、互操作、规范性的技术体系有待完善。二是行业对区块链应用认知及应用集成纵深不够，区块链应用布局相对单一，数据孤岛现象依然存在，特色优势场景欠缺，“杀手锏”应用和应用“闭环”体系亟待突破。三是技术、人才、平台、应用、服务等关键产业要素集群尚未形成，生态集成体系不全，产业标准体系、测试评估体系亟须建立，监管机制亟待完善。

量子信息产业存在的问题主要包括如下几个。一是国内外尚处于技术形成和产业培育阶段，其中，作为底层核心技术的量子芯片规模制备与集成是发展的关键之一。上游产业核心技术、关键材料、高端科学仪器设备依赖进口，存在被禁运风险，亟须加快自主攻关、掌握技术发展主动权。二是量子信息创新主体之间尚未建立长效联动机制，缺少统一行业机构、学会组织

① 国家网信办全国前四批境内区块链信息服务备案数据。

等，亟待加快量子信息技术规模化与集团化协调发展步伐，优化资源配置，形成良性竞争格局。

（三）先进装备制造业

先进装备制造业是以高新技术为引领，处于价值链高端和产业链核心环节，决定着整个产业链综合竞争力的战略性新兴产业。先进装备制造业主要包括传统产业转型升级和战略性新兴产业发展所需的高技术高附加值装备，如高端数控机床、海洋工程装备、航空装备、卫星及应用、轨道交通装备、集成电路装备等重点领域，广义上也包括汽车、智能机器人等以高新技术为引领的新兴产业领域。2021 年 1 ~5 月，电气机械及器材制造业实现增加值同比增长 37. 1%，比 2019 年同期增长 27. 8%，两年平均增长 13. 0%；汽车业实现增加值同比增长 35. 8%，比 2019 年同期增长 8. 0%，两年平均增长 3. 9%。

1. 高端装备制造业

近年来，在高端装备制造业方面，广东以服务国家战略为导向，加快建设珠江西岸先进装备制造产业带，重点发展高端数控机床、海洋工程装备、航空装备、卫星及应用、轨道交通装备、集成电路装备等产业。在高端数控机床、海洋工程装备、航空装备等领域引进建设了一批项目，培育了一批龙头骨干企业，高端装备制造研发、设计和制造能力持续增强，新产品新技术不断取得突破，在广州、深圳、东莞、珠海、佛山、中山、江门、阳江等地初步形成产业集聚态势。

2019 年，广东省高端装备制造业实现营业收入近 1800 亿元。其中广州智能装备和机器人增加值 437 亿元，体量居全国前列，拥有华南地区最大的系统集成综合服务商、国家机器人检测与评定中心，综合检验检测能力居华南第一，建成了广州智能装备研究院等一批国家级研究机构，国内首个专业化机器人孵化基地和中以合作打造的机器人研究院与智能制造产业基地相继落户广州。但工业机器人及智能装备方面，精密减速器、伺服电机、伺服驱动器、控制器等高可靠性基础功能部件以及传感器等关键元器件长期依赖进

口，90%左右的高端工业软件仍需进口。

受计划经济时期国内产业布局影响，广东省高端装备制造业基础比较薄弱。“十四五”期间，广东省将重点在高端装备制造领域承担一批国家级项目，建成若干国家级、省级创新中心和实验室，推动一批重点领域核心技术和关键零部件取得重大突破，打造成为全国高端数控机床、海洋工程装备、航空装备、卫星及应用、轨道交通装备等高端装备制造的重要基地。到2025年，高端装备制造产业营业收入达3000亿元以上，年均增长达到10%以上，其中海洋工程装备产业年均增长18%，卫星及应用产业年均增长20%。

当前阶段，广东高端装备制造业仍面临以下问题。一是高端装备制造龙头企业和重大项目不多，产业配套体系不够完善，总体产业规模不大，产业集聚不足。二是企业研发和创新能力不足，高档数控系统、高可靠性电主轴、海上钻井动力系统、光栅、轴承、光刻机等关键部件依赖进口，“卡脖子”问题仍然突出。三是国产高端装备首试首用难度大，高端装备研制单位、用户单位协同创新力度不够。

2. 航空航天产业

广东省初步形成包括通用飞机、航空维修、无人机、机载设备以及小型卫星、航空电子设备制造、航空材料在内的产业体系。最新数据显示，2018年广东规模以上航天、航空器及设备制造企业有18家，实现营业收入145.94亿元，工业总产值89.25亿元，利润总额10.12亿元，利税总额12.72亿元，就业人口8000人。

2020年，南沙启动中科空天飞行科技产业化基地项目，形成集研制、生产、实验、总装及测试于一体的固体及液体火箭生产基地，并将集聚一批宇航动力研发、卫星研发、火箭卫星测控等上下游关联产业进驻，旨在打造“产学研政金”一体化、国际一流的航天产业集群。同时，在商业航天方面正逐渐形成产业闭环，从制造到应用服务构成完整的产业生态，进而为广东省产业升级，带动整个华南乃至东南亚发展起到重要推动作用。

以深圳市为例，目前多家企业已经进入小卫星制造领域。2016年7月，

深圳市政府与中国航天科技集团公司举行高通量宽带卫星项目签约暨亚太卫星宽带通信（深圳）有限公司成立仪式。2020 年 7 月，被命名为“深圳星”的通信卫星亚太 6D 卫星，经过 5 个月的太空漫游全面转入运营阶段。在珠海，“珠海一号”遥感微纳卫星星座首批两颗卫星 2017 年成功发射，这两颗视频成像卫星的发射，提升了我国从内陆到沿海地理、生态环境、国土资源变化监测的时效性；2019 年，国内首颗由国家立项、面向未来引力波空间探测技术试验卫星“天琴一号”发射成功，标志着中国天琴空间引力波探测计划迈进“太空试验”阶段。

当前，广东航空航天产业存在以下问题，一是历史原因导致广东省航空航天产业长期处于空白状态，产业薄弱，大型航空制造企业特别是龙头企业长期缺位，产业链配套建设短板多。二是航空航天院校和科研院所较少，缺少高水平航空航天技术人才积累；三是实验测试基础设施缺乏，支持航空航天产业的质量认证技术能力有待增强。

3. 汽车产业

2019 年，广东省汽车制造业营业收入 8404.78 亿元，实现工业增加值 1768.35 亿元；全省汽车产量 311.97 万辆，其中新能源汽车产量 15.59 万辆，分别占全国产量的 12.2% 和 13.1%。到 2025 年，全省汽车制造业营业收入将超过 11000 亿元，其中汽车零部件制造业营业收入突破 4500 亿元；汽车工业增加值超过 2000 亿元；汽车产量超过 430 万辆，占全国汽车总产量比重超过 16%，其中新能源汽车超过 60 万辆；新能源汽车公用充电桩超过 15 万个。

形成品牌多元化，以广深佛为主要集聚区的产业格局。全省共有规模以上整车制造企业 27 家，汽车及零部件企业 876 家。已形成日系、欧美系和自主品牌多元化汽车产业格局，汽车产量连续三年居全国第 1 位。在汽车整车制造领域，广东省汇集了东风日产、广汽本田、广汽丰田、广汽乘用车、比亚迪、一汽大众、长安标致等知名整车厂商，形成了广州、深圳、佛山三个整车制造产业集群。

广东省汽车产业发展中存在的主要问题有如下几个。一是过于依赖合资企业的局面没有得到根本改善，仍未培育出世界一流的自主汽车品牌，总体上仍处于全球汽车产业链、价值链中低端水平。如广州广汽本田、广汽丰田、东风日产等产能占比较大的整车厂商，均为合资企业，本地零部件厂商难以进入其供应商体系。二是广东省汽车零部件产业规模与整车生产规模不相适应，发动机、变速箱等关键零部件自给率不高，对汽车产业集群支撑保障能力有待提升。三是新能源、智能网联汽车核心关键零部件受制于人，车规级 MCU、IGBT 芯片等高端核心组件高度依赖进口。

4. 智能机器人产业

2019 年，广东省智能机器人产业营业收入 325 亿元，全省共有省级机器人骨干（培育）企业 86 家，是国内智能机器人产业的主要聚集区之一。2020 年前三季度，广东智能机器人产业完成总产值 306.90 亿元，占全部规模以上工业产值的 0.3%，同比增长 29.8%，完成增加值 72.50 亿元，增长 29.6%，增速分别高于全部规模以上工业企业 32.8 个和 30.8 个百分点。从产品产量看，主要产品同比增速较高，其中民用无人机产量增长 1.8 倍，工业机器人和服务机器人分别增长 44.5% 和 51.5%；部分产品在全国占据重要市场份额，如全省工业机器人占全国产量的 29.4%，增速高于全国工业机器人平均增速 26.3 个百分点。到 2025 年，智能机器人产业营业收入将达到 800 亿元，其中服务机器人行业营业收入达到 200 亿元，无人机（船）行业营业收入达到 500 亿元，工业机器人年产量超过 10 万台，年均增长约 15%。

形成以深圳为核心，联动珠三角地区的产业布局。从区域分布看，全省智能机器人产业主要集中在珠三角地区，粤东西北占比非常少。2020 年前三季度，珠三角核心区智能机器人产业集群实现工业增加值 75.16 亿元，增长 26.5%，占全省该产业集群的比重高达 98.7%；沿海经济带占比仅为 1.3%；北部生态发展区无此产业。分地市情况看，全省仅有 12 个地市有智能机器人产业，其中，增加值总量最大的是深圳（61.50 亿元），占全省智能机器人产业的 80.7%，其余占比较大的地市为东莞（8.0%）、惠州（4.1%）、佛山（2.9%）。

当前，广东智能机器人产业链发展存在一定的短板制约，一是智能机器人整体技术含量不高，产业竞争力仍有待提升，现阶段智能机器人产业以低端产品为主，中高端产品在技术水平上与国外同类产品仍存在较大差距，总体上仍处于全球智能机器人产业链、价值链中低端。二是智能机器人的关键核心技术仍未完全掌握，核心零部件未能完全“国产化”，减速器、伺服电机和系统、控制器等关键零部件和部分系统集成技术多依赖进口，产业配套能力较弱。三是产业机构发展不均衡，工业机器人制造业增加值和营业收入占比分别为28.2%和14.9%，是仅次于智能无人飞行器制造业的行业。另外两个行业增加值占比不足10.0%。2021年前三季度，智能无人飞行器制造业实现利润40.74亿元，同比增长67.0%，而工业机器人亏损8.61亿元，亏损额增长77.9%。四是具有国际竞争力的行业龙头企业数量偏少，品牌竞争力较弱。目前，全省机器人生产制造企业研发能力和产品技术水平不断提高，但与日本发那科、安川电机、瑞士ABB、德国库卡等国际机器人顶尖企业相比，广东机器人制造企业在规模、研发能力、市场占有率等方面均存在巨大差距。五是专业人才不足，智能机器人产业领军人才偏少，创新型人才队伍总量不足，制约智能机器人产业集群创新发展。

5. 轨道交通产业

截至2020年，广东省高铁运营总里程达2137公里，位居全国第二，在建铁路约1317公里，保持着较高的建设强度。截至2019年12月底，广东轨道交通产业园累计已完成投资60.54亿元，当年实现产值30.65亿元，同比增长45.74%。国家“十四五”规划纲要提出，构建快速网，基本贯通“八纵八横”高速铁路，其中特别强调，要基本建成粤港澳大湾区轨道交通网。

目前珠三角地区已有轨道交通生产及配套服务基地6个，除广东省牵头组建的中车广东轨道交通车辆有限公司外，广州、深圳、珠海、佛山相继与原南北车旗下的企业合作，组建轨道交通车辆生产及维修企业。

当前，广东省轨道交通装备制造业产业链发展存在以下不足。一是产能

过剩，珠三角地区现有基地产能超过1000辆/年，并且多数还预留了二期规划，远远超出广东省的市场容量，重复投资导致产能过剩。二是重复竞争，产业体系尚待完善。现有政策框架下，除中车广东公司外，各基地不可能获得城轨车辆的投标资质，只能承接所在城市或辖区内的城轨车辆新造或维修业务，业务和产品高度重合，而单个城市的车辆需求很难支撑其轨道交通产业的生存及发展。

（四）智能家电与材料

智能家电与材料是广东省当前颇具规模并处于绿色转型的主要产业之一，对高科技产业的先导和基础作用日益突出，有力地支撑了新一代信息技术、高端装备制造业等战略性新兴产业的快速高质量发展。

从广东省提出的战略性支柱产业与战略性新兴产业来看，本报告中高智能家电与材料业主要就智能家电、先进材料、前沿新材料、绿色石化四个方面展开研究。2021年1～5月，石油化工业实现增加值同比增长20.7%，比2019年同期增长9.2%，两年平均增长4.5%。

1. 智能家电

2019年广东省家电制造业主营业务收入1.3万亿元，工业增加值2700亿元，规模占全国总额比重超过40%，其中电视机、空调、冰箱、厨房电器、照明灯饰等产品规模全国第一，2020年前三季度，智能家电产业增加值同比增长3.0%，营业收入下降5.1%，利润总额增长0.7%。到2025年，营业收入将突破1.9万亿元，工业增加值超过3700亿元；经济效益全面提升，利润总额比2019年增加30%。

智能家电产业集群主要集中在珠三角核心区，拥有较多的品牌龙头企业。当前，广东省已形成以深圳、佛山、东莞、珠海、中山、惠州、湛江为聚集地的家电产业集群，具有全球规模最大、品类最齐全的产业链，是全球最大的家电制造业中心。全省已形成了一批如美的、创维、康佳、TCL、格兰仕和格力等国内外知名智能家电制造企业，发展好于行业平均水平，行业集中度较高，同时还有大批代工企业为国际知名品牌家电贴牌

生产。

当前，广东省智能家电产业发展仍存在以下问题。一是创新要素集聚度不高，技术创新能力不足，企业研发投入占比与世界先进水平仍有差距，创新环境有待完善。二是产业结构发展不均衡，集中在家用电力器具制造业。家用电力器具制造和照明器具制造占比一直显著高于其他细分行业，其余行业中类占比均低于 10.0%。三是部分关键零部件、关键原材料、核心技术等与发达国家相比存在较大差距。四是国际标准引领不明显，国际话语权不强，互联互通标准不统一，制约了智能家电产业的发展。

2. 先进材料

2019 年全省先进材料产业主营业务收入达 21540 亿元，工业增加值 5089 亿元，占全省工业主营业务的 15%，全省水泥产量 1.67 亿吨、塑料制品 1339.1 万吨，居全国首位；建筑陶瓷 21.3 亿平方米，卫生陶瓷 503.8 万件，均居全国第二位；平板玻璃 9998 万重量箱，铝材产量 470.5 万吨，全国排名均为第三；钢材、合成橡胶、初级形态塑料等产品产量在全国排位靠前，占据重要市场份额。到 2025 年，先进材料产业在全球价值链地位明显提升，全省形成 1 个年主营业务收入将达 28000 亿元以上、工业增加值达 6475 亿元的产业集群。

产业地域分布主要集中于珠三角核心区，龙头企业集聚度不高且主要分布于钢铁行业。省内已初步形成广州、深圳、珠海、佛山、韶关、河源、梅州、惠州、东莞、中山、阳江、湛江、茂名、肇庆、清远、云浮等先进材料产业基地。2020 年前三季度，珠三角核心区先进材料产业实现增加值 2209.70 亿元，占全省该产业集群的 73.7%，沿海经济带和北部生态发展区增加值占比分别为 13.9%、12.3%。先进材料产业百强企业合计完成工业增加值 727.08 亿元，占先进材料产业集群的 24.9%，拥有宝武中南钢铁、宝钢湛江钢铁、金晟兰等龙头企业。

当前，广东省先进材料产业链存在一定的短板制约。一是产业布局有待进一步完善，近年来由于产业政策和节能环保政策的调整，原有产业格局和产业链受到影响，新的产业布局和产业链还不够完善，如国家对钢铁、水泥、

平板玻璃等行业实行严格的产能限制和市场准入，导致企业增资扩产难度大。二是关键核心技术水平有待进一步提高，部分关键原材料、核心工艺技术、装备、关键零部件等受制于人，自动化和智能化技术装备水平与发达国家相比存在较大差距，传统产品占比较大，高端产品较少。三是绿色发展有待进一步提升，绿色制造体系不健全，“三废”综合处置管理体系不完善，主要产品平均能耗和固废资源综合利用质量与发达国家相比存在较大差距。

3. 前沿新材料

2019 年，广东省前沿新材料产业营业收入接近 500 亿元，在石墨烯、超材料、新型显示、新能源材料、生物医用材料、先进半导体、材料基因工程等领域形成了较强优势，产出了一批优秀的科研成果和专利，单晶石墨烯的工业化制备、超材料的规模化生产、印刷显示、超宽禁带半导体材料等关键技术取得了重大突破。到 2025 年，前沿新材料产业营业收入将超过 1000 亿元，年均增长达到 15% 以上，实现营业收入翻一番。

产业集聚态势初步形成。“专精特新”“独角兽”“单项冠军”企业不断涌现，空间布局日趋合理，广东省形成了梯次发展的良好格局，以广州、深圳、佛山、东莞、珠海等地市为核心，清远、惠州、韶关、江门、汕尾等地市快速发展，区域化聚集初步呈现；新能源材料、生物医用材料、新型显示、先进陶瓷材料等产业具有较为完整的产业链和完备的产业配套体系，产业集群效应明显。

当前，广东省前沿新材料产业发展存在以下不足，一是材料创新系统能力不足。核心技术和专用装备水平相对落后，关键材料和核心部件保障能力不足。二是创新能力相对薄弱。前瞻性、颠覆性成果较少，创新引领发展效果不强，如东莞部分企业量产研发投入盲目，经常是重复性、试错式研发，与国外利用计算机模拟等先进手段的模型化、标准化材料研发设计存在巨大差距。三是集群协同发展态势尚未形成。总体集聚程度不高，高精尖领域企业多为初创，抵御风险能力较弱。四是支撑配套体系建设尚不完善。人才团队、标准、知识产权总量不足，未能系统布局，科技成果转化、推广应用、公共服务等能力不足。

4. 绿色石化

2019 年全省石化产业集群的规上企业超过 6800 家，主营业务收入 1.46 万亿元，工业增加值 3393 亿元。全省炼油产能 7000 万吨/年，乙烯产能 430 万吨/年，芳烃产能 85 万吨/年，分别约占全国的 8%、17% 和 6%。2019 年全省原油加工量 5587 万吨，乙烯产量 348.2 万吨，初级形态塑料产量 654.1 万吨，合成纤维单体产量 244.5 万吨，合成橡胶产量 75.7 万吨，分别占全国的 8%、16%、7%、5% 和 10%。乙烯、合成橡胶等 15 种主要产品产量居全国前三。到 2025 年，将形成炼油 9000 万吨/年、乙烯 900 万吨/年、芳烃 500 万吨/年以上的生产能力，产业规模和工业增加值力争超过 2 万亿元和 4800 亿元。

绿色石化产业主要集中在珠三角核心区，龙头企业集聚度高。省内拥有广州、惠州大亚湾、湛江东海岛、茂名、揭阳大南海等五大炼化一体化基地，珠海高栏港精细化工基地和若干化工园区。2020 年前三季度，绿色石化产业集群百强企业实现工业增加值 917.33 亿元，占绿色石化产业集群的 43.3%。惠州绿色石化产业是广东整体绿色石化产业发展的一个切面，大亚湾石化区就有 14 家世界 500 强企业，包括中海油、壳牌、巴斯夫、三菱化学等。

当前，广东省绿色石化产业链发展仍存在一些短板，一是产业链头大尾小，长而不强。全省石化龙头企业多集中在产业链上游，中下游产品多以低端为主，高端的合成橡胶类产品仍是以进口为主，自产率较低。二是化学纤维制造业产业结构性矛盾较为突出，化学纤维制造业规模偏小，2018 年和 2019 年增加值占全省绿色石化产业比重均为 1.1%，相较于其他类别石化行业，该行业石化产品结构性矛盾较为突出，高端类化学产品生产不足。三是受土地、技术等资源要素约束，产业规模扩大受阻。石化园区所需土地面积普遍较大，用地指标紧张、征地难度大、填海成本高等问题都制约着产业的规模扩大。另外，部分石化企业未能有效构建自主创新或者协同创新的技术支撑体系，对高新技术的获取主要源于一些科研院校，或者引进国外的先进技术，对引进的技术缺乏“引进—消化—吸收—创新”的能力。

二 广东提升产业链供应链现代化面临的问题及原因分析

（一）关键核心技术“卡脖子”问题普遍存在

1. 关键零部件与关键基础材料对外依赖性强

作为战略性产业集群，新一代电子信息、汽车、智能装备等重点领域存在不同程度的“缺芯少核”问题。计算机、电子及光学制品业、汽车电子、电气设备制造业等行业的材料及中间品的进口依存度较高，根据研究分析，上述 4 个行业的中间品对外依赖度分别为 32.1%、18.4%、18.4%、17.8%。美国、欧洲、东亚等地区是广东制造业中间产品主要来源地，在当前复杂国际环境下，相关产业面临供应链“断裂”风险。同时，广东市场需求对外依存度较高，疫情冲击导致生产成本上升、跨境人员流动受限、全球消费急剧收缩等问题。

珠三角部分地区外资制造业企业仍以劳动密集型加工装配产业为主（占比超过 50%），制造业外资较为集中在汽车、计算机、电子通信等行业，企业核心技术主要通过境外公司授权或向其购买取得，高端芯片、工业软件、关键设备与技术等依然高度依赖进口，面临芯片价格上涨和断供的双重威胁。如佛山市汽车行业协会、臼井汽车零部件等均反映，广东省汽车芯片高度依赖进口，但 2021 年以来汽车芯片异常紧缺，企业只能不断缩减汽车及其零部件产能，损失较为严重。高端核心芯片制造能力严重不足，高端芯片 90% 依赖进口。CPU（中央处理器）、MCU（微控制器）、DRAM（动态存储器）、FLASH（闪存）、FPGA（现场可编程门阵列）、自动驾驶领域控制器芯片、无人机主控芯片、机器人视觉系统的 CCD（电荷耦合器件）感光芯片基本依赖进口。

超高清视频产业的 CMOS（互补金属氧化物半导体）感光器件、MLCC（多层片式陶瓷电容器）高压产品等关键零部件主要依赖国外。高端装备制造及精密制造业的铍铜棒材、轴承、切削刀具，核电装备的镍基、钴基焊材等关键零部件等基础零部件自给度不足。智能家电产业的智能传感器组件、霍尔传感器依赖进口；变频空调无电解电容驱动、中央空调三相交错式 PFC 控制、家用供暖控制系统等完全依赖进口。

2. 重点产业关键核心技术自给率不足

战略性产业链中的中高端主要涉及技术复杂性较高和附加值较高的核心技术、生产设备以及工业软件等。目前，仍处在复杂技术设备的进口替代初期，在人工智能、脑科学、新能源汽车等领域缺乏颠覆性、变革性技术，新一代信息技术、超高清视频、机器人、智能网联汽车等产业高端核心芯片制造能力严重不足，超微型 MLCC 产品高精端生产设备，网络测试仪、采样示波器等检测设备，海工装备的主动力系统、吊舱推进器、发电机组（轴带发电机）、钻探设备、超高压水遥控除锈设备、石化产业的精密仪器仪表等高端核心装备基本依赖进口。

3. 基础研究能力薄弱

在底层技术、基础理论、核心技术和关键设备、原材料和高端人才队伍等方面仍存在突出短板，产业链基础仍不牢固，关键核心技术缺失的现象突出。重点领域关键核心技术攻关科技成果难以适应目前复杂多变的国际背景，重大原创性成果缺乏，解决关键核心技术“卡脖子”问题的成果较少。人工智能、脑科学、新能源汽车等领域缺乏颠覆性、变革性技术，重点领域核心技术受制于人。与电子信息、生物医药、智能制造、新材料等重要新兴产业直接相关的基础研究领域发展较慢，如电子信息产业中的集成电路，由于长期缺乏对基础架构、核心算法、基础材料、基础工艺等方面的研究，这些成为被“卡脖子”的重灾区。

4. 高端制造支柱产业链缺失现象普遍存在

高端电子材料被国外垄断。虽然当前手机零部件国产率已经达到 90%以上，但是手机零部件的生产原材料却依然对外依赖严重，塑胶原材料、光学玻璃球、高性能钢材等原材料依然需要从美、日、德等国家进口。例如东莞市凯融光学科技有限公司是国内主要的镜头供应商，但是其生产用的塑胶

材料、刀具、光学玻璃球等原材料均是来自国外。

射频器件和被动元件设计与工艺不过关，长期依赖进口。射频器件是少数国内无法生产的零部件，其难以国产化的环节是射频前端的滤波器，其需要同时在芯片设计和芯片工艺的积累，要能由同时了解器件物理和工艺的工程师来完成结合工艺的器件设计，但相关人才和实验环境较少。我国是全球最大的被动元件（包括电阻、电容、电感等）消耗国，但广东省的高端被动元件市场却长期被日韩系等厂商垄断。省市的被动元件厂家众多，在中低端市场占有较大份额。此外，由于智能手机所需要的被动元件对产品寿命、稳定性等指标都有较高的要求，受制于关键原材料和工艺制程积累不足，国产被动元件很难达到要求。

（二）产业链龙头企业带动作用不足

1. 龙头企业相对较少

在“链长制”的推行下，链主企业主要起带动作用和骨干企业的协同作用，但不同产业链的链主企业所处行业特征不一、发展状况不一、依赖的生产要素不一，因此链主企业起的作用也存在较大差异。整体来看，大湾区大且强的龙头企业还较少。华为、腾讯、美的、格力以及 TCL 等具有全球资源整合能力的大型生产制造商主要集中在电子信息产业，其他行业的龙头企业的市场集中度偏低，对产业链带动力有限。智能机器人、高端装备制造、区块链与量子信息等战略性新兴产业，大多呈现链主企业主打中低端产品、高端产品缺乏核心竞争力和国际竞争力、对产业链辐射带动作用不强等特点，与国内外顶尖企业相比，大湾区在规模、研发能力、市场占有率等均存在巨大差距。

2. 小精专企业相对缺乏

专精特新“小巨人”企业和单项冠军企业是产业链的重要节点，一般可作为产业链分链的链主企业，能够有效促进大中小企业融通发展。小精专企业的短缺现象同时存在于广东省战略性支柱产业和新兴产业，如轨道交通业产业链较短，除中车广东公司具备设计、车辆新造或维修的基本产业链生态外，其余基地均不具备，同时地区发展也难以支撑其当前主要业务。

（三）绿色投入显效较慢

1. 绿色技术投入产出难以快速平衡

绿色石化产业中绿色技术投入大、回收期长的特征较为明显。相比较其他产业的园区建设，石化产业园区的建设在安全和环保等领域有更多、更严格的要求，因此，在配套设施建设方面也需要相匹配的资金投入，如污水处理系统要考虑初雨收集涉及的资金就非常庞大，而大部分资金还是由园区所在地负担，资金压力凸显。

2. 环保政策与区域发展存在脱节

作为纺织大省，广东省印染行业的发展规模随着国际贸易中对产品质量和标准的提高以及环境因素约束而自觉进行结构调整。由于环保政策的要求，部分行业的节能减排压力大，资源、能源、环境等对产业发展的制约加大，如深圳市在21世纪开始逐步退出印染行业；广州市等地调整城市功能，实行“退二进三”等措施，退到市郊或其他省市发展，如新塘牛仔的部分企业外迁至湖南、江西等地。

（四）资源要素支撑力不足

稳就业对稳链补链强链来说至关重要，举足轻重。当前，全省经济延续2020年以来的稳定恢复态势，就业形势呈现稳中向好态势，但疫情形势反复，加上国内外环境复杂多变，稳就业不确定性明显增大，依然面临严峻挑战。

1. 就业资源压力依然较大

广东省现有农民工约3100万人，在当前形势下稳定就业压力比较大。高校毕业生就业规模持续增长，2021年应届高校毕业生将超过64万，预计在广东省就业的毕业生将超过85万，创历史新高。中技、中职等新成长劳动力超过45万，加上还有失业人员、退役军人、残疾人等困难群体需要就业，稳就业压力依然艰巨。

疫情反复对就业形势带来新的冲击。近一段时间，大湾区多地再次出现本土疫情，疫情防控措施收紧，就业容量大的住宿餐饮、旅游会展等服务行业承压明显，监测显示，2021 年 5 月住宿餐饮业用工与 2019 年同期相比下降 15.9%，旅游业用工与 2019 年同期相比下降 12.9%，均呈较大幅度下降。部分企业尤其是小微企业也可能出现资金紧张、经营困难等问题，影响员工就业稳定，未来一段时期就业形势存在较大的不确定性。

就业结构性矛盾更加凸显。突出表现为招工难和就业难问题长期持续，并有加剧的趋势。招工难主要表现是一线生产人员和技工短缺，特别是制造业核心产业链企业人才短缺的现象较明显。监测显示，目前广东地区人力资源市场技能人才的求人倍率超过 1.4，高技能人才的求人倍率长期保持在 2 以上。就业难主要是部分高校毕业生、大龄劳动者就业困难。当前部分行业企业生产经营压力进一步加大。

2. 国内外环境变化冲击产业链招商引资

全球疫情持续蔓延，对产业链招商引资和存量外资制造业企业正常生产经营影响巨大。一是外资制造业项目招商受阻。新一轮疫情影响境外项目方来粤实地考察，如美国安进制药项目，疫情前已到广州开发区考察并有投资意向、约定再次来访，但受疫情影响难以继续推进；部分已落地项目也因疫情进程滞后。二是境外高管和技术人员返穗困难。多家企业反映外籍技术人员、高管及其家属无法来穗影响公司运营，打乱了既定生产计划。三是疫情带来跨境物流成本大幅上涨。受疫情影响，货柜、海运仓位紧缺从 2020 年四季度延续至今，诸多港口出现不同程度的订舱、提柜、还柜困难，中欧班列亦因疫情停运。四是疫情影响企业订单、出货。部分企业反映，受疫情影响，企业订单相比 2020 年同期减少了 50% 左右；有企业因无法订到船公司舱位出货，造成库存积压和客户投诉。

企业投资更趋谨慎，部分产业链龙头产能有进一步转移趋势。一是部分外商投资项目推进受阻。受疫情、世界经济下滑，叠加中美经贸摩擦影响，企业投资顾虑有所增多，部分投资者暂缓长期性投资计划。据不完全统计，受中美经贸摩擦影响，2018 年 3 月至今广东省已取消或暂行搁置的拟新设制造业项目（含在谈项目）、增资扩产制造业项目共涉及外资金额超过100亿元。如乐金显示光电表示，公司原计划投资5亿美元建设第三期面板项目，但近期韩国总统访问美国时承诺对美大规模投资，韩国总部已通知广州公司暂行搁置投资计划。二是倒逼相关产能转移东南亚地区。受土地、劳动力成本上升，叠加中美经贸摩擦影响，企业经营成本压力增大，已考虑向境外布局，将生产基地及产能向东南亚等地转移。当然，也有部分企业反映，我国政府在疫情应对的良好表现，特别是生产、配套能力的较快恢复、稳定，倒逼制造业订单"短暂和有限"向国内回流，部分劳动力密集型外资企业的订单大幅增长。

3. 金融供给适配度不高

科技资本缺乏导致科技成果转化不足。科技创新不确定、现金流不稳定等特点，与以银行为主导的传统金融市场不匹配，亟须专业的长期资本支持。由于资金募集期、投资收益等限制，金融资本缺乏对早期科创项目的耐心，早期研发成果转化主要依靠政府基金。科技创新型企业直接融资比例不高。创新型企业股权融资比例仅为10%左右，对科技创新型企业的中长期资本支持不足，超过5万家国家级高新技术企业上市比例仅1%左右。

4. 资源要素成本不断升高挤压制造业企业利润空间

土地、劳动力等压力，叠加大宗商品价格上涨，严重挤压制造业企业利润空间。一是土地、人力等企业中长期成本持续上升。土地、人力、资源要素高企及环评、能评等约束性影响，使外资制造企业后续增资乏力，境外投资者综合收益下降，越南、印尼、印度等东南亚发展中国家凭借较低的生产要素成本和税收减免优惠等政策，增强了我国对传统制造业外资的吸引力。

大宗商品价格暴涨加重企业负担。近几个月来，部分大宗商品价格出现较大幅度上涨，涨幅明显偏离供需基本面，给外资制造业企业带来较大影响。如广州互太纺织印染表示，纺织成品利润一直偏低，但近年来棉纱价格大幅上涨，且受疫情影响海运价格增幅高达10倍等，导致公司放弃了大量海外订单，业务收入持续下降。

原材料价格上涨。主要发达经济体采取大规模宽松货币政策及财政刺激政策支持经济，美联储和欧央行均维持政策利率和资产购买规模不变，日本央行维持交易所交易基金购买上限不变。受经济增长和通胀预期升温等影响，金融市场波动加大，国际大宗商品价格持续走高，导致国内进口原材料价格快速上涨。运费上涨对货运造成一定影响。由于油价和集装箱柜的紧缺，物流运费价格上升，加之圣诞节礼物一般价格较低，抗不住运费，企业资金回转困难，难以备货。部分物流企业表示，港口拥堵，集转箱柜紧张，运费上涨，低价值的产品难以承受高额运费，往年多以整柜方式出口，但现在整柜资源紧缺。有生产企业表示虽然订单充足但“有单不敢接”，比如金马、百业等大型外贸企业均表示目前订单充足，但利润很低。

人民币波动不利于企业出口。近几个月来，受人民币汇率波动等因素影响，企业的利润空间进一步缩窄，不利于出口。此外，由于工业生产快速恢复、高温天气提早出现，来水偏枯偏晚造成水电发电不足等影响，2021 年 5 月中旬开始，广东省等地出现电力供需紧张情况，给企业的正常生产带来影响。

5. 科技与产业链融合发展水平不高

大湾区创新链产业链融合发展虽有一定基础，但双向融合的速度和效率仍有较大差距。主要集中表现在以下几个方面。一是“双向融合”的政策环境有待进一步优化，需要有效提升政府创新资源配置方式和管理机制；二是“双向融合”的广度和深度有待进一步拓展，需要充分发挥行业龙头企业整合产业链条协同创新、国家及省实验室等创新载体基础研究和原始创新引领带动作用；三是“双向融合”的实效有待进一步提高，促进产业迈向全球价值链中高端。

（五）产业链上下游共生发展生态不完善

1. 产业链供应链组织化程度不高

产业基础高级化和产业链现代化正在爬坡阶段，关键领域面临风险挑战。产业强链补链工作方式方法有待优化提升，抓重点产业的“链长制”仍要健全，与深圳、佛山、东莞、惠州等地联手打造产业集群的体制机制还需进一步理顺。同时，核心技术发展与产业体量不平衡，虽然电子信息等行业发展迅速，但核心元器件、高端芯片、工业软件、关键设备等“缺芯少核”问题凸显，产业链基础不够牢固，国际贸易争端加剧对制造业产业链、供应链安全带来极大挑战。以汽车产业为例，受汽车海外芯片短缺的不确定因素影响，广汽集团等汽车企业生产受到较大影响，预计“缺芯”导致2021年上半年汽车减产20.9万辆、产值损失279.3亿元，拉低规上工业产值增速3.4个百分点。

2. 环节衔接不紧密

以农业为例，当前广东省农业产业以传统种养、初加工与大宗流通为主，产业链条结构相对松散，研发、推广、生产、加工、流通等环节存在一定程度脱节，没有形成稳定的上下游衔接关系。高端精深加工匮乏，品牌管理水平低，优质产品供应能力与消费者日益多元化的市场需求存在较大的差距。小农户在农业生产中依旧占据主体地位，经营范围分散、经济实力弱、科技水平低是普遍状态；另外，农村经济组织覆盖面较窄且功能单一，多数集中在生产阶段，在加工、销售等过程中较少，且社员大多处于游离状态，没有形成真正的风险共担和利益共享的共同体。同时，专业合作社机制不健全，管理不完善，实力不够强，难以适应农业产业化经营的要求。

3. 产业链增值效益有待提升

以农业为例，当前大湾区农业产业集约化程度低，农产品多处于档次较低、品质较差、效益不高的阶段。原材料的初级产品多，高附加值的农副产品少；科技含量低的产品多，科技含量高的产品少；农业社会化服务体系不完备、不成熟；企业树立知名品牌的能力弱，尚未构建起生产、加工、销售一条龙的产业发展体系，全产业链增值收益幅度有限。

4. 跨市合作协同缺乏专门常态化沟通渠道

大湾区的区域协同发展、合作模式思路仍需不断探索完善，跨市合作协同缺乏专门常态化沟通渠道，城市间协同机制运行还不够顺畅。比如在深莞惠合作方面，主要依托2009年建立的市级层面的深莞惠经济圈（“3+2”）联席会议机制，联席会议没有常态化的工作机制，召开频率和时间不固定，各市对推进具体合作事项的积极性不等同，议定的合作事项也缺乏有力的督导机制，在一定程度上存在审而不议、定而不推的问题。

（六）规则衔接与机制对接不足

1. 产业链协同发展规则尚存冲突

产业发展同质化现象显现，协调联动发展合力不足。城市产业发展同质化问题明显。珠三角 9 市缺乏成熟统一的产业协同发展机制，在前期缺乏具体统一的大湾区产业发展规划的情况下，各市根据自身产业基础和国家产业发展指引制订行动计划，少有兼顾与其他城市的协调发展，部分城市盲目定位于热点产业，造成产业链内重复建设和资源浪费，三地产业链发展规则未能完全对接。

仍未协调形成发展合力，难以构建世界级产业集群。尽管大湾区部分城市共同发展同一支柱产业，但各城市并未充分利用城市间具备相同支柱产业的优势，产业集群合作发展资源难以汇聚融合，暂时未形成如同三大湾区的世界级产业集群。

服务平台难以联动合作。受地方政府制度所限，粤港澳大湾区地方政府主导建设产业链发展平台基本上都服务于本地方的企业，很难覆盖到外区域的企业。而中央或广东省主导建设的平台数量有限，且多集中在具备产业链优势的广深等地，对粤港澳大湾区全产业链辐射力度有待提升。

产业链跨区域信息服务平台建设的力度不足。现代化信息技术和大数据技术对产业链的建立有着不可或缺的作用，信息不畅或数据失真都会影响产业链合作规划合理性。产业用地规划未能覆盖全产业链，产业链规则衔接成效有待提升。目前粤港澳大湾区的产业用地政策多集中于新型产业的重点产业项目用地规范，尚未实现全产业链覆盖。

2. 供应链管理规则衔接仍需加强

粤港澳大湾区仍然存在制约供应链管理规则共融的难点，例如，货物通关管理体制上存在较为显著的差异性，尚未实现交通基建一体化发展，数据流通深度和广度有待提升，物流信息统一管理平台有待建设以及检疫程序和标准便利化水平不高的问题。

粤港澳三地物流通关制度、标准和政策差异较大，并未能支撑物流通关便利程度发展。三地物流管理制度存在明显差异。对于港澳企业而言，内地的行政审批制度会带来一定的信息不对称和政府干预，不利于粤港澳大湾区内物流业往来合作。规则协议便利性不高且具有滞后性，难以支撑区内物流业协同发展。现阶段粤港澳大湾区关于三地协作的基础文件仅有 CEPA 协议，但 CEPA 的现有架构和规则尚未充分协调粤港澳大湾区发展的相关法律，不能满足大湾区产业链供应链现代化水平建设的需要。

大湾区目前的交通基础配套设施已相当完善，但是内部交通基础设施系统规划与高效对接等方面依然较为缺乏，协调运行和协同发展的体系有待完善。海陆空基建发展规则并未衔接，同质化竞争仍存。交通配套设施缺乏系统规划和有效对接。高铁、公路、港口、机场等在不同城市之间实现互联互通依然存在困难，较多公路、铁路、轨道独立运行以及缺乏有效联通，各种交通方式无法完成有效对接，一定程度上产生资源“内耗”的局面。

粤港澳大湾区数据跨境流通制度阻碍较为明显，数据流动缺乏协作，步调难以一致。协同改革数据跨境流通政策工作有待加强。粤港澳三地数据存储、使用和管理方式区别较大。广东省内各信息数据库分别由不同主体负责归集管理，城市之间、数据库之间存在壁垒，现有数据信息资源整合、开放、共享较难。数据跨境流通保护法律体系差异明显。目前大湾区大部分内地城市信息安全和信息主体合法权益方面的立法比较滞后，没有制定统一的个人信息保护法律，与信息主体权益保护相关的法律规范分散且缺乏可操作性。

3. 现代化水平提升规则对接暂遇瓶颈

粤港澳大湾区人才、交通、数据、技术和检验检疫等供应链发展要素高效转化的制度衔接仍有障碍，直接影响三地现代化水平的进一步提升，未契合粤港澳大湾区建设国际一流科技创新高地、提升现代化水平的战略定位与目标。

高端人才认定标准存在差异，服务保障体系建设有待加强。人才执业、定级、资质互认受限较多。人才引进管理规则暂未衔接，外籍人才居留制度吸引力较低，目前技术移民（居留）政策主要针对大湾区内地 9 市的情况进行设置，没有统筹考虑内地区域与港澳整体统筹协调和规则对接问题。人才保障服务水平差异较大，三地在公积金、社保、医疗保险领域受制于双方截然不同的规则、机制体系，相关转化接轨的规则政策几乎处于“真空”状态，难以保障产业链供应链现代化发展人才的顺畅流通。

地市科研资金拨付仍存障碍，经费管理制度差异较明显。资金跨境拨付便利化不足，政策体系仍需细化完善。虽然当前国家级和广东省级财政科研资金对港澳跨境拨付已经取得突破，但在地市层面还无法衔接。科研基金管理制度难以协同对接。尚未设立面向全湾区的专项科研基金，难以弥合三地财政科研经费管理制度的差异，科研资金的流通受阻将成为大湾区现代化协同发展的一大难题。

科研设备流通规则暂待优化，技术设备资源分配不合理。三地科研设备流通成本较高，不利于激发整体现代化发展要素活力。香港高校和研究机构无法将其拥有的科研设备直接转运或赠送给湾区内地的分校和研究分院，而需要通过烦琐的产品进出口程序。设备共享规则限制较多，重要科创资源覆盖率不高。目前有关科研设备共用共享的规则和政策仍局限于部分设备类型，部分重要所需设备仍然被排除在外。大湾区内新兴技术产业优势创新机构分布不均。作为推动粤港澳大湾区现代化创新发展的重要行业，2015～2019 年平均八成新兴技术产业优势创新机构集中在广州、深圳和东莞。

知识产权法律体系差异较大，纠纷解决综合平台仍缺位。尚未解决知识产权法律制度差异冲突。虽然粤港澳基于 CEPA 框架已经作出了一些跨区域知识产权保护方面的工作，但未能在 CEPA 框架下制定一种有效且适用于粤港澳三地的统一的知识产权规则。缺乏解决知识产权纠纷的统一机制，难以提供公共服务。粤港澳三地知识产权法规和管理体制不同，部分侵权行为无法精确界定，阻碍了三地协同处理知识产权安排。

产学研用融合水平有待提升，常态化合作机制仍需完善。三地企业、高校和研发机构之间深度融合不足，生产制造商间主要是分散和自发的合作，缺少政府牵头、以企业为主体的产业技术发展合作机制，研用对接机制暂时失效，企业协同发展机制不健全。香港有大量世界一流高校和较强的基础研发能力，但科技创新型企业无论是规模还是数量都不具优势，科研成果转化率也偏低。粤港澳三地从城市层面上看产学研融合水平不高，且在整体上缺乏成熟常态化合作机制，导致区域现代化创新动能受限。

三 政策建议

（一）准确把握好政府与市场、整体与部分、“补短板”与“锻长板”、制造业与服务业的关系

1. 加强顶层设计和战略布局

积极发挥政策引导作用，避免产业投资遍地开花，加强对超大规模投资的审核把关。充分发挥市场的决定性作用，进一步研究厘清市场与政府的边界，破除阻挠资源要素配置的行政藩篱，支持合法合规的企业间并购、重组、迁移、破产等行为，明确各地市及之间的招商引资竞争规则，保障生产要素资源自由流动。同时，在新兴产业领域，制定产业链供应链的安全战略和安全标准，构建政府牵头、行业组织引导的协调机制，重点关注产业链供应链安全评估、安全分级和预警、安全保障、技术研发与拓展等方面。强化粤港澳大湾区节点城市外溢效能，逐步提升节点城市对外辐射能级，提升湾区内城市产业链规制衔接高度。

2. 处理好区域间、区域内产业发展关系

根据国家区域发展战略要求，坚持各区域以自身产业相对比较优势和要素资源禀赋为考量，合理分工、优化发展。做强区域内优势产业，探索建立粤港澳大湾区跨区合作委员会，协调各地区利益，推动政治、经济、社会、环境等全领域合作，分享产业发展经验，充分尊重区域协调发展规律和粤港澳三地比较优势，加强区域间产业合作，避免同质化竞争并实现基于优势互补的跨区域合作，推动形成区域内产业集群、区域间协同发展的良好产业生态。

3. 集中优势“补短板”，精耕细作“锻长板”

梳理电子信息、生物医药、装备制造等战略性支柱产业的产业链上下游

关键核心技术短板和薄弱环节，形成“补短板”清单，集中优势资源在各细分领域，如电子信息领域重点突破集成电路、5G、第三代半导体、基础软件、人工智能算法等环节；生物医药领域重点突破高端医疗器械和装备、基因技术、干细胞技术、生物试剂和菌种等环节；装备制造领域重点突破汽车和新能源汽车关键零部件、智能机器人、高端工业母机、风电装备、轨道交通装备等环节。在已有相对比较优势的“长板”领域，按照“需求导向、立足长远、瞄准高端、精准发力”的总体思路，在产业优势领域精耕细作，集中提高核心关键零部件和重大装备的自给率，在“卡脖子”关键核心技术领域取得突破。

4. 促进制造业与服务业深度融合

培育一批服务型制造示范企业和平台，支持研发设计、文化创意、电子商务等服务企业以委托制造、品牌授权等形式向制造环节延伸。完善生产性服务业配套，推动科创服务、金融服务、商务咨询与会展、人力资源服务、系统集成、物流与供应链管理等服务业态规模化、专业化发展，向价值链高端延伸。

（二）加快科研基础设施建设，加强科技研究基础

1. 加快科研基础设施建设

设立省科技基础设施建设专项资金，各地市依据自身产业情况，设立配套建设资金库，着力支持科研基础设施、大科学装置和创新平台建设，围绕全省十大战略性支柱产业和十大战略性新兴产业，聚焦信息、生命、材料、海洋、能源等学科领域，建设一批高水平重大科技基础设施。加快构建5G、区块链、人工智能等通用技术能力支撑体系，形成“创新＋算力＋通用技术”的融合基础设施发展模式，推动新一代信息技术融入广东省制造业重点领域，赋能产业链供应链现代化水平提升。

2. 加大基础研究财政投入

推动转变财政对科技和产业的投入方向，探索建立产业扶持白名单，调整优化各主管部门现有专项资金结构，将国家、省、市（区）三级财政资

金重点投向科学中心基础研究领域，让专项资金跟着重点产业链、供应链和白名单走，逐步提高全社会基础研究投入占 R&D 比重，加大对基础研究、关键技术攻关和高端人才引进的财政投入支出，减少对科技成果和生产项目的补助。同时，对投入资金进行合理分配，支持基础研究能力较强的科研机构探索科研经费包干制试点，扩大经费使用自主权。

3. 促进科技成果转移转化

建设重大科技成果转化数据库，建成一批科技成果转移转化平台，扩大科技成果对接市场转化服务，完善科技成果转化的激励机制，在经营性领域探索实施技术入股改革。探索科技成果权属改革，引导和鼓励科研机构和高校开展订单式研发和成果转化，激发其在基础研究中的作用。

4. 构建高水平创新平台

系统梳理各类创新平台，整合一批领域相近、功能互补的实验室、工程研究中心、创新中心等创新平台，统筹各类创新要素，在重点领域打造一批高水平创新平台。聚焦半导体、生物医药、装备等重点领域和关键环节，加快组建集成电路中试试验线、人工智能基础开源平台、高等级生物安全实验室、机器人检测与评定中心等支撑行业研发创新的公共技术平台。

（三）展开核心技术攻关，实现产业链供应链上的自主性

1. 加快关键核心技术攻关

加大对材料、芯片、设备等领域研发支持力度，支持企业运用国产材料、零部件、设备、产品替代国外产品，对于区域战略性支柱产业，推动产业本地化布局，在一定半径范围内，打造火眼工业园，形成自主化本地配套的园区。实施广东省强芯工程，稳“四梁”、固“八柱”，以揭榜制等方式持续支持关键核心技术产业化协作攻关。

2. 重点推动半导体及集成电路产业高质量发展

依托中芯国际和粤芯半导体两大龙头项目，提升集成电路生产能力。支持一批公共服务平台和创新平台，完善产业创新生态。强化省半导体及集成电路产业投资基金加大对芯片制造等“卡脖子”领域的战略投资导向。通

过基金、平台、大学、园区“四梁”提升产业支撑能力，通过制造、设计、封测、材料、装备、零部件、工具、应用“八柱”做大做强产业，打造我国集成电路创新发展第三极。围绕“广东强芯”工程规划布局，引进一批芯片设计、封测、装备材料等上下游龙头企业，布局建设智能传感器产业园和集成电路产业基地。系统性缓解当前“芯片荒”问题，短期加强芯片供应保障、中期推动国产芯片市场推广运用、长期实施“广东强芯”工程实现产业链自主可控。

3. 支持企业间互融补强，推动“链式创新”

完善以企业为主体、市场为导向、产学研深度融合的技术创新体系，支持龙头企业、链主企业组建产学研创新联合体，推动产业链上下游、大中小企业互融补强，聚焦产业链薄弱环节，围绕产业“从弱到强”（强链）、“从缺到全”（补链）、“从单到多”（延链）需求，推动“链式创新”。

4. 提高产业链供应链自主性

依托庞大市场的需求迭代，建立以电子、汽车、生物医药、智能装备、机器人等为代表的新一代“广货”的全球相关产业链上中下游主要企业、龙头企业、技术平台中心及科研院所的有效链接，引导企业不断优化和调整产品结构，推动产业从委托加工向设计、从生产向研发、从价值链中低端向中高端攀升，实现产业链供应链上的自主性。对生产线进行柔性改造升级，与上下游企业建立战略合作，进行业务协同，实现业务管控前移与敏捷供应。

（四）充分发挥龙头企业带动作用，打通上下游关联产业链

1. 培育各链具有生态主导力的“链主”企业

支持各产业链供应链中具有核心竞争力的企业做优做强，支持“链主”企业与龙头企业组建创新联合体，承担重大科技攻关项目，促进各类创新要素向创新联合体集聚。加大“链主”企业和专业领域单项冠军企业培育力度，增强关键环节、重要标准和核心技术控制力。

2. 培育“专精特新”中小企业

支持中小企业做专做精，加大对中小微企业、初创企业的政策支持，完

善中小企业公共服务体系，加强中小企业用地保障和公共服务平台建设，实施专精特新中小企业专项培育工程，在产业链重点节点培育形成一批专精特新“小巨人”企业和单项冠军企业。

3. 以工业互联网为平台打通上下游产业链

推进以工业互联网为平台的“广东总部 + 各地工厂”协同制造模式和以智能化为核心的“广东制造 + 智能服务”服务化延伸模式，鼓励产业链上下游企业强强联合，大力提升产业链整合能力。

（五）加快产业链供应链数字化转型，提高产业链供应链反应速度

1. 聚焦重点产业实施数字化转型

聚焦十大战略性支柱产业集群和十大战略性新兴产业集群，以行业龙头骨干企业、中小型制造企业、产业园和产业集聚区、产业链供应链的数字化转型为切入点，探索建立数字化转型特设机构，协调相关业务和技术部门，制定数字化转型路线图，夯实工业软件、智能硬件及装备、平台、网络、安全等基础支撑，以应用拉动相关产业和新模式新业态发展，统筹推进数字化转型。

2. 推进链上中小企业进行智能化数字化网络化升级

用好“四上”企业培育专项资金，推动中小企业智能化数字化网络化转型，改造落后的生产线，向自动化、机械化和数字化转型，发展智能化生产、网络化协同、个性化定制、服务化转型、精益化管理等制造新模式，建设数字化车间、数字化工厂，迈入“规上企业”门槛，引导企业走“专精特新”之路。推进研发型企业和应用型企业参与智能化数字化网络化升级，尤其在产业链供应链的上下游，用数字化技术快速扩大企业数字化应用场景，推动企业数字化转型升级。

3. 深化新一代信息技术与制造业融合发展

推动工业企业运用工业互联网实施数字化网络化智能化改造，积极开展“上云用云”，重点引进5G网络通信设备、关键器件、互联网应用终端、半导体材料等行业龙头项目，深化与5G、人工智能、工业大数据等新一代信

息技术融合发展，提高产业链供应链整体反应速度。扩大制造业设备更新和技术改造投资，提高国产智能技术、产品与装备市场占有率，积极参与国家智能制造、工业互联网等标准体系建设。

4. 制定出台扶持数字经济产业措施

完善配套政策，支持信息服务和软件业发展，特别是信息技术应用创新、信息安全等领域，实施信息软件企业高成长奖励，对信息技术服务和软件企业总部落户以及采购使用本土化软件的企业予以支持奖励。

5. 建立湾区全产业共育共治平台架构

加快粤港澳大湾区产业大数据平台建设，设立粤港澳大湾区产业大数据中心，加快推进产业链信息共享和数据开放。建立常态化的产业链规则衔接制度，助力湾区各城市产业大数据在产业政策、产业战略规划、产业布局、产业服务等全产业链应用，形成粤港澳大湾区全产业共育共治平台。

（六）利用好精准招商，加强国际产业合作

1. 围绕关键环节、缺失环节开展精准招商

综合运用靶向招商、产业链招商、以商招商等方式，围绕各产业领域、细分行业的关键环节、缺失环节，形成精准招商目标企业名单，以“从弱到强”（强链）、“从缺到全”（补链）、“从单到多”（延链）为原则，重点引进一批资金雄厚、技术先进的优势企业，和一些发展前景好、牵引带动能力强的大项目和好项目。

2. 打造特色园区载体

鼓励省内有条件的地市制定针对某个特定产业或产业载体的专项支持政策，集中优势资源支持区域发展特色产业，打造一批产业识别度高、专业性强、产业优势突出的特色产业园区，以特色园区为载体，串联产业链供应链上下游企业。

3. 加强内外联动产业合作

探索建立创新型产业国际合作交流机制，鼓励链主企业、龙头企业按产业链布局需要，在境外设立代表处、办事处等境外机构。完善对外贸易的信

息预警机制，探索建立对国内出口型企业的援助机制。鼓励具备条件的链上企业，采取投资入股、收购兼并等方式，通过资本纽带与产业链中境外优秀机构快速融合，在全球范围内整合资源、开展技术创新，补齐发展短板。探索在粤港澳大湾区自贸区之间实现海关单边验放模式，推动大湾区内对AEO企业的相互认证，探索建立全新的粤港澳大湾区三地货物通关制度，加强湾区内部产业联动合作。

（七）打造优良营商环境，强化人才土地金融等资源要素供给

1. 优化中小企业营商环境

持续推进“放管服”改革，深化商事制度和投资便利化改革，实施涉企经营许可事项清单管理，加强事中事后监管，对新产业新业态实行包容审慎监管，营造尊重和激励中小企业家干事创业的社会环境。建立粤港澳大湾区内部营商环境建设的规则、机制、制度和政策等交流共享机制，共同推动产业链供应链现代化水平资源合理高效配置。

2. 实施人才驱动产业计划

发挥人才引领作用，构建“人才驱动—产业培育—产业发展—人才集聚”的良性循环。激发人才创新活力，强化大科学装置、科研院所等的主体地位，赋予用人单位更多人才评价权。加快急需紧缺人才引育，与新技术人才、业务创新人才培育。利用好省职教基地平台，支持战略性支柱产业、战略性新兴产业龙头企业针对新职业、新工种建立行业标准和地方职业规范，推动上升为国家职业标准。落实研发机构法人化改革、科研人员评价制度改革和科技成果转化收益分配机制改革，加大技术人才交流力度，探索搭建产业链供应链人才供需平台，促进优秀企业与各类创新创业人才对接。创新现有“人才绿卡”制度，持续推进并优化现有的招才引智计划如深圳的“孔雀计划”、广州的“红棉计划”、东莞的“蓝火计划”、香港和澳门地区的“科技人才入境计划”等，以广州、深圳为试点取消港澳高层次人才来往的证件要求，推动高端人才流动自由化便利化。

3. 用活城市产业用地

以城市产业空间革新为抓手，继续加大工业产业区块管理和产业导入，构建可操作性强、松紧适度的工业用地产业监管机制，开放部分用地指标并减少企业用地成本，鼓励工业用地连片收储开发，支持各地市平衡调整土地利用总体规划。探索产城融合、城市功能修补新路子，推进省特色产业园等建设，加大园区基础设施建设投入力度，提升园区环境，提升工业绿色发展水平。

4. 推动产业金融合作

建立区域性产业投资基金，联合投资机构、产业链龙头企业及商业银行开展投贷联动服务。突出供应链金融的作用，大力引导金融机构参与到产业链服务中，建立健全产业链供应链的原材料价格预警机制、通用技术共享机制和市场终端的透明采购机制。加大省创新创业基金、产业发展基金等各类基金对种子期、初创期、成长期科技型企业的直投力度，建立科创基金、产业基金协同机制。完善创业投资项目的投资服务体系，建立早、中期创投和重大产业项目让利机制，建立和完善创业投资对接平台。健全科技金融服务中心服务机制，引导银行加大对科技创新企业的信贷支持，探索不同种类无形资产的打包组合质押。

5. 集聚各类创新资源

构建以企业为主体、市场为导向、产学研深度融合的技术创新体系。全面完善科技创新制度和组织体系，充分发挥实验室、产业基金、科技创新中心、创新示范区作用，促进科技创新与关键核心技术产业化深度融合，加快配套产业的升级发展，集中优势资源优先发展产业链中的一部分举足轻重的零部件。在粤港澳大湾区内部探索建立技术、资金、信息、人才等创新要素自由流动机制，构建新型整零合作关系，探索和优化湾区内部各地企业、政府间的产业技术创新成本共担、利益共享合作机制，加强湾区内的深度合作和融合发展。积极融入全球创新网络，扩大制造业高水平开放合作，支持制造业龙头骨干企业通过项目合作、高水平技术和人才团队引进、联合研发、联合共建等形式，吸引全球优势创新资源、先进生产要素和高精尖产业项目汇聚广东。

6. 促进绿色化生产

完善相关立法，推动企业能源、资源消耗及污染物排放信息公开，对相关数据进行联网和实时监测。通过税收减免、财政贴息等财税金融政策，补偿这些企业进行绿色化生产的额外成本。完善绿色生产各行业标准及产品标准，对符合绿色标准的产品给予准入优惠。建立企业绿色生产评级机制，对环保管控进行精细化管理，根据不同级别，赋予不同权益。配套绿色生产资金，帮助企业进行技术升级，实现绿色、可持续生产。

参考文献

陈雄辉、陈铭聪、孙熹寰、罗崴、吕春甜:《“四链”融合发展水平评价研究——以广东地区为例》,《中国科技论坛》2021 年第 7 期。

邓江年:《广东产业升级的创新驱动路径研究》,《南方经济》2016 年第 6 期。

李剑川:《广东制造业技术升级路径选择及政策支持研究》,《科技管理研究》2018 年第 20 期。

徐玉德:《增强产业链供应链自主可控能力》,《红旗文稿》2021 年第 10 期。

曾晓文、刘金山:《广东产业生态化的发展战略与路径》,《广东财经大学学报》2016 年第 5 期。

中国社会科学院工业经济研究所课题组、张其仔:《提升产业链供应链现代化水平路径研究》,《中国工业经济》2021 年第 2 期。

Contents

Ⅰ General Report

Abstract: China made great progress in modernization of industrial chains and supply chains in recent years, which mainly reflected by getting into new stage of application experiments of industrial chains and supply chains, forming inclusive and coordinated development of large medium and small enterprises, steadily progress in building capacity of autonomous control of industrial chains and supply chains, acceleration digital and greening transformation of industrial chains and supply chains, and preliminary formation of risk managing mechanism of industrial chains and supply chains. In the future China will facing four kinds of challenges such as the following: the lagging in elementary structure upgrading、imbalance between industrial chains and innovation chains, which influencing transformation and upgrading of industrial chains and supply chains, imbalance of regions influencing space optimizing of industrial chains and supply chains, generalizing risk of U. S industrial policy influencing stability of industrial chains and supply chains, adjustment of enterprises supply chains strategy creating uncertainty. in the future China would make an effort in integrating industrial chains and supply chains among regions and between innovation chains and industrial chains and supply chains, and in promoting the capacities of expanding integrating into global

industrial chains and supply chains, and coordinating relationships between industrial policy on modernization of industrial chains and supply chains and functional generalized industrial policy, and strengthening risk warning mechanism. And preventing mechanism of industrial chains and supply chains.

Keywords: Industrial Chains; Supply Chains; Innovation Chains; Industrial Policy

Ⅱ International Reports

B.2 The US Industrial Policy Adjustment and its Influence

Abstract: The basic characters of American industrial policy is innovative, forward-looking, indirect and systematic. After years of development, the industrial policy of American has shown an trend of increasing anti-globalization after 2008, manufacturing back-flow, reconstruct the advantage industry, and emphasizing the integrated development of digital technology and industry. Moreover, the impact of the American industrial policies on the distribution of the global industrial chain mainly has three aspects. Firstly, it will cause global trade friction and the trend of de-globalization of industrial chain. And reconstruct the laylout of global value chain, the trend of division of labor is becoming prominent. Besides, the new round of scientific and technological revolution has accelerated and catalysed the upgrading of the global industrial chain. Furthermore, its impact on China's industrial development including three aspects. Due to the international trade frictions and manufacturing competition between countries, the external environment for the development of China's manufacturing industry is deteriorating. And The United States promotes the return of manufacturing industry to their own country, it affects the transformation and upgrading process of China's manufacturing industry. What's more, the United States implements technology repression, it is more difficult for China to climb to the high-end part of the value chain.

Keywords: American Industrial Policy; Manufacturing; Industry Chain; Value Chain

Abstract: The paper reviews the industry-related policies issued by the European Union in the last three years, and analyzes their influences on the industrial chain layout and further on China's industrial development. The research shows that the green transformation and digital transformation are the main line of the EU's policies, and the new policies have shifted from pursuing competitiveness and growth to pursuing growth, security and leadership. The EU's industrial advantages are concentrated in the fields of chemical industry, transportation equipment, agricultural products, etc. From the perspective of 13 supply chain ecosystems, there are seven leading ecosystems, such as aerospace and national defense, while four ecosystems, such as digital and electronic, are at a disadvantage. The EU policy plays a strong role in strengthening the advantage industries and complementing the weak ones, and its impact on China's industrial development is manifested in high energy consumption industries such as textiles and steel in the short term, and in office telecommunications equipment in the long term.

Keywords: Industrial Policy; EU; Industrial Ecosystem; Supply Chain Security

Abstract: The purpose of this paper is to analyze the policy trends of the Japanese supply chain and its impact on China. Through the systematic study of the original data, this paper holds that the sudden change of the international situation is the main reason for Japan to restructure the supply chain from the angle of economic security. Japan's policies to restructure its supply chain include enhancing domestic production system, developing diversified production bases, preventing the loss of important technic know-how and establishing international complementary mechanisms for supply chains. These policies will lead to increased investment in Japan or Southeast Asia, and while this does not mean that Japanese companies will immediately stop producing in China, they will reduce production, product updates, employment, etc. in China in the long run.

Keywords: Economic Security; Supply Chain Restructuring; Japan

Abstract: The paper analyzes Korea's policies to support industrial development from four perspectives: policies to support the cultivation of pillar industries, competitive industrial policies to strengthen competitive industries, policies to strengthen the competitiveness of high-tech industries, and policies to stabilize supply chains. At present, South Korea has clearly stated its willingness to be a global leader in the cutting-edge technology and manufacturing. South Korea strengthens the technical cooperation with Germany, the United States, Russia and Israel and emphasizes diversification of production bases. These industrial policies will affect the future development pattern and the global supply chain pattern of South Korea's manufacturing. It will have a far-reaching impact and intensify international competition in Upscale supply chain. Although South Korea still regards China as its most important market, it supports diversification of production bases and supply chains reduces the dependence on China.

Keywords: Industrial Policy; Supply Chain; Cutting-edge Technology; Production Transfer; Korea's Industry

Ⅲ Industrial Reports

Abstract: Automotive chips are one of the important technical forces driving innovation in the automotive industry, as well as important application scenarios in the chip field. They not only represent the new trend of manufacturing development in the information age, but are also a model of compatibility between technology and life. The overall self-sufficiency rate of China's automobile chip industry is extremely low, which is extremely disproportionate to the status of China's automobile rate. Power Semiconductors, Micro-Control Units, Automotive Memory Chips, Analog Chips, Automotive Sensors, and other subdivisions are still dominated by companies from Europe, America, and Japan. A large number of innovative companies have also emerged in China to accelerate breakthroughs, but their competitiveness is relatively weaker. Insufficient leading enterprises and hard to acquire new users is key problem. We should pay more attention to automotive chips industry, using differentiated policies and the advantages of large enterprises to lead the breakthrough of key core technologies. And it is very important to construct the ecological circle to form a good internal and external circulation mechanism between and within industries.

Keywords: Automotive Chip; Industrial Competitiveness; Domestic Substitution

Abstract: As the core link of the new energy automobile industry chain, large-capacity batteries have become one of the important industries deployed in major countries in the world. Judging from the current layout of the global high-capacity battery industry chain, the competitiveness of the upstream industry chain mainly depends on the mining rights of lithium, cobalt, nickel, manganese and other mineral resources and the ability to control the extraction and production technology. The competitiveness of the midstream industry chain mainly depends on core technology level and market share, the competitiveness of the downstream industry chain mainly depends on the ability to lock in the needs of application companies. At present, in terms of the reserves of mineral resources such as lithium, cobalt, nickel, and manganese in the upstream industrial chain, African and Oceanian countries have strong competitiveness. China's competitiveness is not strong, but it has strong production and processing capabilities and a large number of locations with rich reserves of relevant mineral resources abroad have been deployed, and they have certain control capabilities; in the four core areas of cathode materials, anode materials, electrolytes and diaphragms in the midstream industrial chain, China has world-class international competitiveness. In the downstream industrial chain, China, Japan and South Korea dominate the world competition pattern. China has strong market competitiveness, especially in the field of power batteries, and has great development potential. In the context of the global advancement of carbon neutrality and the strengthening of industrial safety, China's large-capacity battery companies should grasp the market opportunities brought by the development of the times, comprehensively consider the impact of technological innovation R&D and technological iteration cycles on industrial development, and make rational arrangements of new technological route and core links of the industrial chain to maintain China's world-class competitiveness in the large-capacity battery industrial chain.

Keywords: Large-capacity Batteries; Industrial Chain Competitiveness; Leading Companies

Abstract: Lithography is known as "the jewel in the crown of semiconductor industry" and is the core equipment of integrated circuit manufacturing industry. This chapter analyzes the development path of lithography industry, analyzes the layout of global industrial chain and innovation chain, the evolution of lithography technology, ASML's development history, China's industrial policy and other perspectives, and looks into the future development direction of China's lithography industry. China is still limited by technical bottlenecks in the field of lithography. From the perspective of national strategy, both the government and enterprises need to be prepared for a "protracted war" in lithography research and development to ensure the coherence of lithography industrial policies. From the perspective of policy, on the one hand, government departments need to promote the formation of good upstream and downstream cooperation, improve the precision of policy targeting and pay attention to the construction of R&D system; On the other hand, it is necessary to promote the industrial division of labor and strengthen the openness and cooperation, accelerate the process of lithography industry chain.

Keywords: Lithography; ASML; Industry Policy; Industry Chain; Competitiveness

Abstract: At present, the world's advanced technology of heavy-duty gas turbine is still monopolized by a few enterprises such as General Electric of the United States, Siemens of Germany and Mitsubishi of Japan. China's heavy-duty gas turbine still has many key core technologies to be broken through. There is a risk of being "stuck" in many fields such as design, manufacturing, commissioning, operation and maintenance, and a complete independent and controllable heavy-duty gas turbine industrial system has not been formed. There are the following problems in China's heavy-duty gas turbine industry chain: first, the infrastructure construction such as gas turbine research, design and test lags behind for a long time; second, the foundation of many basic sciences and disciplines involved in gas turbine technology is relatively weak; third, there are too many historical debts due to the error of industry development strategy and development path. In order to make up for the defects and shortcomings of China's heavy-duty gas turbine industry chain, it is urgent to do well in three aspects: Firstly, make full use of the advantages of the new national system to jointly tackle key problems; secondly, actively carry out international cooperation to improve the independent innovation system; third, formulate more favorable policies to promote the development of heavy gas turbines.

Keywords: Heavy Duty Gas Turbine; Industrial Competitiveness; Key Core Technologies of being "stuck"

Abstract: This paper first constructs a panorama of the industrial software chain, in which multinational giants occupy the absolute dominant position, with fewer domestic companies. Global industrial software industry ecosystem presents the following characteristics: oligopoly market structure, close fit between upstream and downstream, the development trend of intelligence, cloudification, and integration is obvious, industry giants dominate the world through mergers and acquisitions, highly tied to national interests. At present, the scale of China's industrial software industry is close to 200 billion yuan, accounting for only about 7% of the global share; The domestic market is dominated by foreign enterprises, and some segments rely heavily on imports; The market scale of China's EDA industry is growing faster than that of the world, but foreign enterprises occupy an absolute dominant position; Chinese enterprises mainly focus on the middle and low end of the industrial chain and provide point tools. Compared with international giants, which are mainly engaged in high-end links and providing full-process tool chains, there is a huge gap. This paper analyzes the reasons for the weak competitiveness of Chinese industrial software industry, mainly due to insufficient R&D investment and weak financing capacity; insufficient technology accumulation and weak industrial foundation; a large number of domestic users form dependence on the products of international giants, and the domestic industrial ecology urgently needs to be optimized; There is a shortage of talents, and the problem of brain drain is serious. Finally, the article puts forward corresponding countermeasures and suggestions.

Keywords: Industrial Software; Industrial Chain; Industrial Ecological; Industrial Competitiveness

Abstract: The successful research and development of COVID -19 vaccine is of great significance to global epidemic prevention and control, economic recovery and building a national biosafety barrier. Based on the analysis of vaccine industry characteristics and industrial chain, the global competition pattern of COVID -19 vaccine was analyzed from the perspectives of participating countries and development speed, different vaccine platforms, industrial chain and industrial system, production capacity and market share of leading enterprises in this chapter. It also analyzed the full saturation development platform of China's COVID -19 vaccine, the achievements of industry university research cooperation and international cooperation in vaccine development, and looked forward to China's future direction in strengthening the upgrading of immunization and vaccine renewal needs and in - depth participation in the provision of vaccine as international public goods. From the policy level, it is necessary to strengthen the basic research and reserve of technical capacity, take the COVID -19 vaccine development as an opportunity to cultivate excellent leading enterprises, enhance the stability and competitiveness of the vaccine industrial chain, speed up the review and approval, improve the innovation enthusiasm of enterprises, and strengthen international cooperation in the biosafety field of vaccine research and development, so as to enhance the competitiveness of China's vaccine industrial chain and innovation chain.

Keywords: Vaccine Development; International Competition; Industrial Chain

Ⅳ Regional Reports

Abstract: In the new development stage, enhancing the competitiveness of the industrial chain and innovation chain has become an important point to promote the coordinated development of Beijing-Tianjin-Hebei (BTH) region to a higher level. This chapter aims to make a detailed analysis of the strengths and weaknesses, the key points of the existing planning path and the focal points of supporting policies such as talents, investment attraction, administrative management and finance in the development of industrial chain and innovation chain in the BTH region. Based on this, specific policy suggestions are put forward from the following dimensions: sorting out the relationship between industrial chain, innovation chain and policy chain, optimizing regional industrial division, co-building and sharing of innovation resources, docking of major demands, improving the level of industrial agglomeration and intensification, and co-building of integrated production factor markets.

Keywords: Industrial Chain; Innovation Chain; The BTH Region

Abstract: In the new development stage, promoting the modernization of the industrial chain and speeding up the efficient interaction between the industrial chain and the innovation chain are the inherent requirements for the high-quality development of the Yangtze River Economic Belt. Under the background of new development paradigm, the "14th Five-Year Plan" of provinces and cities along the Yangtze River Economic Belt has made mid-and long-term strategic deployment for industrial chain development, focusing on the layout of the innovation chain, building the carrier of the industrial chain, and vigorously creating a new engine of high-quality development. However, the trend of homogenization of industrial chain in regions is worthy of great attention. Relevant departments of the central government should strengthen the planning and policy coordination of industrial chain and innovation chain in all regions along the Yangtze River, and guide the dislocation, collaborative and innovative development.

Keywords: Yangtze River Economic Belt; The Industrial Chain; The Innovation Chain

Abstract: Based on the relevant plans of industrial chain and innovation chain of the nine provinces of the Yellow River Basin, this report firstly summarizes and extracts the key industrial chains or key industries identified by each province, and analyzes the development status of strategic emerging industries or industrial chain of strategic emerging industries of Henan, Shandong, Shaanxi,

Shanxi, Inner Mongolia and other provinces focusing on the aspects of subdivisions, key enterprises, main shortcomings, and breakthrough directions. Then, it summarizes the policies and measures of various provinces to support the development of industrial chain and innovation chain from the aspects of industrial foundation reengineering, promoting chain leader system, cultivating main enterprises of each chain, increasing fiscal, taxation and financial support, strengthening innovation and talent support, and optimizing the business environment. Finally, five suggestions are put forward, including building platforms and carriers for industrial chain and innovation chain, cultivating and expanding main enterprises of each chain, building a green system of industrial chain and innovation chain, accelerating the digital and intelligent transformation of industrial chain and innovation chain, and supporting the financial development of industrial chain and innovation chain to enhance the competitiveness of industrial chain and innovation chain of the provinces of the Yellow River Basin.

Keywords: The Yellow River Basin; Industrial Chain; Innovation Chain; Competitiveness

B.15 Competitiveness Analysis of the Industrial Chain & Innovation Chain of the Guangdong-Hong Kong-Macao Greater Bay Area

Chen Gang / 299

Abstract: Firstly, this report analyzed the basic development of the Guangdong-Hong Kong-Macao Greater Bay Area and the industrial chain innovation chain of 11 cities in terms of the overall industrial layout, the basic advantages, the spatial layout, and the basic situation of key industrial chains; Secondly, it sorted out the policy system of the 11 cities in the Guangdong-Hong Kong-Macao Greater Bay Area to promote the development of the industrial chain and innovation chain, and analyzed of the " chain length system " policy implemented by each city in the process of promoting the development of the industrial chain and the innovation chain, and this paper also introduced the specific policy content of the 11 cities from the aspects of finance, the land, the finance and the talents. Finally, this paper put forward some policy suggestions to promote the industrial chain innovation chain for the Guangdong-Hong Kong-Macao Greater Bay Area.

Keywords: Guangdong-Hong Kong-Macao Greater Bay Area; Industrial Chain; Innovation Chain; Chain Length System

Abstract: Northeast China is one of the important regional plates in China and has a unique position in the national economic development. In this paper, through combing the industrial chain innovation chain policy, corresponding supporting measures and some industrial chain length and length boards of 39 cities/administrative offices in three provinces and one autonomous region in Northeast China, the implementation situation and future development direction and objectives of industrial chain innovation chain policy in various regions are clarified. On the whole, all parts of Northeast China have made clear the priority of industrial development, and some areas have formulated a single industrial plan, and the corresponding industrial chain innovation chain support measures are also comprehensive and specific. In view of the future development of regional industrial chain in innovation chain, this paper provides corresponding policy suggestions.

Keywords: Northeast China; Industrial Chain; Innovation Chain; Competitiveness

V　Special Reports

B.17　Practice and Experience of the Industrial Chain Construction in Liaoning Province

Industrial Chain Research Group / 351

Abstract: Based on full grasp of the industrial development of Liaoning province and its industrial characteristics and advantages, this paper deeply analyzes the series of practices in the key industrial chain construction in Liaoning province, including with the project and list as a foothold, do a good job in the top-level design; with "three big articles" as the entry point, classification step by step; take innovation-driven development as the key point to strengthen industrial cooperation ; take the digital transformation of manufacturing as the breakthrough point to promote industry digitization; focusing on accelerating the cultivation of high-quality enterprises to stimulate the vitality of the upstream and downstream market players in the industry chain; take strengthening policy services guarantee as the support point to unleash the potential of industrial development. Finally, this paper summarizes the relevant experience of the development of the industrial industry chain in Liaoning Province from five aspects: mechanism innovation, parallel length, enterprise cultivation, strategic planning and digital application, which can provide some useful reference for promoting the advanced industrial foundation, industrial chain modernization and construction of high-quality modern industrial system during the "14th Five-Year Plan" period.

Keywords: Liaoning Province; Industrial Chain; Modern Industrial System

Abstract: Based on the field investigation and literature analysis, this paper fully grasps the basic situation of Guangdong's key industrial chains, such as electronic information industry, high-end equipment manufacturing industry, smart home appliances and materials, deeply analyzes the main problems existing in upgrading Guangdong's industrial chain supply chain modernization level, and puts forward some policy suggestions for upgrading Guangdong's industrial chain supply chain modernization level, developing modern industrial system and promoting economic system optimization and upgrading during the 14th Five-Year Plan period.

Keywords: Guangdong Province; Supply Chain; Modernization; Counter-Measure

皮 书

智库报告的主要形式
同一主题智库报告的聚合

皮书定义

皮书是对中国与世界发展状况和热点问题进行年度监测，以专业的角度、专家的视野和实证研究方法，针对某一领域或区域现状与发展态势展开分析和预测，具备前沿性、原创性、实证性、连续性、时效性等特点的公开出版物，由一系列权威研究报告组成。

皮书作者

皮书系列报告作者以国内外一流研究机构、知名高校等重点智库的研究人员为主，多为相关领域一流专家学者，他们的观点代表了当下学界对中国与世界的现实和未来最高水平的解读与分析。截至 2021 年，皮书研创机构有近千家，报告作者累计超过 7 万人。

皮书荣誉

皮书系列已成为社会科学文献出版社的著名图书品牌和中国社会科学院的知名学术品牌。2016 年皮书系列正式列入“十三五”国家重点出版规划项目；2013~2021 年，重点皮书列入中国社会科学院承担的国家哲学社会科学创新工程项目。

中国皮书网

（网址：www.pishu.cn）

发布皮书研创资讯，传播皮书精彩内容
引领皮书出版潮流，打造皮书服务平台

栏目设置

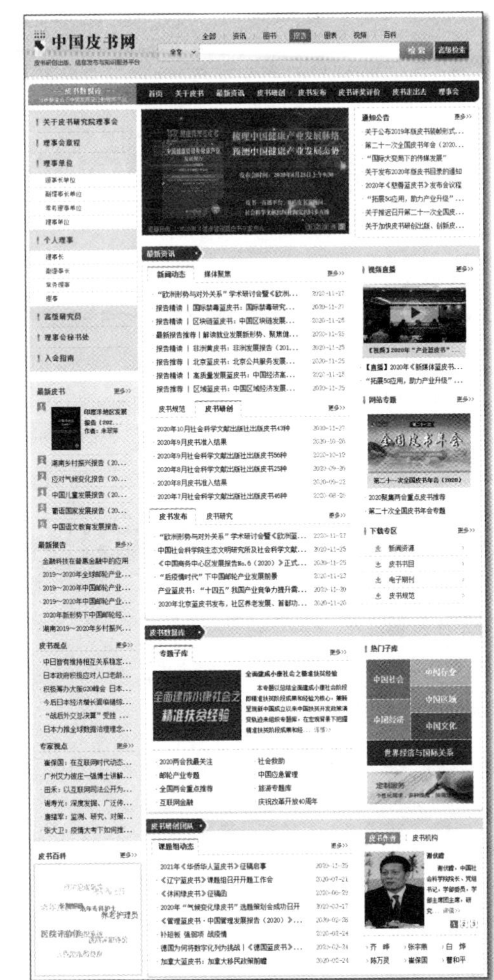

◆ **关于皮书**

何谓皮书、皮书分类、皮书大事记、
皮书荣誉、皮书出版第一人、皮书编辑部

◆ **最新资讯**

通知公告、新闻动态、媒体聚焦、
网站专题、视频直播、下载专区

◆ **皮书研创**

皮书规范、皮书选题、皮书出版、
皮书研究、研创团队

◆ **皮书评奖评价**

指标体系、皮书评价、皮书评奖

◆ **皮书研究院理事会**

理事会章程、理事单位、个人理事、高级研究员、理事会秘书处、入会指南

◆ **互动专区**

皮书说、社科数托邦、皮书微博、留言板

所获荣誉

◆ 2008 年、2011 年、2014 年，中国皮书网均在全国新闻出版业网站荣誉评选中获得“最具商业价值网站”称号；

◆ 2012 年，获得“出版业网站百强”称号。

网库合一

2014年，中国皮书网与皮书数据库端口合一，实现资源共享。

中国皮书网

权威报告·一手数据·特色资源

皮书数据库

ANNUAL REPORT(YEARBOOK) DATABASE

分析解读当下中国发展变迁的高端智库平台

所获荣誉

- 2019年，入围国家新闻出版署数字出版精品遴选推荐计划项目
- 2016年，入选“‘十三五’国家重点电子出版物出版规划骨干工程”
- 2015年，荣获“搜索中国正能量 点赞2015”“创新中国科技创新奖”
- 2013年，荣获“中国出版政府奖·网络出版物奖”提名奖
- 连续多年荣获中国数字出版博览会“数字出版·优秀品牌”奖

成为会员

通过网址www.pishu.com.cn访问皮书数据库网站或下载皮书数据库APP，进行手机号码验证或邮箱验证即可成为皮书数据库会员。

会员福利

- 已注册用户购书后可免费获赠100元皮书数据库充值卡。刮开充值卡涂层获取充值密码，登录并进入“会员中心”—“在线充值”—“充值卡充值”，充值成功即可购买和查看数据库内容。
- 会员福利最终解释权归社会科学文献出版社所有。

社会科学文献出版社 皮书系列
SOCIAL SCIENCES ACADEMIC PRESS (CHINA)
卡号：773293926818
密码：

数据库服务热线：400-008-6695
数据库服务QQ：2475522410
数据库服务邮箱：database@ssap.cn
图书销售热线：010-59367070/7028
图书服务QQ：1265056568
图书服务邮箱：duzhe@ssap.cn

中国社会发展数据库（下设 12 个子库）

整合国内外中国社会发展研究成果，汇聚独家统计数据、深度分析报告，涉及社会、人口、政治、教育、法律等 12 个领域，为了解中国社会发展动态、跟踪社会核心热点、分析社会发展趋势提供一站式资源搜索和数据服务。

中国经济发展数据库（下设 12 个子库）

围绕国内外中国经济发展主题研究报告、学术资讯、基础数据等资料构建，内容涵盖宏观经济、农业经济、工业经济、产业经济等 12 个重点经济领域，为实时掌控经济运行态势、把握经济发展规律、洞察经济形势、进行经济决策提供参考和依据。

中国行业发展数据库（下设 17 个子库）

以中国国民经济行业分类为依据，覆盖金融业、旅游、医疗卫生、交通运输、能源矿产等 100 多个行业，跟踪分析国民经济相关行业市场运行状况和政策导向，汇集行业发展前沿资讯，为投资、从业及各种经济决策提供理论基础和实践指导。

中国区域发展数据库（下设 6 个子库）

对中国特定区域内的经济、社会、文化等领域现状与发展情况进行深度分析和预测，研究层级至县及县以下行政区，涉及省份、区域经济体、城市、农村等不同维度，为地方经济社会宏观态势研究、发展经验研究、案例分析提供数据服务。

中国文化传媒数据库（下设 18 个子库）

汇聚文化传媒领域专家观点、热点资讯，梳理国内外中国文化发展相关学术研究成果、一手统计数据，涵盖文化产业、新闻传播、电影娱乐、文学艺术、群众文化等 18 个重点研究领域。为文化传媒研究提供相关数据、研究报告和综合分析服务。

世界经济与国际关系数据库（下设 6 个子库）

立足“皮书系列”世界经济、国际关系相关学术资源，整合世界经济、国际政治、世界文化与科技、全球性问题、国际组织与国际法、区域研究 6 大领域研究成果，为世界经济与国际关系研究提供全方位数据分析，为决策和形势研判提供参考。